Wettkämpfe in Literaturen und Kulturen des Mittelalters

Trends in Medieval Philology

Edited by
Ingrid Kasten, Niklaus Largier
and Mireille Schnyder

Editorial Board
Ingrid Bennewitz, John Greenfield, Christian Kiening, Theo Kobusch,
Peter von Moos, Uta Störmer-Caysa

Volume 43

Wettkämpfe in Literaturen und Kulturen des Mittelalters

Riskante Formen und Praktiken zwischen Kreativität und Zerstörung

Herausgegeben von
Bent Gebert

DE GRUYTER

Gefördert aus Mitteln des Ministeriums für Wissenschaft, Forschung und Kunst
Baden-Württemberg / BW-Stiftung

ISBN 978-3-11-162475-4
e-ISBN (PDF) 978-3-11-077496-2
e-ISBN (EPUB) 978-3-11-077501-3
ISSN 1612-443X

Library of Congress Control Number: 2022947390

Bibliografische Information der Deutschen Nationalbibliothek
Die Deutsche Nationalbibliothek verzeichnet diese Publikation in der Deutschen
Nationalbibliografie; detaillierte bibliografische Daten sind im Internet über
http://dnb.dnb.de abrufbar.

© 2024 Walter de Gruyter GmbH, Berlin/Boston
Dieser Band ist text- und seitenidentisch mit der 2023 erschienenen gebundenen
Ausgabe.

www.degruyter.com

Inhalt

Vorwort —— VII

Bent Gebert
Kreativität und Zerstörung
Wettkämpfe in Literaturen und Kulturen des Mittelalters –
Zur Einführung —— 1

I Differenzen

Steffen Bogen
Topologie des Spielens
Zur Eskalation eines Brettspiels im *Welschen Gast* —— 21

Claudia Lauer
Wider die Regeln
Intrigenspiele in Heinrichs von Veldeke *Eneasroman* —— 41

Norbert Kössinger
Tristrants Ende
Risiko und Wettkampf in Eilharts von Oberge *Tristrant* —— 57

Martin Schneider
Gefahren und Gewinne von Wettkampfrisiken in Mären —— 77

II Positionen

Christopher Liebtag Miller
Generation Through Demarcation: Symmetrical Competition, Asymmetrical Conflict and Knightly Status in *Erec* —— 99

Maximilian Benz
pallium, tunica, chlamys
Ein Kleiderwettstreit im legendarischen Erzählen (Antonius, Paulus eremita, Martin) —— 137

Neil Cartlidge
Nationale Identitäten und internationale Spannungen in mittelalterlichen Streitgedichten —— 155

III Dynamiken

Bent Gebert
Einüben und Ausüben
Zur Spielsemantik im *Welschen Gast* Thomasins von Zerklære —— 185

Vanina Kopp
Dabeisein ist alles?
Soziale Dynamiken und kulturelle Organisationen von Literaturspielen zwischen Stadt und Hof im vormodernen Frankreich —— 203

Martin Baisch
müede
Gabentheoretische Überlegungen zum Zweikampf im höfischen Roman —— 237

Autorenverzeichnis —— 263

Register der behandelten Autoren und Werke —— 265

Vorwort

Der vorliegende Band versammelt Beiträge zu einem internationalen Kolloquium, das vom 19. bis 21. April 2017 an der Universität Konstanz stattfand. Nachdrücklicher Dank gebührt allen Teilnehmenden, die den interdisziplinären Dialog aus unterschiedlichen Fachperspektiven der Mediävistik bereichert haben – aus der Germanistik, Anglistik und Romanistik, der Kunstgeschichte, Geschichtswissenschaft und Rechtswissenschaft. Die Tagung sowie die Drucklegung dieses Bandes wurden großzügig gefördert durch das Ministerium für Wissenschaft, Forschung und Kunst Baden-Württemberg / BW-Stiftung sowie die Universität Konstanz. Den Herausgeber:innen Ingrid Kasten, Niklaus Largier und Mireille Schnyder danke ich herzlich für die Aufnahme des Bandes in die Reihe ‚Trends in Medieval Philology' sowie für wertvolle Hinweise, Robert Forke und Laura Burlon vom Verlag De Gruyter für ihre engagierte Unterstützung und Betreuung der Drucklegung.

Luca Baumann, Lena Boehler, Elisa Fluk, Nico Kunkel, Céline Martins-Thomas, Martin Schneider und Philipp Sigg haben die Redaktionsarbeiten tatkräftig, gewissenhaft und mit langem Atem unterstützt. Ihnen allen gilt dafür mein herzlicher Dank.

Konstanz, im November 2022   Bent Gebert

Bent Gebert
Kreativität und Zerstörung
Wettkämpfe in Literaturen und Kulturen
des Mittelalters – Zur Einführung

I Mediävistische Wettkampfforschung –
disziplinäre Ansätze und transdisziplinäre
Perspektiven

Der vorliegende Band vereint Studien, die sich mittelalterlichen Phänomenen des Wettkampfs, des Wettstreits und des Wettbewerbs aus dem Blickwinkel unterschiedlicher mediävistischer Disziplinen nähern – von der Geschichtswissenschaft und Kunstgeschichte über die Germanistik bis zur Anglistik. Sie widmen sich Texten, Bildzeugnissen und Quellen, die von der Spätantike bis zur Frühen Neuzeit reichen, sie schließen mittellateinische, deutsch- und französischsprachige Texte unterschiedlicher Gattungs- und Diskurszusammenhänge ein. Nicht nur angesichts dieses vielgestaltigen Spektrums von Gegenständen, sondern auch im Hinblick auf die damit verbundenen Forschungsdiskussionen finden unterschiedliche disziplinäre Ansätze und Methoden zusammen, die gewiss keiner einheitlichen Agenda entspringen: Bislang eint die Mediävistik kein gemeinsames Feld der ‚Wettkampfforschung', auf dem sich agonale Formen und Dynamiken mittelalterlicher (Text-)Kulturen disziplinenübergreifend diskutieren ließen, deren enorme Reichweite und Geltung gleichwohl aus verschiedener Warte betont werden. Diese Geltung in Fallstudien auf den Prüfstand zu stellen, bildet insofern das explorative Risiko eines Bandes, der zu einer solchen transdisziplinären Diskussion beitragen will.

Auch in der Sache selbst liegen gute Gründe, ein grundsätzlicheres Gespräch zu suchen. Unbestritten ist die eminente Bedeutung von Wettkämpfen für die Formierung und Tradierung mittelalterlicher Literaturen, ihrer gesellschaftlichen und kulturellen Kontexte. So hat die mediävistische Forschung in beachtlicher Fülle von Einzelstudien, Projekten und Tagungen in den letzten Dekaden unterstrichen, wie produktiv und wirksam Konkurrenz und Rivalität, Wettstreit und Widerstreit oder andere symbolische Formen und Praktiken der Konfliktaustragung für die Vormoderne sind. Die mittelalterliche Klosterkultur übt Selbstverhältnisse ein, die sich nicht nur in permanentem Kampf zwischen Tugenden und

Lastern, Regulierung und Transgression begreifen,[1] sondern dabei grundlegende agonale Codierungen von Gewinnen und Verlieren, Übertreffen oder Unterbieten aufgreifen.[2] Beruht der Vorranganspruch des laikalen Adels auf dem Gewaltmonopol von Herrschaftsausübung und Kriegsdienst, so wird dieses soziale Kapital im Hochmittelalter kulturell umgeschrieben und mittels symbolischer Kampf- und Fehdemuster auch literarisch verhandelt,[3] bevor diese Distinktionsrituale im Spätmittelalter beispielsweise in Gestalt von Turnieren oder Literaturspielen in urbanen Kontexten adaptiert werden.[4] Im großen Maßstab zeichnet sich ab, wie agonale Muster und sozialer Wandel sich potenzieren und neue Konkurrenzen religiöser und wissenschaftlicher Institutionen stimulieren.

Doch prägen Wettkämpfe nicht nur historische Lebenswirklichkeiten, sondern ebenso Textgattungen und literarische Diskurse des Mittelalters im engeren Sinne. Die lateinische Schriftkultur entwickelt Modelle streitbarer Opposition, die anthropologische Großnarrative des Seelenkampfs ebenso prägen wie kürzere Streitgedichte; Diskurstypen wie eristische Dialoge und Debatten werden mit langer Dauer gepflegt und inspirieren Spezialformen wie die *disputatio* und *quaestio*, die bis in die neuzeitliche Universitätskultur hinein fortleben.[5] In den Blick genommen wurden die polemischen und aemulativen Bezugsmuster, mit deren Hilfe sich volkssprachliche Literaturen des Mittelalters traditionsbildend etablieren.[6] Wettkampf prägt dabei ebenso die poetische Faktur der Texte, von agonalen Mikroelementen einzelner Gattungen wie etwa den Reizreden und Rachesequenzen der Heldenepik bis zu textfüllenden Operationen, mit denen etwa

---

[1] Vgl. AGAMBEN, Giorgio: Höchste Armut. Ordensregeln und Lebensform, übers. v. Andreas HIEPKO, Frankfurt a. M. 2012.
[2] Vgl. hierzu insbes. die Beiträge von Maximilian BENZ und Steffen BOGEN in diesem Band.
[3] Vgl. aus germanistischer Sicht insbes. FRIEDRICH, Udo: Die ‚symbolische Ordnung' des Zweikampfs im Mittelalter. In: Gewalt im Mittelalter. Realitäten – Imaginationen. Hrsg. von Manuel BRAUN/Cornelia HERBERICHS, München 2005, S. 123–158 sowie HAFERLAND, Harald: Höfische Interaktion. Interpretationen zur höfischen Epik und Didaktik um 1200, München 1989 (Forschungen zur Geschichte der älteren deutschen Literatur 10), S. 125–138. Im vorliegenden Band beleuchten die Beiträge von Martin BAISCH und Christopher MILLER diese agonale Kapitalisierung von sozialem Rang und ihre Risiken im höfischen Roman.
[4] Vgl. exemplarisch hierzu etwa: Zweikämpfer. Fechtmeister – Kämpfen Samurai. Hrsg. von Christian JASER/Uwe ISRAEL, Berlin 2014 (Das Mittelalter 19/2) sowie im vorliegenden Band insbes. den Beitrag von Vanina KOPP mit ausführlichen Forschungsnachweisen.
[5] Vgl. aus großem Überblick WEIJERS, Olga: In search of truth. A history of disputation techniques from antiquity to early modern times, Turnhout 2013 (Studies on the faculty of arts, history and influence 1).
[6] Vgl. hierzu den Tagungsband Poesie des Widerstreits. Etablierung und Polemik in den Literaturen des Mittelalters und der frühen Renaissance. Hrsg. von Anna Kathrin BLEULER/Manfred KERN, Heidelberg 2020 (Interdisziplinäre Beiträge zu Mittelalter und Früher Neuzeit 10).

höfische Aventiureromane ihre Erzählsequenzen aus Wettkampfsujets verketten.[7] Spruchdichtungen wachsen mittels agonaler Bezugnahmen zu komplexen Überlieferungszusammenhängen zusammen.[8] Wettkämpfe – wie auch immer man den Terminus analytisch schärft (siehe Abschnitt III) – scheinen damit auf den ersten Blick quer zu Phasen, sozialen Milieus und Medien, quer auch zu den Differenzierungen von Sprachen, Texttypen und Gattungen in einem vielgestaltigen Spektrum von Ernst- und Spielformen produktiv. Es braucht kaum betont zu werden, wie rasch gerade dieser Eindruck dazu verführen könnte, ‚mittelalterlicher Kultur' insgesamt besondere Vorlieben zu Wettkampf und Widerstreit zu unterstellen.[9]

Wer sich hingegen genauer auf mittelalterliche Wettkampfphänomene einlässt, wird eher dazu neigen, nicht nur Texte und Kontexte mit je eigener Aufmerksamkeit zu sondieren, sondern auch unterschiedliche Praktiken, Formen und Dynamiken agonaler Bezugnahme zu unterscheiden. Dass mittelalterliche Texte dafür keineswegs Semantiken von systematischer Schärfe ausprägen – oder diese Konzepte je nach Gattungszusammenhang und Kontext unterschiedlich scharf zu greifen sind –, mag einer der Gründe sein, weshalb bis jetzt wenig Angebote vorliegen, mit denen sich die Beschreibungsfülle von Einzelstudien verbindend zusammenführen ließe, ohne deren Spezifik, Kontextgebundenheit oder gar Singularität zu unterschlagen; Phänomene mittelalterlicher Agonalität überhaupt zu beschreiben, bildet nach wie vor eine Hauptaufgabe mediävistischer Forschung.

Mit dem Begriff des Risikos möchte der vorliegende Band dazu eine Perspektive vorschlagen, in der sich Phänomene des Agonalen versammeln und vergleichend erforschen lassen, ohne ihre jeweiligen Eigenlogiken preiszugeben. Wettkampf und Streit, Rivalität und Konkurrenz verlangen – so könnte man dazu vorterminologisch ansetzen –, etwas ‚ins Spiel zu bringen' oder ‚aufs Spiel zu setzen', dessen Folgen zwar in Kauf genommen oder gezielt herbeigeführt, aber in ihrem genauen Ergebnis unkalkulierbar oder unbestimmbar sind. Solche partielle

---

7 Vgl. exemplarisch und mit weiteren Forschungshinweisen GEBERT, Bent: Wettkampfkulturen. Erzählformen der Pluralisierung in der deutschen Literatur des Mittelalters, Tübingen 2019 (Bibliotheca Germanica 71), S. 175–218 und HAFERLAND, Höfische Interaktion, S. 109–120 (Anm. 3).
8 Vgl. KELLNER, Beate/STROHSCHNEIDER, Peter: Poetik des Krieges. Eine Skizze zum Wartburgkrieg-Komplex. In: Das fremde Schöne. Dimensionen des Ästhetischen in der Literatur des Mittelalters. Hrsg. von Manuel BRAUN/Christopher YOUNG, Berlin, New York 2007 (Trends in medieval philology 12), S. 335–356.
9 Zu den methodischen Gefahren solcher – oft vorgebrachter – Universalisierung vgl. die exemplarische Kritik von CARTLIDGE, Neil: The battle of shrovetide. Carnival against lent as a leitmotif in late medieval culture. In: Viator 35 (2004), S. 517–542, sowie den Beitrag des Verfassers zu diesem Band.

Unbestimmtheit birgt nicht nur Kreativitätspotential, sondern kann im Extremfall sogar jene Ordnungen zerstören, die Wettkämpfe produzieren. In diese Richtung wies kürzlich Will HASTY mit der These, die höfische Literatur des Hochmittelalters kultiviere ein umfassendes Wettkampfethos unter Unsicherheitsbedingungen.[10] Doch stützte sich HASTYs Argumentation vornehmlich auf höfische Romane und orientierte sich an Prämissen moderner Spieltheorie. Verfolgt man hingegen längere diskurs- und gattungsübergreifende Linien in historischer Perspektive, wird man solche Hypothesen und ihre Prämissen kritisch prüfen müssen. Denn vielfach lässt sich beobachten, dass agonale Formen die Ordnungen ihrer Texte zugleich affirmieren und destabilisieren – und dies nicht etwa dadurch, dass sie die generelle Differenzlogik von Wettkämpfen infrage stellten, begrenzten und dadurch strukturell ‚unsicherer' werden ließen, sondern oftmals gerade dadurch, dass sie diese verstärken und vertiefen, mit Varianten anreichern und vervielfältigen.[11] Schon frühhöfische Erzählungen lösen den „sichernden Rahmen" ihrer Handlungs- und Stoffintegration auf, um narrative Elemente gleichwohl in symbolischer Kombinatorik zu spiegeln und zu verklammern.[12] Dadurch entstehen Potenzierungsstrukturen, die aus höfischen Zweikampfschleifen der späteren Romanliteratur ebenso bekannt sind wie aus den unabschließbaren „Wunderserien"[13] von Legenden oder ‚unlösbaren' Debatten von Streitdichtungen.[14] Sie alle gehören zur Geschichte riskanter Wettkämpfe in der

---

10 Vgl. HASTY, Will: The medieval risk-reward society. Courts, adventure, and love in the European Middle Ages, Columbus 2016. Auch von anderen theoretischen Ausgangspunkten her ist die Altgermanistik dem inhärenten „Risiko" von Kampfdarstellungen nachgegangen, vgl. unter medialen Gesichtspunkten z. B. CHABR, Sabine: Botenkommunikation und metonymisches Erzählen. Der ‚Parzival' Wolframs von Eschenbach, Zürich 2013 (Medienwandel – Medienwechsel – Medienwissen 23), hier S. 222.
11 Vgl. hierzu u. a. die exemplarischen Analysen bei GEBERT, Wettkampfkulturen (Anm. 7).
12 Vgl. STOCK, Markus: Kombinationssinn. Narrative Strukturexperimente im ‚Straßburger Alexander', im ‚Herzog Ernst B' und im ‚König Rother', Tübingen 2002 (Münchner Texte und Untersuchungen zur deutschen Literatur des Mittelalters 123), hier zum „unkalkulierbaren Risik[o]" des Orient-Teils im *Herzog Ernst* (Zitat S. 192).
13 In diesem Sinne sieht KÖBELE, Susanne: Die Illusion der ‚einfachen Form'. Über das ästhetische und religiöse Risiko der Legende. In: PBB 134 (2012), S. 365–404 das „Hauptrisiko" (S. 384) von legendarischem Erzählen nicht in der Gefährdung der Konfliktdifferenz von Immanenz und Transzendenz, sondern in der routinierten Wiederholung des Einzigartigen.
14 Vgl. exemplarisch DRÖSE, Albrecht: Die Poetik des Widerstreits. Konflikt und Transformation der Diskurse im ‚Ackermann' des Johannes von Tepl, Heidelberg 2013 (Studien zur historischen Poetik 10); REED, Thomas L.: Middle English debate poetry and the aesthetics of irresolution, Columbia 1990. Den Potenzierungsstrukturen des Zweikampfs und seinen Kosten geht im vorliegenden Band insbes. der Beitrag von Martin BAISCH nach.

Vormoderne, insofern sie gattungsübergreifend die Frage verschärfen, ob diese als vorwiegend kreative und/oder zerstörerische Formen zu betrachten sind.

II Risiko – (vor-)begriffliche Perspektive

Welche Art von Risiken sind also zu erwarten, wenn man Wettkämpfe in mittelalterlicher Literatur und Kultur auf dieses Spannungsverhältnis von Kreativität und Zerstörung befragt? In begriffsgeschichtlicher Perspektive wurzelt die Gefahrensemantik des Risikos (von ital. *risco/rischio*, ‚Klippen umsegeln') im Versicherungswesen der „Kaufmannssprache", die damit seit dem 14. Jahrhundert sowohl die „Ungewißheit eines erwarteten Ausgangs des Handels" als auch das Wagnis anpeilt, möglicherweise auf der Reise zu scheitern.[15] Verdankt sich Risikowahrnehmung dann einer dezidiert neuzeitlichen Perspektive, die Unsicherheit menschlichen Handelns nicht in providentieller Ordnung rückversichert sieht, sondern an Selbstverantwortung überträgt, die Kontingenz als Objekt strategischer Planung betrachtet, eher durch Geld kompensierbar als providentiell von Gott gelenkt? Solche Subjektivierung geldwerter Wettkämpfe begegnet mustergültig etwa in der zehnten Novelle zum achten Erzähltag von Boccaccios *Decamerone*,[16] in welcher der Kaufmann Salabaetto eine Kokotte aus Sizilien foppt, die ihn zunächst auszunehmen versuchte, indem er ein Lösegeld-Geschäft in Aussicht stellt. Die Dame streckt vor – und fällt ihrerseits auf das *phishing*-Risiko herein. Im sicheren Hafen von Palermo führt der Geldgewinn im Seehandel somit einen Wettkampf um Klugheit herauf, der von doppelter Kontingenz und subjektiver Ungewissheit zwischen Betrügern lebt, die sich gegenseitig zu übertreffen suchen.

Wenn jedoch die genauen Ursprünge der Begriffsbildung ungeklärt scheinen,[17] könnte es sich als fruchtbar erweisen, sowohl systematisch über die Mimesis von ‚Kaufmannsrisiken' hinauszugehen (die gleichwohl auch in den Me-

---

15 RAMMSTEDT, Otthein: Risiko. In: Historisches Wörterbuch der Philosophie. Hrsg. von Karlfried GRÜNDER/Joachim RITTER, Bd. 8, Basel 1992, Sp. 1045–1050, hier Sp. 1045.
16 Vgl. zu dieser Novelle MOROSINI, Roberta: The tale of Salabaetto and Iancofiore (VIII.10). In: The Decameron eighth day in perspective. Hrsg. von William ROBINS, Toronto 2020, S. 225–242. Zur Ökonomisierung und Kapitalisierung von Ungewissheit in der spätmittelalterlichen Novellistik vgl. über Boccaccio hinaus auch die Lektüren von Franziska WENZEL: Figuren des Aufschubs. Unheil in kleinepischen Texten. In: Heil und Heilung. Die Kultur der Selbstsorge in der Kunst und Literatur des Mittelalters und der frühen Neuzeit. Hrsg. von Tobias BULANG/Regina TOEPFER, Heidelberg 2020 (Germanisch-Romanische Monatsschrift. Beiheft 95), S. 171–206.
17 Vgl. RAMMSTEDT, Risiko, Sp. 1045 (Anm. 15).

taphern aristokratischer Textregister aufscheinen) als auch historisch tiefer in die Literaturen des Mittelalters zurückzugreifen. Wie Norbert KÖSSINGER in seinem Beitrag zu diesem Band argumentiert, könnten auf diese Weise auch niedrigschwelligere Risiken zu erschließen sein, die unkalkulierbare Übergänge zwischen Gewinn und Verlust, Kreativität und Zerstörung durchaus poetologisch artikulieren, strukturell formen und narrativieren, ohne sie indes begrifflich zuzuspitzen. Auch höfische Romane, die andere Kontingenzschwellen als nur Seefahrten in den Blick nehmen und dazu weniger begriffliche Ankerpunkte suchen, verstärken die Eigendynamiken von Wettkämpfen, die zwar herbeigeführt, organisiert und gerahmt werden können, doch weder in ihren Folgen zu bestimmen noch in ihren internen Widerständen vorauszusehen sind. Mit solchen inkalkulablen Widerständen und Oppositionen rechnen Streitdichtungen des Mittelalters, die auch – wenngleich seltener – als *rixa* bezeichnet werden (zu lat. *rixari*, ‚streiten', ‚widerstreben') und somit Tiefenschichten der Risikosemantik zu erkennen geben.

Nach historischen ‚Schichten' von Wettkampfrisiken zu suchen, folgt mehr als nur einer epistemologischen Metapher. Denn oft genug verhandeln und bearbeiten mittelalterliche Texte in verschiedenen Gattungszusammenhängen solche Unbestimmtheitspotentiale, ohne ihre Gefährdungen programmatisch hervorzukehren. Modelle der Providenz und Finalität decken langfristig und global ab, dass Unvorhersehbarkeit emphatisch freigestellt wird, während sie zugleich erlauben, diese innerhalb bestimmter Interaktionsrahmen wie beispielsweise von Wettkämpfen durchaus zu hegen.[18] Grundsätzlich gibt Maximilian BENZ in seinem Beitrag daher zu bedenken, dass damit Risiken zu erforschen sind, die keineswegs exponiert zu Tage liegen, ja nicht einmal ihre Texte gänzlich bestimmen müssen, sondern bisweilen in kleinen, semantisch hoch verdichteten Details codiert sein können – und dennoch ihre Texte signifikant erschließen, verknüpfen und zu anderen in Beziehung setzen.

Als Forschungsterminus ist der Risikobegriff prominent in der Soziologie geprägt, die damit die Subjektivierung von Handlungsfolgen beschreibt: Niklas LUHMANN zufolge unterscheiden sich Risiken von allgemeinen Gefahren dadurch, dass sie unabsehbare Folgen an Entscheidungen rückbinden; während alles mögliche Unglück schlicht von außen zustoßen mag, verlegen Risiken grundsätzliche Ungewissheitsvorbehalte in die Verantwortung von Entscheidungen hinein.[19] Dass sich dies kaum auf mittelalterliche Umgangsweisen mit Kontingenz

---

18 Vgl. HASTY, The medieval risk-reward society, S. 2 (Anm. 10); WENZEL, Figuren des Aufschubs, S. 173 (Anm. 16).
19 Vgl. LUHMANN, Niklas: Soziologie des Risikos, Berlin, New York 1991.

übertragen lässt, liegt auf der Hand. Wenn vormoderne Texte weder Handlungsfreiheit radikal subjektivieren noch offene Zukunftssemantiken bevorzugen, folgt daraus jedoch keineswegs, dass ihnen deshalb Risikoperspektiven gänzlich fremd wären. Immerhin könnte ein wichtiger Fingerzeig darin liegen, dass Risiken Unbestimmtheit internalisieren, wenn man sich zugleich offenhält, worin ein solches ‚Innen' besteht, auf das Kontingenz verpflichtet wird, auf welche medialen Rahmen, regulierenden Verfahren oder symbolischen Ordnungen. Genauer ließe sich dann zum einen fragen, welche Spielräume durch Wettkämpfe für riskante Bewegungen und unbestimmte Effekte eröffnet werden – bis zur Zerstörung. Zum anderen wäre komplementär dazu zu untersuchen, welche Stabilisierungseffekte aus Wettkämpfen hervorgehen können, die instabil oder bestimmungsoffen verlaufen.[20]

‚Riskante Wettkämpfe' erschließen in dieser Perspektive eine Produktivität von Spielräumen, die äußerlich in vielfacher Hinsicht geordnet oder gar begrenzt erscheinen. Sie können z. B. konservativen Axiologien eingeschrieben sein, wenn etwa moraldidaktische Diskurse von der Spätantike bis in die Neuzeit vor dem unkalkulierbaren Sündenrisiko von Glücksspielen warnen, die als Quelle von Entgleisungen und Kontrollverlusten jeglicher Art negativ gebrandmarkt werden;[21] umgekehrt können Risiken aber auch positiv bestimmten Wertrahmen eingeschrieben sein, die sich prinzipiell an Gelingen und glücklichem Ausgang orientieren – etwas *ûf ein heil geben*, *setzen* oder *lâȝen* sind geläufige Risikoformeln der mittelhochdeutschen Literatur für solche positiven Kontingenzhoffnungen.[22] So beschreibt etwa der Held des ersten deutschsprachigen Artusromans den kontingenten Ausgang seiner Schlussaventiure als *wunschspil*, bei dem es dank Gottes Hilfe *vil* zu gewinnen, aber nur *lützel* zu *wâgen* gebe.[23] Für den Ritter

---

20 Vgl. hierzu insbes. den Beitrag von Martin BAISCH in diesem Band.
21 Vgl. hierzu eingehend die materialreichen Untersuchungen von REICH, Björn: Spiel und Moral. Zur Nutzung von Schach-, Würfel- und Kartenspielen in der moralischen Erziehung im Mittelalter und der Frühen Neuzeit, Habilitationsschrift HU Berlin 2018 sowie STRIDDE, Christine: Über Bande. Erzählen vom Spiel(en) in der höfischen Literatur des Mittelalters, Habilitationsschrift Zürich 2019, zur Tradition geistlicher Spielskepsis insbes. S. 39–44. Ein prominentes Fallbeispiel aus dem *Welschen Gast* Thomasins von Zerklære untersuchen die Beiträge von Steffen BOGEN und Bent GEBERT in diesem Band.
22 Vgl. die Belegstellen im Mittelhochdeutschen Handwörterbuch. Hrsg. von Matthias LEXER, digitalisierte Fassung im Wörterbuchnetz des Trier Center for Digital Humanities, Version 01/21, unter: https://www.woerterbuchnetz.de/Lexer (Abrufdatum: 01.04.2021), s. v. ‚heil'. Entsprechende Formulierungen beleuchtet Norbert KÖSSINGERs Studie zu Eilharts *Tristrant* in diesem Band.
23 Hartmann von Aue: Erec. Mittelhochdeutsch/Neuhochdeutsch. Hrsg. u. übers. v. Volker MERTENS, Stuttgart 2008 (Reclams Universal-Bibliothek 18530), V. 8527–8532.

Erec birgt also selbst das „Spiel auf Leben und Tod" gegen Mabonagrin, den noch unbezwungenen Gegner, ein positives Heilsversprechen, das der Artusroman sporadisch mit Transzendenzsemantiken anspielt.[24] Auch religiöse Semantiken können also eminente Risiken in sich bergen und speichern, während sie gleichzeitig die agonale Überbietungslogik – etwa durch christozentrische Demutsideale – begrenzen oder invertieren.[25] Höfische Romane hegen die Eskalationsrisiken, Bestimmungs- und Kontrollverluste von Wettkämpfen durch Standesregeln und Kooperationsmaximen ein, die im Gegenzug untergründigen Distinktionsbedarf vorantreiben und verschärfen – bis zur totalen Verausgabung körperlicher und symbolischer Ressourcen.[26] Untergründig können Risiken erhalten bleiben und vorangetrieben werden, indem sie Wettkampfbeziehungen in der erzählten Welt invisibilisieren und als heimliche Intrigen einspinnen,[27] als Vergleichsbeziehungen nur den Rezipient:innen einsichtig machen oder auf normative Ordnungen beziehen, die temporär gebildete, labile Alternativen schlussendlich wieder reduzieren.[28] Vielfältige Mittel hat die mediävistische Forschung darüber hinaus registriert, mit denen mittelalterliche Texte kommunikative oder narrative Risiken aufnehmen und einbinden, ohne deren destabilisierende oder gar destruktive Potentiale grundsätzlich auszuräumen.[29]

Die Beiträge des vorliegenden Bandes untersuchen Fälle, die auf diese Weise Ordnungen aufs Spiel setzen, während sie zugleich an ihnen festhalten, sich in ihnen einrichten und diese fortentwickeln. Die nachfolgenden Fallstudien stellen somit die Vermutung auf den Prüfstand, dass die riskante Produktivität von Wettkämpfen in der Vormoderne weniger in haltloser als in relationierter Kontingenz zu suchen ist, die von bestimmungsorientierten Rahmen, Wertungen und Modellen von bemerkenswerter Stabilität getragen werden. Dies bedeutet freilich nicht, dass diese Relationierung in allen Fällen so erfolgreich und anschlussfähig gelang wie etwa bei den agonalen Mustern von Legenden oder Aventiureromanen. Wie die Überlieferung dokumentiert, sind etwa mittelalterliche Streitdichtungen

---

24 Für HUBER, Christoph: Der ‚Weg' der Erzählung. Beobachtungen zu Hartmann von Aue und weiteren höfischen Erzählern. In: PBB 142 (2020), S. 330–353, zur Stelle hier S. 344 eine „ziemlich unfromm[e]" Rückendeckung für die „Selbstbestätigung des Subjekts".
25 Vgl. hierzu Maximilian BENZ in diesem Band.
26 Vgl. zu diesen und anderen Risiken des Artusromans die Beiträge von Christopher MILLER und Martin BAISCH in diesem Band.
27 Vgl. hierzu die Lektüre von Claudia LAUER in diesem Band.
28 Temporäre Risikoeffekte dieser Art kultiviert insbes. die spätmittelalterliche Novellistik; vgl. hierzu WENZEL, Figuren des Aufschubs (Anm. 16) sowie den Beitrag von Martin SCHNEIDER in diesem Band.
29 Vgl. exemplarisch zum legendarischen Erzählen KÖBELE, Illusion, S. 26 (Anm. 13); zur Latenz von Gewaltrisiken im Parzival etwa CHABR, Botenkommunikation, S. 220 (Anm. 10).

nur in wenigen Fällen breit überliefert; häufiger stehen sie als unikale, wenngleich höchst kreative Sonderfälle isoliert, was für mittellateinische Streitgedichte[30] ebenso wie für volkssprachliche Experimente wie die *Klage*[31] Hartmanns von Aue gilt. Auch in diesen Fällen könnte es sich empfehlen, statt vorschnell von der Universalität mittelalterlicher Wettkampfpoetik zu sprechen, vielmehr auch die Anschlussrisiken von Texten mit in den Blick zu nehmen, die sich gelegentlich der breiteren Einbindung entzogen.

III Wettkampf – konzeptuelle Vorüberlegungen

Nicht um Risiken jeglicher Art, sondern gezielt um riskante Wettkämpfe geht es den nachfolgenden Studien, da Ungewissheit als Kernelement agonaler Spiele gilt.[32] Sie erscheinen im Spiegel mittelalterlicher Konzepte und Semantiken vielgestaltig genug, die friedliche Spiele wie handfesten Streit umfassen, trennscharfe Logiken des Siegens und Verlierens in Anschlag bringen oder unscharf verwickeln, von polemischen Verletzungen bis zu kollektiven Rachedynamiken reichen. Ein derart breites Spektrum belegt etwa Isidor von Sevilla unter der weitgefassten Doppelrubrik *DE BELLO ET LVDIS*, die von Krieg (*bellum*) über Kampfspiele (*ludus, ludicra*) bis zu Brett- und Ballspielen sämtliche Formen agonaler Interaktion abschreitet.[33] Isidors Aufstellung bezeugt, dass sich diese familienähnlich verbundenen Formen zwar differenziert reihen, aber nicht kategorisch abgrenzen ließen. Auch das literarische Feld erscheint in dieser Hinsicht bemerkenswert vage kategorisiert: Die Selbstbezeichnungen lateinischer Streitgedichte reichen von offenen Formen des Kämpfens (*pugna, conflictus*) über regulierte Streitverfahren (*disputatio, judicium, causa*) bis zur bloßen Struktur von Wechselrede

---

30 Vgl. hierzu den Beitrag von Neil CARTLIDGE in diesem Band.
31 Vgl. hierzu eingehend HESS, Ineke: Selbstbetrachtung im Kontext höfischer Liebe. Dialogstruktur und Ich-Konstitution in Hartmanns von Aue ‚Klage', Berlin 2016 (Philologische Studien und Quellen 255) sowie GEBERT, Wettkampfkulturen, S. 144–166 (Anm. 7).
32 Klassisch z. B. HUIZINGA, Johan: Homo ludens. Vom Ursprung der Kultur im Spiel, übers v. H. NACHOD. Mit einem Nachwort von Andrea FLITNER, 24. Aufl., Reinbek bei Hamburg 2015, S. 19, 58 u. ö.; ebenso CAILLOIS, Roger: Die Spiele und die Menschen. Maske und Rausch. Durchges. u. erw. Ausgabe. Aus dem Französischen u. mit einem Nachwort von Peter GEBLE, Berlin 2017 (Batterien N.F. 27), S. 28, 30 u. ö.
33 Vgl. Isidori Hispalensis Episcopi Etymologiarum sive originum libri XX. Hrsg. v. Wallace M. LINDSAY, Bd. 2, Oxford 1911, Liber XVIII.

(*dialogus, comparitio*),³⁴ wie auch volkssprachliche Kampferzählungen vielfältige Relationen als *kriec* oder *strît* bezeichnen, die vom artifiziellen Vergleich über regulierte Diskussion bis zum blutigen Ernst reichen.³⁵

Wenn sich für dieses historische Spektrum in heuristischer Absicht ein weitgefasstes Konzept von Wettkampf empfiehlt, demzufolge fallweise zu bestimmen ist, welche Relationen und Verlaufsdynamiken je nach Art und Zahl von Aktanten, umkämpften Objekten, Regeln und agonalen Kontexten aufgerufen sind, so ist analytische Fokussierung trotzdem unerlässlich. Ansetzen lässt sich dafür bei der Differenzstruktur fortlaufender Seitenwechsel, die der Philosoph und Ethnologe Marcel HÉNAFF prägnant als „Prinzip der *Alternanz*" beschrieb:

> Es besteht eine doppelte Dynamik der Reaktion. Einerseits handelt man, nachdem man einen Schlag erhalten hat, oder einfach als Antwort auf die Handlung des anderen. Beim Spiel führt dies zur Regel des *Jeder der Reihe nach* [...]. Andererseits enthält die Logik der Aufeinanderfolge Aktion / Reaktion die Fähigkeit zur unendlichen Erzeugung von Bewegung: Die Vendetta könnte nie aufhören, das Ballspiel bis zur Erschöpfung weitergehen, der Krieg sich unablässig von Neuem entzünden.³⁶

Alternanz begründet somit Aufeinanderfolgen, die unterschiedlich kompetitiv oder kooperativ ausfallen können – sie verkettet Talionsprozesse von Rache und Fehde,³⁷ das Erzählschema von ‚Schlag und Gegenschlag'³⁸ ebenso wie die *turns* von Dialogen,³⁹ um nur an die bekanntesten Ausprägungen von agonaler Alternanz zu erinnern. Fokussiert man das mittelalterliche Spektrum agonaler Formen und Praktiken unter diesem Gesichtspunkt, lassen sich alternierende Strukturen nicht nur auf unterschiedlichen Ebenen und in verschiedenen Skalierungen ausmachen – von Motiven und Semantiken über Konfigurationen und Handlungsmustern bis zu textfüllenden Erzählformen. Je nachdem, ob Alternanzstrukturen einzelnen Texten eingeschrieben sind oder aber aus diachroner Beobachtung ihrer Bezüge und Kontexte erschlossen werden, ist das

---

34 Alle Bezeichnungen, die freilich unterschiedlich häufig belegt sind, nach WALTHER, Hans: Das Streitgedicht in der lateinischen Literatur des Mittelalters, München 1920 (Quellen und Untersuchungen zur lateinischen Philologie des Mittelalters 5,2), S. 3.
35 Vgl. hierzu nur KELLNER/ STROHSCHNEIDER, Poetik des Krieges (Anm. 8).
36 Vgl. HÉNAFF, Marcel: Die Gabe der Philosophen. Gegenseitigkeit neu denken, übers. v. Eva MOLDENHAUER (Sozialphilosophische Studien 8), Bielefeld 2014, S. 122.
37 Vgl. MILLER, William Ian: Eye for an eye, Cambridge 2006.
38 Vgl. SCHULZ, Armin: Erzähltheorie in mediävistischer Perspektive. Hrsg. v. Manuel BRAUN u. a., Berlin, New York 2012, S. 138.
39 Vgl. BECKER, Anja: Poetik der *wehselrede*. Dialogszenen in der mittelhochdeutschen Epik um 1200, Frankfurt a. M. 2009 (Mikrokosmos 79), S. 244–249.

Wettkampfkonzept außerdem stärker auf Objekt- bzw. Forschungsebene verankert.

Für den hier verfolgten Zusammenhang liefert das Alternanzprinzip zugleich ein formtheoretisches Argument, weshalb gerade Wettkämpfe besonders einschlägig sein könnten, um Ordnungen nicht nur zu (re-)produzieren, sondern sowohl kreativ als auch destruktiv zu verändern. Im Sinne eines Minimalmodells[40] ließe sich sodann methodisch näher fokussieren,
- welche *Differenzen* durch Wettkämpfe etabliert, durch fortlaufende Seitenwechsel aber auch unterlaufen und neu relationiert werden;
- welche *Positionen* dadurch gesetzt und affirmiert, aber auch aufgehoben, verschoben und ersetzt werden;
- welche *Dynamiken* der Veränderung dadurch vorangetrieben werden, aber auch welche Wiederholungen sie forttragen – „bis zur Erschöpfung" (HÉNAFF).

All dies liefert Ansatzpunkte, an denen sich Wettkämpfe je nach Blickwinkel als eröffnend oder schließend, stabilisierend oder beweglich erweisen. Ihre Ambivalenz nicht bloß als Spannungsverhältnisse zu beschwören, sondern deskriptiv genauer zu fassen, darin liegen besondere Erkenntnischancen, denen die nachfolgenden Beiträge an konkreten Fällen nachgehen.

IV Zu den Beiträgen des Bandes

Deutlich mag schon mit diesen Andeutungen werden: Die Beiträge des vorliegenden Bandes streben keine Entwicklungsgeschichte agonaler Literatur- und Kulturmuster in der Vormoderne an, sondern suchen Risiken aufzudecken, die – expliziter oder impliziter – das Erzeugungs- und Zerstörungspotential von Wettkämpfen begründen. Die oben genannten Aspekte dienen dazu, diese Risiken schärfer zu fokussieren, ohne die größeren Zusammenhänge von Wettkämpfen in ihren textuellen, kulturellen und sozialen Umgebungen aus dem Blick zu verlieren:

Die erste Sektion zu *Differenzen* eröffnet die spieltheoretische und kunstgeschichtliche Analyse von Steffen BOGEN zu Brettspielrisiken in der Heidelberger Handschrift cpg 389, die den *Welschen Gast* Thomasins von Zerklære überliefert. Thomasins moraldidaktische Warnung vor Kontrollverlusten des höfischen Ha-

---

40 Ich greife damit Überlegungen auf, die an anderer Stelle ausführlicher begründet und entwickelt sind, vgl. GEBERT, Wettkampfkulturen, S. 37–52 u. 79–95 (Anm. 7).

bitus wird von der Darstellung eines Spielverlierers flankiert, der sich im wörtlichen Sinne um Kopf und Kragen bringt – und damit materielle, psychische und existentielle Verlustrisiken illustriert. Folgt man jedoch dem topologischen Bildaufbau der Spielordnung, die systematisch zwischen Spielfeld, Spielerunde und umgebendem *Off* unterscheidet, erweist sich dieses Risiko komplexer, dynamischer und vor allem – produktiver. Denn die Eskalation greift nicht nur über alle Zonen hinaus, sondern zieht ebenso allegorische Figurationen hinein, die das Spiel auf den ersten Blick nur als Deutungshilfen umgeben. Der letzte Wurf im inneren Feld wird so zum Auftakt gewaltsamen Streits, der sich auf höherer Ebene fortsetzt. Zerstörerisch erweist sich agonale Potenzierung dabei nicht nur durch manifeste Gewalt, die Spielobjekte zu Wurfgeschossen verwandelt, sondern auch durch zeichenhafte Unordnung: Obgleich die Bildsprache an die Binärkontraste von Tugend- und Lasterallegorien anknüpft, werden deren scharfe Differenzen als fluide Deutungsinstanzen in den Wettkampf involviert. Folgt man dieser Bewegung, so setzt der agonale Bildsinn seinen didaktischen Textsinn selbst aufs Spiel, der vor Überschreitungen und jeglicher Unordnung nachdrücklich warnt.

In entgegengesetzte Richtung arbeiten die Wettkampfbeziehungen, die Claudia LAUER im *Eneasroman* rekonstruiert. Krieg und Konflikt, Rache und Rivalität bestimmen den Antikenroman durchgängig, konfigurieren Helden und ihre Kollektive und motivieren die Handlung auf verschiedenen Ebenen. Doch neigen die spezifischen Erweiterungen und Akzentverschiebungen, die Heinrich von Veldeke im Anschluss an seine altfranzösische Vorlage gegenüber Vergils römischem Flucht- und Gründungsepos vornimmt, weniger zu offenen Kämpfen als vielmehr zum verdeckten Umgang mit Differenz, die der mittelalterliche Roman als kluge Streitpraktik der Intrige schildert. Während die Pferde-List des Ulixes im Rückblick auf den Untergang Trojas zunächst in amoralischem Zwielicht erscheint, aus dem sich die offene politische Deliberation des Herzogs Eneas mit seinem Gefolge demonstrativ erhebt, so wird Intrigenhandeln in der Konkurrenz um Lavinia positiviert und von den mittelalterlichen Adaptationen kreativ erweitert. Der scheiternden Verschwörergemeinschaft zwischen Turnus und der latinischen Königin stellen die Antikenromane die geheime Liebesanbahnung zwischen der Königstochter Lavinia und dem Usurpator Eneas gegenüber, die sowohl die Lenkungsversuche und Abhängigkeitsbeziehungen zur Mutter als auch den Graben zwischen den Kriegsparteien durch kluge Manöver unerkannt überschreitet. Solche Intrigenkunst bleibt, trotz aller genealogischen Erfolge des Paares und seiner harmonischen Überhöhung, erzählerisch riskant, insofern sie die Wertdifferenz von offenem vs. verdecktem Handeln umarbeitet: So wie der Vorwurf des Verrats den Helden Eneas trotz seiner in öffentlichem Konsens erfolgten Abreise aus Troja bis nach Italien beharrlich verfolgt, so verschärft die verdeckte Verbindung zwischen Eneas und Lavinia umgekehrt neue Aufrichtigkeitsansprüche, auf welche die mittelalterlichen Eneasromane mit umfangreichen Diskursen über Begründung, Symptomatik und Folgenbeschreibung geheimer Liebe antworten. Die Lavinia-Liebe fügt sich damit keineswegs strahlend hinzu, sondern lebt von Semantiken und Narrativen produktiver Gefährdung, die musterbildend für den Diskurs höfischer Liebe werden.

Das heuristische Potential von Wettkämpfen demonstriert Norbert KÖSSINGER anhand des *Tristrant* Eilharts von Oberge, der im Gegensatz zur späteren Bearbeitung des Stoffs durch Gottfried von Straßburg bislang weniger Aufmerksamkeit erfahren hat. Wettkämpfe prägen Eilharts Roman auf verschiedenen Ebenen: in poetologischer Hinsicht als agonale Bindung zwischen Publikum und Autor, der sein Projekt gegenüber konkurrierenden Versionen und Erwartungen profiliert; in inhaltlicher Hinsicht als Thematisierung von Herrschaftssicherung durch Liebeskonkurrenz und Kampf; in erzählstruktureller Hinsicht zwischen paradigmatischen Wiederholungsserien von Episoden und ihrer syntagmatischen Finalisierung. Anders als Gottfrieds Version – so die leitende These – artikuliert Eilharts *Tristrant* ein ausgeprägtes Risikobewusstsein in allen diesen Dimensionen, das die Optionalisierung von Erzählerdiskurs, Themen und Handlungsstruktur an poetische Entscheidungsmöglichkeiten bindet. Wenn die Germanistik die Erzählgeschichte des Tristanstoffs bislang dominant von Gottfried her las, so könnte Eilharts riskante Agonalität somit neues Licht auf eine literarische Konkurrenz werfen, in der Gottfrieds Poetik der Ambiguisierung zwar nicht als Strategie der Wettkampfvermeidung, aber womöglich der Verdeckung von Differenzen zu betrachten wäre, die Eilharts *Tristrant* weitaus schärfer zuspitzt.

Literatur- und sozialgeschichtlich auf ganz anderes Gattungsterrain führen Martin SCHNEIDERs Analysen von sechs spätmittelalterlichen Mären. Seit längerem diskutierte die Altgermanistik, inwiefern novellistische Kurzerzählungen den Streit um soziale Normen nicht nur thematisieren, sondern den Differenzcharakter ihrer narrativen Ordnungen zunehmend chaotisch entfesseln. Demgegenüber arbeiten die Lektüren unterschiedliche Strategien heraus, mit denen die untersuchten Texte Gewaltdynamiken begrenzen und Auflösungsrisiken von Unterschieden gleichsam intern sichern, die sie gleichwohl zur Debatte stellen. In poetologischer Hinsicht werden so z. B. Überschreitungen aufgefangen, die aus der Kombination von mittellateinischen und volkssprachlichen Gattungsmustern hervorgehen (*Weinschwelg*). Aber auch konfligierende gender- und standesspezifische Verhaltensnormen werden bisweilen auf eine Ökonomie der Gabe verpflichtet, die ethische Divergenzen inklusiv vereint (*Rosshaut*). Inbesondere das Modell der Ehe wird als Beziehungstyp differenziert, der verschiedene Formen von Sozialität und Sexualität flexibel zusammenführt (*Hellerwertwitz*). Schließlich zielen selbst sogenannte priapeische Mären, die Begehren mittels obszöner Transgressionen, Verletzungen und Spaltungen von Person und Geschlecht darstellen, auf wechselseitige Interdependenz, die solches Begehren erst bestätigt. Weder münden die Erzählungen in harmonische, einfach bestimmte Ordnung, noch entgrenzen sie damit agonales Vergleichen zum Chaos. Vielmehr bergen die betrachteten Mären ihre Risikofreude an Alternativen in vielfältigen Motiven, Semantiken oder Argumentationsrahmen, die nur oberflächlich wie Rücknahmen erscheinen, tatsächlich aber vielfältige Optionen ein- und zusammenschließen.

Dies berührt zugleich systematische Fragen nach dem Zusammenhang von agonalen *Positionen*, die den Schwerpunkt der zweiten Sektion bilden. Auch der höfische Roman pflegt Formen des Wettkampfs, die ihre Risiken in Gestalt einfacher Erzählschemata bearbeiten, wiederholen und verstärken. Artusromane bevorzugen dazu die Verkettung ritterlicher Zweikämpfe, um adlige Vorrangansprüche performativ zu bestätigen, habituell zu vertiefen und zum sozialen Kapital der *êre* umzuwandeln. Wie Christopher MILLER in seiner Lektüre zu den Artusromanen Hartmanns von Aue herausarbeitet, werden diese Wettkämpfe nicht nur vom allgemeinen sozialen Kooperationsparadox getragen, demzufolge sich Kontrahenten gemeinsam zu überbieten suchen (wie es etwa Kalogreants berüchtigte Aventiure-Definition im *Iwein* umreißt). In strukturellem Sinne weist der frühe Artusroman schon die Positionierung seiner Wettkampfakteure als prekär aus, insofern der Kampf um *êre* einerseits Gleichrangigkeit voraussetzt, um Anerkennung wachsen zu lassen, andererseits jedoch der Differenz bedarf, um Gegner nach der Logik von Sieg und Niederlage zu positionieren. Diese Positionierung erweist sich nicht bloß dann gefährdet – so zeigen die Kämpfe im *Erec* –, wenn Ritter auf nicht-adelige oder gar nicht-menschliche Gegner wie Räuber bzw. Riesen treffen, sondern selbst gegenüber höfischen Wettkämpfern, die sich nicht eindeutig positionieren lassen (wie Guivreiz oder Mabonagrin). Schon der frühe Artusroman kennt somit das Risiko, kämpfen zu müssen, ohne dadurch bestimmt gewinnen zu können.

Agonale Positionierungen werden auch dann prekär, so argumentiert Maximilian BENZ, wenn religiöse Viten und Legenden agonale Codierungen einerseits aufnehmen, im Rahmen christologischer Leitkonzepte aber andererseits umwerten oder begrenzen. Zu den ikonisch folgenreichsten Objekten im christlichen Agon gehört der Wettstreit um Kleider, der sich von der Antonius-Vita des Athanasios über die Paulus-Vita des Hieronymus bis zur Martinsvita und den Legendaren des Spätmittelalters verfolgen lässt. Das Risiko liegt im Detail, greift aber grundsätzlich weit aus: Wie lässt sich christliche Vorbildlichkeit steigern und übertreffen, wenn die Nachahmung Christi *humilitas* verlangt? Während die frühen Viten die Bekleidungsbeschreibung ihrer Protagonisten zu einem paradoxen *Unter*bietungswettbewerb organisieren, schert schon die *Vita Martini* des Sulpicius Severus mit dem Motiv der Mantelteilung aus der Veräußerlichungsgefahr aus, die im Streben nach immer ärmlicheren Kleidern greifbar wird. Trotzdem positioniert Sulpicius sich damit nicht gänzlich außerhalb der aemulativen Reihe, sondern trägt deren Risiko fort und bis in spätmittelalterliche Legenden hinein: Während die Martinsvita zwar die *Über*bietungslogik des Kleiderwettstreits abstreift, befördert sie zugleich ein Heiligkeitskonzept, das auf *strît* bezogen ist. Lässt sich in der frühen Hagiographie somit ein programmatisches Risikobewusstsein für *aemulatio* und *imitatio* greifen, das explizit kommentiert und motivisch verdichtet wurde, so scheinen sich die Risiken des Kleiderwettstreits zu diversifizieren, der im Spätmittelalter ebenso ignoriert, entproblematisiert oder getilgt werden konnte.

Schärfere Positionierungen werden oft in jenen mittellateinischen Dialogdichtungen vermutet, die Hans WALTHER in einer Pionierstudie (1913) als ‚Streitgedichte' zusammentrug. Aus überlieferungskritischer Sicht revidiert Neil CARTLIDGE die Unterstellung einer distinkten Gattung, die sich, abgesehen von wenigen breit überlieferten Texten (wie dem bekanntesten Fall der *Visio Philiberti*), eher der Wirkungsgeschichte von isolierten, eigentümlichen Einzelfällen verdankt. Im modernen Forschungsproblem der Gattungsbestimmung kommt jedoch zugleich ein Risiko des historischen Textmaterials zum Vorschein, das unmittelbar mit der Artikulation von Positionen zusammenhängt. Streitgedichte, wie divers und singulär ihre Fälle auch gelagert sein mögen, formieren Oppositionen, drohen diese Differenzen jedoch zu figurativen Abstraktionen oder festen Stereotypen zu versteinern. Aus größerem Abstand wächst damit das Risiko, Strukturbildung durch Wettkampf derart zu verfestigen, dass diese gleichsam gattungsförmig anmuten oder gar kulturelle Differenzen von epochaler Geltung zu reproduzieren scheinen, während sie kaum nachweislich in Stein gemeißelt waren. Wie instabil diese Positionen vielmehr artikuliert wurden, zeigt ein näherer Blick etwa auf Streitgedichte wie die im Beitrag neu edierte und kommentierte *Disputatio inter Francum et Anglicum*, die nationale Differenzen eher streift als vertieft. Trotzdem schaffen auch solche Gedichte prägnante Oppositionsfiguren, die selektiv zitiert, isoliert und weiterverwendet werden können – und gar zu symbolischen Ressourcen für nationale Konfrontationen der Gegenwart wurden. Wiewohl vor dem Austritt Großbritanniens aus der Europäischen Union verfasst, haben diese Überlegungen angesichts identitätspolitischer Wettkämpfe der Gegenwart nichts an Brisanz verloren: Entgegen der thematischen Stoßrichtungen von Streitgedichten, deren historische Kontextbezüge oft mehr Fragen als Antworten aufgeben, riskieren die Oppositionsstrukturen der Texte politische, kulturgeschichtliche oder gattungssystematische Vereinnahmung, die sich so im Mittelalter zwar kaum abzeichnet – aber dennoch von Streitdichtungen begünstigt wird.

Systematisch gewendet, kommt darin ein Überschreitungspotential der Anverwandlung zum Ausdruck, das *Dynamiken* von Wettkämpfen grundsätzlich innewohnt – und vielfältige Anlässe zu Fortsetzung und Wiederholung, Übertragung und Verschiebung von agonalen Formen bietet. Ihnen widmen sich die Beiträge der dritten Sektion.

Die Analyse von Bent GEBERT nimmt dazu nochmals den *Welschen Gast* Thomasins von Zerklære in den Blick und fragt nach inhärenten Risikowahrnehmungen höfischer Spielkultur um 1200. Einerseits kommt Thomasin wiederholt auf Gefahren des Spielens zu sprechen, um daran sein Leitideal psychophysischer Selbstkontrolle zu illustrieren, das in permanenter Übung zu festigen ist. Wer sich auf Spiele einlässt, so lautet die moraldidaktische Warnung, droht einerseits diesen Habitus zu verletzen und zu verlieren. Verfolgt man jedoch die weitverstreuten Spuren der Spielsemantik konsequent über Thomasins Lehrwerk, finden sich andererseits aber auch Metaphern und Vergleiche, die Bewegungs- und Überschreitungsanreize des Spielens sehr viel positiver würdigen. Insgesamt zeichnet sich damit eine Risikowahrnehmung spielerischer Dynamik ab, die Thomasins Systematisierungsversuch höfischer Ethik polyvalent und unruhig durchzieht.

Anhand der Institutionalisierungsgeschichte agonaler Literaturwettbewerbe (*puys*) im Frankreich des 14. bis 17. Jahrhunderts zeichnet Vanina KOPP die sozialintegrative Kraft nach, die mit der Produktion, Aufführung und Bewertung von Wettkampfdichtung in städtischen und höfischen Kontexten verbunden war. Institutional verankert, boten Literaturspiele zunächst Anlässe zu sozialer Inklusion quer zu Ständen im kompetitiven Rahmen von Körperschaften und temporären Wettkampforden. Riskant blieb diese Praxis jedoch, weil sie ebenso als Distinktionsinstrument adaptiert werden konnte, um auszuschließen und scharfe politische Gefolgschaftsgrenzen zu ziehen, wie höfische Übernahmen der Literaturspiele belegen. Aus diachronem Vergleich der Quellen zu prominenten Städten und Höfen lässt sich somit eine agonale Versammlungspraxis rekonstruieren, die sowohl öffnend als auch schließend, partizipativ und exklusiv wirkte.

Nicht nur die Ausrichtung von Literaturspielen war kostspielig, sondern auch die mittelalterliche Literatur macht Wettkämpfe zur Ressourcenfrage. Wie Christopher MILLER setzt auch Martin BAISCH dazu bei ritterlichen Zweikämpfen an, beleuchtet jedoch mit der *Crône* Heinrichs von dem Türlin ein Fallbeispiel des späthöfischen Artusromans, das jegliche Positionierung seiner Zweikämpfer – und damit auch jegliches agonale Zumessen von *êre* – in der Wiederholungsdynamik unendlicher Schleifen aufschiebt. Der späte Artusroman verzerrt damit nicht etwa Kooperationsregeln und Distinktionsbedarf höfischer Kampflogik, sondern steigert beides maximal: In dauerhaften Wiederholungen bilden die Zweikämpfer Gawein und Gasozein eine Doppelfiguration absoluten höfischen Handelns, die von totaler Verausgabung nicht zu trennen ist. Statt in Hierarchien und Struktur münden Wettkämpfe so nur in Ohnmacht der Protagonisten und

Ermüdung des Erzählens. Intensitätssteigerung, die im Zusammenprall höfischer Körper erfahrbar wird, suspendiert in ihrem Strudel jeglichen Wert. Wird man mittelalterliche Erzählformen von agonaler Erschöpfung und *müede* im Erfahrungshorizont entkräftender Pandemien anders lesen? Zumindest für das höfische Erzählphantasma vom modulierten, regulierten Kampf (HAFERLAND) reißt die *Crône* ein geradezu abgründiges Verausgabungsrisiko auf, wie es kaum in einem anderen Roman derart zu Tage tritt, obwohl es den ritterlichen Aventiureroman durchgängig verfolgt: Je kooperativer Wettkämpfe auf gemeinsame Einübung zur Wertsteigerung zielen, desto weiter schieben sie Werte, Belohnung und Kompensation hinaus – eine offene Finalisierung, die in der *Crône* unerfüllt bleibt.

I Differenzen

Steffen Bogen
Topologie des Spielens
Zur Eskalation eines Brettspiels im *Welschen Gast*

Im Brettspiel wird zweifellos anschaulich, was Erving GOFFMAN eine „zentrierte Versammlung" genannt hat.[1] Die Spieler befinden sich in physischer Gegenwart der anderen. In den Spielmaterialien haben sie einen gemeinsamen „visuellen und kognitiven Brennpunkt der Aufmerksamkeit",[2] ihre Handlungen und wechselseitigen Beobachtungen sind verwoben. Mit ‚Zentrierung' ist also keine nur geistige Fokussierung, sondern eine körperliche Ausrichtung auf die Spielmaterialien und ein durch das Spiel geregelter Kontakt gemeint. Für die Dauer der Partie wird eine Richtung nach innen von einer Richtung nach außen unterschieden. Ich möchte diese ‚Topologie des Spielens', die sich mit dem grundlegenden Dispositiv eines Brettspiels verbinden lässt, zunächst allgemein skizzieren, bevor ich ihre Ausgestaltung und Überschreitung am historischen Fallbeispiel betrachte.

I Spielfeld, Spielerunde und *Off* des Spiels

Die Spieler sitzen in einem Zwischenraum: Innen, im Zentrum, befinden sich Materialien, deren kontingente Konstellationen in einem mehr oder weniger artikulierten Feld im Fokus der Aufmerksamkeit stehen und eine Quelle des Streits bilden. Außen, im Übergang zum *Off* des Spiels, kann die Anteilnahme möglicher Zuschauer abnehmen und die Indifferenz gegenüber dem Spielgeschehen wachsen. In gewisser Weise bleiben aber auch die Regeln des Spiels indifferent gegenüber den konkreten Entscheidungen, die in der Partie getroffen werden. Regeln geben Wahlmöglichkeiten vor, ohne die Entscheidung über Sieg oder Niederlage direkt zu treffen. Mit der Topologie des Spielens sind somit drei verschachtelte Zonen zu unterscheiden, die jeweils widersprüchlich charakterisiert sind:
1. das innere *Spielfeld*, das kontingente Konstellationen festhalten kann;

---

[1] GOFFMAN, Erving: Interaktion. Spaß am Spiel. Rollendistanz, München 1973, S. 20 f.
[2] Ebd.

2. die durch Konsens und Konflikt charakterisierte *Spielerunde* als Zwischenzone;
3. das durch Exklusionsregeln geprägte *Off* des Spiels mit Akteuren, die mehr oder weniger unbeteiligt sind, mit Dingen, die nicht ins Spiel kommen sollen, und Regeln, die gültig bleiben. In einer weniger terminologisch anmutenden Sprache kann man das *Off* auch einfach den *Spielraum* nennen, der *Spielerunde* und *Spielfeld* verklammert, wobei das Spielfeld in der Spielerunde und die Spielerunde im Spielraum enthalten ist.

Die *Spielerunde* ist eine zeitweilige Sphäre der Aktivität, die aus dem „gewöhnlichen" Leben heraustritt.[3] Sie kann als räumliche Zwischenzone in Segmente aufgeteilt sein, die für unterschiedliche Richtungen des Zugriffs auf das Feld stehen, sodass Zugregeln spezifiziert werden können und die Partie durch ein Hin und Her charakterisiert ist.[4] Aus räumlichem Konsens, der gemeinsamen Ausrichtung auf das Feld, wird damit ein räumlicher Konflikt, der Zug in verschiedene Richtungen. Die Segmente der Spielerunde können aber auch für unterschiedliche Phasen im Ablauf der Zeit stehen. Ich greife die Doppeldeutigkeit des Begriffs ‚Spielerunde' auf und beziehe ihn sowohl auf die räumliche Zentrierung als auch auf die Bildung von zeitlichen Perioden und Phasen des Spiels. So werden bei Wettrennen ‚Runden' gezählt und damit auch das reguläre Ende des Wettkampfes bestimmt. Im Brettspiel bezeichnet Runde meist die Periode, in der alle Spieler einmal am Zug waren. Es ist üblich, über die Sitzordnung festzulegen, in welcher Reihenfolge Teilnehmer das Zugrecht erhalten. Solange das Feld nach den Regeln des Spiels transformiert wird, bildet die Runde eine seriell wiederholte Einheit, aus deren Variation sich der Verlauf der Partie zusammensetzt.

Zu beachten ist, dass die Körper der Spieler an allen Zonen Anteil haben. Sie sitzen nicht nur in der Spielerunde und nehmen dort verschiedene Positionen ein, sondern sie greifen auch Zug um Zug ins Feld ein. Spieler können die Position der Materialien im Feld verändern, ohne die eigene Position in der Runde aufgeben zu müssen. Im geregelten Kontakt mit den Materialien sondern sie das Spielfeld überhaupt erst von der Spielerunde ab. Doch auch das *Off* des Spiels kann nur

---

3 So die bekannte Definition des Spiels bei HUIZINGA, Johan: Homo ludens. Vom Ursprung der Kultur im Spiel, Hamburg 1956, S. 16.
4 Anregende Überlegungen zur Räumlichkeit und Körperlichkeit des Spielens bei KRÄMER, Sybille: Die Welt – ein Spiel? Über die Spielbewegung als Umkehrbarkeit. In: Denken und Lernen mit Bildern. Interdisziplinäre Zugänge zu Ästhetischer Bildung. Hrsg. von Rolf NIEHOFF/Rainer WENRICH, München 2007 (Kontext Kunstpädagogik 12), S. 238–254. Der Ansatz steht in der Tradition von BUYTENDIJK, Johannes: Wesen und Sinn des Spiels. Das Spielen des Menschen und der Tiere als Erscheinungsformen der Lebenstriebe, Berlin 1933.

wirksam werden, wenn sich die Spieler aktiv abwenden und etwas von der Partie fernhalten, was in ihrem Rücken liegt und für die Dauer der Partie ‚außen vor' bleiben soll.

Gregory BATESON hat das Spiel als einen meta-kommunikativen Rahmen charakterisiert, in dem leicht paradox signalisiert werden muss, dass Handlungen nicht bis zum bitteren (oder süßen) Ende durchgezogen werden müssen. Das, was sie im Ansatz zu bezwecken scheinen, ist nicht wirklich gemeint. Zwischenschritte können ohne Konsequenz bleiben.[5] Ein solcher Rahmen, in dem sich der Wettstreit z. B. nicht zu blutigen Auseinandersetzungen auswachsen muss, materialisiert sich im begrenzten Feld und den kleinen Materialien eines Brettspiels von Anfang an. Das Brettspiel ist eine Gattung, in der Konflikte modellartig simuliert und aus einer Quasi-Außenperspektive kontrolliert werden können. Und doch sind die Ordnung und Symmetrie, die mit der ersten Aufstellung von Figuren verbunden sind, meist nicht das eigentliche Ziel des Spiels. Mit dem Fall von Würfeln und dem Mischen von Karten wird die Mitte planmäßig für Kontingenz und Chaos geöffnet. So kann offenbleiben, was die Spieler eigentlich wollen: Chaos stiften, um Ordnung herzustellen, oder Gleichgewichte schaffen, um sie in die Asymmetrie von Gewinn und Niederlage kippen zu können.[6]

So ist auch die Spielerunde durch eine widersprüchliche Überlagerung von Konsens *und* Konflikt geprägt. Die Spieler sitzen gemeinsam am Tisch und einigen sich auf Regeln, im Spielfeld kämpfen sie jedoch meist als Parteien gegeneinander. Viele Paradoxien bündeln sich in der Konstruktion von Spielern, die ihre Identität über das Spiel hinaus behalten und in neue Partien mitnehmen können. Sie müssen, wie BATESON betont, bereits in der Partie signalisieren, dass ein Teil von ihnen außerhalb des Spiels bleibt und dass sie aus der Partie aussteigen und zu anderen Spielen und Regeln übergehen können, ohne ihre Identität zu verlieren. So wissen die Spieler am Ende vielleicht selbst nicht mehr genau, ob sie vor allem diese eine Partie gewinnen, oder einfach nur wiederholt spielen wollen.

Auch das *Off* – oder der *Spielraum* – ist doppelt charakterisiert und bleibt bereits in der räumlichen und zeitlichen Verortung unsicher: als etwas, was nicht zum Spiel gehört, scheint die Instanz vor allem im Rücken der Spieler zu liegen. Als Regel, die festlegt, was im Austausch von Spielfeld und Spielrunde relevant

---

5 Vgl. BATESON, Gregory: Eine Theorie des Spiels und der Phantasie. In: DERS.: Ökologie des Geistes. Anthropologische, psychologische, biologische und epistemologische Perspektiven, Frankfurt a. M. 1988, S. 241–261, hier S. 254. Zur Soziologie des Spiels vgl. auch GOFFMAN, Interaktion (Anm. 1).
6 Vgl. grundlegend mit Bezug auf die Gattung Brettspiel RANDOLPH, Alex: Homo Ordinator. Opening lecture for the Colloquium on Board Games in Academia, Florenz. Zum 80. Geburtstag des Spieleerfinders, Uehlfeld 1999, S. 5–37.

ist, und zugleich Zugmöglichkeiten und Spielräume offen lässt, dringt sie jedoch tief ins Innere des Spiels und seine Gegenwart ein und verbindet die getrennten Sphären Feld und Runde. Der Spielraum ähnelt dem Grund, der im Hervorbringen einer Figur verschwindet.[7]

Der Spielraum verklammert Spielrunde und Spielfeld, indem festgelegt wird, was im Spielfeld nicht passieren darf, ohne dass Runde und Partie dadurch abgebrochen werden müssten.[8] Eine frühe Grundregel des Brettspiels besteht z. B. darin, dass die Spieler abwechselnd ziehen. Mit der doppelten Negation („Es ist *nicht* erlaubt, dass ein Spieler wiederholt zieht, ohne dass sein Mitspieler am Zug war"; oder: „es kann *nicht* sein, dass die Partie nach einem Doppelzug *nicht* abgebrochen wird") wird festgeschrieben, was – bei allen Wahlmöglichkeiten – geschehen *muss*, wenn die Partie fortgesetzt werden soll.

Mit dem *Off* sind Regeln der Irrelevanz verbunden, die für eine stark selektive Wahrnehmung des Feldes durch die Spielerunde sorgen.[9] Die Spieler sehen über das hinweg, was im Feld und in der Spielerunde nach den Regeln keinen Unterschied machen soll, zum Beispiel das leichte Zurechtrücken einer Figur. Natürlich kann es zur Quelle des Streits werden, ob ein Spieler die Figur berührt hat (und damit führen muss) oder nur zurechtgerückt hat. Der Spielraum nistet sich also auch im Feld und in der Spielerunde ein. Er lässt sich nicht auf eine räumliche Zone reduzieren, die die Spielerunde als isolierbare Wirklichkeit von außen einfasst, sondern ist auch eine Art gemeinsame Vergangenheit aller Teile und Teilnehmer des Spiels, aus dem die Zwänge und Wahlmöglichkeiten erwachsen.

Das Verhältnis von Spielraum und Spielerunde hat ein ebenso destruktives wie kreatives Potential. Die Partie kann aus dem Spielraum heraus aufgebrochen werden, der geregelte Kontakt zwischen Feld und Runde zusammenbrechen und ein offener Konflikt den Konsens dominieren. Die Partie kann sich aber auch im Konsens entwickeln, durch neue Regeln erweitert oder eingeschränkt werden.[10]

---

7 Vgl. BOEHM, Gottfried: Der Grund. Über das ikonische Kontinuum. In: Der Grund. Das Feld des Sichtbaren. Hrsg. von DERS./Matteo BURIONI, München 2012, S. 29–94.

8 Zum doppelten Einschluss als doppelter Negation und konditionierter Affirmation vgl. PEIRCE, Charles S.: Prolegomena to an Apology for Pragmaticism. In: The Monist 16 (1906), S. 492–546; übersetzt in: Charles S. PEIRCE: Prolegomena zu einer Apologie des Pragmatizismus. P 1128. In: Semiotische Schriften. Hrsg. von Helmut Pape, Bd. 3, Frankfurt a. M. 1993, S. 132–192, insbes. S. 175. Vgl. auch BOGEN, Steffen: Die Schlinge als Konklusion. Zum Bild des Denkens bei Charles S. Peirce. In: Das bildnerische Denken. Charles S. Peirce. Hrsg. von Franz ENGEL u. a., Berlin 2012, S. 235–251.

9 Vgl. GOFFMAN, Interaktion, S. 22 (Anm. 1).

10 Dass riskantes Spiel nur in einer Sphäre der Sicherheit stattfinden kann, betont besonders SUTTON-SMITH, Brian: Die Dialektik des Spiels. Eine Theorie des Spielens, der Spiele und des Sports, Schorndorf 1978.

Dieses Wechselspiel von destruktiven und kreativen Partieverläufen ist der vielleicht geheimnisvollste Zug, den man als Evolution von Spielen fassen kann: Wie können sich in der Wiederholung von Partien neue und andere Regeln des Spiels durchsetzen? Dies ist ein zeitlicher Prozess, bei der Ursprungsmomente gerade nicht vergessen, sondern Runde für Runde gegenwärtig bleiben, geteilt und variiert werden. Was einmal so geschehen ist, kann dann immer wieder so passieren.

Mit der Topologie des Spielens können geradezu erstaunlich viele Phänomene beschrieben und aufeinander bezogen werden. Man könnte zum Beispiel versucht sein, weit über die Kulturgeschichte hinaus, in die physikalische Modellbildung hinabzusteigen, um dort – etwa im regulierten Austausch von Photonen, der mit dem Aufbau von Atomen und Molekülen entsteht – Topologien des Spielens wiederzuerkennen.[11] Man könnte aber auch an kulturtheoretische Typologien des Spielens anschließen und versuchen, den Familienähnlichkeiten in der unerschöpflichen Menge der Spiele nachzugehen.[12] Hierfür scheint es entscheidend, die Individualität von Körpern und die topologischen Zonen des Spielens gegeneinander beweglich zu halten. Die Unterscheidung von Zonen des Spielens geht fast immer quer durch die Körper von Spielern, die halb im Feld agieren, sich halb in der Spielerunde verorten und diese so gut es geht gegen das *Off* des Spiels abschirmen. Spielformen können sich dann durch dominante Richtungen unterscheiden, in die die Körper der Spieler eingespannt sind. Das rauschhafte Spielen lässt sich zum Beispiel als Dominanz einer zentrierenden Tendenz verstehen, in der die spielenden Körper ins Feld gezogen und zu Spielmaterialien umgeformt werden. Der Rückzug ins *Off* des Spiels scheint dagegen für Brettspiele charakteristisch und stärkt deren ludischen Regelcharakter.[13]

Um diese Verallgemeinerungen zu konkretisieren, will ich im Folgenden eine einzige Miniatur aus einer frühen Handschrift des *Welschen Gast* analysieren, die die Eskalation eines Brettspiels zum Thema hat.[14] Das Überraschende daran ist, wie präzise, inhaltsreich und prozesshaft die skizzierte Topologie des Spielens in

---

11 Tatsächlich beschreibt z. B. Richard FEYNMAN quantenphysikalische Prozesse immer wieder mit der Metapher des (Schach-)Spiels, um zu markieren, dass das Verhalten der „Teilchen" einerseits seltsamen Regeln folgt, andererseits spontane Bestimmungen zulässt, vgl. z. B. FEYNMAN, Richard P.: Vorlesungen über Physik, Bd. 1, München, Wien 2007, S. 71.
12 Wittgenstein führt das Konzept der Familienähnlichkeit am Beispiel von Spielen ein: WITTGENSTEIN, Ludwig: Philosophische Untersuchungen, Bd. 1, Frankfurt a. M. 1953, S. 66 f.
13 Die Überlegungen schließen an die Typologie von Spielformen bei CAILLOIS an, auch wenn die Skizze stärker die Verbindung und nicht die Trennung der Prinzipien betont, vgl. CAILLOIS, Roger: Die Spiele und die Menschen. Maske und Rausch, Frankfurt a. M. u. a. 1982.
14 Heidelberg, Universitätsbibliothek, Cod. Pal. germ. 389, fol. 11ᵛ.

der Buchmalerei des 14. Jahrhunderts angelegt ist und als eine Art Matrix für kreative und destruktive Seiten des Spielens analysiert werden kann.

II Eine eskalierte Partie im *Welschen Gast*

Anders als beim körperlichen Kampf oder Sport, bei dem sich die Akteure im Feld ‚Auge in Auge' und eventuell auch ‚Zahn um Zahn' gegenüberstehen, beobachten sich die Spieler beim Brettspiel nicht nur gegenseitig.[15] Sie schauen vor allem schräg von oben auf das Brett und auf die Anordnung der Materialien, die den aktuellen Spielstand definieren und sich mit dem nächsten Zug verändern werden. Die Phasen des Zugriffs sind meist durch alternierende oder reihum wechselnde Zugrechte geregelt, weshalb Brettspiele meist nicht durch einen Vergleich der Muskelkraft und Reaktionsschnelligkeit, sondern durch Glück und Verstand entschieden werden.[16]

Die abgefederte Konfrontation der Spieler macht die Grenze zwischen innerem Spielfeld und äußerer Spielerunde zu einer recht klar lokalisierten und doch durchlässigen Membran. Die Spieler haben Zugriff auf das Feld und können die Stellung im Feld verändern. Zugleich prüfen sie den Zug als Mitglieder der Spielerunde aus einer gleichsam neutralen Außenperspektive auf die Einhaltung der Regeln, die die Fortsetzung des Spiels im Konsens ermöglicht.

In den ältesten Beispielen, in denen Brettspiele dargestellt werden, bleibt die Topologie des Spielens das zentrale Thema, auch wenn bestimmte Spielmaterialien und Spielsituationen dargestellt werden. Eine erste räumliche Gliederung wird geleistet, indem das meist in Aufsicht gezeigte Feld von einer in Ansicht gezeigten Spielerunde umschlossen wird.[17] Der Kontext der Miniatur im *Welschen Gast*, der ich mich nun zuwende, ist eine Warnung vor dem Spiel im Rahmen einer

---

15 Zur Geschichte der Brettspiele vgl. GLONNEGGER, Erwin: Das Spiele-Buch. Brett- und Legespiele aus aller Welt. Herkunft, Regeln und Geschichte, Uehlfeld 1999; Spiele der Menschheit. 5000 Jahre Kulturgeschichte der Gesellschaftsspiele. Hrsg. von Ulrich SCHÄDLER, Darmstadt 2007. Beide Bücher sind mit zahlreichen Abbildungen versehen. Einen an Spielprinzipien orientierten Überblick bietet PARLETT, David: The Oxford History of Board Games, Oxford 1999.
16 Vgl. auch ‚Mit Glück und Verstand'. Zur Kunst- und Kulturgeschichte der Brett- und Kartenspiele. 15.–17. Jahrhundert. Katalogbuch zur Ausstellung im Museum Schloß Rheydt vom 29. Juli bis 25. September 1994. Hrsg. von Christiane ZANGS u. Hans HOLLÄNDER, Aachen 1994.
17 Zur frühen Ikonographie des Brettspiels vgl. Alfons X. „der Weise". Das Buch der Spiele (Ludographie, Spiel und Spiele 1). Hrsg. von Ulrich SCHÄDLER/Ricardo CALVO, Berlin, Wien 2009, insbes. S. 33–44; WOLLESEN, Jens T.: Sub specie ludi. Text and Images in Alfonso El Sabio's Libro de Acedrex, Dados e Tablas. In: Zeitschrift für Kunstgeschichte 3 (1990), S. 277–308 und CANETTIERI, Paolo: Alfonso X el Sabio. Il libro di giochi, Bologna 1996, S. 36.

höfischen Verhaltenslehre.[18] „Wer seine Zunge im Zaum halten will, soll sich vom Spiel fernhalten" heißt es wenig zuvor.[19] Die Begierde zu gewinnen und der Zorn über die Niederlage führten in den Kontrollverlust: *daz ſpil gît hazzes, zornes vil / girde und erge iſt bi dem ſpil.*[20]

Abb. 1: Heidelberg, Universitätsbibliothek, Thomasin von Zerklære, *Welscher Gast* (Sigle A), Cod. Pal. germ. 389, fol 11ʳ.

Ich betrachte zunächst, wie die Miniatur aus der Mitte des 13. Jahrhunderts die Eskalation der Partie und ihre Eindämmung in Szene setzt. Im Zentrum der Anordnung ist ein überdimensionales Kästchen vertikal aufgeklappt. Es steht mit seiner doppelten Rahmung für ein räumlich begrenztes *Spielfeld*. Die Struktur des Spielplans kann in unterschiedlichen Größen reproduziert werden – von der

---

18 Handschriften und Illustrationen werden auf der Plattform ‚Welscher Gast digital' erschlossen und zugänglich gemacht: Thomasin von Zerklære: Welscher Gast. Text-Bild-Edition ‚Welscher Gast digital'. Hrsg. von Jakub ŠIMEK unter Mitwirkung von Peter SCHMIDT und Christian SCHNEIDER, Universitätsbibliothek Heidelberg. http://digi.ub.uni-heidelberg.de/wgd/ (15.03.2018). Die hier analysierte Ikonographie wird als „Motiv 16: Die Spielsucht" erfasst. Zu Text-Bild-Beziehungen der Handschriften vgl. DISANTO, Raffale: La parola e l'immagine nel ciclo illustrativo del Welscher Gast di Thomasin von Zerklaere, Triest 2003. Zur kulturhistorischen Einordnung STARKEY, Kathryn: A courtier's mirror. Cultivating elite identity in Thomasin von Zerclaere's Welscher Gast, Notre Dame 2013.
19 *Swer ſich an rede bewaren wil, / der ſol ſich hüeten vor dem ſpil.* Hier und im Folgenden zitiert nach der Ausgabe von Heinrich Rückert: Der wälsche Gast des Thomasin von Zirclaria. Zum ersten Male hrsg. mit sprachlichen u. geschichtlichen Anmerkungen von Heinrich RÜCKERT, Quedlingburg 1852, ND Berlin 1965 (Bibliothek der gesammten deutschen National-Literatur von der ältesten bis auf die neuere Zeit. Abt. 1 / 30), V. 687–688. Übersetzung S. B.
20 Ebd., V. 703–704.

verkleinerten Form der vorliegenden Repräsentation bis zu monumentalen, in Marmor ausgelegten Spielfeldern der Paläste.[21] Es ist die Struktur eines Tricktrackbrettes-Feldes mit seinen 24 Feldern, die in vier Gruppen angeordnet sind. Sie stehen sich als gezackte Spitzen gegenüber. Das Kästchen, das man auf- und zuklappen kann, steht nicht nur für die räumlichen Grenzen des Spielfeldes, sondern auch für die zeitlichen Grenzen einer Partie, in der eine Spielerunde um das aufgeklappte Brett entsteht.

Innerhalb des Feldes liegen drei Würfel. Von den Spielsteinen ist nichts zu sehen. Es scheint, als ob der Maler das Spiel in Erinnerung rufen wolle, ohne einen speziellen Stand der Partie zu bestimmen. Nur in den Würfeln wird er konkret, gefallen sind die Augen sechs, fünf und drei. Der Buchmaler legt damit den Fokus auf die Kontingenz der fallenden Würfel. Das Spielfeld wird als eine Zone ausgewiesen, in die immer wieder die gleichen Dinge hineinfallen, immer wieder neu und ohne Bezug auf das, was bis dahin geschehen ist, ob man dies nun Glück, Pech, Zufall oder Schicksal nennen mag.[22] Die gegeneinander gekehrten Spitzen des Bretts sind aber auch ein deutlicher Verweis auf den Antagonismus der Partie. Wir wissen, dass die Steine in der Partie quer zur Ausrichtung der Spitzen bewegt werden und das Gegeneinander der Spieler damit bereits auf Ebene der Zugrichtung entschärft wird. Dennoch symbolisieren die Spitzen den Konflikt, der in der Spielerunde durch den unterschiedlichen Zugriff auf das Spielfeld und die vorgegebene Zugrichtung entsteht.

Auf beiden Seiten des Bretts sitzen die Spieler, genauer gesagt: Sie könnten sitzen. Denn sie zeigen zwar Sitzhaltungen, die Stühle oder Bänke sind jedoch weggelassen. Bliebe der Kampf im Spielfeld eingeschlossen, könnte die Spielerunde um die Positionen auf dem Brett streiten, ohne ihre festgelegten Plätze in der Spielerunde zu verlassen. Die Spielerunde würde trotz Konflikt für Konsens stehen: beide Spieler würden versuchen, nach den gleichen Regeln zu gewinnen, auch wenn nur einer Sieger werden kann. Die harmonische Phase der Partie ist jedoch vorbei – der Konflikt eskaliert. Die Grenzen des Spielfeldes verschieben sich damit in die Runde der Spieler hinein.

In der Heidelberger Handschrift wird dieser Moment deutlich herausgearbeitet. Der linke Spieler ist noch bekleidet, der rechte ist ausgezogen und im Begriff, seinen Rock zu verlieren. Noch respektieren die Spieler das Feld, das sie im Konsens gesetzt haben. Mit feiner Präzision sind zwei Finger des blau gekleideten Spielers bis an den doppelten Rahmen geführt. Selbst die wütende Klage

---

21 Ein monumentales, in Marmor ausgelegte Pachisi-Feld findet sich z. B. im Königspalast von Fatehpur Sikri, Ende des 16. Jahrhunderts.
22 Zur Geschichte des Würfels vgl. SCHÄDLER, Ulrich: Schicksal – Chance – Glück. Die vielen Seiten des Würfels. In: SCHÄDLER, Spiele der Menschheit (Anm. 15), S. 8–19.

des Unbekleideten durchkreuzt das Feld nicht, sondern verstärkt seine Rahmung. Auf dem Spruchband unter dem Brett ist zu lesen: *Er hat mir vor gesetzet*. Die Anklage bezieht sich nicht auf das Setzen der Spielsteine (die in der Miniatur ja gar nicht sichtbar sind), sondern auf den Einsatz im Spiel, der gut sichtbar ist. Gespielt wird um die Kleidung. *Er hat mir vor gesetzet* bedeutet also: „er hat diesen Einsatz oder dieses Pfand von mir gefordert".[23]

Der unbekleidete Spieler erhebt seine Hand über das Feld und hält etwas, was als Würfelbecher Teil der Spielmaterialien gewesen sein könnte. Der Gegenstand wird ebenso kreativ wie destruktiv zum Wurfgeschoss umfunktionalisiert. Der Spieler greift auf die gleichen Materialien zurück, schlägt aber sozusagen einen brutaleren Wettkampf vor, bei dem man sich, ohne Gegenzüge abwarten zu müssen, mit Materialien bewirft. Die Grenze des Kampffelds verschiebt sich damit anschaulich in die Runde der Spieler hinein. Die Eskalation wird als Expansion des agonalen Feldes beobachtbar und impliziert ein Durcheinander in der Reihenfolge der Züge. Die Rundenstruktur wird geschwächt und die Frage ist, wer als erster aus der zeitlichen Ordnung des Spiels ausgebrochen ist: Wer hat eine Vorleistung gefordert, ohne dass der andere sie nach den Regeln hätte erbringen müssen? So entzündet sich der Streit wie so oft an der Frage, wer angefangen hat.

Und doch fängt die Miniatur diese Bewegung nach außen in einer Gegenbewegung nach innen auf. Zuschauer, die bisher als neutrale Beobachter der Partie am Rande der Spielerunde im Übergang zum *Off* des Spiels standen, werden gezwungen, Partei zu ergreifen. Links steht eine grün bekleidete Figur mit Waage, die als Recht bezeichnet wird. Auf der anderen Seite hält der blau gekleidete Zorn ein blutiges Schwert als Attribut. Die Figuren sind durch Beischriften und ihre symbolisch zu deutenden Attribute als Allegorien ausgewiesen. Waage und Schwert könnten zusammen das Attribut *einer* Personifikation bilden. Sie würden dann das Prinzip einer mit Macht ausgestatten Gerechtigkeit oder einer gerechten Gewalt verkörpern. Hier sind die Attribute jedoch noch oder bereits wieder auseinanderdividiert.[24]

Der Spieler links wendet sich um, ohne die Grenzen zwischen Feld, Spielerunde und *Off* des Spiels wirklich verschieben zu wollen. Er wendet sich an das ‚Recht' als Schiedsrichter, der den regulären Verlauf der Partie garantieren soll. Aus dem *Off* der Partie heraus soll er über die Einhaltung von Regeln wachen und klären, was der Fall ist. Der Spieler fordert seinen Kontrahenten auf, diesen Richter zu befragen: *nu vrage den*. Der Schiedsspruch ist klar: *Er tvt dir vnreht*.

---

23 Ich danke Bent GEBERT für diese Klärung.
24 Vgl. OSTWALDT, Lars: Aequitas und Justitia. Ihre Ikonographie in Antike und Früher Neuzeit, Halle a. d. Saale 2009, S. 27 f. zur Verbindung von Schwert und Waage in der mittelalterlichen Ikonographie.

Worauf sich die Pronomina ‚du' und ‚er' beziehen, entscheidet sich indexikalisch über die Nähe, Position und Ausrichtung der beiden Sprecher im Raum. So kann der Verdacht entstehen, dass der Richter von Beginn an nicht über und zwischen den Spielern, sondern parteiisch auf Seiten des Angeklagten steht. Festzuhalten ist jedoch, dass er eindeutig diesem bekleideten Spieler Recht zuspricht.

Auf der anderen Seite treibt der Zorn den nackten Spieler mit blutigem Schwert an. Er stachelt ihn zur Gewalt auf: *Wirf in mit dem ftein*. Er greift offen parteiisch in das Spiel ein und ‚verändert' dessen Regeln. Aus einer Perspektive, die immer noch im *Off* des Geschehens liegt, lässt sich beobachten, was hier eigentlich passiert. Konflikte, die im Spielfeld eingegrenzt werden sollen, greifen auf die Spielerunde über. Die Zuschauer werden zu Parteien, die in das eskalierte Spiel hineingezogen werden und die Spieler am Tisch lenken, zumindest beraten, ähnlich wie diese zuvor ihre Spielfiguren auf dem Brett gesteuert haben. Der nackte Spieler macht den Körper des anderen zur Zielscheibe. Er versteht dies als Antwort auf den Umstand, dass der andere seine Kleidung bereits in das Feld hineingezogen hat. Indem sich die Spieler erster Ordnung im Feld verstricken, entsteht eine neue Randzone und offene ‚Spielerunde', in der die Zuschauer den Verlauf bewerten, die eine oder andere Seite unterstützen und eskalierend oder deeskalierend eingreifen.

Die allegorischen Figuren, die zugleich als Zuschauer der Partie fungieren, sind deutlich im *Off* des Spiels angesiedelt. Sie besetzen einen Spielraum, in dem die Indifferenz gegenüber dem Ausgang der Partie graduell abnehmen kann, wodurch mit der Zone auch Regeln verbunden werden können, die durch den Verlauf der Partie bestätigt und nicht verändert werden können. Gerade in diesem Fall werden zwei Aspekte deutlich, die mit dieser Konstellation verbunden sind: zum einen betreffen die Regeln Spielfeld *und* Spielerunde. Was zunächst topologisch getrennt wurde, wird hier wieder verknüpft. Denn die Regeln schreiben vor, mit welchen periodischen und räumlichen Einschränkungen die Spielerunde auf das Feld Zugriff hat und was dort als Spielstand und Spielziel unterschieden werden soll. Zum anderen wird deutlich, wie die Verletzung von Regeln zum Abbruch der Partie führt, was in einen prekären Moment mündet, in dem nicht klar ist, wie es weitergehen soll.

Zwischen der Spielerunde und dem Spielraum, in dem (zunächst) indifferente Beobachter das Spiel aufbrechen und verändern können, entsteht eine Zone des *betwixt and between*. In ihr taucht mit der ‚Girde' nun wirklich eine Dritte und Mittlerin auf, die die Grenzverschiebung zwischen Spielfeld und Spielerunde weiter dynamisiert und auch die Unterscheidung zwischen den beiden Parteien in Bewegung bringt. Zunächst kann sie etwas zur Aufklärung des Falles beitragen. Sie legt dem nackten Spieler die Hand auf die Schulter und flüstert ihm zu: *Spil auf den roch du gewinneſt*. Das muss zur Vergangenheit und Vorgeschichte der gezeigten Situation gehören. Es ist also der Verlierer selbst, der, von der Gier angestachelt, seinen Rock eingesetzt hat. Er bestreitet das erst im Moment der Niederlage, sein Protest ist also das Geschrei eines schlechten Verlierers.

In anderer Hinsicht bricht die Gier die übersichtliche Situation jedoch auf und sorgt bereits positional für Verwirrung und Ungleichgewicht. Sie stiftet ein neues Zentrum, das zu beiden Seiten Zugang hat und die Spieler verbindet. Den nackten Spieler fasst sie vertraulich an. Der linke Spieler wendet sich zwar von der Gier ab und der Gerechtigkeit zu, genau das lässt sich jedoch als Wahlmöglichkeit verstehen, die hier in einem moralischen Sinn ausgeschlagen wird. Die Möglichkeit, die ‚Girde' anzusehen, wäre seine gleichsam natürliche Haltung im Spiel, so wie es bereits der moralisierende Text formuliert: kein Spiel ohne Gier und Bosheit.

Abb. 2: Thomasin von Zerklære, Welscher Gast (Sigle H), burgundische Handschrift, Anfang 15. Jh., Berlin, Staatsbibliothek, Ms. Ham 675, fol 11r.

Somit ist die Gier hinter dem nackten Spieler nicht nur auf Seiten des Verlierers wirksam. Sie steht – wie der Kontrast zwischen ihrem roten Gewand und der nackten Haut des Verlierers verdeutlicht – für das Begehren, den anderen zu entkleiden, seinen Körper in das Spielfeld hineinzuziehen und Macht über ihn zu gewinnen. Dieses Begehren ist mindestens ebenso stark mit der Partei des Gewinners verbunden, wie mit der des Verlierers. Mit ihrem leuchtend roten Gewand ist die Begierde das energetische Zentrum der Szene. Die Twixter-Figur ist kein abstraktes Symbol, sondern eine visuelle Konkretisierung. Damit kommt auch die Position des Lesers ins Spiel. So mag die Handschrift im historischen Kontext nicht nur als moralisierende Lektüre, sondern in ihrer körpernahen Ikonographie als Vorlage für oder Erinnerung an eigene sexuelle ‚Spielhandlungen' gedient haben. Die Kultivierung des Begehrens ist das zentrale Thema der höfischen Verhaltenslehre und sie wird über die Bilder nicht nur als abstrakte Unterscheidung zwischen gutem und schlechtem Verhalten thematisiert, sondern dem Leser ganz konkret als gleichsam offene Frage und Aufgabe vor Augen geführt.

Das lässt sich nicht nur rezeptionsästhetisch vermuten, sondern auch rezeptionsgeschichtlich aufzeigen. Eine vermutlich burgundische Handschrift des *Welschen Gastes* aus dem 15. Jahrhundert zeigt die Szene in einer etwas anderen Konstellation (Abb. 2). Gier und Spieler erster Ordnung scheinen die Plätze getauscht zu haben. Die männliche Figur trägt nun als Personifikation das rote Gewand. Die weibliche Spielerin sitzt nackt am Tisch. Sie hält ein rotes Herz in der Hand, scheint es ihrem Gegenüber weniger an den Kopf werfen zu wollen als es zu präsentieren. Die erotisch aufgeladene Situation erinnert an die Ikonographie von Spielkarten. Im süddeutschen Raum bildet sich eine Tradition heraus, die zwei der vier Unterkarten als Frauen darstellt, die eine bekleidet, die andere – mit dem Farbzeichen Herz – nackt.[25] Andere Kartensätze zeigen eine nackte Königin, die das Farbzeichen Herz ähnlich nach oben hält, wie es die nackte Dame tut, die in der burgundischen Handschrift Tricktrack spielt (Abb. 3).[26] Brett- und Kartenspiele erweisen sich als verwoben mit ‚Liebesspielen', ohne dass aus der ikonographischen Analyse erschließbar wäre, in welchem Kontext sie zur Anbahnung oder auch Abwehr und Einschränkung körperlicher Kontakte gedient haben

---

25 Vgl. HOFFMANN, Detlef: Kultur- und Kunstgeschichte der Spielkarte, Marburg 1995, S. 47.
26 Zu den Spielkarten, die im Schloss Landeck aufbewahrt werden, vgl. HOFFMANN, Detlef: Spielkarten aus dem Oberinntal. In: Kunstjahrbuch der Stadt Linz, Linz 1972, S. 3–12 und WÖRNER, Ulrike: Die Dame im Spiel. Spielkarten als Indikatoren des Wandels von Geschlechterbildern und Geschlechterverhältnissen an der Schwelle zur Frühen Neuzeit, Diss. Univ. Regensburg, Regensburg 2009, Münster 2010 (Regensburger Schriften zur Volkskunde/Vergleichenden Kulturwissenschaft 21), S. 372f.

können. Das Thema ist jedenfalls gesetzt: nicht nur in zahlreichen Darstellungen von Spielsituationen, sondern auch mit der Illustration der Spielmaterialien.[27]

 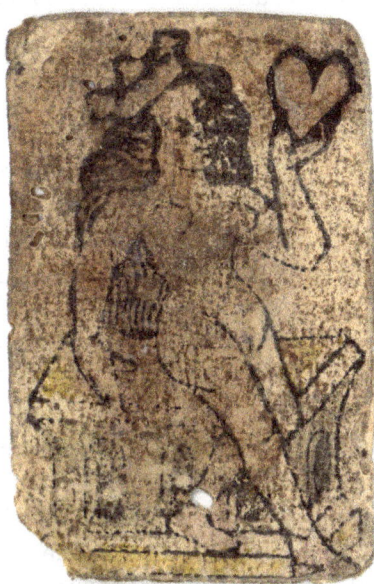

Abb. 3: Zwei Spielkarten: bekleideter König mit Farbzeichen Eichel und nackte Königin mit Farbzeichen Herz, kolorierte Holzschnitte, um 1460/65, Museum Galerie, Schloss Landeck.

---

[27] Schöne Studien zur Gestaltung von Spielkarten bei WÖRNER, Die Dame im Spiel (Anm. 26). Zur Ikonographie des schachspielenden Paares, wie es sich auf Spiegelkapseln oder Minnekästchen findet vgl. BARNET, Peter: Images in Ivory. Precious Objects of the Gotic Age, Princeton (New Jersey) 1997, S. 232. Vgl. auch allgemein: ACHNITZ, Wolfgang: Heilige Minne. Trivialisierung und Sakralisierung höfischer Liebe im späten Mittelalter. In: Triviale Minne? Konventionalisierung und Trivialisierung in spätmittelalterlichen Minnereden. Hrsg. von Ludger LIEB u. a., New York 2006, S. 139–164; WURST, Jürgen: Reliquiare der Liebe. Das Münchner Minnekästchen und andere Minnekästchen aus dem deutschsprachigen Raum, Diss. Univ. München, München 2005; CAMILLE, Michael: The Medieval Art of Love. Objects and Subjects of Desire, London 1998.

III Komplizierte Psychomachie

Ich fasse zusammen, was die Miniatur über die Topologie des Spielens und damit verbundene Dynamiken zu erkennen gibt. Die Szene zeigt die Eskalation eines Brettspiels als Verschiebung und variable Skalierung einer topologischen Verschachtelung. Wäre die Partie stabil, könnte man folgende Zuordnung vornehmen: Das Brett mit seinen variabel besetzten Positionen wäre das Spielfeld, das (auch) eine Quelle des Zufalls ist. Die Runde der Spieler wäre mit der Sitzordnung am Tisch und ihrem abwechselnden Zugriff auf das Brett verbunden. Das Begehren, zu gewinnen und den Standpunkt der eigenen Partei durchzusetzen, wäre räumlich und zeitlich reguliert und in den Konsens eines gemeinsam geteilten und abgesteckten Spielraums eingebunden. Doch Kleidungsstücke und Körperteile, die in der Spielerunde jenseits des Feldes unantastbar waren, werden in das Feld hineingezogen, der Bezug auf Regeln, die im Konsens gesetzt werden, wird aufgekündigt. Alte Spielmaterialien verlieren an Bedeutung, neue kommen hinzu. Zuschauer ergreifen Partei.

Damit wächst das destruktive Potential des Spiels. Die Kontrahenten können nun alles verlieren, von den Kleidern bis zum Leben. Sie verlieren die Sicherheit von Spielern, die die Partie jederzeit wiederholen können, und werden zu Materialien, die aufs Spiel gesetzt werden. Es macht einen großen Unterschied, ob Körperteile als Teil eines Spielfeldes oder als Teil einer Spielerunde fungieren. Wenn die Spieler erster Ordnung in das Feld hineingezogen werden, entsteht in der Spielerunde ein Vakuum, das fast zwangsläufig bis dahin Unbeteiligte aus der zweiten Reihe und aus dem *Off* des Spiels in die Spielerunde hineinzieht. Die Runde der beteiligten Akteure expandiert mit beliebiger Dimension ins neutrale *Off* des Spielraums.

Regeln, die in der Partie nicht zur Disposition standen, müssen dann neu verhandelt werden. Neutrale Zuschauer können Partei ergreifen und den Fall unterschiedlich beurteilen. Das ist die kreative Seite des Prozesses, dessen destruktives Potential ebenso deutlich ist. Die dargestellte Eskalation kann nicht nur zum Abbruch der Partie, sondern zu einer Kette wachsender Gewalt führen.

Abb. 4: Prudentius: *Psychomachia*, St. Gallen, Stiftsbibliothek, Cod. Sang. 135, p. 395 (Ausschnitt).

Obwohl der Text des *Welschen Gastes* mit der recht einfachen moralischen Schlussfolgerung aufwartet, sich vom Spiel fernzuhalten, entwirft die Illustration am Rand eine Spielszene, deren Komplexität eine ambivalente Bewertung erfordert. Das bestätigt auch ein Blick auf die Tradition allegorischer Kämpfe. Ich verweise auf eine Darstellung aus der *Psychomachia*-Handschrift in St. Gallen (Abb. 4).[28] Hier kämpfen zwei Personifikationen direkt gegeneinander – in diesem Fall: Geduld und Zorn. Sie stehen sich nicht als Teilnehmer einer Spielerunde, sondern direkt als Kämpfer im Feld gegenüber. Die Geduld, die links steht, trägt eine schwere Rüstung, so dass die Waffen des Zorns machtlos sind. Was als Kampf beginnt, endet in einer festen Aufstellung. Der Zorn hat nur Zugriff auf sich selbst, stürzt sich in seinen Pfeil. Die Geduld weist ihm seinen untergeordneten Platz zu. Der Baum wird als Grenzlinie eingezogen. Alles wird zu einer starren, von Op-

---

28 Vgl. Prudentius: Psychomachie. Lat. – dt. Mit 24 Bildtafeln nach der Handschrift 135 der Stiftsbibliothek zu St. Gallen. Eingeführt und. übersetzt von Ursmar ENGELMANN, Basel u. a. 1959; dazu KATZENELLENBOGEN, Adolf: Allegories of the Virtues and Vices in Medieval Art, New York 1939 (Studies of the Warburg Institute 10); NORMAN, Joanne S.: Metamorphoses of an Allegory. The Iconography of the Psychomachia in Medieval Art, New York 1988 (American University Studies 29).

positionen regierten Szene, in der die Geduld aus einer hierarchisch übergeordneten Position den Zorn dazu zwingt, sich in einem abgegrenzten Feld selbst auszulöschen.

Im Vergleich wird noch einmal deutlicher, wie sich im *Welschen Gast* die Zuordnung von Körpern und Materialien zu den topologischen Zonen des Spiels komplizieren und dynamisieren (Abb. 1): In der Mitte gibt es keine klare Trennlinie, sondern ein Spielfeld als Membran. In ihm verdichtet sich bereits als *mise en abyme* der dreistufige Aufbau der ganzen Topologie: die Würfel als Zentrum des Zufalls, die agonalen Spitzen als Zone der Konfrontation und der Rahmen als Übergang zum *Off* des Spiels, in dem die Partie keine zwingenden Konsequenzen in Raum und Zeit haben soll. Doch aus dem *Off* werden Prinzipien in das Spiel hineingezogen, so wie die Akteure der Spielerunde sich körperlich ins Feld begeben.

Aus der Unterscheidung zwischen ‚gut' und ‚böse' wird eine zufällige Unterscheidung von Gewinnern und Verlierern. Beide Parteien sind auf die Gier bezogen: wenn der Sieger seine Ansprüche mit Ruhe und Umsicht vorbringt, der andere sich über seine Niederlage ereifert, ist ihr unterschiedliches Betragen dem zufälligen Fall der Würfel geschuldet, keiner moralischen Überlegenheit des einen über den anderen. Bereits mit den Farben seiner Kleidung bleibt der Gewinner der Partie auf die Gier und den Zorn bezogen. Der allegorische Apparat wird im *Welschen Gast* damit nicht nur bestätigt, sondern beginnt sich umzuorganisieren. Im gesamten Text, den ich nur in einem minimalen Ausschnitt betrachtet habe, treten über zweihundert Akteure auf, die zwischen exemplarischen Bestimmungen in der Situation und mitgebrachten allegorischen Deutungen changieren. Das bereits zitierte digitale Forschungsprojekt versucht die Relationen des Systems zu visualisieren (Abb. 5):[29] Irgendwo im Cluster der blauen Knoten ist auch ‚Girde' versteckt, die mit Bezug auf 35 andere Allegorien und Personifikationen definiert werden soll. Die große grüne Hauptfigur wäre jedoch das Pferd (!), das über unzählige Beziehungen immer wieder neu ‚gezügelt' werden muss. Aus den übersichtlichen Zweikämpfen der *Psychomachia* werden im *Welschen Gast* undurchsichtige Dressurakte.

---

29 Universität Heidelberg, http://digi.ub.uni-heidelberg.de/wgd (15.03.2018)

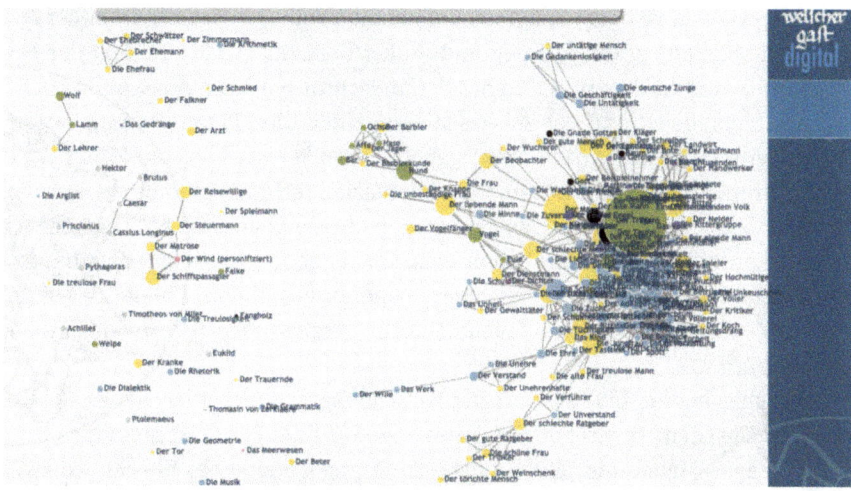

Abb. 5: Welscher Gast digital. http://digi.ub.uni-heidelberg.de/wgd. Screenshot der interaktiven Graphik zur Visualisierung von Figurenkonstellationen.

Ich möchte versuchen, das Exemplarische der unterschiedlich aufgebauten Kampf- und Spielszenen noch etwas genauer zu fassen. Die *Psychomachia* des Prudentius richtet sich an Leser, die die Kämpfe nicht wörtlich nehmen, sondern metaphorisch auf Seelenkräfte beziehen sollen, die wie Teile eines Körpers gegeneinander agieren. Mit den beschriebenen Kämpfen veranschaulicht Prudentius moralische Normen des Gehorsams und der Selbstlosigkeit. Das eigene Begehren soll bekämpft werden. Die Selbstkontrolle des Subjektes soll dazu dienen, das Feld der Wahrnehmung von all dem zu ‚reinigen', was den Körper unkontrolliert in die Welt hineinziehen könnte.

Die Grenze zwischen den gezeigten Kämpfen mit ihren Feld- und Rundenstrukturen einerseits und dem *Off* der Regeln und des Spielraums andererseits sind kein Element der Darstellung, sondern eine Grenze, die einfach mit dem Schnitt der Seiten zusammenfällt. Wenn das Buch im Skriptorium eines Klosters abgeschrieben wurde, situiert es sich in einem Raum, in dem das Ziel der Seelenkämpfe immer schon festliegen soll. Was als Tugend der Selbstkontrolle definiert wurde, soll sich mit jeder Lektüre aktualisieren. Darin lässt sich unschwer ein monastisches Ideal erkennen, das in der gebauten Wirklichkeit eines Klosters verortet ist:[30] Die Mauern des Klosters sind der Schutz einer ‚Spielerunde', die gegen die Gewohnheiten des eigenen Körpers ankämpft und sich von dessen

---

30 Vgl. am Beispiel des St. Galler Klosterplans: SCHEDL, Barbara/BRUNNER, Karl: Der Plan von St. Gallen. Ein Modell europäischer Klosterkultur, Wien u. a. 2014.

Trägheit wie von lästigem Spielmaterial befreien will. Die Metaphern in der *Praefatio* hierfür lauten Kampf/Krieg und Kerker/Gefangenschaft. Im Text der *Psychomachia* und in den Miniaturen der Handschrift wird der Ausschlussmechanismus thematisiert und das Ausgeschlossene mit allen Paradoxien als negativ konnotierte Darstellung nach innen geholt. Dabei kehren in metaphorischer Leseanweisung verpackt die bekämpften Phantasien recht unverhohlen wieder: als Begehren, Macht über Körper zu gewinnen und Gewalt auszuüben. Es entstehen sexuell konnotierte Bilder des Penetrierens und Penetriertwerdens – man beachte im abgebildeten Beispiel die so indezent herausgearbeitete Pofalte des Zorns (Abb. 4), was die illustrierte Tugendlehre in pragmatische Selbstwidersprüche verwickelt.[31]

Welches andere Bild entwirft der *Welsche Gast* mit der analysierten Spielsituation? Die Grenze zwischen Spielerunde und *Off* der Partie ist hier keine lokalisierte Zäsur, Mauer oder Einfassung – sei es die Mauer eines Klosters oder der Schädel eines Mönchs. Die Grenze ist nun eine Schwelle zwischen Körpern und Personen, über die Blicke, Gesten und Objekte ausgetauscht werden. Die Miniatur macht das anschaulich, indem die Spieler am Brett sich umwenden, und Unbeteiligte, die zunächst zum festen Spielraum der Partie gehört haben, in das Geschehen mit hineinziehen. Dies wird als ein Prozess anschaulich, der ein hohes destruktives, aber auch ein hohes innovatives Potential hat. Destruktiv, weil nun das Feld als Zone des Konflikts, wie bereits mehrfach betont, entgrenzt und auf die Körper der Spieler ausgeweitet wird. Innovativ, weil die Regeln des Spiels nun selbst nicht mehr als unantastbar im *Off* des Spiels angesiedelt sind, sondern in der Partie selbst ausgehandelt werden können.

Die Grenze zwischen Spielerunde und Spielraum wird zur Membran. Sie kann in beiden Richtungen passiert werden und wird in der Darstellung figürlich besetzt. Bereits die Miniatur ist im Rahmen der Heidelberger Handschrift eine Grenzfigur: sie ist aus dem Verbund der Textspalten herausgelöst und gedreht in die freie Randspalte gesetzt. Vielleicht lässt sich aus dieser pragmatischen Lösung bereits schließen, dass das *Off* nicht mit dem des Textes identisch sein muss, dass Text und Bild keinen gemeinsamen Autor voraussetzen, sondern Rezipienten zu einer vergleichenden Auslegung einladen.

Interessanterweise ist es im analysierten Beispiel gerade die ‚Girde', die zur stärksten figürlichen Besetzung der Grenze zwischen Spielraum und Spielerunde wird. In der *Psychomachia* des Prudentius war die Wollust eine der ersten alle-

---

[31] Vgl. KARKOV, Catherine E.: Broken Bodies and Singing Tongues. Gender and Voice in the Cambridge, Corpus Christi College 23 ‚Psychomachia'. In: Anglo-Saxon England 30 (2001), S. 115–136.

gorischen Personifikationen, die im Kampf gegen die Keuschheit vernichtet wurde. In der Handschrift des *Welschen Gastes* leuchtet das rote Gewand der ‚Girde' neben den Hauttönen des nackten Spielers dem Leser entgegen und weckt nicht nur eine Lust an der Verallgemeinerung, sondern auch an der Konkretisierung: auf welche Körper lässt sich das, was in den Bildern zu sehen ist, noch beziehen?

Die ‚Girde' ist hier konkret die Gier, in einer bestimmten Situation zu gewinnen. Entgegen der strikten Polemik des Textes wird sie in den Bildern als eine durchaus ambivalente Figur vorgeführt. In einem höfischen System, das der *Welsche Gast* als eine der frühesten Verhaltenslehren entwirft, sollen die Akteure ja keineswegs auf Macht verzichten, sondern den Kampf um Macht so organisieren, dass er dem Sieger zu Ruhm und Ehre gereicht. Das höfische System ist keine strikt autoritär und hierarchisch organisierte Gemeinschaft eines Klosters. Stephen JAEGER hat die Faktoren, die das System komplizieren, mit sehr spielförmigen Begriffen beschrieben:

> Die Zwänge aber, die am Hofe eines Herrschers oder an irgendeinem anderen Machtzentrum zu einem gesitteten Verhalten führen, sind weitaus komplexer als nur auf massiver Autorität zu beruhen. Die zwei Faktoren, die komplizierend hinzutreten, sind der Zwang zu einem taktisch klugen Verhalten und das Wetteifern um die Gunst [des Herrschers].[32]

Der Eintritt in die Sphäre des Hofes ist damit auf ganz eigene Weise als Eintritt in die Runde eines Spiels charakterisierbar, das sich um die zentralen Güter von Macht und Ehre entwickelt. In diesem Spiel ist zunächst einmal eine forcierte Selbstkontrolle gefordert, indem ‚eingefleischte Verhaltensweisen' als Handlungsoptionen aufgebrochen werden sollen, um sie klug und geschickt einsetzen zu können.

Der Autor des *Welschen Gastes*, Thomasin von Zerklaere, situiert sich als Kleriker am Rand dieser Partien. Vom Hof, auf den er erzieherisch und reglementierend einwirken will, zeichnet er zunächst ein negatives Bild: es gäbe keine Gaweins, Parzivals und Lancelots mehr, die Tugenden seien dabei „aus der Welt zu scheiden", und die Höfe würden „nur noch von groben, rücksichtslosen und habgierigen Halunken bevölkert".[33] Damit baut er ein negatives Szenario als

---

[32] JAEGER, C. Stephen: Die Entstehung höfischer Kultur. Vom höfischen Bischof zum höfischen Ritter. Aus dem Amerikanischen übersetzt von Sabine HELLWIG-WAGNITZ, Berlin 2001 (Philologische Studien und Quellen 167), S. 343.
[33] Zitiert nach ebd., S. 342. Vgl. ausführlich STARKEY, A courtier's mirror (Anm. 18). Zur Rolle der Hofgeistlichen in diesem Kontext vgl. ausführlich REUVEKAMP-FELBER, Timo: Volkssprache zwischen Stift und Hof. Hofgeistliche in Literatur und Gesellschaft des 12. und 13. Jahrhunderts, Köln

Drohkulisse auf, die seiner Aufforderung zur Selbstkontrolle Gewicht verleihen soll. Während Thomasin generell vor dem Spiel warnt, im späten 14. Jahrhundert die Verbote der Würfel- und der neu aufkommenden Kartenspiele in den Städten zunehmen und z. B. Spielkarten in einem sakralen Kontext noch im 16. Jahrhundert hinter den Medaillons eines Kruzifix versteckt werden mussten,[34] werden spätere höfische Verhaltenslehren das Spiel als Schule der *temperantia*, als Mäßigung der Gefühle propagieren.[35] Bereits der *Welsche Gast* entwirft an anderer Stelle dieses Ideal der *elegantia morum*, einer Eleganz des Betragens, die sich vor allem im Meistern und Kontrollieren starker Emotionen äußern soll.[36] Wie das Verhältnis von Recht und Gewalt im Spiel auszuhandeln ist, worauf sich das Begehren richtet – auf den Versuch, den Sieg davonzutragen oder die Regeln der Partie gemeinsam zu begründen und zu entwickeln –, kann in einem höfischen Kontext offen bleiben und von Fall zu Fall entschieden werden. Die analysierte Miniatur der Heidelberger Handschrift geht mit der Ausgestaltung der Spielsituation bereits weiter als die Polemik gegen das Spiel im Text: Sie zeigt Spielen als ebenso riskanten wie spannenden Prozess, dessen destruktives Potential zugleich ein Medium darstellt, in dem Regeln verflüssigt und Reflexionen verfeinert werden können. Im Rahmen einer Partie können nicht nur Gewinner und Verlierer ermittelt werden, sondern mit der Verschiebung topologischer Zonen steht die Regulierung des Spielens selbst zur Disposition.[37]

---

u. a. 2003 (Kölner Germanistische Studien N.F. 4), zu Thomasin S. 83 u. 151. Zu einer kritischen Auseinandersetzung mit den Thesen C. Stephen JAEGERS ebd., S. 78–101.

34 Das oberrheinische Kruzifix aus dem ersten Viertel des 16. Jahrhunderts befindet sich in Basel in der Christkatholischen Kirchgemeinde, die rund zugeschnittenen Spielkarten im dortigen Historischen Museum (Inv.-Nr. 1975.18), vgl. HOFFMANN, Detlef: Schweizer Spielkarten, Bd. 1. Die Anfänge im 15. und 16. Jahrhundert, Schaffhausen 1998, S. 53 u. 54 mit Abb. 25 u. 26.

35 So wird z. B. das Gänsespiel in der Filosofia Cortesana des Alonso de Barros (1587) mit dem Thema der Karriere am Hof verbunden und als Spiel verstanden, in dem man Haltung angesichts des unberechenbaren Falls der Würfel bewahren soll: Vgl. The British Museum. http://www.britishmuseum.org/research/collection_online/collection_object_details.aspx?objectId=1428020&partId=1 (26.03.2018).

36 Vgl. JAEGER, Entstehung höfischer Kultur, S. 342 (Anm. 32).

37 Grundzüge dieser Topologie wurden im Rahmen von Seminaren entwickelt, die ich im SoSe 2016 zusammen mit Juliane Vogel zu Spiel und Bühne und im WS 2016/17 zusammen mit Isabell Otto zu Spiel und Film an der Universität Konstanz veranstaltet habe. Für inspirierende Diskussionen sei allen Beteiligten ebenso wie den Teilnehmern der von Bent Gebert organisierten Tagung herzlich gedankt.

Claudia Lauer
Wider die Regeln
Intrigenspiele in Heinrichs von Veldeke *Eneasroman*

I Die ‚Intrige'
Mediävistische Annäherungen an eine kluge Streitpraktik

Das Erreichen eigener Ziele auf klugen Umwegen von List, Lüge und Täuschung, der Gegenstand der ‚Intrige', gehört zum festen Inventar abendländischer Erzählkultur.[1] Was bereits in der Antike als so genanntes *mechánema* greifbar ist und sich spätestens ab dem 17. Jahrhundert unter dem Begriff ‚Intrige' aus frz. *intriguer* (,Ränke schmieden, in Verlegenheit bringen') auch für die deutschsprachige Moderne durchsetzt,[2] wirft das Licht auf eine kluge Streitpraktik, die im Laufe ihrer langen Literaturgeschichte, so zeigt sich bei genauerem Blick, einen nachdrücklichen semantischen Wandel erfahren hat.

Das antike *mechánema*, so indiziert es die „Urszene abendländischer Intrige"[3] – Odysseus' berühmte Kriegslist mit dem Trojanischen Pferd, aber auch sein listiges Handeln in diversen Konfliktsituationen auf der Irrfahrt zurück nach Ithaka –, erscheint im Rahmen von offenen Wettkämpfen wie militärischen Kriegen und Kämpfen, aber auch in anderen asymmetrischeren Streit- und Konfliktformen und ist als besonderes ‚Kunststück' zum Erreichen eigener Ziele vorrangig positiv konnotiert. Es vereint sämtliche Formen menschlicher Erfindungskunst, wobei

---

[1] Vgl. v. a. VON MATT, Peter: Ästhetik der Hinterlist. Zu Theorie und Praxis der Intrige in der Literatur. Erweiterte Fassung eines Vortrags, gehalten in der Carl-Friedrich-von-Siemens-Stiftung am 4. Februar 2002, München 2002 (Themen/Carl-Friedrich-von-Siemens-Stiftung 75) und VON MATT, Peter: Die Intrige. Theorie und Praxis der Hinterlist, München 2006.
[2] Vgl. SCHWINGE, Ernst-Richard: Art. ‚mechanema'. In: Lexikon der Alten Welt. Hrsg. von Carl ANDRESEN u. a., Zürich 1965, Sp. 1874; und zur Etymologie des Begriffs den Artikel ‚Intrige' in: Etymologisches Wörterbuch der deutschen Sprache. Hrsg. von Friedrich KLUGE, 23. erweiterte Aufl. bearbeitet von Elmar SEEBOLD, Berlin, New York 1999, S. 405.
[3] BUCHELI, Roman: Von der Teufelsmantis bis zum Trojanischen Pferd. Peter von Matt entwirft die Theorie und Praxis der Intrige und schreibt nebenbei eine Kulturgeschichte. In: Neue Zürcher Zeitung, 27.03.2006. http://www.nzz.ch/aktuell/startseite/newzzEJOC9BO2–12–1.11199 (26.04.2018).

bei der „berechnende[n], listige[n] Wahl und Anwendung geeigneter Mittel"[4] jegliche „[e]thische[n] Bedenken ausgeschaltet"[5] sind: produktiv das eigene Glück bzw. die eigene Rettung oder auch destruktiv die Rache und „das Verderben des Gegners [sind] das Ziel [und] dazu gilt es einen Weg zu finden [...]."[6] Demgegenüber präsentiert sich die moderne Intrige – das dokumentieren sowohl ,klassische' Intriganten wie Franz Moor oder der Sekretär Wurm in Schillers *Die Räuber* und *Kabale und Liebe* als auch heutige Filme und TV-Serien – in einem anderen Licht. Sie ist ein „raffiniert ausgedachtes [...] Manöver"[7], das seinen sozialen Platz in spezifisch strukturierten Herrschafts- und Machtzentren findet und als „geheime[r] Streit in der Triade"[8] vornehmlich negativ konnotiert ist. Macht- und rachsüchtig oder einfach nur aus purer Lust an Boshaftigkeit versucht der Intrigant, anderen Schaden zuzufügen, um in der Konkurrenz ideeller oder materieller Anerkennung zu seinem Vorteil zu kommen. Und dabei ist ihm mit Manipulation, Betrug und Diffamierung jedes „moralisch zweifelhafte[] Mittel[]"[9] recht: ein falsches Spiel, das zu Gegenintrigen führen und sich damit nachgerade auch zu einem „gesellschaftliche[n] Untergrundkampf"[10] und einem eigenen ,intriganten Wettkampf' entwickeln kann.

Der vorliegende Beitrag möchte der Frage nachgehen, inwiefern die ,Intrige', wie sie von der Antike bis in die Moderne als kluge Streitpraktik im Rahmen von offenen und verdeckten Wettkampfsituationen und -formen erscheint, auch in der mittelalterlichen Literatur präsent ist – eine Frage, die sich als nicht unproblematisch erweist. Dies betrifft zum einen den Umstand, dass weder die lateinischen Poetiken des Mittelalters noch der mittelhochdeutsche Wortschatz einen vergleichbar distinkten Begriff wie *mechánema* oder ,Intrige' kennen. Zum anderen verschärfen die konzeptionellen und ethisch-moralischen Verschiebungen, d. h. der oben angesprochene breite semantische Wandel von antiker, zumeist positiv gesehener listiger Selbsterhaltung und -behauptung hin zu moderner,

---

4 SOLMSEN, Friedrich: Zur Gestaltung des Intriguenmotivs in den Tragödien des Sophokles und Euripides. In: Philologus 87 (1932), S. 1–17, hier S. 4.
5 Ebd.
6 Ebd.
7 ASMUTH, Bernhard: Einführung in die Dramenanalyse, 7. Aufl., Stuttgart, Weimar 2009 (Sammlung Metzler 188), S. 123.
8 UTZ, Richard: Soziologie der Intrige. Der geheime Streit in der Triade, empirisch untersucht an drei historischen Fällen, Berlin 1997 (Soziologische Schriften 66).
9 ASMUTH, Bernhard: Handlung. In: Reallexikon der deutschen Literaturwissenschaft. Hrsg. von Harald FRICKE gemeinsam mit Georg BRAUNGART u. a., Bd. 2, Berlin, New York 2000, S. 6–9, hier S. 6.
10 POURROY, Gustav Adolf: Das Prinzip Intrige. Über die gesellschaftliche Funktion eines Übels, Zürich, Osnabrück 1986, S. 14.

zumeist negativ konnotierter Selbstermächtigung die Schwierigkeiten. Nimmt man die ‚Intrige' in ihrer epochenübergreifenden literarischen Produktivität und ihrer jeweils spezifischen kulturhistorischen Verortung ernst, indem man weder von ‚literarhistorischen Sprüngen' ausgeht noch vorhandene begriffliche Konzepte wie *mechánema* und Intrige historisch vor- oder rückprojiziert, lassen sich zuvorderst drei zentrale Ausgangsfragen stellen. Zu fragen ist, erstens, nach dem Zusammenspiel von Wettkampf und ‚Intrige': Auf welche Weise hängen Wettkämpfe, die Prinzipien von Symmetrie und Alternanz folgen, mit ‚Intrigen' zusammen, die asymmetrischeren Konflikt- und einseitigeren Handlungsformen unterliegen und damit einerseits offene militärische Kriege und Kämpfe unterlaufen, andererseits aber auch eigene verdeckte kluge Kämpfe ausbilden (können)? Zweitens ist nach den spezifischen Formen der ‚Intrige' selbst zu fragen: Wie verortet sich diese in Spannungsfeldern von Regelbefolgung und Regelabweichung, aber eben auch in Horizonten wie Produktivität und Destruktivität sowie im Blick auf die Aspekte positiver und negativer Bewertung? Und schließlich lässt sich, drittens, nach dem narrativ-ästhetischen Potenzial der ‚Intrige' fragen: Leisten kluge Streitpraktiken auch in mittelalterlichen literarischen Texten einen produktiven Beitrag für das Erzählen und wenn ja, wie lässt sich dieser bestimmen? Die drei gestellten Fragen verstehen sich als hypothetischer Versuch, um sich der ‚Intrige' als kluger Streitpraktik aus mediävistischer Sicht anzunähern. Zugleich bieten sie ein heuristisches Raster an präzisierenden Leitfragen, die es im Folgenden erlauben sollen, die ‚Intrige' in ihren potenziell verschiedenen Facetten, Funktionen und Bedeutungen an einem konkreten mittelalterlichen literarischen Beispiel genauer in den Blick zu nehmen.

II Von klugen Männern und trickreichen Frauen. Heinrichs von Veldeke *Eneasroman*

Heinrich von Veldeke gilt mit seinem *Eneasroman*, entstanden zwischen 1170 und 1190, bis heute als „der große Wegbereiter der höfischen Dichtung"[11], ja als der „eigentliche Erfinder des deutschen höfischen Romans"[12]. Basierend auf Vergils *Aeneis*, die sich auf griechische Klassiker wie Homers *Ilias* und *Odyssee* bezieht,

---

11 WOLFF, Ludwig/SCHRÖDER, Werner: Heinrich von Veldeke. In: Verfasserlexikon. Hrsg. von Burghart WACHINGER u. a., Bd. 3, 2. Aufl., Berlin u. a. 1981, Sp. 899–918, hier Sp. 899.
12 JOHNSON, L. Peter: Die höfische Literatur der Blütezeit (1160/70–1220/30), Tübingen 1999 (Geschichte der deutschen Literatur von den Anfängen bis zum Beginn der Neuzeit Bd. II/1), S. 231.

und dem altfranzösischen *Roman d'Eneas* bringt Veldeke erstmals den römischen Gründungsmythos ins Deutsche: die Geschichte des trojanischen Helden Eneas, der im Untergang Trojas von den Göttern beauftragt wird, zu fliehen und in Italien eine neue Stadt zu gründen, aus der später Rom hervorgeht. Im Rahmen seiner Adaptation der *matière de Rome* transformiert Veldeke bekanntermaßen Vergils römisches ‚Nationalepos' in einen erfolgreichen mittelalterlichen ‚Liebesroman', indem er neben dem Kampf um Herrschaft auch die Minne zum zentralen Thema macht. Darüber hinaus kristallisieren sich im Rahmen der verschiedenen kriegerischen Auseinandersetzungen um Herrschaft, Macht und Liebe aber auch, und dies ist in der Forschung bislang weniger gesehen worden, unterschiedliche kluge Streitpraktiken heraus. Anhand eines gezielten systematischen Blicks auf die beiden großen Kämpfe des Romans, dem Krieg um Troja, der den Beginn der Handlung markiert, und dem Kampf um Italien, dem zweiten zentralen Kriegsschauplatz nach Eneas' erfolgreicher Flucht aus Troja, sollen im Folgenden nicht nur die substantiellen und ethisch-moralischen Bewegungen deutlich werden, die mit Veldekes Adaptation der *matière de Rome* und dem Eintritt des *mechánema* in die christlich-mittelalterliche Literatur einhergehen. Im Übergang von antiker zu mittelalterlicher Dichtung sollen hier v. a. auch verschiedene intrigante Spielarten und Wettkampfkulturen herausgearbeitet werden, denen nicht zuletzt ein ausgesprochen produktives narrativ-ästhetisches Potenzial zukommt und die damit am Ende, so letztlich ebenfalls das Ziel, auch einen neuen Blick auf Veldekes dichterische „Gründungsleistung"[13] erlauben.

III.1 Der Trojanische Krieg: Ulixes vs. Eneas

> Ir habet wol vernomen daz,
> wi der kunich Menelaus besaz
> Troien die rîchen
> vil gewaldechlîchen,
> do er sie zefûren wolde
> dorch Pârîses scholde,
> der im sîn wîb hete genomen.
> niht enwolder dannen komen,
> ê danne er Troien gewan.
> (V. 17,1–9)

---

13 Heinrich von Veldeke: Eneasroman. Mittelhochdeutsch/Neuhochdeutsch. Nach dem Text von Ludwig ETTMÜLLER ins Neuhochdeutsch übersetzt, mit einem Stellenkommentar und einem Nachwort hrsg. von Dieter KARTSCHOKE, Stuttgart 1986, S. 867. Im Folgenden auch als Textgrundlage.

> Ihr habt sicher schon davon gehört, wie König Menelaus das mächtige Troja mit gewaltiger Heeresmacht belagerte, als er es zerstören wollte wegen Paris, der ihm seine Frau geraubt hatte. Er wollte nicht weichen, ehe er nicht Troja eingenommen hatte.

Ausgangspunkt des Romans ist, so kündigt es der Erzähler mit einer prononcierten Eingangsapostrophe an, der Trojanische Krieg, einer der größten Kämpfe des Altertums, bei dem sich Menschen wie Götter als erbitterte Feinde gegenüberstehen. Veldeke springt damit bekanntermaßen nicht wie Vergil mit dem Seesturm, der Aeneas an Karthagos Küste verschlägt, *in medias res*.[14] Dem *ordo naturalis* folgend, setzt er mit der Entführung Helenas und der Zerstörung Trojas ein, auf die er im Anschluss auch weiter zu sprechen kommt. Ausführlich schildert er das Leid, das sich nach dem Eindringen der Griechen in die Stadt ereignet: Paläste und Häuser werden dem Erdboden gleichgemacht, kaum einer der Bewohner überlebt und der Tod von König Priamus und dessen Söhnen zerstört nicht nur die bislang stabile Herrschafts- und Lebensordnung, sondern vernichtet auch jegliche Hoffnung auf einen Wiederaufbau der Stadt.

Veldeke setzt damit gleich zu Beginn entscheidende Akzente. So präsentiert er im Anschluss an den griechischen Mythos Menelaus zwar als Opfer, der *dorch Pârîses scholde* (V. 17,6) um die eigene Frau gebracht wurde. Zugleich unterstreicht er aber auch dessen kriegerische Gewalttätigkeit und rückt ein neues Opfer in den Blick: Im Zentrum der *vile michel[n] nôt* (V. 17,12) steht der Trojaner Eneas, der Titelheld des Romans. Veldeke lenkt damit geschickt die Sympathien für seinen Protagonisten. Zugleich schreibt er dem Krieg um Troja auch ein klares Werturteil ein: Ausgestellt wird weniger ein legitimer Rachekampf als vielmehr ein Krieg, der in hohem Maße destruktiv ist und Leid verursacht – eine Negativierung des kriegerischen Wettkampfes, die sich in besonderer Weise auch auf die klugen Kriegspraktiken auswirkt.

Was sich nämlich in der griechischen Antike als positiv besetztes ‚Kunststück' präsentiert, liest sich bei Veldeke deutlich anders: Odysseus' List mit dem Holzpferd. Wie bei Vergil und im *Roman d'Eneas* wird die Szene bei Veldeke nach Eneas' Flucht in seinem Bericht bei der karthagischen Herrscherin Dido nachgeholt. Dabei kommt es im Vergleich zu den beiden Vorlagen zu deutlichen Veränderungen. Neu sind nicht nur weitere Binnenerzählungen, sondern auch eine entscheidende Korrektur. Veldeke setzt Odysseus bzw. Ulixes mit Sinon gleich, dem bei Vergil eine Schlüsselrolle zukommt: Er ist es, der die Trojaner mit List und

---

14 Vgl. hierzu v. a. FROMM, Hans: Die mittelalterlichen Eneasromane und die Poetik des *ordus narrandi*. In: Erzählungen in Erzählungen. Phänomene der Narration in Mittelalter und Früher Neuzeit. Hrsg. von Harald HAFERLAND/Michael MECKLENBURG, München 1996 (Forschungen zur Geschichte der älteren deutschen Literatur 19), S. 27–39.

Lüge dazu bringt, das Trojanische Pferd anzunehmen (Vergil, *Aeneis*, II, V. 57–198).[15] Durch die Gleichsetzung mit Sinon, die auch nicht auf die französische Vorlage zurückgeht, erweitert Veldeke die Rolle von Ulixes beträchtlich. Dieser ist nicht nur der Initiator des Holzpferdes. Er ist es auch, der alleine vor der Stadt bleibt und die Trojaner dazu bringt, das Holzpferd und ihn selbst in die Stadt zu lassen. Nackt und gefesselt, so führt es Eneas Dido vor Augen, simuliert er jämmerlich schreiend und zähneklappernd einen Kranken, gibt sich unter Weinen und Beben als Sinon aus, der um Haaresbreite dem Opfertod durch Ulixes und die Griechen entkommen sei (V. 42,35–44,26), und er überzeugt die Trojaner schließlich mit einer weiteren Lüge: das Pferd sei eine Opfergabe für die Göttin Pallas, die von einem außergewöhnlichen, bereits verstorbenen Meister erbaut wurde und jeder Stadt zu hohem Ansehen, Sieg und Glück verhelfe (V. 44,36–45,32).

Im Unterschied zu Vergil versteckt sich Ulixes also nicht nur im Pferd. Er lenkt die Geschehnisse auch aktiv weiter und seine raffinierte Täuschung hat Erfolg. Gerade aus der Sicht von Eneas wird dabei jedoch auch das Negative dieser Tat deutlich. Von Anfang an setzt sich der Held von Ulixes ab. Mehrfach die eigene Wahrheit beteuernd, nimmt er mittels Prolepsen das Unheil der Trojaner vorweg, beschuldigt Ulixes, den gemeinsam beschlossenen Waffenstillstand und Frieden verhindert zu haben, akzentuiert den *grôzen schaden* (V. 45,38) und spricht explizit von *verrât* (V. 45,40). Darüber hinaus nennt er Ulixes einen *schalk* (V. 43,12), dem die Lüge leicht über die Lippen käme (V. 44,32–35), und er verflucht ihn als einen *warch* (V. 45,33), der *alle betrouch* und *tûvellîche louch* (V. 42,18). Durch die Figurensynthese Ulixes/Sinon steigert sich also Ulixes' Tat von strategischer List und handwerklichem Geschick über Lüge bis hin zu körperlicher Simulation. Zugleich verschiebt sich der Wert des antiken Helden. So greift Veldeke zwar Vergils negatives Odysseus-Bild auf, mit dem sich dieser bereits deutlich von Homers positiv geprägter Sichtweise absetzt. Im Gegensatz zu Vergil, der Odysseus als erfinderischen Verbrecher (*scelerum inventor*, Vergil, *Aeneis*, II, V. 164) zeichnet, liest sich Ulixes bei Veldeke allerdings verstärkt als *fandi fictor*, als „skrupelloser ‚Redegaukler'"[16], dessen *list* und *lüge* Verrat und teuflischer Betrug sind: Sie verstoßen in gleicher Weise gegen die Kriegsregeln wie auch, so indiziert es die Charakterisierung *tûvellîche*, gegen das christliche Gebot der Wahrheit.

---

15 Textgrundlage hier und im Folgenden Vergil: Aeneis. Lateinisch/Deutsch. Übersetzt und hrsg. von Edith BINDER/Gerhard BINDER, Stuttgart 2012 (Reclams Universal-Bibliothek 18918).
16 AURNHAMMER, Achim: Sünder – Narr – Held. Korrekturen des Odysseus-Mythos bei Heinrich von Veldeke, Sebastian Brant und Martin Opitz. In: Antike und Abendland. Beiträge zum Verständnis der Griechen und Römer 55 (2009), S. 130–151, hier S. 135.

Was sich in Veldekes Bearbeitung als destruktiver Rachekampf liest, bei dem auch der Meister des antiken *mechánema* ins teuflisch Negative kippt, entfaltet, so zeigt sich, auf der anderen Seite aber auch eine produktive und kreative Kraft: Die Götter schalten sich ein, nehmen sich Eneas an und geben ihm dem Befehl, heimlich nach Italien zu fliehen, um dort – so holt der Roman die Information später nach – eine neue Stadt und ein neues Herrschergeschlecht zu gründen. Damit verschiebt sich für den Helden nicht nur das destruktive Vorzeichen des Krieges. Offenbart wird auch eine kluge Kriegspraktik, die, so zeigt sich, gleichsam gegenläufig zu Ulixes positiv überschrieben wird. So ist das antike *mechánema* zur Rettung des eigenen Lebens zwar legitim. Gerade im Fall eines kriegerischen Wettkampfes verstößt diese Form aber gegen die Regeln von Anstand und Ruhm und sie handelt dem Helden den Vorwurf eines Feiglings und eines „Verräters an seiner Heimatstadt"[17] ein. Es zeigt sich: Während Vergil ein heldenhaftes Fluchtszenario inszeniert, schreibt Veldeke hier gezielt gegen den Vorwurf eigennütziger und feiger Heimlichkeit an. Er lässt Eneas *frunt, mâge* und *man* (V. 19,10 f.) zu einem Rat zusammenrufen, der den Trojanern einen „Handlungsspielraum in einem innerweltlichen Normenkonflikt [eröffnet], in dem sie eine selbst verantwortete Entscheidung treffen",[18] und präsentiert den Helden zudem rhetorisch geschickt: Eneas schürt die Todesangst, unterstreicht seinen Willen, sich dem Rat zu beugen, und kommt damit zum gemeinsamen Fluchtbeschluss. Auch wenn Eneas' kluges Handeln moralisch prekär bleibt – es bringt ihm weitere Verluste (seine Ehefrau), Risiken (Seesturm nach der Flucht) und explizite Vorwürfe von Feigheit, Eigennützigkeit und Falschheit (vgl. Dido und Amata) –, schafft Veldeke damit im Anschluss an Vergil eine positive Wertung seines Helden. Drei Aspekte erweisen sich als entscheidend. Erstens präsentiert Veldeke Eneas, wie gesehen, von Anfang an als Opfer und unterstellt dessen Handeln gleichsam im Sinne mittelalterlicher *prudentia* dem göttlichen Willen und der entsprechenden *sapientia*. Dabei geht Eneas, zweitens, mit seiner Heimlichkeit auch nicht wie Ulixes bis zu Manipulation, ja gar Lüge und Täuschung und er bereut darüber hinaus wiederholt das Unmoralische seiner Tat. Und drittens dient sein Handeln nicht nur der eigenen Rettung, sondern, das zeigt die Beratung, v. a. auch gemeinschaftlichen Interessen. Es sind diese drei gezielten Veränderungen hin zu einem christlichen *wîsheit-* und *list*-Verständnis, die die Handlung suk-

---

[17] EBENBAUER, Alfred: Antike Stoffe. In: Epische Stoffe des Mittelalters. Hrsg. von Volker MERTENS/Ulrich MÜLLER, Stuttgart 1984 (Kröners Taschenausgabe 483), S. 247–289, hier S. 256. Vgl. zu Eneas als Verräter v. a. auch FROMM, Hans: Eneas der Verräter. In: Festschrift Walter Haug und Burghart Wachinger. Hrsg. von Johannes JANOTA u. a., Bd. 1, Tübingen 1992, S. 139–163.
[18] KASTEN, Ingrid: Herrschaft und Liebe. Zur Rolle und Darstellung des ‚Helden' im *Roman d'Eneas* und in Veldekes *Eneasroman*. In: DVjs 62 (1988), S. 227–245, hier S. 237.

zessive zum Positiven führen. Und so beweist Eneas in der Folge nicht nur mit seinem Fluchterfolg und einem heroischen Alleingang in die Unterwelt seinen Status als Held. Im Rahmen der Italienkämpfe kann Eneas auch endgültig „alle Zweifel an seinem Mann-Sein, seinem Adel, seinen kämpferischen Fähigkeiten"[19] ausräumen, seine *êre* wiederherstellen und „mit dem Sieg über Turnus den Anspruch auf Lavinia und die Herrschaft"[20] legitimieren. Hochzeit und Krönung machen es dann ganz deutlich: Was für den Helden als kluge Kriegspraktik problematisch beginnt, enthüllt sich als positive *wîsheit* und *list*, die für Ehre, Gerechtigkeit, Freude und Gemeinwohl sorgt und mit der Gründung einer neuen Stadt und eines neuen Herrschergeschlechts weit über den Tod hinaus Wirkkraft besitzt.

III.2 Der Kampf um Italien: Amata vs. Lavinia

Der Kampf um die Herrschaft in Italien und die Liebe der italischen Königstochter Lavinia bilden den Fluchtpunkt des Romans. Im Unterschied zum Trojanischen Krieg geht es dabei nicht um die Rache eines vergangenen Verbrechens. Im Zentrum stehen zwei konfligierende Herrschaftsansprüche: auf der einen Seite Turnus, der sich auf den Eid von König Latinus und bestehendes weltliches Recht beruft; auf der anderen Seite Eneas, der sein Anrecht auf Herrschaft und Liebe aus dem Götterwillen ableitet und zusätzlich durch seine italischen Vorfahren genealogisch legitimiert sieht. Im Widerstreit der Interessen entbrennt bei Veldeke dabei nicht nur ein offener kriegerischer Kampf, in dem eigenwillige, heimliche Kriegspraktiken und -taktiken sowohl auf der Seite von Turnus als auch auf der von Eneas durchgehend kritisch gesehen werden und misslingen (z. B. Turnus' heimlicher Raub von Pallas' Ring nach dessen Tod oder die heimliche, selbst initiierte Kriegslist von Eneas' Männern Nisus und Euryalus). Es bricht am Hof von König Latinus auch ein eigener ‚Untergrundkampf' aus, in dessen Mittelpunkt zwei trickreiche Frauen stehen: Amata, die Ehefrau von König Latinus,[21] und ihre Tochter Lavinia.

---

19 KASTEN, Ingrid: Heinrich von Veldeke. *Eneasroman*. In: Interpretationen. Mittelhochdeutsche Romane und Heldenepen. Hrsg. von Horst BRUNNER, Stuttgart 2007 (Reclams Universal-Bibliothek 8914), S. 75–96, hier S. 93.
20 Ebd.
21 König Latinus' Frau bleibt im Gegensatz zu Vergil in den mittelalterlichen Eneasromanen anonym. Bei Vergil heißt sie Amata. Aus Gründen der Lesbarkeit wird im Folgenden dieser Name verwendet.

Amata, um den Blick zuerst auf sie zu lenken und das Ergebnis vorwegzunehmen, avanciert dabei neben Ulixes zur zweiten großen klugen Gegenspielerin des Helden. Von Anfang an streicht Veldeke bei ihr Aspekte des Eigenwilligen und -mächtigen hervor. So hat Amata anders als bei Vergil bereits vor Eneas' Ankunft in Italien ihren Mann Latinus zum Versprechen gedrängt, Turnus die gemeinsame Tochter Lavinia zur Frau zu geben, womit ihr Handeln dezidiert eigenwillig dem Vorhaben der Götter entgegensteht. Und als Latinus trotz dieses Versprechens Eneas sein Einverständnis gibt, ist es auch nicht Juno, die ihren erfinderischen Geist in Bewegung setzt und Amata zum Aufbegehren antreibt, indem sie dieser eine Schlange ins Haar schleudert und so in Raserei versetzt (Vergil, *Aeneis*, VII, V. 341–405). Amata reagiert bei Veldeke von sich aus, womit sich sukzessive auch das Moment des Strategischen steigert. Als sie erfährt, dass Latinus Eneas freundlich empfangen und ihm Lavinia und das Land versprochen hat, entbrennt sie nicht nur in Zorn, verwünscht Latinus' Treue- und Eidbruch und beschimpft Eneas als feigen, ehr- und treulosen Verräter. Sie greift auch selbst zu einer Alternativstrategie: Heimlich zieht sie sich zurück und schreibt einen Brief an Turnus, in dem sie diesem die Not schildert und ihn auffordert, gegen Eneas zu kämpfen. Und dass es Turnus vollbrächte, das unterstreicht sie,

> dâ wolde sime helfen zû
> beidiu spâte unde frû
> mit allen ir sinnen,
> mit schatze und mit minnen,
> mit silber und mit golde
> swenne sô her wolde.
> (V. 127,1–6)

> dabei wolle sie ihm helfen zu jeder Zeit, mit all ihrem Verstand, mit Schatz und Geschenken, mit Silber und Gold, wann immer er wolle.

Erneut ist es also nicht Juno, die die Fäden in die Hand nimmt, indem sie neben Amata mit Hilfe der Rachegöttin Allecto auch Turnus aufstachelt (Vergil, *Aeneis*, VII, V. 406–474). Amata schlüpft bei Veldeke selbst in diese Rolle: Sie ist es, die Turnus manipuliert und ihn als Helfer und Verbündeten gewinnt.

Dennoch, und das zeigt sich ebenfalls, hat Amata keinen Erfolg. Es gelingt Turnus nicht, Latinus umzustimmen und er unterliegt im entscheidenden Zweikampf gegen Eneas. Auch inszeniert Veldeke eine Art negativen ‚Bumerang-Effekt' bei Amata. Im Gegensatz zu Vergil stirbt Amata bei Veldeke nämlich nicht vor Turnus und sie nimmt sich auch nicht im fälschlichen Glauben, dieser sei in der Hitze des Gefechts gefallen, vom Schmerz verwirrt das Leben (Vergil, *Aeneis*, XII, V. 593–611). Amata überlebt im *Eneasroman* den Verlust ihres Helfers, ja sie modifiziert sogar noch einmal ihre Strategie: Sie versucht, ihre Tochter in heimlichen

Unterredungen mittels Drohungen und Denunziationen von Eneas gegen die Heirat aufzubringen. Anders als im Falle von Turnus läuft dieser Manipulationsversuch allerdings ins Leere: Lavinia entsagt im ersten Gespräch jeglicher Liebe und zeigt sich im zweiten Gespräch, bereits in Liebe zu Eneas entflammt, gänzlich unbeeindruckt von den Versuchen ihrer Mutter, Eneas zu diskreditieren. Und so missglückt mit der Hochzeit von Eneas und Lavinia nicht nur Amatas heimlicher Plan. Die Unabänderlichkeit des Schicksals vor Augen, verliert Amata auch das Wichtigste, das sie hat: *sinne* (V. 342,6) und *witze* (V. 342,8), und sie stirbt, völlig erschöpft, an *grôzem unsinne* (V. 342,30).

Was als kluge Streitpraktik im Rahmen konfligierender Herrschaftsansprüche bei Amata nachdrücklich destruktiv und negativ gezeichnet ist, dekliniert sich auf der anderen Seite der Götterfront noch einmal anders, wie sich dies an Lavinia zeigt, bei deren Darstellung sich Veldeke bekanntermaßen nicht auf Vergil, sondern auf die Zutat des altfranzösischen *Roman d'Eneas* stützt. Eingeführt wird Lavinia kurz nach Eneas' Landung in Italien, als Latinus sie gemäß dem Befehl der Götter, jedoch gegen Amatas Willen und Turnus' Recht Eneas zur Frau verspricht. Lavinia ist also von Anfang an begehrtes Streitobjekt und präsentiert sich dabei zudem jung und unerfahren: Im Gespräch mit ihrer Mutter offenbart sie völlige Unkenntnis über die Liebe und entscheidet sich, nach ausführlicher Aufklärung, der Liebe zu entsagen. Bald darauf kommt es jedoch zu einem Ereignis, das entscheidende Auswirkungen auf Lavinia hat. Sie erblickt von ihrem Fenster aus Eneas, als dieser während der Kampfhandlungen bei einem Reitausflug vor die Burgmauern geritten kommt. Sofort von der Schönheit des *minnesâlegen Troiân* (V. 267,11) eingenommen, trifft sie zusätzlich der *scharphe[] strâle* (V. 267,24) von Venus und Lavinia stürzt in einen Konflikt. Einerseits entbrennt sie gemäß dem göttlichen Vorhaben in Liebe; andererseits steht eine Liebeserfüllung dem Willen ihrer Mutter und dem Recht ihres Verlobten entgegen. Die dilemmatische Situation provoziert nun auch bei der bislang unerfahrenen Lavinia eine besondere Klugheit. Bereits kurz nach Venus' Intervention zeichnen sich ein differenziertes Reflexionsvermögen und ein Wandel von der *tumb[en]* (V. 271,25) zur *wîse[n]* (V. 271,24) ab: Lavinia wird sich im Rahmen eines inneren Monologs ihrer Gefühle zu Eneas und ihrer Abneigung gegen Turnus immer sicherer und als es ihr nicht gelingt, ihre Liebe zu Eneas vor ihrer Mutter geheim zu halten, und sich die Situation durch Amatas raffiniertes Handeln weiter verschärft, greift sie in ihrer Not zu einer Alternativstrategie. In großer *angest* (V. 286,17) schließt sie sich alleine in ihrer Kammer ein und schreibt einen Brief an Eneas, in dem sie diesem ihre Liebe versichert. Lavinias Aktion liest sich als Modifikation des heimlichen Briefschreibens ihrer Mutter an Turnus. Dabei geht Lavinia aber noch weiter. Sie behält den Brief *wîslîche* (V. 286,40), klein zusammengefaltet, *michel hâle* (V. 286,41) und greift, eingegeben von der *minne*, zu einer weiteren List:

> si erwarb eine strâle [.]
> [...]
> daz gevidere si abe bant,
> den brief si umb den zein want,
> daz lêrde sie diu Minne.
> die scrift kêrdes enbinne
> unde bant dô die veder
> sô gefûchlîche weder,
> daz daz nieman ne sach,
> daz der brief drunder lach.
> (V. 287,2–12)
>
> Sie besorgte sich einen Pfeil [.] [...] Sie löste die Befiederung ab, wickelte den Brief um den Schaft – das lehrte sie die Minne –, kehrte die beschriebene Seite nach innen und band die Befiederung so geschickt wieder an, daß niemand sah, daß der Brief darunter lag.

Lavinia agiert in dieser Situation betont mit Klugheit. Zudem ist sie mehr noch als Ulixes, der das Holzpferd vor Troja (nur) erbauen ließ, handwerklich geschickt. Und damit, so zeigt sich, ist Lavinias kunstvoll kluges Handeln abermals nicht am Ende. Als Eneas am nächsten Tag mit seinen Männern erneut vor die Burgmauern kommt, wendet sie sich an einen zufällig anwesenden Bogenschützen und bittet diesen, den Pfeil über die Mauer zu schießen. Eindrücklicher als bei Amata im Falle des Briefes an Turnus, da nun in einem direkten Gespräch, offenbart sich hier eine ausgefeilte Überredungskunst. Lavinia versichert dem Bogenschützen ewige Zuneigung. Zudem schmeichelt sie ihm und imaginiert eine Art Schreckensszenario: Sie unterstellt, Eneas und seine Männer würden mit ihren Ritten an die Mauern ausspähen, wie man die Burg trotz vereinbartem Waffenstillstand im Sturm erobern könne. Eben deshalb solle er den Pfeil abschießen, um die Trojaner zu vertreiben. Als der Bogenschütze auf Lavinias Befürchtungen von Verrat, Betrug und Ehrverlust mit dem Hinweis auf den beeideten Waffenstillstand zögert, legt Lavinia nach. Sie verspricht, dass es für ihn gut ausgehen werde, betont noch einmal den gemeinsamen Schaden durch einen möglichen Hinterhalt, schmeichelt erneut, und so geht die Überredungstaktik auf: Der Bogenschütze schießt den Pfeil zu Eneas.

Die berühmte Episode, die von der Forschung bislang vorrangig unter medialen Aspekten beleuchtet wurde,[22] liest sich nachgerade wie eine Kontrafaktur

---

22 Vgl. v. a. WUTH, Henning: *was, strâle unde permint*. Mediengeschichtliches zum Eneasroman Heinrichs von Veldeke. In: Gespräche – Boten – Briefe. Körpergedächtnis und Schriftgedächtnis

zum Pfeilschuss des Pandaros in Homers *Ilias*, der, beeinflusst von Athene, mit seinem listigen, vertragsbrüchigen Schuss auf den ungedeckten Menelaus die Trojaner noch tiefer ins Verderben stürzt. Ausgangspunkt ist eine bedeutsame Verschärfung des Konflikts: Im Kampf zwischen Eneas und Turnus auf der einen und im Streit mit ihrer Mutter Amata auf der anderen Seite steht mit dem Fokus auf Lavinia nun der gesamte Götterauftrag mit Krönung, Hochzeit und Gründung eines Herrschergeschlechts auf dem Spiel. Parallel dazu offenbaren sich für die klugen Praktiken gravierende Veränderungen. Lavinia hintergeht nicht nur willentlich ihren Verlobten Turnus, sondern sie widersetzt sich auch bewusst dem Willen ihrer Mutter. Und dabei erweitert sich angesichts von Lavinias eingeschränkten Handlungsmöglichkeiten ebenfalls das Spektrum der Klugheit: Neben Heimlichkeit treten technisches Geschick und rhetorisch raffinierte Manipulation mittels Täuschung, Schmeichelei und Unterstellungen. Lavinias Handeln steht damit also durchaus in der Nähe zum Vorgehen von Eneas' Gegnern: zum erfinderischen Ulixes und der heimlich manipulierenden Amata. Wie sehr sich Lavinia jedoch von diesen unterscheidet, zeigt sich an zwei wesentlichen Punkten. Erstens wird Lavinia im Gegensatz zu Ulixes nicht negativ bewertet, wie dies neben der positiven Sicht des Erzählers auch Eneas' Reaktion kenntlich macht. Der Held verurteilt Lavinias Tat nicht. Im Gegenteil: Er anerkennt, dass *diu wîb kunnen liste vil* (V. 297,31), und spricht sowohl die *Minne sâlich, / diu tihte den brief* (V. 299,32), als auch *Lavîne, / diu [im] die botschaft enbôt* (V. 299,37). Zweitens hat Lavinia, gerade im Vergleich mit Amata, Erfolg. Eneas findet Pfeil und Brief, der ihn nicht nur *frô* (V. 290,5) macht. Als er Lavinia grüßt, wird auch er durch die Intervention von Amor und Venus von Liebe ergriffen und ein weiterer Grundstein für das gute Ende gelegt: Die Liebe hilft Eneas im finalen Zweikampf gegen Turnus, mündet in einer glücklichen Hochzeit und trägt zur Gründung eines neuen Herrschergeschlechts bei.

Unter dem Vorzeichen des gemeinschaftlichen Götterwillens werden die klugen Streitpraktiken bei Lavinia also noch deutlicher als bei Eneas positiviert und zu einem schillernden Phänomen. Greifbar wird ein strategisches *list*-Handeln, das konzeptionell an das *mechánema* anschließt und trotz seines provokativen Potentials – das verdeutlichen die Bezüge zu den ‚Intriganten' Ulixes und Amata – nicht ins Negative kippt, im Gegenteil: Es ist ein wortwörtliches

---

im Mittelalter. Hrsg. von Horst WENZEL, Berlin 1997 (Philologische Studien und Quellen 143), S. 63–76; SCHNELL, Rüdiger: Medialität und Emotionalität. Bemerkungen zu Lavinias Minne. In: GRM 55 (2005), S. 267–282 sowie QUAST, Bruno/SCHAUSTEN, Monika: Amors Pfeil. Liebe zwischen Medialisierung und Mythisierung in Heinrichs von Veldeke *Eneasroman*. In: Schrift und Liebe in der Kultur des Mittelalters. Hrsg. von Mireille SCHNYDER, Berlin, New York 2008 (Trends in Medieval Philology 13), S. 63–82.

‚Kunststück', bei dem der Zweck die Mittel heiligt. Im Anschluss an die Götter als den größten ‚Intriganten' relativiert sich also die menschliche ‚Intrige'. Zugleich erhält Lavinia selbst – so zeigen Eneas' Reaktion und der Handlungsausgang – eine außergewöhnlich positive Kraft: Im Zusammenspiel von menschlichem und göttlichem Handeln avanciert die anfänglich Unerfahrene wie die Götter selbst zu einer klugen Schicksalslenkerin, die am Ende auch den intriganten Wettkampf gegen ihre Mutter Amata gewinnt.

IV Intrigenspiele im *Eneasroman* Resümee und Abschlussbemerkungen

Der Blick auf die beiden großen Kriege und Kämpfe im *Eneasroman* offenbart ein facettenreiches Tableau an klugen Streitpraktiken, das das Phänomen ‚Intrige' in ganz unterschiedlichen literarischen Spielarten zeigt. In engem Bezug zu offenen kriegerischen Wettkämpfen um Herrschaft, Macht und Liebe kristallisieren sich dabei auch verschiedene ‚intrigante Wettkampfkulturen' heraus, die sich vor dem Hintergrund der zu Beginn gestellten heuristischen Leitfragen nicht nur in zweierlei Hinsicht systematisch resümieren lassen, sondern am Ende auch einige Abschlussbemerkungen in poetologischer Hinsicht erlauben.

Blickt man zunächst noch einmal in die Erzählwelt, so zeigt sich, dass ‚Intrige' und Wettkampf zwei im Romanzusammenhang konstitutiv aufeinander bezogene Konflikt- und Beziehungsmodi sind. Offene kriegerische Wettkämpfe, die auf Symmetrie und Alternanz beruhen (Troja), werden von klugen Kriegspraktiken (Ulixes, Eneas) asymmetrisch unterlaufen, und konfligierende Herrschafts- und Machtansprüche führen nicht nur zu offenen Kämpfen (Italien), sondern transformieren sich auch in einen eigenen verdeckten klugen Kampf (Amata vs. Lavinia), der die Rahmen- und Regelvorgaben des kriegerischen Wettkampfs transgressiv erweitert und spätestens mit dem Zweikampf zwischen Eneas und Turnus wieder in die Ordnung und das Konfliktlösungsmodell eines offenen kriegerischen Wettkampfs mündet. Im *Eneasroman* verbinden sich damit nicht nur wiederholt symmetrische und asymmetrische Wettkampfkulturen, die sich gegenseitig ergänzen, ja z. T. potenzieren, und über kluge Mittel wie List, Lüge und Täuschung unterschiedliche ‚Arenen' bzw. Sphären von Ein- und Ausschlüssen konfigurieren. Veldekes ‚Mediävalisierung' der antiken Götter- und Menschenwelt präsentiert hier v. a. auch das *mechánema* als kluge Streitpraktik selbst in deutlich substantieller Bewegung und ethisch-moralischer Ambiguisierung. Was in der griechischen Antike ein vielseitiges und legitimes ‚Kunststück' zum Erreichen eigener Ziele ist, zeigt am Beispiel des Trojanischen Kriegs einerseits ein Handeln, das auf Rache und Destruktion basiert und bei dem auch Odysseus, der Meister des antiken *mechánema*, in hohem Maße negativ gesehen wird: Ulixes' langfristig geplante *list* und *lüge* verengen das *mechánema* auf christliche Attribute des Teufels und lassen den antiken Helden so als gemeinschaftswidrigen und hinterlistigen bösen Feind erscheinen. Andererseits spielt der kriegerische Wettkampf aber auch positiv neue Handlungsmöglichkeiten frei: Am Beispiel des Helden wird ein kluges Kriegshandeln greifbar, das das *mechánema* auf Rettung fokussiert und bei dem mit göttlichem Willen bzw. Heilsordnung, der Abschwächung von Lüge und Täuschung, der Betonung von Gemeinwohl und einer ausdifferenzierten Moralreflexion zielstrebig neue Wege beschritten werden, um das negative Potential intriganten Handelns zu entschärfen. Was sich hier über einen kontrastiven Vergleich von Antagonist und Protagonist konsequent ausdifferenziert und festschreibt, zeigt sich noch deutlicher im Kampf um Italien. Im Rahmen konfligierender politischer Ansprüche auf Herrschaft, Macht und Liebe entbrennt ‚unter der Hand' in der Triade von Amata, Lavinia und Eneas ein eigener ‚geheimer Untergrundkampf' am Hof von König Latinus, bei dem Amata als Antagonistin von Anfang an betont eigenwilliger als bei Vergil agiert und mit der gleichsam auch der neuzeitliche Intrigant *par excellence* das Licht der Welt erblickt. Denn: Zur Darstellung gebracht werden nicht nur eigensüchtige Motive wie Rache und Hass, die primär auf Schädigung zielen. Amata treibt mit ihrer Heimlichkeit und Manipulation auch ein falsches Spiel. Entsprechend *bôse* (V. 125,6) erscheint sie als Feindin in den eigenen Reihen und schlagen widergöttliches Handeln, Destruktion und Negativität im Sinne einer christlichen Tun-Ergehen-Logik am Ende auf sie zurück. Demgegenüber erscheint die kluge Streitpraktik für die Protagonistin, das zeigt sich an Lavinia, auch hier noch einmal anders. Unter dem Vorzeichen des gemeinschaftlichen Götterwillens wird jene noch deutlicher als bei Eneas positiviert und zu einem schillernden Phänomen. Greifbar wird ein strategisches *list*-Handeln, das konzeptionell an das antike *mechánema* anschließt und trotz seines provokativen Potentials – das verdeutlichen die Bezüge zu Ulixes und Amata – nicht ins Negative kippt, im Gegenteil: Es ist ein wortwörtliches ‚Kunststück', *wîslîch* und gut und dient im Sinne von lat. *prudentia* gerechter Herrschaft gemäß der Heilsgeschichte. Und entsprechend ist Lavinias kluges Handeln, so unterstreicht es der Erzähler, auch *ân alle missewende* (V. 345,3): Es hat das göttliche Recht auf seiner Seite und setzt so die positive Tradition des *mechánema* im mittelalterlichen Kontext fort.

Mit Veldekes *Eneasroman* findet die ‚Intrige' als kluge Streitpraktik einen ersten Weg von seinen Ursprüngen in der Antike in die christlich geprägte Epik des 12. Jahrhunderts. An- bzw. eingelagert in offene kriegerische Wettkämpfe zeichnen sich dabei nicht nur Formen, Funktionen und Bedeutungen ab, die andeuten, wie das Phänomen von der Antike bis in die Moderne fortgeschrieben, transformiert und neu konfiguriert wird. Darin liegt nicht zuletzt auch – und das leitet den zweiten systematisch resümierenden Aspekt ein – ein ausgesprochen produktives narrativ-ästhetisches Potenzial. Wie bei Vergil, so zeigt sich, ist die Erzählung bei Veldeke an allen wichtigen Schaltstellen mit intrigantem bzw. intrigenartigem Handeln durchsetzt, das im Rahmen ritualisierter oder habitueller Regelvorgaben neue Lösungen, Strategien und Optionen eröffnet. Was in Vergils *Aeneis* in seiner moralischen Bewertung außertextuell an die Dignität der Grundsteinlegung Roms gebunden ist, bringt jedoch im christlich-mittelalterlichen Kontext Schwierigkeiten mit sich: Intrigantes Handeln ist nicht selbstverständlich legitim. Es wirft explizit Fragen von Ethik und Moral auf und muss wiederholt im Blick auf Protagonist und Antagonist überschrieben werden. Ausgehend vom Trojanischen Krieg und der Perspektivierung des Helden als Opfer erweisen sich die verschiedenen Intrigenspiele dabei als reizvoller ‚Erzählkatalysator'. Sie aktivieren einerseits als kluge männliche Kriegspraktik, andererseits als eigener geheimer weiblicher ‚Untergrundkampf' narrativ-ästhetische Kräfte, die – neben den auf körperlicher Stärke basierenden kriegerischen Wettkämpfen – noch einmal zusätzlich Aufmerksamkeit erregen und Spannung erzeugen. Geht die heimliche Flucht des Helden auf? Wird Amatas raffiniertes Vorgehen Erfolg haben? Und führt Lavinias trickreiche Pfeil-List tatsächlich zum ersehnten Happy End? Im Spiel mit Recht, Regeln und Klugheit sowie gezielten Strategien der Informationsvergabe und Sympathielenkung entfaltet sich dabei nicht nur ein Erzählen, das das Publikum zwischen Erwartung und Überraschung im Bann zu halten vermag. In der Gesamtschau auf den Roman werden damit auch zwei zentrale Spannungsbögen aufgebaut, die die Dramatik des Trojanischen Kampfes im ersten Handlungsteil von Eneas' Flucht bis zur Landung in Italien in eine neue überführen, und den Kampf um Italien im zweiten Teil durch einen zusätzlichen überwölben, bis sich die verschiedenen Spannungsbögen schließlich gestaffelt lösen und sich sämtliche prekären Taten von Eneas und Lavinia mit dem kämpferischen Sieg des Helden über Turnus und der damit verbundenen Erfüllung der Götter-Prophezeiung endgültig positivieren.

Wie Vergils *Aeneis*, und damit lässt sich in poetologischer Hinsicht schließen, erzählt Veldekes *Eneasroman* also eine gut ausgegangene ‚Intrige'. Gerade im Vergleich mit der antiken Vorlage wird allerdings auch deutlich, wie schwierig dies im christlich-mittelalterlichen Kontext ist. Greifbar werden kluge Streitpraktiken, die christlich-mittelalterliche Denk- und Ordnungsmuster nachdrücklich in Bewegung bringen und die im Rahmen des ‚Wiedererzählens' einen größeren Einsatz textueller Erzähltechniken sowie ein verstärktes Ausnutzen rhetorisch-poetischer Gestaltungsregeln er- und einfordern. Vor dem Hintergrund des Lügenvorwurfs, der „wie eine dunkle Gewitterwolke"[23] über der weltlichen Dichtung des Mittelalters hängt, ist dies in hohem Maße riskant. Zugleich zeigen Veldekes „Poetik der Adaptation"[24] und seine „geheime[n] Lenkung[en]"[25] aber auch: Gerade weil man über die ‚Intrige' auch immer wieder so erbaulich ‚wider die Regeln' erzählen kann, spielen sich in positiver Weise neue dichterische Handlungsräume frei, die letztlich, so lässt sich mit Blick auf Veldekes literarische Leistung sagen, mit dazu beitragen, den Grundstein für ein eigenes höfisches Dichten im deutschsprachigen Raum zu legen.

---

23 KERTH, Sonja: Lügen haben Wachtelbeine. Überlegungen zur deutschen Unsinnsdichtung des Mittelalters. In: Vom Mittelalter zur Neuzeit. Festschrift für Horst Brunner. Hrsg. von Dorothea KLEIN u. a., Wiesbaden 2000, S. 267–289, hier S. 267.
24 SCHMITZ, Silvia: Die Poetik der Adaptation. Literarische *inventio* im ‚Eneas' Heinrichs von Veldeke, Tübingen 2007 (Hermaea N. F. 113).
25 HAUG, Walter: Historische Semantik im Widerspruch mit sich selbst. Die verhinderte Begriffsgeschichte der poetischen Erfindung in der Literaturtheorie des 12./13. Jahrhunderts. In: DERS.: Positivierung von Negativität. Letzte kleine Schriften. Hrsg. von Ulrich BARTON, Berlin, New York 2008, S. 31–44, hier S. 38.

Norbert Kössinger
Tristrants Ende
Risiko und Wettkampf in Eilharts von Oberge *Tristrant*

I Einleitende Vorbemerkungen

Was ist Risiko? Was ist riskant und wann riskieren wir etwas? Geht man zunächst von der Wortherkunft und Wortgeschichte aus, ergibt sich keine ganz eindeutige Antwort auf diese Fragen: In die deutsche Sprache wurde das Substantiv im 16. Jahrhundert über das italienische *rischio* entlehnt, zuerst wohl in kaufmännisch-ökonomischen Zusammenhängen.[1] Die dahinterliegende Etymologie des Wortes ist nicht sicher geklärt: In KLUGES/SEEBOLDS *Etymologischem Wörterbuch der deutschen Sprache* werden zwei Erklärungsmodelle etwas näher ausgeführt. Zuerst wird seemännisches Vokabular als Anknüpfungspunkt genannt: „Span[isch] *risco* bedeutet ‚Klippe', weshalb man an ‚Klippe' als Gefahr für Schiffe gedacht hat". Zweitens wird Wettkampfvokabular in einem engeren Sinne ins Spiel gebracht: Das etymologisch hinter dem Begriff stehende lateinische *rixari* bedeutet ‚streiten, widerstreben'.[2] „[D]as Wort hätte also den unkalkulierbaren Widerstand im Kampf bezeichnet und wäre von dort aus verallgemeinert worden."[3]

Dies ist nicht der Ort, um zu entscheiden, welcher der beiden Erklärungsversuche plausibler ist.[4] Worauf es mir ankommt, ist allein Folgendes: Beide

---

1 Vgl. SCHIRMER, Alfred: Wörterbuch der deutschen Kaufmannssprache auf geschichtlichen Grundlagen, Straßburg 1911 (ND Berlin, New York 1991), S. 163. Das abgeleitete Verb ‚riskieren' wie das Adjektiv ‚riskant' wurden laut SCHIRMER erst erheblich später (siebzehntes Jahrhundert bzw. um 1800) aus dem Französischen entlehnt.
2 Vgl. Der neue Georges. Ausführliches Lateinisch-deutsches Handwörterbuch. Hrsg. von Thomas BAIER. Aus den Quellen zusammengetragen und mit besonderer Bezugnahme auf Synonymik und Antiquitäten unter Berücksichtigung der besten Hilfsmittel ausgearbeitet von Karl-Ernst GEORGES. 2. Bd. I–Z. Bearb. von Tobias DÄNZER, Darmstadt 2013, Sp. 4194. Kein Beleg in Mediae Latinitatis Lexicon minus. Hrsg von Jan Frederik NIERMEYER/C. van de KIEFT. Überarb. von Johannes Willem Jozef BURGERS. 2 Bde. 2. Aufl., Leiden u. a. 2002.
3 KLUGE, Friedrich: Etymologisches Wörterbuch der deutschen Sprache. Bearb. von Elmar SEEBOLD, 25., durchgesehene und erweiterte Auflage, Berlin, New York 2011, S. 769.
4 Mit der Konzentration auf die beiden bei KLUGE/SEEBOLD, Etymologisches Wörterbuch (Anm. 3) genannten Modelle sind alternative Erklärungsversuche natürlich nicht von vornherein ausgeschlossen. Bei KLUGE/SEEBOLD wird „auch eine Entlehnung aus dem Arabischen" erwogen. Vgl.

Vorschläge referieren auf soziale Kontexte, die für vormoderne Kulturen in einem hohen Maße relevant sind – Schifffahrt und Auseinandersetzung im Kampf –, beide setzen von ihrer Semantik her den Akzent auf die Spannung von kalkulierbarer Sicherheit auf Gewinn gegenüber unkalkulierbar bleibendem Rest. Um bei den Beispielen ‚Klippe' und ‚Kampf' zu bleiben: Man kann Klippen mit großem Abstand umschiffen, dennoch kann es zum Schiffbruch kommen; man kann aber auch sehr nah und glücklich an Klippen vorbeisegeln. Man kann in einer Schlacht von den Waffen und Kämpfern her klar überlegen sein und dennoch unterliegen, wie man umgekehrt mit einer kleinen Schar an schlecht bewaffneten Kämpfern gewinnen kann (Modell: David und Goliath). Der Ausgang bleibt jeweils offen. Wie weit man von der Klippe entfernt segelt oder wie viele Kämpfer man aufbietet, ist jedoch an eine Reihe von persönlich oder kollektiv vorab zu treffenden Entscheidungen gebunden. Sie sind nicht mit potentiellen Einflüssen von außen zu verwechseln, die als Gefahren auftreten können: ein eintretender Sturm auf hoher See oder ein Erdbeben, das das gegnerische Heer zerstört. Risiko ist somit beschreibbar über Entscheidungen, deren Eintrittswahrscheinlichkeit, Ausgang und gegebenenfalls Nutzen oder Verluste bis zu einem bestimmten Grad kalkulierbar sind. Sie liegen somit in eigener Verantwortung.[5] Risiko ist demnach grundsätzlich von Gefahr zu unterscheiden, wie Niklas LUHMANN am Beispiel des Regenschirmrisikos ausgeführt hat: „Wenn es Regenschirme gibt, kann man nicht mehr risikofrei leben: Die Gefahr, dass man durch Regen nass wird, wird zum Risiko, das man eingeht, wenn man den Regenschirm nicht mitnimmt. Aber wenn man ihn mitnimmt, läuft man das Risiko, ihn irgendwo liegenzulassen."[6]

Ich möchte im Folgenden das hier zunächst nur angedeutete Spannungsfeld am Beispiel eines literarischen Textes näher untersuchen, nämlich für die berühmte mittelalterliche Liebesgeschichte von Tristan und Isolde, und zwar in ihrer ersten deutschsprachigen Bearbeitung durch Eilhart von Oberge. Zunächst in aller Kürze die Essentials zu Autor und Text: Wer jener *her Eilhart* (V. 9446) war, der sich im Epilog nennt, ist und bleibt umstritten: Ich plädiere mit Martina BACKES für

---

darüber hinaus auch die Literaturhinweise bei KLUGE/SEEBOLD, Etymologisches Wörterbuch, S. 688, insbes. mit breitem Horizont RAMMSTEDT, Otthein: Risiko, in: Historisches Wörterbuch der Philosophie 8 (1992), Sp. 1045–1050. Im Grimmschen Wörterbuch findet sich lediglich ein Artikel zum Verb ‚riskieren', vgl. Deutsches Wörterbuch von Jacob GRIMM u. Wilhelm GRIMM, unter: http://woerterbuchnetz.de/DWB/ (Abrufdatum: 15.09.2022). In der Druckfassung findet sich das Lemma in Bd. 8 (1893), Sp. 1042.
5 Zum hier zugrundegelegten Risikobegriff vgl. LUHMANN, Niklas: Soziologie des Risikos, Berlin, New York 1991 sowie DERS., Die Moral des Risikos und das Risiko der Moral. In: Risiko und Gesellschaft – Grundlagen und Ergebnisse interdisziplinärer Risikoforschung. Hrsg. von Gotthard BECHMANN, Opladen 1993, S. 327–338.
6 LUHMANN, Moral des Risikos, S. 328 (Anm. 5).

seine Identifizierung mit einem Hildesheimer Kanonikus *Eilardus*, der vor 1191 gestorben sein muss und der den Text in den 1170er Jahren geschrieben hätte. Der *Tristrant* wäre demnach vor Hartmanns *Erec* und vor Heinrichs von Veldeke *Eneasroman* entstanden und somit „tatsächlich ‚eine Pionierleistung in der Geschichte des höfischen Romans'"[7] und gerade kein Text, der – um 1190/1200 entstanden – bereits wieder archaisierende Züge trägt.[8] Seine Überlieferung ist dabei nicht weniger problematisch als die Autorfrage: Der alte Text ist nur durch Fragmente geringen Umfangs vom Anfang des 13. Jahrhunderts bekannt. Vollständig ist er lediglich in zwei Handschriften aus dem 15. Jahrhundert überliefert, also ca. 250–300 Jahre nach der angesetzten Entstehungszeit, wobei der Text in den späten Handschriften offensichtlich Züge einer oder mehrerer Überarbeitungen trägt, die die Frage nach dem Autortext erschweren.[9]

Der Inhalt der Geschichte ist in den Umrissen bekannt und muss an dieser Stelle nicht referiert werden.[10] Eilharts Text ist nicht nur der erste, der in deutscher Sprache von der gesellschaftlich sanktionierten Form passionierter Liebe zwischen Tristrant und Îsalde erzählt, sondern er tut dies auf eine profilierte Art und Weise, für die teils hochriskante Wettkampfstrukturen prägend sind. Risiko ist dabei – wie ich zeigen möchte – auf verschiedenen Ebenen ein entscheidender Faktor, der wie ein Netz über der Erzählung ausgelegt ist. In der folgenden Analyse konzentriere ich mich in einem Gang durch ausgewählte Stationen des Textes auf drei Ebenen: Poetologie, Inhalt und Struktur. Diese drei Konstituenten und ihr

---

7 BACKES, Martina: Aus der Feder eines Klerikers? Ein neuer Vorschlag zu Eilharts ‚Tristrant'. In: Literaturwissenschaftliches Jahrbuch, N.F., Bd. 43 (2002), S. 373–380, hier S. 379. Das Zitat im Zitat stammt von BUMKE, Joachim: Mäzene im Mittelalter. Die Gönner und Auftraggeber der höfischen Literatur in Deutschland 1150–1300, München 1979, S. 109.
8 Mit Tendenz in diese Richtung: KIENING, Christian: ‚Eilhart von Oberg'. In: Killy Literaturlexikon, Bd. 3: Dep–Fre. Hrsg. von Walther KILLY, 2. Aufl., Berlin u. a. 2009, S. 232–234, hier S. 232. Vgl. SCHRÖDER, Werner/WOLFF, Ludwig: Eilhart von Oberg. In: Verfasserlexikon, Bd. 2. Hrsg. von Burkhart WACHINGER u. a., 2. Aufl., Berlin u. a. 1980, Sp. 410–418.
9 Zur Überlieferung vgl. die Angaben im Handschriftencensus, unter: http://www.handschriftencensus.de. Die alte Fragmentüberlieferung ist ediert in: Eilhart von Oberg: Tristrant. Synoptischer Druck der ergänzten Fragmente mit der gesamten Parallelüberlieferung. Hrsg. von Hadumod BUSSMANN, Tübingen 1969 (Altdeutsche Textbibliothek 70). Dazu kommt das St. Pauler Fragment aus der Zeit um 1300: GRÖCHENIG, Hans/PASCHER, Peter Hans: Eilhart von Oberge. Tristrant. Neufund eines Pergamentfragmentes einer Handschrift des 13. Jahrhunderts aus dem Benediktinerstift St. Paul im Lavanttal/Kärnten. In: Buchkunde. Zeitschrift für Buchkunde, Philologie und Historische Hilfswissenschaften 1 (1984), S. 11–31 (mit Abdruck).
10 Ein ausführliches Inhaltsreferat findet sich bspw. in der Ausgabe Eilhart von Oberg. Tristrant und Isalde. Mhd./Nhd. Hrsg. von Danielle BUSCHINGER/Wolfgang SPIEWOK, Greifswald 1993 (Greifswalder Beiträge zum Mittelalter 12, Serie WODAN 27), S. IX–XV. Kurz und knapp bei KIENING, ‚Eilhart von Oberg', S. 232f. (Anm. 8).

Zusammenhang sollen aus der Perspektive ihres Wettkampfpotentials auf ihre Funktion und auf ihr produktives Potential für den Text hin befragt werden. Dabei möchte ich zeigen, dass Eilhart spezifische Strategien entwickelt, um die Risiken, die Wettkämpfe im *Tristrant* vielfach bergen, erzählerisch produktiv zu machen. Wettkampf verstehe ich dabei als einen weiten Beschreibungsbegriff für verschiedene Formen von Agonalität, die – mit Benjamin BRITTEN zu sprechen – in einem „kreativen Dreieck"[11] angesiedelt sind und somit auf der Ebene des Erzählens ebenso wie auf der Ebene von Textproduktion und Textrezeption beobachtbar sind.[12]

II Erste Untersuchungsebene: Poetologie
Der Prolog zu Eilharts *Tristrant*

Zuerst zu der Ebene, die sich als poetologische bezeichnen und beschreiben lässt. Hier treten Autor/Erzähler und die im Text angesprochenen Rezipienten stellenweise in ein spannungsvolles, agonales Verhältnis zueinander. Einschlägig dafür ist neben einer Reihe von Erzählerkommentaren vor allem der Prolog zum *Tristrant*, auf den ich mich konzentriere.[13] Er beginnt mit den folgenden Versen:[14]

---

11 Die Begriffsbildung von Britten, der sich damit auf Komponist, Komposition und Publikum bezieht, verdanke ich BÜNING, Eleonore: Sprechen wir über Beethoven. Ein Musikverführer, Wals bei Salzburg 2018, S. 294.

12 Die Untersuchung ließe sich allein zu Eilharts Text erheblich ausweiten. Die Frage, inwiefern Eilhart hier als ‚Wiedererzähler' gegenüber seiner nicht mehr genau greifbaren Vorlage (mittelbar auf jeden Fall die altfranzösische Version von Béroul) ein eigenständiges, d. h. nicht ausschließlich stofflich vorgeprägtes Profil hinsichtlich Risikowahrnehmung und Wettkampfstrukturen bietet, kann an dieser Stelle nur gestellt werden. Die Frage ist stoffgeschichtlich ebenfalls in die andere chronologische Richtung relevant, also bezüglich Gottfrieds von Straßburg Tristanroman (inklusive seiner Vorlage) und der (auf Eilhart beruhenden) Prosabearbeitung. Vgl. im Überblick zur Stoffgeschichte TOMASEK, Tomas: Gottfried von Straßburg. Mit 15 Abbildungen, Stuttgart 2007 (Reclams Universal-Bibliothek 17665), S. 249–287.

13 Grundlegend ORTMANN, Christa: *Vernement, merckent, schwigent still*. Aufführungssituation und inszenierte Mündlichkeit im Prolog des ‚Tristrant' Eilharts von Oberg. In: Ireland and Europe in the early Middle Ages. Texts and transmission. / Irland und Europa im früheren Mittelalter. Texte und Überlieferung. Hrsg. von Proínséas Ní CHATHÁIN/Michael RICHTER, Dublin 2002, S. 368–383.

14 Ich zitiere Eilharts Text nach der folgenden Ausgabe: Eilhart von Oberge. Hrsg. von Franz LICHTENSTEIN, Straßburg 1877 (Quellen und Forschungen zur Sprach- und Culturgeschichte der germanischen Völker 19). Diese Edition war nach ihrem Erscheinen Gegenstand eines intensiven fachlichen ‚Wettkampfs', der noch der Aufarbeitung bedarf. Zum Abgleich mit der nicht unkomplizierten Überlieferung habe ich die folgenden Ausgaben herangezogen, auf die ich gege-

> Sint zu sagene mir geschît
> den lûten die man hîr sît
> (der bete brengit mich dar zû,
> daz ich daz williglîchin tû
> als ich allir beste kan),
> nû wuste ich gerne ab îman
> in desir wîse ummir wêre
> der sulchir rede gerne entbêre:
> des welde ich hîr getrôsten mich.
> (V. 1–9)

Da es mir zukommt, eine Geschichte zu erzählen, vor den Menschen, die man hier sieht, – deren Bitte bringt mich überhaupt dazu, dass ich es bereitwillig und bestmöglich tue – wüsste ich nun gern, ob jemand mit der Einstellung anwesend ist, der auf eine solche Geschichte lieber verzichten würde: Das soll mich hier aber nicht weiter bekümmern.

Vorausgesetzt ist kommunikativ eine *face-to-face*-Situation eines vortragenden Erzählers (in der Rolle des Autors) gegenüber Zuhörerinnen und Zuhörern (*lûten*, V. 2) – *hic et nunc* –, die mit den Signalwörtern *sagen* (V. 1), *rede* (V. 8) und *hîr* (V. 2 und 9) von ihrem ganzen Inszenierungsgestus her deutlich als eine mündliche Vortragssituation ausgewiesen ist. Der Erzähler folgt dabei der (als vorangegangen vorzustellenden) Aufforderung seines Publikums. Offensichtlich ist das Erzählen der folgenden Geschichte aber mit einem gewissen Risiko verbunden: Nicht jeder der Anwesenden will sie bereitwillig hören, was der Erzähler gelassen hinnimmt, auch wenn sich mehrere zusammentun würden, die keinen Gefallen an der Geschichte finden:

> doch man in lâze, her touget sich
> an bôsem willen schîre,
> ir werdin lîchte mêr wen vîre
> die des begint vordrîzen.
> (V. 10–13)

Doch man soll ihn lassen, er versteckt sich ganz hinter seinem bösen Willen. Vielleicht stimmen ihm vier oder mehr bei, die auch keinen Gefallen daran finden.

Solchen negativ eingestellten Rezipienten wird gewissermaßen mit erhobenem Zeigefinger die Zugehörigkeit zur Gemeinschaft der Zuhörenden aufgekündigt bzw. die Aufkündigung dieser Gemeinschaft angedroht:

---

benenfalls verweise: BUSSMANN, Eilhart von Oberg (Anm. 9) sowie BUSCHINGER/SPIEWOK, Eilhart von Oberg (Anm. 10).

> die sollin des nicht genîzin
> daz ir herze sô gar krank is,
> wan si ir undankis
> mûsen uns entwîchen.
> bôsheite mag man sî gelîchen
> und dar umbe wol schelten,
> wan sie sîn billîche engelten.
> die selbin warne ich hie mite,
> daz sie den selbin bôsin setin
> eine wîle varin lâzin
> und sich sulchir wîse mâzin
> die an in wandelbêre sint.
> (V. 14–25)

Die sollen keinen Nutzen daran haben, dass ihr Herz so überaus schwach ist, denn sie werden gezwungenermaßen von uns Abschied nehmen müssen. Solch ein Verhalten kann man durchaus nichtswürdig nennen, und aus diesem Grund Anklage gegen sie erheben, so dass sie mit Recht die Folgen ihres Tuns tragen müssen. Genau die warne ich hiermit, dass sie dieses schlechte Verhalten eine Zeitlang unterlassen und sich darin mäßigen, was an ihnen tadelnswert ist.

Für Rezipienten mit der richtigen Einstellung hingegen kann es im Gegensatz zu Skeptikern und Störenfrieden keinen Zweifel am Nutzen, den die zu erzählende Geschichte bringt, geben:

> her ist klûkir sinne ein kint,
> swer sulche rede vorstôret
> die man gerne hôret
> und die nutze ist vornomen
> und gûten lûten wol mag vromen.
> (V. 26–30)

Der ist in jeder Hinsicht unverständig, wer eine solche Erzählung [zer-]stört, die man gerne hört und die mit Nutzen gehört wird und guten Menschen sehr hilfreich sein kann.

An die Gemeinschaft der *gûten lûte* (V. 30), nicht an die „Vortragsgegner" und „Literaturfeinde"[15] richtet sich auch der *sin* (V. 46), das Verständnis der Geschichte in ihrem Ganzen, das offensichtlich mehr umfasst, als das angedeutete Programm des *prodesse* (*nutze vernemen*, V. 29) *et delectare* (*gerne hôren*, V. 28):

> nû merkit ebin desin sin.
> Vornemet recht als ich ûch sage
> beide von vroude und von clage

---

15 Beide Zitate nach ORTMANN, Aufführungssituation, S. 374 (Anm. 13).

einer rede daz nî kein man
bezzerer rede nî gewan
von werltlîchin sinnen,
von manheit und von minnen:
ir sult sie merkin deste baz.
(V. 46–53)

> Nun achtet genau auf das richtige Verständnis. Hört genau zu, weil ich Euch eine Geschichte von Freude und von Leid erzähle, wie man sie noch nie besser über einen Menschen erzählt hat: über alles, was auf der Welt geschieht, über Heldentaten und über die Liebe. Ihr sollt umso genauer zuhören.

Die Programmatik, die die Guten auffordert, auf angemessene Weise zuzuhören (*recht zu vornemen*, V. 47), verspricht die beste denkbare Geschichte überhaupt zu den Themen: *wertlîche sinne* (V. 51), *manheit* (V. 52), *minne* (V. 52).

Ziehen wir ein erstes kurzes Resümee: Die Geschichte von Tristrant und Îsalde zu erzählen, stellt für den Autor laut Prolog ein Risiko dar, das sogar so weit reicht, dass Rezipienten die Geschichte durch schlechtes Verhalten zerstören könnten. Wie man sich das konkret vorzustellen hat, bleibt offen, vielleicht als eine Art von mittelalterlichen Hooligans, die durch Zwischenrufe, Kommentare, vielleicht sogar konkrete Aktionen gegen den Autor den Erzählvorgang und Vorleseprozess stören? Es bleibt jedenfalls hier im Prolog auf die Ebene der Mündlichkeit und *performance* des Textes beschränkt und es ist dezidiert nicht von der Sorge vor Eingriffen in den handschriftlichen Text oder Ähnlichem die Rede, wie man es aus anderen Fällen kennt.[16]

Dieses agonale Verhältnis zu den Rezipienten hat die Einteilung in gute und schlechte Zuhörer zur Folge. Jeder der Anwesenden konnte (und kann) sich so fragen, zu welcher Gruppe er gehört. Eilhart bedient damit nicht nur den bekannten Topos der *captatio benevolentiae*, sondern wird damit sicher auch im Vorschub auf potentielle Kritiker agiert haben, zumal die Auseinandersetzung mit Neidern in einem ausführlichen Exkurs (V. 3096–3136) mit der rekurrenten Opposition von *frum* / *vromigheit* vs. *bôse* / *bôsheit* reflektiert wird und auch im Epilog (V. 9446–9457) mit der Rechtfertigung ‚seiner' Version unter Berufung auf *gûten zûg* (V. 9456; „einen guten Gewährsmann") gegenüber konkurrierenden Erzählungen von Tristrant und Îsalde eine zentrale Rolle spielt. Das vom Autor antizipierte Risiko besteht also auch für die Rezipienten, die gewohnt sind, vor-

---

16 Vgl. bspw. den Prolog der *Urstende* Konrads von Heimesfurt. QUAST, Bruno: Hand-Werk. Die Dinglichkeit des Textes bei Konrad von Heimesfurt. In: PBB 123 (2001), S. 65–77. STROHSCHNEIDER, Peter: Reden und Schreiben. Interpretationen zu Konrad von Heimesfurt im Problemfeld vormoderner Textualität. In: Retextualisierung in der mittelalterlichen Literatur. Sonderheft der ZfdPh 124 (2005). Hrsg. von Joachim BUMKE/Ursula PETERS, S. 309–344.

bildhafte Geschichten zu hören. Genau das geht aber mit dieser Geschichte nicht ohne Weiteres.

Die Überlieferung gibt Eilhart dabei ex post im Übrigen recht: Seine ‚wahre Geschichte' (*die rechten wârheit*, V. 34) wurde bis in die zweite Hälfte des 15. Jahrhunderts, wenn wir den Prosaroman mitzählen, bis ins 16. Jahrhundert tradiert.[17] Die ‚Guten' haben sich zumindest insofern *à la longue* gegen die ‚Bösen' durchgesetzt und das eingegangene Risiko hat sich gelohnt. Gottfried von Straßburg, der um 1210 die zweite deutschsprachige Bearbeitung der Tristan-Geschichte verfasst, dürfte das im Blick auf Eilhart anders gesehen haben.[18]

III Zweite Untersuchungsebene: Inhalt

Ich komme damit zur zweiten, inhaltlichen Ebene, auf der ich zeigen möchte, inwiefern Risiko einen zentralen Faktor für die Erzählung darstellt. Mein erstes Beispiel ist hier der Kampf zwischen Tristrant und Môrolt (V. 351–930): Der (bei Eilhart namenlose) König von Irlant ist mit der Schwester von Môrolt verheiratet, einem Adligen mit der Stärke von vier Männern, der für den König alle umliegenden Länder in zinspflichtige Abhängigkeit gebracht hat, einzig Kornevâlis, das Land Markes, fehlt noch. Môrolt zieht mit einem Heer dorthin und lässt Marke ausrichten, dass er bereit sei, in einem Stellvertreterkampf mit einem, der ihm – Môrolt – von seiner Herkunft her angemessen sei, die Rechtmäßigkeit der Forderung auszufechten.[19] Lehne er dies ab, so gebe er ihm eine ‚zweite Chance' im Kampf der Heere gegeneinander. Auf diese Weise verliere er aber gegebenenfalls sein Reich ganz. Im Fall des Sieges sei natürlich die Tributforderung hinfällig. Während Marke seine Boten nach seinen Fürsten um Rat aussendet, hat Tristrant,

---

17 Vgl. zur stoffgeschichtlichen Rolle Eilharts Tomasek, Gottfried von Straßburg (Anm. 12). Einen Sonderfall stellt die Berliner Handschrift (Berlin, Staatsbibl., mgf 640) dar, die den Text Gottfrieds bietet und – nach einigen wenigen Versen aus der Fortsetzung Ulrichs von Türheim – mit Eilhart komplettiert. Vgl. Gottfried von Straßburg, Tristan und Isold. Mit dem Text des Thomas. Hrsg. von Walter Haug/Manfred Günter Scholz. Übers. und komm. von Walter Haug, 2 Bde., Frankfurt a. M. 2011 (Bibliothek des Mittelalters 10–11, Bibliothek deutscher Klassiker 192), hier Bd. 2, S. 222f.
18 Die Bezüge Gottfrieds zu Eilhart, die die Forschung herausgearbeitet hat, lassen von daher eventuell auch die Profilierung der *edelen herzen* in Gottfrieds Prolog (V. 47 u. ö.) im Vergleich zu den guten / böswilligen Rezipienten in einem anderen Licht erscheinen. Vgl. Tomasek, Gottfried von Straßburg, S. 260f. Gottfrieds Text nach Haug/Scholz, Tristan und Isold (Anm. 17). Zur Schwalbenhaar-Episode s. u. S. 70f.
19 Grundlegend zum Zweikampf aus literaturwissenschaftlicher Sicht: Friedrich, Udo: Die ‚symbolische Ordnung' des Zweikampfs im Mittelalter. In: Gewalt im Mittelalter. Realitäten – Imaginationen. Hrsg. von Manuel Braun/Cornelia Herberichs, München 2005, S. 123–158.

dessen Identität als Markes Schwestersohn zu diesem Zeitpunkt noch nicht offengelegt ist, bereits eine Entscheidung gefällt. Er teilt sie seinem Erzieher und Begleiter Kurnevâl mit:

> mich mûwet desir hômût
> den der starke man begât.
> is daz in nîman bestât,
> sô wil ich mit im vechtin.
> got helfe mir ze dem rechtin.
> wî sal ich des beginnen?
> (V. 460–465)
>
> Die Überheblichkeit, die der starke Mann begeht, ärgert mich. Wenn ihn niemand herausfordert, dann will ich mit ihm kämpfen. Gott verhelfe mir zum Richtigen. Wie soll ich das anfangen?

Die einzige einschränkende Bedingung, die Tristrant zunächst gegenüber Kurnevâl formuliert, liegt darin, dass kein anderer der etablierten Fürsten und Ritter am Hof den Kampf wagt und die Tributforderung kampflos akzeptiert wird. Hier blitzen darüber hinaus religiöse Semantiken auf, die sich ausschlaggebend für den Ausgang der Sache erweisen können: Der *hômût* (V. 460) Môrolts ist natürlich in diesem Kontext negativ belegt und steht semantisch in der Nähe der Kapitalsünde der *superbia*. Insofern ist Gott, der Tristrant zum Recht verhelfen soll, der richtige Risikominimierer, der angerufen wird. Tristrant wägt Risiko und mögliche Eintrittswahrscheinlichkeiten ab:

> wie ob uns heil dâ von geschît,
> wir gewunnen vromen und êre.
> wir en mochten nimir mêre
> die schande vorwinnen,
> vûre he alsô wedir hinnen
> daz in nîman bestunde.
> (V. 474–479)
>
> Wenn wir Glück damit haben, würden wir Nutzen und Ehre daraus gewinnen. Wir könnten niemals die Schande überwinden, wenn er von hier wieder wegführe, ohne dass ihn jemand herausgefordert hat.

vromen und *êre* (V. 475) gegenüber *schande* (V. 477) also, das sind die Alternativen. Um aber überhaupt kämpfen zu können, muss der *jungelinc* Tristrant zunächst zum Ritter geschlagen werden, was Marke schließlich in kurzer Zeit gemeinsam mit 60 anderen Neurittern auch tut (ohne dass dies vom Erzähler als Folge des äußeren Drucks von Môrolt markiert würde, V. 499–532). Erst danach richtet Marke sich mit seiner Bitte an die Fürsten:

> [„]ist hie ergin ein man,
> der dâ wolde bestân
> den starken Môrolden,
> ez wirt im sô vorgolden,
> daz he ummir blebe rîche.'
> [...]
> do en was dar nîman undir
> der den kamph wolde bestân.
> (V. 547–555)

„Wenn hier irgendwo ein Mann ist, der den starken Môrolt herausfordern will, wird ihm das so bezahlt, dass er für immer reich sein wird." Es war da aber niemand, der den Kampf führen wollte.

Tristrant gegenüber betonen die Fürsten die schlechten Chancen, gegen Môrolt bestehen zu können:

> [„]wen he kan sô herte spiln:
> swer in mit vechtin wil bestân,
> der mûz sîn mit arge abe gân
> und mag lîchte schaden enpfân.'
> „daz wil ich an ein heil lân!"
> (V. 564–568)

„Denn er kann so hart kämpfen. Wer immer ihn im Kampf herausfordert, muss mit Leid wieder davon ablassen und kann dabei leicht Schaden davontragen." „Das Risiko will ich eingehen."

Angst und Freude halten sich die Waage, als Tristrant in einer Vorabsprache die Fürsten bittet, ihm vor Marke zu helfen, ihn als Kämpfer durchzusetzen (V. 556–601). Erst jetzt erfährt Marke von der engen Verwandtschaft zwischen ihm und Tristrant.[20] Erzählerisch ist die Selbstauskunft Tristrants motiviert durch die Notwendigkeit, dass nur ein Ebenbürtiger den Kampf gegen Môrolt bestreiten kann,[21] die Offenlegung seiner Identität führt nun aber zum Einspruch Markes gegenüber Tristrant, was in der ersten längeren Dialogpartie des Textes entfaltet wird und mit einem apodiktischen *dû fichtest nît zewâre* (V. 678; „du wirst sicher

---

20 Vgl. V. 630–636.
21 Vgl. V. 411–414: *hête he nû einen man, / der mich torste bestân, / der von adele sî sô vrî, / daz her mîn genôze sî, / mit deme wil ich vechten* („Hätte er nun einen Mann, der gegen mich zu kämpfen wagte, der von seiner Herkunft her so frei wäre, dass er mir ebenbürtig sei, würde ich gegen diesen kämpfen [...]".)

nicht kämpfen") aus dem Munde Markes endet.[22] Erst die Erinnerung an das zuvor gegebene, bindende Versprechen an die Vasallen, tatsächlich denjenigen kämpfen zu lassen, den die Fürsten vorschlagen, bringt Marke schließlich zum Einlenken.[23] Tristrant erklärt ihm seine persönliche Risikokalkulation:

> irsleit her mich [...]:
> hêre, ich sal doch sterben,
> adir nâch êren werben.
> (V. 692–694)
>
> Wenn er mich erschlägt [...]: Herr, ich werde einmal doch sterben, oder eben zunächst ehrengemäß handeln.

Marke wendet ein: *dû mochtest doch den lîp vristen* (V. 695; „Du könntest doch dein Leben retten."). Tristrant repliziert:

> ob ich daz vor wâre wiste,
> daz ich vor im solde ligen tôd,
> ê wolde ich lîden die nôd,
> ê dann er daz sêge,
> daz im sô liebe geschêge,
> daz on nîman torste bestân.
> (V. 696–701)
>
> Wenn ich sicher wüsste, dass ich tot vor ihm liegen sollte, würde ich das eher auf mich nehmen, bevor er sagen könnte, ihm sei es so leicht gemacht worden, dass niemand gegen ihn zu kämpfen gewagt hat.

Nur zu leben ist eben keine Alternative im Angesicht der Möglichkeit, dass Môrolt kampflos gewinnen könne. Damit stellt Marke den Widerspruch ein.

---

22 Zu den Dialogszenen bei Eilhart vgl. HENKEL, Nikolaus: Dialoggestaltung in deutschen und französischen Romanen des 12. Jahrhunderts. Das Modell der Dramen des Terenz und Seneca. In: Redeszenen in der mittelalterlichen Großepik. Komparatistische Perspektiven. Hrsg. von Monika UNZEITIG u. a., Berlin 2011 (Historische Dialogforschung 1), S. 139–164. BECKER, Anja: Lyrische und epische Stichomythien: Eilhart von Oberg – Heinrich von Veldeke – Albrecht von Johansdorf. In: Aspekte einer Sprache der Liebe. Formen des Dialogischen im Minnesang. Hrsg. von Marina MÜNKLER, Bern u. a. 2011 (Publikationen zur Zeitschrift für Germanistik N.F. 21), S. 253–271.
23 Vgl. V. 596–601: *doch solt ir niet sagen / mînem hêren von mir snelle, / eir er ûch geloben welle, / swer sô wille vechtin / wedir dem gûtin knechte, / daz man ez deme wol gewere.* („Doch sollt ihr meinem Herren nichts von mir sagen, bevor er euch gelobt, dass man es dem sicher zugesteht, der gegen den hervorragenden Ritter kämpfen möchte.")

Es kommt zum Zweikampf auf einer Insel nach der angemessenen materiellen Ausstattung mit dem Harnisch und Pferd Markes, Schwert und neuem Schild[24] und einer angemessenen emotionalen Ausstattung mit Kuss, Drücken an die Brust und Anfeuerung durch Marke (*slâ dînen vînd nedir!*, V. 784; „Schlag Deinen Gegner nieder!")[25]. All das sind Elemente, die Tristrants Stellvertreterrolle symbolisch, materiell und auch rechtlich unterstreichen. Der Kampf beginnt aber nicht sofort, sondern es folgen noch weitere Entscheidungen und Risikoabwägungen: Nachdem Môrolt mit dem Schiff auf der Insel ankommt, auf der sich ausschließlich die beiden Kämpfer befinden, stößt Tristrant Môrolts Schiff zurück ins Meer mit der Bemerkung:

> wir sîn beide here komen
> durch schaden und durch vromen
> die wir hie mogen gewinnen.
> ir komet wol hinnen
> in einem schiffe der helt
> dem der sege hie wirt gezelt.
> (V. 801–806)

> Wir sind beide hierhergekommen wegen des Schadens bzw. Nutzens, den wir hier erlangen können. Der Held, der hier gewinnt, kommt mit einem einzigen Schiff wieder von hier weg.

Diese Handlung Tristrants ist nicht nur eine beliebige Beteuerung, dass er es ernst meint, sondern mehr: Eine bewusste Entscheidung, die das Risiko noch stärker akzentuiert und für das Ende des Kampfes nur noch zwei Möglichkeiten offen lässt: *schaden* (V. 802) entspricht der Tötung durch den Gegner, *vromen* (V. 802) ist die Tötung des Gegners. Die Aufgabe des Kampfes, ein Unentschieden oder eine Form der gütlichen Einigung des Konflikts ohne Tötung werden dadurch von vornherein ausgeblendet.[26] Môrolt flößt das Respekt ein, er wird Tristrant *holt* (V. 807; „wohlgesonnen") und bietet ihm genau eine solche Form der Einigung an: *eigen unde lêhen* (V. 812; „Eigenbesitz und Lehen"), sogar sein halbes Erbe, wenn er es Tristrant erspare, ihn zu erschlagen.[27] Die einzige Bedingung, unter der Tristrant in eine solche Konstruktion einwilligen würde, nämlich Marke nicht zinspflichtig zu machen, stellt allerdings wiederum für Môrolt eine inakzeptable

---

24 Vgl. V. 705–774.
25 Vgl. V. 775–784.
26 Zu solchen Möglichkeiten vgl. aus historischer Perspektive ALTHOFF, Gerd: Das Privileg der *deditio*. Formen gütlicher Konfliktbeendigung in der mittelalterlichen Adelsgesellschaft. In: Spielregeln der Politik im Mittelalter. Kommunikation in Frieden und Fehde. Hrsg. von Gerd ALTHOFF, Darmstadt 1997, S. 99–125.
27 Vgl. V. 825–830.

Kondition dar.²⁸ Im anschließenden Kampf wird Tristrant durch den vergifteten Speer Môrolts verletzt, Môrolt selbst wird zunächst von Tristrant die Hand abgeschlagen, dann wird er durch einen Treffer am Kopf kampfunfähig und schwer verletzt. Tristrant gewinnt den Kampf, Môrolt muss von seinem Gefolge von der Insel geholt werden. Îsalde, die Tochter des irischen Königs und Arzneikundige, eilt ihm mit dem Schiff entgegen, kommt aber zu spät: Môrolt stirbt, Tristrant überlebt.²⁹

Fassen wir bis zu diesem Punkt wieder kurz zusammen: Die Mechanismen von Herrschaftssicherung, wie sie der Text für das Land König Markes erzählt, sind nicht nur labil, sondern ganz eminent an hochriskante Operationen gebunden, die am Ende des Tages genauso gut scheitern könnten. Eine positive Eintrittswahrscheinlichkeit ist nicht kalkulierbar und aufgrund der Kräfteverhältnisse ganz unwahrscheinlich.³⁰ Die potentiellen negativen Eintrittswahrscheinlichkeiten werden als erzählerische Alternativen mitreflektiert. Alles hängt an einer Figur – dem jungen Helden Tristrant –, die durch eine Reihe von individuellen, riskanten Entscheidungen die Herrschaft letztlich sichert.³¹ Die riskanten Entscheidungen, die er trifft, sind dabei nicht verhandelbar. Poetische Mittel, wie hier Dialoge oder Ratsszenen, zementieren lediglich bereits getroffene Entscheidungen. Gott als Risikominimierer, der von außen eingreifen könnte, spielt im Vorfeld des Kampfes nur eine Nebenrolle, im Kampf selbst überhaupt keine.³² Der Text bringt diese riskante Wettkampfkonstellation an gleich zwei Stellen auf die Formel *an daz heil lân*, einmal aus dem Munde Tristrants selbst (s. o. S. 66), das andere Mal aus dem Mund der Fürsten in Bezug auf Tristrants Plan, gegen Môrolt zu kämpfen: *sie gedâchtin, daz sie den sege / woldin an daz heil lân.* (V. 590 f.; „Sie dachten, dass sie den Sieg dem Zufall überlassen wollten."). Die Formel wird bei HENNIG übersetzt mit „aufs Spiel setzen".³³ In LEXERS

---

28 Vgl. V. 831–838.
29 Vgl. V. 944–964.
30 So auch FRIEDRICH, Die ‚symbolische Ordnung', S. 153 (Anm. 19).
31 Zu Herrschaft (in Relation zu Liebe) bei Eilhart vgl. STROHSCHNEIDER, Peter: Herrschaft und Liebe. Strukturprobleme des Tristanromans bei Eilhart von Oberg. In: ZfdA 122 (1993), S. 36–61.
32 Auch darauf verweist FRIEDRICH, Die ‚symbolische Ordnung', S. 153 (Anm. 19). Gott wird als Helfer von Marke und seinem Gefolge angerufen, mehr nicht (vgl. V. 781–786). Den Imperativ (*slâ*) in V. 784 beziehe ich auf Tristrant (s. o. S. 68).
33 Vgl. HENNIG, Beate: Kleines mittelhochdeutsches Wörterbuch. In Zusammenarbeit mit Christa HEPFER und unter redaktioneller Mitwirkung von Wolfgang BACHOFER. 6., durchges. Aufl., Berlin 2014., s. v. *heil*.

Handwörterbuch wird übersetzt mit „aufs Geratewohl".[34] Im BMZ werden die aufgeführten Textstellen übersetzt mit „dem zufall überlassen, wagen sollten" und „aufs geratewol setzen, wagen".[35] Die Formel kommt im *Tristrant* noch zwei weitere Male an signifikanten Stellen vor.[36] An allen Stellen wird indes klar, dass ein Eingreifen Gottes keine Option für die Protagonisten (wie auch den Erzähler) darstellt. Die Angelegenheiten werden immer und ausschließlich innerhalb der Welt selbst geregelt und dabei die Risiken für und gegen ein Gelingen abgewogen.

Mein zweites Beispiel auf Inhaltsebene ist die bekannte Schwalbenepisode (V. 1357–1473): Marke will Tristrant (nach dessen Heilung bei Îsalde und seiner Rückkehr nach Kornevâl) die Herrschaft übergeben und die Kontinuität der Herrschaft durch die Adoption von Tristrant sicherstellen.[37] Die Fürsten und Verwandten drängen Marke jedoch zur Heirat, nicht zuletzt aus Missgunst gegenüber Tristrant.[38] Die Lösung ergibt sich für Marke zufällig:

> Dô begundin sich zwû swalen
> bîzen in des koninges sale.
> des wart der hêre geware
> und sach ernstlîchin dare.
> [...]
> do entvîl in beidin ein hâr
> daz was schône unde lang.
> [...]
> ‚diz ist einer vrauwin'
> sprach he selbe wedir sich,
> ‚hie mit wil ich werin mich.
> der wil ich zu wîbe gerin:

---

[34] Mittelhochdeutsches Handwörterbuch von Matthias LEXER. Zugleich als Supplement und alphabetischer Index zum mittelhochdeutschen Wörterbuche von BENECKE/MÜLLER/ZARNCKE. 3 Bde. Leipzig 1872–1878, hier Bd. 1, Sp. 1211.

[35] Mittelhochdeutsches Wörterbuch. Mit Benutzung des Nachlasses von Georg Friedrich BENECKE ausgearbeitet von Wilhelm MÜLLER und Friedrich ZARNCKE. Nachdruck der Ausgabe Leipzig 1854–1866 mit einem Vorwort und einem zusammengefaßten Quellenverzeichnis von Eberhard NELLMANN sowie einem alphabetischen Index von Erwin KOLLER, Werner WEGSTEIN und Norbert Richard WOLF. 5 Bde. Stuttgart 1990, hier Bd. 1, Sp. 650a.

[36] Erstens direkt nach der Trankeinnahme aus dem Mund Brangênes, die sagt: *daz sie des trankes enbizzen, / ez wirt mir noch vorwizzen; / doch wil ichz lâzen an ein heil.* (V. 2661–2663, „Dass sie den Trank eingenommen haben, wird mir noch zum Vorwurf gemacht werden. Doch das will ich riskieren."). Zweitens bei Kehenis' Plan, die schwer bewachte Geliebte Gariôle zu sehen, aus dem Mund des Erzählers: *eins tagis lîz her ez an ein heil.* (V. 7964, „Eines Tages ging er das Risiko ein"). Die weiteren Belege für die Formel im Mittelhochdeutschen bleiben zu überprüfen.

[37] Dies steht im Widerspruch dazu, dass Tristrant das Land seines Vaters Rîvalin erben soll und nach dessen Tod dann – mit allen Folgeproblemen – auch erbt. Vgl. V. 8556–8567.

[38] Vgl. V. 1337–1380.

sie enmogen mich ir nicht geweren.[']
(V. 1381–1394)

Da begannen sich zwei Schwalben im Saal des Königs gegenseitig zu beißen. Das bemerkte der Herr und sah ihnen ernst zu. [...] Da entfiel beiden ein Haar, das war schön und lang. [...] „Das gehört einer adeligen Frau", sprach er zu sich selbst, „damit werde ich mich wehren. Die will ich zur Ehefrau nehmen. Sie [sc. die Höflinge] können sie mir nicht bringen."

Weniger Risiko geht für Marke in der Tat kaum, was auch die Fürsten zugestehen (und was Gottfried von Straßburg zu seiner Quellenkritik *avant la lettre* veranlasst hat).[39] Für Tristrant allerdings ist Markes Verhalten nicht ohne Risiken: Ihm werde schließlich, so sagt er, die Schuld für ein so schlaues Agieren zugeschrieben, weswegen er zur äußerst unbestimmten, gefährlichen Brautwerbung aufbricht und die ursprüngliche Trägerin des Haares identifizieren will.[40] Mehr Risiko mit unkalkulierbaren Faktoren geht kaum. Auch das aber gelingt Tristrant mit explizitem Verweis auf das Haar, das er nach dem Drachenkampf und erneuter Heilung durch Îsalde betrachtet: *He besach ir hâr vil ebene, / dar nâch her unvorgebene / lange gevaren hête.* (V. 1867–1869; „Er sah sich ihr glattes Haar an, nach dem er unvergeblich lange gesucht hatte."). Bei so viel Glück kann man sich nur freuen: *der kûne helt stête / irlachete innighîchin* (V. 1870f.; „Der kühne und beständige Held lachte innig."). Obwohl auch Tristrant von Îsalde als Môroltmörder identifiziert wird, gelingt die Brautwerbung, worüber sich Marke eigentlich nicht freuen dürfte, ein Sachverhalt, der im Text unkommentiert bleibt.[41]

Wir können zusammenfassend festhalten: Auch die Mechanismen von zukünftigem Herrschaftserhalt werden an scheinbar in ihrem Risiko kalkulierbare Optionen geknüpft. Doch das Unwahrscheinliche – das, was eigentlich nur scheitern kann und dem sich Marke schließlich ohne weiteren Kommentar und Einwände fügt – tritt schließlich ein. Er heiratet Îsalde. Die Möglichkeit einer Herrschaftsübergabe an Tristrant ist somit vom Tisch. Genealogischer Herrschaftskontinuierung durch Prokreation stünde somit nichts mehr im Wege. Allein: Marke und Îsalde bekommen, wie wir wissen, keine Kinder. Die Geschichte verläuft anders weiter.[42]

---

39 Vgl. HAUG/SCHOLZ, Tristan und Isold, V. 8601–8621 (Anm. 17).
40 Vgl. V. 1419–1472.
41 Vgl. V. 2802–2807.
42 Vgl. dazu MÜLLER, Stephan: Das Ende der Werbung. Erzählkerne, Erzählschemata und deren kulturelle Logik in Brautwerbungsgeschichten zwischen Herrschaft und Heiligkeit. In: Helden und Heilige. Kulturelle und literarische Integrationsfiguren des europäischen Mittelalters. Hrsg. von Andreas HAMMER/Stephanie SEIDL, Heidelberg 2010 (Germanisch-romanische Monatsschrift. Beiheft 42), S. 181–196.

IV Dritte Untersuchungsebene: Struktur

Ich komme damit zur dritten und letzten Ebene, die ich in den Blick nehmen möchte, und bei der ich die Struktur der Erzählung mit ins Kalkül ziehe: Man hat für den *Tristrant*, insbesondere für den zweiten Teil nach der Brautwerbung, nach der Rückkehr von Îsalde an den Markehof und Tristrants Verlassen des Landes eine enge Verschränkung von paradigmatischem und syntagmatischem Erzählen konstatiert.[43] Auf der Ebene der Paradigmatik sind die theoretisch beliebig erweiterbaren Rückkehrabenteuer anzusiedeln, in deren Rahmen Tristrant und Îsalde sich immer für eine mehr oder weniger ausgedehnte Zeitspanne wiederbegegnen können. Der Verwandlungsfähigkeit von Tristrant, um Îsalde inkognito sehen und lieben zu können, sind dabei praktisch keine kreativen Grenzen gesetzt: Narr, Pilger und Fahrender sind die erzählerischen Möglichkeiten, die bei Eilhart neben anderen realisiert werden. Der Erzähltyp des listigen Rückkehrabenteuers, in dem Kalkül und Risiko wieder besonders engeführt werden, ist aber auch darüber hinaus poetisch produktiv, nicht nur in der französischsprachigen Tristantradition, sondern auch im Deutschen immerhin einmal belegt durch das Episodengedicht *Tristan als Mönch*.[44]

Auf der Ebene der Syntagmatik muss die Geschichte auf das zulaufen, was bereits der Prolog Eilharts ankündigt: *wie der hêre Tristrant / [...] / die vrouwin Îsalden irwarp, / und wie sie dorch in irstarp, / her dorch sie und sie dorch in.* (V. 36–45; „wie der Herr Tristrant die adlige Îsalde erwarb, wie sie wegen ihm starb, er wegen ihr und sie wegen ihm.") Man kann das Ende dabei mit der „Fatalität des Unausweichlichen"[45] erklären, man kann auf den Zwang der Stoffgeschichte mit dem tragischen Liebestod verweisen und liegt damit sicher richtig. Die Geschichte muss nicht nur enden, sie muss so enden.

Ich möchte dennoch eine Lesart von Tristrants Ende vorschlagen, die nicht ausschließlich mit den genannten Faktoren operiert, sondern darüber hinaus auch Risiko als einen Faktor miteinbezieht. Dazu müssen wir auf die Nampêtenîs-Epsiode am Romanende blicken: Sie wird verteilt auf zwei Etappen erzählt, zwischen die zwei Wiederkehrabenteuer geschaltet werden. Nampêtenîs, ein *rîcher*

---

[43] Dazu am Beispiel von Gottfrieds Text WARNING, Rainer: Die narrative Lust an der List. Norm und Transgression im *Tristan*. In: Transgressionen. Literatur als Ethnographie. Hrsg. von Gerhard NEUMANN/Rainer WARNING, Freiburg i. Br. 2003 (Rombach Wissenschaften 98), S. 175–212.
[44] Vgl. dazu mit weiteren Literaturhinweisen STEINHOFF, Hans-Hugo: ‚Tristan als Mönch'. In: Verfasserlexikon, Bd. 9. Hrsg. von Burkhart WACHINGER u. a., 2. Aufl., Berlin u. a. 1995, Sp. 1062–1065 sowie HUBER Christoph/LINDEN, Sandra: ‚Tristan als Mönch'. In: Killy Literaturlexikon, Bd. 11: Si–Vi. Hrsg. von Walther KILLY, 2. Aufl., Berlin u. a. 2009, S. 601 f.
[45] KIENING, ‚Eilhart von Oberg', S. 233 (Anm. 8).

herre (V. 7865), hat eine Frau namens Garîôle, die strengstens von ihm bewacht wird: Drei Gräben gehen um seine Burg, er versieht aus Misstrauen die Funktion des Burgwächters selbst. Wenn er die Stadt einmal verlassen muss, nimmt er die Schlüssel mit, ungeachtet der Tatsache, dass dann niemand mehr ein- oder ausgehen kann.[46] Kehenis, der Schwager Tristrants, hat jedoch eine Geschichte mit Garîôle, bereits bevor sie Nampêtenîs geheiratet hat: Sie hat ihm einst zugesagt, ihn zu umarmen, wenn er zu ihr komme. Überhaupt: Nampêtenîs ist *vreislîche* (V. 7875, 7941; „schrecklich") und *hâte in irem mûte / die vrauwe Kehenîsen liep.* (V. 7956–7957; „Die Dame war Kehenis zugetan."). Als Nampêtenîs auf der Jagd ist, vereinbaren Kehenis und Garîôle ein Stelldichein, bei dem Tristrant als Ratgeber entscheidend beteiligt ist: Sie macht heimlich Wachsabdrücke der Schlüssel, ein Schmid macht danach Kopien. Kehenis und Garîôle treffen sich, Nampêtenîs kommt beiden aber auf die Spur, zum einen, weil Kehenis seinen Hut im Burggraben verloren hatte, zum anderen, weil Tristrant Pfeile auf eine Weise in die Wand geschossen hatte, wie nur er es kann. Beides – Hut und Pfeile – sind zumindest keine Wiedererkennungsmerkmale, die auf den ersten Blick die Identifikation leisten, Nampêtenîs ist aber ein guter Beobachter. Besonders riskant ist das Verhalten von Kehenis und Tristrant nicht. Garîôle legt schließlich ein umfassendes Geständnis ab, Nampêtenîs verfolgt Kehenis und Tristrant. Auch der Kampf gegen Nampêtenîs wird nicht als besonders riskant beschrieben, sondern lediglich nüchtern im Ergebnis konstatiert: *dô slûgin sie Kehenîse tôd.* (V. 9208; „Da erschlugen sie Kehenis.").[47] Kehenis wird getötet, Tristrant wird mit einem vergifteten Speer verwundet. Die Motivanalogie zum Môroltkampf liegt auf der Hand. Es lassen sich noch weitere Parallelen beobachten: Hier wie dort liegt eine Dreiecksgeschichte vor: Nampêtenîs – Garîôle – Kehenis; Marke – Îsalde – Tristrant. Der verwandtschaftlichen Nähe von Îsalde zu Môrolt entspricht die von Tristrant zu Kehenis. Die Vorzeichen werden aber nun umgekehrt: Wie Îsalde beim verletzten Môrolt zu spät kommt, so kommt sie nun beim vergifteten Tristrant zu spät. Was im Anschluss an den Môroltkampf in einer hochriskanten Ausfahrt auf Heilung klappte (worauf im Text explizit verwiesen wird), das funktioniert nun in einem von den Voraussetzungen her nicht mehr vergleichbar riskanten Rahmen nicht: Die blonde Îsalde weiß, was sie zu tun hat. Nur die zweite Îsalde spielt nicht mit. Sie erweist sich mit ihrer Lüge am Ende als der Risikofaktor, der zum Tod Tristrants und Îsaldes führt:

---

46 Vgl. V. 7888–7910.
47 Zur Nampêtenîs-Episode vgl. BONATH, Gesa: Nampetenis – Tristan der Zwerg. Zum Schluß von Eilharts ‚Tristrant' und dem Tristan-Roman des Thomas. In: Germanistik in Erlangen. 100 Jahre nach der Gründung des Deutschen Seminars. Hrsg. von Dietmar PESCHEL, Erlangen 1983 (Erlanger Forschungen 31), S. 41–60.

> dô loug sie leidir sêre
> daz ez ir sît wart gar leit.
> âne aller slachte valscheit
> sprach sie sô, tumlîchen,
> und sagete im lugelîchen,
> der segil wêre wîz nît.
> (V. 9378–9383)
>
> Da log sie leider so sehr, dass es ihr später leid tat. Ohne jede Falschheit sprach sie so, unverständig, und sagte ihm fälschlich, dass das Segel nicht weiß sei.

Risiko berührt auf dieser Ebene also im Kern auch die Liebeskonzeption von Eilharts Text: Es wird auf der einen Seite kalkulierbar reduziert (im Heilungswissen der blonden Îsalde), auf der anderen Seite verschoben auf die zweite Îsalde und ihre *tumlîche* Lüge.

V Zusammenfassung

Ich komme damit zum Schluss und fasse zusammen: Eilharts von Oberge um 1170 entstandener *Tristrant*-Roman stellt die erste deutschsprachige Bearbeitung der berühmten mittelalterlichen Liebesgeschichte dar. Ihr wurde von der (älteren und jüngeren) Forschung immer wieder attestiert, ein gleichermaßen ästhetisch anspruchsloses wie reflexionsloses Machwerk zu sein.[48] Solche Urteile werden freilich fast immer von der zweiten deutschsprachigen Bearbeitung des Stoffes her formuliert, d. h. von Gottfrieds von Straßburg *Tristan* (um 1210).[49] Obwohl sich hier ein spannungsvoller Wettkampf konkurrierender Versionen abzeichnet,[50] wollte ich in meinem Beitrag eine Lektüre vorschlagen, die sich bewusst auf Eilharts Text beschränkt (und somit auch für einmal die Sagengeschichte als motivgeschichtlichen Bezugspunkt argumentativ ausblendet).[51]

---

[48] Vgl. mit der nötigen Differenzierung Kiening, ‚Eilhart von Oberg', S. 232 (Anm. 8).
[49] So etwa auch Kiening, ‚Eilhart von Oberg', S. 232 (Anm. 8): „In der Tat könnten die Unterschiede [zwischen Eilhart und Gottfried] kaum größer sein: hier eine weitgehend reflexionslose, episodenhafte, paradigmatisch organisierte Erzählung, die sich mit der Einschätzung passionierter Liebe abmüht, dort eine hochreflektierte, durchmotivierte, stilistisch raffinierte, die die Liebeseinheit als quasi rituellen Vollzug feiert. Doch besitzt der *Tristrant* seine eigenen Qualitäten, die zgl. die Andersartigkeit mittelalterl. Erzählens erkennen lassen." Vgl. zu diesem Punkt Müller, Jan-Dirk: Die Destruktion des Heros oder wie erzählt Eilhart von passionierter Liebe? In: Il romanzo di Tristano nella letteratur del Medioevo. Der ‚Tristan' in der Literatur des Mittelalters. Hrsg. von Paola Schulze-Belli/Michael Dallapiazza, Triest 1990, S. 19–37, hier S. 20f.
[50] Vgl. dazu bereits oben Anm. 17 und 18.
[51] Zum Sachverhalt, dass auch Eilhart natürlich ein ‚Wiedererzähler' ist, vgl. oben Anm. 12.

Als Ergebnisse lassen sich festhalten: Den Eilhartschen *Tristrant* prägen auf verschiedenen Ebenen teils hochriskante Wettkampfstrukturen. Herausarbeiten konnte ich erstens auf einer inhaltsbezogenen Ebene das Verhältnis von Risiko und Wettkampf, seine Funktionalisierung im Bereich von Herrschaftslegitimierung, Herrschaftssicherung und Herrschaftserhalt, was sich am Beispiel von Môroltkampf und Schwalbenepisode belegen ließ. Der Text stellt hier ein offenes Nebeneinander von Handlungsoptionen und Entscheidungsmöglichkeiten mit potentiellen positiven und negativen Eintrittswahrscheinlichkeiten aus. Zweitens wird Risiko auch auf einer eher strukturell-narrativen Ebene in den seriell angeordneten Wiederkehrabenteuern verhandelt, durch die ein Ausstieg aus der Geschichte oder eine Aussicht auf Ende problematisch wird. Auf der Ebene des Syntagmas ist Risiko bei Tristrants Ende kein entscheidender Faktor mehr. Die Geschichte endet, wie sie nun einmal enden muss. Riskante Agonalität, die sich auf diese Weise im Blick auf den ganzen Text ergibt, bleibt dabei nicht textintern auf die Ebene des Inhalts beschränkt, sondern wird vom Autor/Erzähler auch an die Textrezipienten herangetragen. Das Erzählen der Geschichte selbst erweist sich als riskanter Wettkampf, wie im Prolog ausgeführt sowie in Erzählerkommentaren und im Epilog mitreflektiert wird.

Die Klippen, die umschifft werden, die unkalkulierbaren Widerstände, die umgangen werden, sind dabei natürlich literarisch geformte, aber es sind solche, die für eine vormoderne Kultur von hoher Relevanz sind, insofern sie den Umgang mit Handlungsoptionen reflektieren und Möglichkeiten durchspielen, die auch in der historischen Wirklichkeit als mehr oder weniger riskant eingeschätzt worden sein werden.[52]

---

[52] Vgl. dazu grundlegend MÜLLER, Jan-Dirk: Höfische Kompromisse. Acht Kapitel zur höfischen Epik, Tübingen 2007.

Martin Schneider
Gefahren und Gewinne von Wettkampfrisiken in Mären

Wenn von Destruktivität durch Wettkampf gesprochen wird, meint man dabei in den allermeisten Fällen Formen von Gewalt. Die Beiträge in diesem Tagungsband demonstrieren, dass wer sich auf Wettkämpfe einlässt, mit dem Risiko spielt. Denn während der Wettkampf auf der einen Seite mit der Hoffnung auf den Sieg lockt, birgt er auf der anderen Seite auch die Gefahr zu verlieren. Diese exklusiven Limitationen des Wettkampfs schaffen es, dass dieser häufig zu einem Spiel um Alles oder Nichts wird – in Wettkämpfen wird heiß gefochten. Um die Effekte kompetitiver Praktiken abzumindern, kommen oftmals Regeln zum Einsatz, die einvernehmlich geteilt werden müssen. In der mittelhochdeutschen Märendichtung können Wettkämpfe schnell zu Gewaltexzessen ausarten. Der Gattungstradition folgend, sind häufig textexterne normative Ordnungen außer Kraft gesetzt, weshalb gängige Regularien zur Gewaltverhinderung entfallen oder zumindest beschränkt sind. Aufgrund dessen entwickeln die Texte selbst Strategien, chaotische Auswirkungen von Streit und Wettkämpfen zu reduzieren oder Gewalt zu legitimieren. Zwei Beispiele, der *Weinschwelg* und die Gruppe der Priapeia-Mären, können verdeutlichen, wie zerstörerische Gewalt eingefangen, sozusagen geregelt wird.

Über das Beobachten der Begrenzung destruktiver Auswirkungen hinaus lässt sich auch Komplexitätssteigerung durch den Wettkampf wahrnehmen. Agonalität kann neue Spielräume entwerfen, die im Fall der hier untersuchten Mären eine Pluralisierung kultureller Ordnungen bedeuten und sich zugleich als Kontextanreicherung gegenüber der literarischen Erzähltradition beschreiben lassen. Narrative Formen von Wettkampf in Mären können somit – und das ist der Kern dieses Beitrags – für die Beobachtung von Vielfalt fruchtbar gemacht werden. In zwei weiteren Mären, dem *Hellerwertwitz* und der *Rosshaut*, lässt sich diese Vervielfältigung kultureller Ordnung nachzeichnen.[1] Die Mären behandeln schwer lösbare Konflikte, bei deren Behandlung sie nicht auf feste Erzähltraditionen bauen können. Eben diese Diskrepanz zum bestehenden Erzählmaterial wird zur Voraussetzung für die Bildung neuer Ordnungen.

---

1 Alle vier Beispiele analysiere ich ausführlicher und im weiteren Kontext in meiner Dissertation, vgl. SCHNEIDER, Martin: Kampf, Streit und Konkurrenz. Wettkämpfe als Erzählformen der Pluralisierung in Mären, Göttingen 2020 (Aventiuren 15).

https://doi.org/10.1515/9783110774962-006

I Weinschwelg

Mit einer Entstehung ab 1250[2] gehört der anonym überlieferte Text zu den ältesten deutschen Mären und zu einem der ersten schriftlich fixierten, volkssprachlichen Lobe auf den Wein. Im Promython wird einem Schwelg (mhd. *swelch* für Säufer) aufgrund seines beispiellosen Weinkonsums Meisterschaft zugesprochen. Bisherige Leistungen des Alkoholkonsums werden in den Schatten gestellt, wenn der Trinker Kanne um Kanne leert. Nach und nach werden die Vorzüge des Weintrinkens aufgezählt sowie erörtert, was man durch den Alkohol alles erlangen könne (Weisheit, Reichtum, Schönheit, etc.). Turnier, Tanz und Natur: Alles sei dem Wein hintangestellt; es wechseln sich Würdigungs- und Unterwerfungsgesten gegenüber dem Alkohol ab. Der Trinker inszeniert sich als *meister* in der Rivalität mit berühmten literarischen Figuren wie Pyramus und Thisbe, deren tragische Liebe er tadelt, denn sie hätten besser den Wein lieben sollen. Sein Können erweist er durch fortwährendes Einschütten des Weins, was gegen Ende beinah zu seinem Tod führt. Nur durch Umschnallen einer Rüstung kann er dem Risiko entgehen.

Der gesamte Text aus Trinkerrede und Erzählerkommentaren kann als geschickte Referenz auf generische Regeln und literarische Figuren verstanden werden, in der eine spezifische Kombination von Können und Wissen entworfen wird. Das Können bezieht sich dabei auf die physische Fähigkeit des Schwelgs, Unmengen von Wein in sich aufnehmen zu können; das Wissen umfasst die Vorzüge des Weins und gipfelt in einer Ablehnung zentraler höfischer Symbole. Beides, Können und Wissen, nutzt der Text, um seinen Protagonisten als *meister* zu pointieren. Um die Exorbitanz seiner Trinkfähigkeit zu demonstrieren, bemühen der Erzähler und der Ich-Redner semantische Isotopien von Naturgewalt. Eindrücklich ist etwa der Vergleich mit dem Sturm auf hoher See, dessen wallende Wassermassen die gewaltigen Schlucke des Trinkers versinnbildlichen:

> dâ wart von starken slünden
> ein sturm, daz von den ünden
> diu drozze wait ze enge,
> daz sich von dem wâcgedrenge
> diu güsse begunde werren,

---

[2] Ich folge in der Datierung SCHNEIDER, Karin: Gotische Schriften in deutscher Sprache. Bd. 1: Vom späten 12. Jahrhundert bis um 1300. Textband, Wiesbaden 1987, S. 177. Arend MIHM setzt den Codex in die letzten Jahrzehnte des 13. Jahrhunderts (vgl. MIHM, Arend: Überlieferung und Verbreitung der Märendichtung im Spätmittelalter, Heidelberg 1967, S. 35). Die Provenienz ist österreichisch bis bayrisch.

blôdern unde kerren
als ein windesprût ûf dem mere.
dâ wart mit hurteclîcher were
versuochet maniges slundes craft.
er sprach: „daz ist ein meisterschaft,
daz ich noch niht getrunken hân.
mîn kunst ist alsô getân,
daz ich mich niht vergâhe
und ez müezeclîche anefâhe,
durch daz ich ez lange trîben wil."
(V. 135–149)³

Da entstand aus starken Schlucken ein solcher Sturm, dass die Kehle durch die Wellen zu eng wurde und der Schwall durch die Fluten herumzuwirbeln, zu rauschen und zu tosen begann wie eine Windsbraut auf dem Meer. Die Kraft vieler Schlucke stieß auf diese Weise auf heftigen Widerstand. Er sprach: „Ich habe noch nie mit solcher Kunstfertigkeit getrunken. Meine Kunst besteht darin, dass ich mich nicht allzu sehr beeile, sondern es langsam angehe, damit ich es lange tun kann."

Bilder von Sturm und Meer, von brechenden Wellen (V. 205 f.), von Wasseruntiefen (V. 290 f.) und von Wassern auf Mühlrädern (V. 231 f.) werden während des Märes immer wieder aktiviert. Sie dienen dazu, das sich immer stärker ausweitende Besäufnis des Trinkers darzustellen. Schafft er zu Beginn [e]*inen trunc von zweinzec slünden* (V. 19; „einen Trunk von zwanzig Schlucken"), sind es später hundert (V. 199). Die Trinkfestigkeit des Mannes scheint unendlich.

Seine Rivalen sucht der Protagonist in anderen literarischen Figuren. Das prominenteste *Namedropping* entfällt dabei auf die Opfer der Minne, deren *tumpheit* er entlarvt. Neben Pyramus und Thisbe werden berühmte Figuren aus Antikenromanen wie Paris, Helena und Dido oder Nordian aus der *Thidrekssaga* verspottet. Für alle hat der Trinker den gleichen Rat: Sie hätten sich doch an den Wein halten sollen, denn dann hätten sie ihr Leben bewahrt. Mit der Minne des Trinkers, der den Wein begehrt, erhebt sich dieser über alle Männer und Frauen:

[...] swaz man ie gelas
von den, die minne pflâgen
und tôt von minne lâgen,
die wâren mir niht gelîche wîs.
wie starp der künic Parîs,
der durch Helenam wart erslagen!
des tumpheit soll man immer clagen.

---

3 Zitiert nach der Edition von Hanns FISCHER: Der Weinschwelg. In: Der Stricker: Verserzählungen. Mit einem Anhang: Der Weinschwelg. Hrsg. von Hanns FISCHER, besorgt von Johannes JANOTA, Bd. 2, 4., durchgesehene Aufl., Tübingen 1997 (Altdeutsche Textbibliothek 68), S. 42–58.

er solde den wîn geminnet hân,
sô het im niemen niht getân.
[...]
mîn minne ist bezzers lônes wert,
denne ir aller minne wære.
mîn minne ist fröudebære.
ich bûwe der minne strâze[.]
(V. 324–332 u. 340–343)

[...] Was auch immer man je von denen gelesen hat, die liebten und der Liebe wegen starben, die waren mir nicht ebenbürtig. Wie starb der König Paris, der wegen Helena erschlagen wurde! Seine Einfalt soll man stets beklagen. Er hätte den Wein lieben sollen, dann hätte ihm niemand etwas angetan. [...] Meine Liebe verdient einen besseren Lohn als ihrer aller Liebe. Meine Liebe bringt Freude hervor. Ich bereite der Liebe den Weg.

Die Meisterschaft des Schwelgs bezieht sich neben der gebildeten Rede auch auf die Beherrschung des eigenen Körpers. Das unendliche Trinken kann ihm nämlich doch gefährlich werden: Weil er immer mehr Wein in sich hineinschüttet, droht gegen Ende des Gedichts sein Körper zu platzen. Das unablässige Trinken wird dem Trinker nun zum tödlichen Risiko und der letzte Widerstand, den die Haut dem Wein noch bietet, steht vor der Auflösung. Doch der Mann hat in seinem unendlichen Wissen auch hier Rat, er weiß sich wohl zu wehren. Denn er lässt sich eine Rüstung bringen, die geradezu magisch-metallisch seine menschliche Haut vor dem Zerplatzen schützt. An seinen Hals lässt er sich einen Kragen aus Leder schnüren, der den Rachen vor dem Bersten bewahren soll. Die Kombination von Bauch- und Halsschutz soll ihn nun vor den Gefahren des Weins bewahren. Während der Schwelg zuvor seine Kontrahenten in den literarischen Figuren suchte, wird ihm nun der Wein selbst zu Bedrohung. Doch auch hier behauptet sich die *meisterschaft* des Trinkers: weder Mann noch Frau habe je so sehr den eigenen Körper kontrolliert. Freudig nimmt er sich nun eine neue Kanne vor und kann sein Trinken bis ins scheinbar Unendliche fortsetzen. Die Selbstbehauptung des Ich scheint grenzenlos, das sich rhetorisch zum Beherrscher der Erde aufschwingt. Gegen Ende kennzeichnet das Diener-Meister-Verhältnis nicht mehr die Beziehung zwischen Wein und Weintrinker (V. 82f., 130f.), sondern zwischen Trinker und Welt:

die liute solten alle sich
zu mînem gebote neigen.
diu werlde ist gar mîn eigen.
ich hân gewaltes sô vil,
daz ich tuon, swaz ich wil.
swaz ich wil, daz ist getân.
(V. 382–387)

Alle Menschen sollten sich meinem Befehl beugen. Die Welt gehört ganz und gar mir. Ich habe so große Macht, dass ich tun kann, was ich will. Was ich will, das wird geschehen.

Die Verknüpfung von Können (hier: virtuosem Trinken), Wissen und Meisterschaft verweist programmatisch auf die Gattung des Sangspruchs. Die „Inszenierung einer Position der Überlegenheit"[4] reklamiert ein selbstbewusstes Könner-Ich in der Gattung. Die Verknüpfung von Können und Wissen gehört zum typischen Repertoire des Sangspruchs,[5] mit der die Figur des Trinkers erst den Wein in den Himmel lobt, um sich dann selbst als *meister* zu stilisieren.[6] Das Märe greift auf Sangspruchelemente zurück, um diese parodistisch zu ersetzen: Das literarische Können der Sangspruchdichter wird zum trinkfesten Können des Schwelgs. Der sangspruchtypischen Gelehrsamkeit entspricht im *Weinschwelg* das Wissen um

---

[4] SEITZ, Dieter: Autorrollen in der Sangspruchdichtung des 13. Jahrhunderts. In: Spurensuche in Sprach- und Geschichtslandschaften. Festschrift für Ernst Erich Metzner. Hrsg. Von Andrea HOHMEYER u. a., Münster u. a. 2003 (Germanistik 26), S. 505–518, hier S. 514.

[5] Vgl. KELLNER, Beate/STROHSCHNEIDER, Peter: Poetik des Krieges. Eine Skizze zum *Wartburgkrieg*-Komplex. In: Das fremde Schöne. Dimensionen des Ästhetischen in der Literatur des Mittelalters. Hrsg. von Manuel BRAUN/Christopher YOUNG, Berlin, New York 2007 (Trends in Medieval Philology 12), S. 335–356, insbesondere S. 338; WENZEL, Franziska: Meisterschaft und Transgression. Studie zur Spruchdichtung am Beispiel des Langen Tons der Frauenlob-Überlieferung. In: BRAUN/YOUNG, Das fremde Schöne, S. 309–334; TERVOOREN, Helmut: Sangspruchdichtung. 2., durchgesehene Aufl., Stuttgart/Weimar 2001 (Sammlung Metzler 293), S. 37f. Der Sangspruchdichter Boppe beispielsweise setzt auf die Spitze der Reihe seine Geliebte, deren Zuneigung er über alles andere bevorzugt. Das Beispiel Boppe eignet sich zum Vergleich mit dem *Weinschwelg*, weil er zum einen seine Liebe als das einzig Wahre markiert, wie der Schwelg im Märe nur die Liebe zum Wein gelten lässt. Zum anderen ist er einer der ganz wenigen, die wie der Autor des *Weinschwelg* die Figur des *Curâz* (hier: *Gûrâz*) kennt und in die Reihe der Männer aufnimmt. Mit den Vergleichen inszeniert sich Boppe als außergewöhnlicher Mann, darüber hinaus sogar als übermenschliches Sänger-Ich, vgl. LAUER, Claudia: Der ‚starke' Boppe. Meisterschaft des Armes und des Wortes. In: Sangspruchdichtung um 1300. Akten der Tagung in Basel vom 7. bis 9. November 2013. Hrsg. von Gert HÜBNER/Dorothea KLEIN. Hildesheim 2015 (Spolia Berolinensia 33), S. 109–125, hier S. 121.

[6] Klaus GRUBMÜLLER erinnert daran, dass in der frühen Sangspruchdichtung *meisterschaft* als Selbstzuschreibung noch kein hervorgehobener Begriff ist. Im Laufe des 13. Jahrhunderts tritt sie ins Blickfeld der Spruchdichter, jedoch als artikulierte Meisterschaft der anderen mit dem Versuch, sich von den bekannten Dichtern abzuheben. Die Selbstermächtigung des Dichters aus seiner eigenen *meisterschaft* ist erst im 14. Jahrhundert erreicht. Dieser Versuch der Antizipation gestaltet sich im *Weinschwelg* anders, denn nicht dem Dichter, sondern seinem Protagonisten wird *meisterschaft* zugesprochen. Vgl. GRUBMÜLLER, Klaus: Autorität und *meisterschaft*. Zur Fundierung geistlicher Rede in der deutschen Spruchdichtung des 13. Jahrhunderts. In: Literarische und religiöse Kommunikation in Mittelalter und Früher Neuzeit, Berlin, New York 2009, S. 689–711.

die wahre Kraft der Minne, das als Geheimwissen inszeniert wird und mit dem sich der Trinker in der Rivalität mit den Minneopfern als Sieger profiliert.

Liest man diese Systemreferenzen[7] des *Weinschwelg* aus dem Sangspruch richtig, erklärt sich die bedeutsame Rolle des Ichs im Märe. Der Redner inszeniert sich mit ihrer Hilfe in einer Überlegenheitsposition, eine Strategie, die etwa der lateinischen Vagantenlyrik mit ihrem Lob auf Bacchus fremd ist. Erstmalig ist im *Weinschwelg* die Selbsterhöhung des Ich durch die Hymne auf den Alkohol dargestellt. Der Autor kann dabei nicht auf das mittellateinische Weinlob zurückgreifen, weil im Lateinischen das Lob des Weingotts nicht einhergeht mit dem Lob auf sich selbst.[8] Dagegen geht die wachsende Selbstermächtigung des Protagonisten im *Weinschwelg* einher mit dem exzessiven Hineinschütten des Weins, droht jedoch am Ende zu kippen. Der Autor des *Weinschwelg* nutzt das ausgebreitete Wissen und Können des Trinkers, um seinen Protagonisten vor dem Tod zu bewahren. Eben weil er sich durch maßlose Aufnahme des Weins dessen überbietende Macht einverleibt hat, kann der Trinker nun seinerseits die tödliche Gefahr des Weins abwehren. Aus der Würdigung des Alkohols ist die Dominanz über den Wein geworden. Überlegenheit durch Wissen und Können, wie sie der Sangspruchtradition entstammt, wird somit thematisch mit dem mittellateinischen Wein- und Bacchuslob kombiniert. Das Risiko, dass der Schwelg am Ende stirbt, kann durch das überlegene Ich in der Trinkerrede abgewendet werden, das sich kreativer Gattungskombination verdankt. Der Wein ist gleichzeitig Hilfe bei der Rivalität mit den Opfern der Minne und selbst ein Gegner, den es zu überwinden gilt. Die gefahrvollen Auswirkungen dieses Antagonismus werden mit der Einverleibung des Weins aufgelöst.

Aus der Wettkampftheorie ist bekannt, dass kompetitive Praktiken mehr sind als nur die Markierung von Differenzen.[9] Kompetitive Praktiken grenzen nicht

---

[7] Den Begriff der Systemreferenz nutze ich in der Bedeutung Manfred PFISTERS; vgl. PFISTER, Manfred: Zur Systemreferenz. In: Intertextualität. Formen, Funktionen, anglistische Fallstudien. Hrsg. von Ulrich BROICH, Tübingen 1985 (Konzepte der Sprach- und Literaturwissenschaft 35), S. 52–58.

[8] Ausführlicher dazu mein Aufsatz: SCHNEIDER, Martin: Können und Wissen in der Parodie des *Weinschwelg*. In: Poesie des Widerstreits. Etablierung und Polemik in den Literaturen des Mittelalters. Hrsg. von Anna Kathrin BLEULER/Manfred KERN, Heidelberg 2020 (Interdisziplinäre Beiträge zu Mittelalter und Früher Neuzeit 10), S. 299–319.

[9] Zu den frühesten Positionen, die das konstruktiv-sozialisierende Moment durch Streit oder Konkurrenz als formale Prozesse der Konvergenz verstehen, gehören die Analysen von SIMMEL, Georg: Der Streit. In: Ders.: Soziologie. Untersuchungen über die Formen der Vergesellschaftung. Hrsg. von Otthein RAMMSTEDT, Gesamtausgabe Bd. 11, 8. Aufl., Frankfurt a. M. 2016 (stw 811), S. 284–382. Bis heute baut die moderne Konfliktforschung auf seinem Theorem der Vergesellschaftung durch Streit auf, vgl. COSER, Lewis Alfred: Theorie sozialer Konflikte. Aus dem Engli-

zwangsweise aus, sondern nähern durch alternierenden Schlagabtausch[10] die an Wettkämpfen Beteiligten einander zugleich paradox an, bringen sie in Vergleichsbeziehungen und passen sie gegenseitig an. Im *Weinschwelg* geht der Trinker das situative Risiko ein, den Tod zu erleiden, entgeht jedoch diesem Risiko durch eine gattungspoetische Kombinatorik, die die Macht des Weins in sich aufnimmt. Der Text reagiert somit auf die Gefahr des Wettkampfs mit einer Überwindung von Differenz, die zur Einverleibung der Kontrahenten führt. Somit läuft der Wettkampf nicht auf ein Finale von Sieger und Verlierer hinaus, sondern entgeht einem gewaltvollen Ende.

II Priapeia

Auch im zweiten Textbeispiel lässt sich Inklusion der Kontrahenten als narrative Strategie ausmachen, den chaotischen Effekten des Konkurrenzverhaltens entgegenzuarbeiten. Die Gruppe der Priapeia-Mären eint die zentrale, sogar personale Rolle des Genitals. Die „unabhängig gewordenen isolierten und fragmentierten Körperteile"[11] machen sich vom Körper der Eigentümer selbstständig und können ein Eigenleben entfalten, gewinnen die Fähigkeit zur Fortbewegung und zum Sprechen. Exemplarisch können der *Rosendorn*, das *Nonnenturnier* und das Märe von *Gold und Zers* betrachtet werden, wobei der *Rosendorn* aus der zweiten Hälfte des 14. Jahrhunderts[12] das älteste von ihnen ist.

---

schen übersetzt von Sebastian und Hanne HERKOMMER, Wiesbaden 2009 (Klassiker der Sozialwissenschaften) oder WITTE, Daniel/DENNAOUI, Youssef: Streit und Kultur. Vorüberlegungen zu einer Soziologie des Streits. In: StreitKulturen. Polemische und antagonistische Konstellationen in Geschichte und Gegenwart. Hrsg. von Gunther GEBHARD, Bielefeld 2008, S. 209–230.
10 In der Ethnologie beschreibt man dieses Hin und Her auch als ‚Prinzip der Alternanz' und trägt dem Umstand Rechnung, dass im Schlagabtausch der Kontrahenten Aufmerksamkeit fokussiert und über das Wettkampfgeschehen hinaus Bestehendes ausgeblendet wird. S. HÉNAFF, Marcel: Die Gabe der Philosophen. Gegenseitigkeit neu denken. Übersetzung aus dem Französischen von Eva MOLDENHAUER, Bielefeld 2014 (Sozialphilosophische Studien 8), Kapitel 4, insbesondere S. 122.
11 EMING, Jutta: Der Kampf um den Phallus. Körperfragmentierung, Textbegehren und groteske Ästhetik im *Nonnenturnier*. In: The German Quarterly 85 (2012), S. 380–400, hier S. 381.
12 Ein erster Nachweis des Märe stammt von 1369/76, vgl. MATZEL, Klaus: Ein Bücherverzeichnis eines bayerischen Ritters aus dem 14. Jahrhundert. In: Medium aevum deutsch. Beiträge zur deutschen Literatur des hohen und späten Mittelalters. Festschrift für Kurt Ruh zum 65. Geburtstag. Hrsg. von Dietrich HUSCHENBETT, Tübingen 1979, S. 237–245, hier S. 239 u. 243. Synoptische Edition des Märe aus den beiden jüngeren Handschriften in: Der Rosendorn. In: Die deutsche Märendichtung des 15. Jahrhunderts. Hrsg. von Hanns FISCHER, Frankfurt a. M. 1966 (Münchner Texte und Untersuchungen zur deutschen Literatur des Mittelalters 12), S. 444–461.

Erzählt wird von einer Jungfrau, die sich hinter ihrer Burg einen Kräutergarten zieht. Die magischen Kräfte der Kräuter bewirken, dass überraschend die Vagina mit der Trägerin in ein Streitgespräch tritt. Die Vulva beklagt sich bitterlich, dass ihr nicht die Würdigung zuteilwerde, die ihr aufgrund ihrer bedeutenden Rolle zustände. Sie sei des Mädchens wichtigster Körperteil, von unübersehbarer Schönheit und jede Zuneigung durch das männliche Geschlecht verdanke sich allein ihr. Die Trägerin ist über dieses Selbstbewusstsein erbost, sie ist der Auffassung, dass die schmutzige Vagina ihren Erfolg bei Männern schmälere. Um den Wettstreit durch eine Probe aufs Exempel zu lösen, entscheiden sie sich zur Trennung. Im weiteren Verlauf werden die Schicksale der beiden nacheinander erzählt. Die Jungfrau nähert sich einem jungen Mann, der ihr zuvor Avancen gemacht hatte. Ohne den faktischen Zustand direkt zu erblicken, erkennt der Ritter bereits ihre Geschlechtslosigkeit von weitem und verstößt sie. In ihrem Defizit wird sie von allen nur noch die *fudlose*, die Geschlechtslose, genannt. Der Vulva ergeht es kaum besser: Als sie auf einen Mann trifft und von ihm einen amourösen Gruß erwartet, erkennt dieser in ihr nur eine Kröte und verjagt sie mit Tritten. Beide, Vagina und Mädchen, erkennen in dieser Erfahrung, dass sie nicht ohne einander leben können. Daraufhin rufen sie den Erzähler an, der nun in die Diegese eintritt und mit einem Nagel die Vagina wieder an den Körper des Mädchens hämmert. Mit dieser Metapher für einen brachialen Geschlechtsverkehr endet die Erzählung mit einer Proklamation an alle Männer, es ihm gleichzutun. Der Streit ist damit in seinem Verlauf und seinem Ende von Gewalt geprägt. Während die Trägerin soziale Sanktionen des Verstoßens und des Bloßstellens erlebt, herrschen in der Lebenswelt des Genitals körperliche Gewalt und brachiale Verrohung.

Ähnlich auch das *Nonnenturnier*, der äquivalente Text zum *Rosendorn* mit einem Gendertausch, der in der Forschung ungleich stärkere Resonanz erfahren hat.[13] Hier sind es Ritter und *zers* (mhd. für das männliche Genital), die mitein-

---

[13] Der Anlass für die seltenere Interpretation liegt am Zustand des *Rosendorn* als „fataler Zwitter" (SCHRÖDER, Werner: Von dem Rosen Dorn ein gut red. In: Mediaevalia litteraria. Festschrift für Helmut de Boor zum 80. Geburtstag. Hrsg. von Ursula HENNIG/Herbert KOLB, München 1971, S. 541–564, hier S. 546). Hanns FISCHER bezeichnet den Text aufgrund des geringen Handlungsanteils als Grenzfall und ordnet ihn dem Streitgedicht oder der Minnerede zu (vgl. FISCHER, Hans: Studien zur deutschen Märendichtung, 2. durchgesehene und erweiterte Aufl., besorgt von Johannes JANOTA, Tübingen 1983, S. 75); Tilo BRANDIS' Verzeichnis der Minnereden jedoch nimmt den Text nicht mit auf, genau wie das neue *Handbuch Minnereden* von Jacob KLINGNER und Ludger LIEB; vgl. BRANDIS, Tilo: Mittelhochdeutsche, mittelniederdeutsche und mittelniederländische Minnereden. Verzeichnis der Handschriften und Drucke, München 1968 (Münchner Texte und Untersuchungen zur deutschen Literatur des Mittelalters 25) und Handbuch Minnereden. Hrsg. von Jacob KLINGNER/Ludger LIEB, 2 Bde., Berlin, Boston 2013. SCHRÖDER vermutet,

ander um ihre Wertigkeit streiten. Nachdem der Mann sich seines Penis entledigt hat, wird er von seiner früheren Geliebten aus der Stadt gejagt. Er zieht sich als Eremit in die Berge zurück, wo er einsam stirbt. Um das Genital entspinnt sich die zweite Hälfte der Erzählung, denn dieses wurde in die Müllkippe eines nahen Klosters entsorgt. Es begibt sich ganz in die Hände der Nonnen, die gerade aus der Frühmesse treten:

> er gedacht: „ich wil morgen früwe,
> das man mir den tot tüwe,
> und wil in den kreuzgang steen,
> wan sie alle von kore geen,
> das sie mich wol beschauwen,
> die nunnen und die frauwen,
> wie es mir darnach ergee,
> das das selbe an got stee."[14]
> (V. 299–306)
>
> Er dachte: „Ich will, daß man mich morgen früh töte, ich werde mich in den Kreuzgang stellen; wenn sie alle in den Chor gehen, mögen sie mich anschauen, die Nonnen und die Stiftsdamen, und wie es mir dabei ergeht, das soll in Gottes Hand liegen."

Unter den Ordensschwestern entspinnt sich nun ein Streit um den Besitz des Genitals, in dem sich sadistische Gewaltphantasien abwechseln. Die Äbtissin will zur Streitschlichtung ein Turnier veranstalten, mit dem der Besitzanspruch an der extrahierten Männlichkeit geklärt werden soll. Damit bringt der Streit zwischen Ritter und Genital einen zweiten Wettkampf hervor, dessen Regellosigkeit einen Gewaltexzess auslöst. Bevor die Äbtissin die Ordnung des Kampfs erklären kann, gehen die Nonnen aufeinander los. Der Text lässt nichts aus, um sich an der Härte der Frauen zu ergötzen. Das Turnier der Frauen folgt keinen Regeln und Hierarchiegrenzen werden gewaltvoll übergangen. Durch das Auftreten des *zers* verlieren die Nonnen jegliche Würde und Haltung, die ihrem Stand entsprechen würden, eine bizarre Kontrolllosigkeit, die zur hemmungslosen Verausgabung drängt. Am Ende entwischt eine der Damen mit dem Penis vom Schlachtfeld, ihr weiteres Schicksal bleibt unerzählt. Die Nonnen werden ihrer Gewalttätigkeit

---

dass BRANDIS dies aufgrund des hohen Handlungsanteils unterließ (vgl. SCHRÖDER, *Von dem Rosen Dorn*, S. 544). Es scheint, als hätte der *Rosendorn* für Mären zu geringe, für Minnereden zu viel Handlung. Außerdem besitzt das *Nonnenturnier* eine nicht nur für die Mären einzigartige Verdichtung von unhinterfragter Gewalt und eine Auserzählung des Surreal-Komischen, was den Text in der Forschung als auch in der Lehre wohl beliebt macht.

14 Zitiert und Übersetzung nach: Das Nonnenturnier. In: Novellistik des Mittelalters. Märendichtung. Texte und Kommentar. Hrsg., übersetzt und kommentiert von Klaus GRUBMÜLLER, Frankfurt a. M. 1996 (Bibliothek des Mittelalters 23), S. 944–977.

gewahr und verpflichten sich kollektiv zur Verschwiegenheit, während ihre Wunden und die zerschundene Kleidung den Verlust weiblicher Zucht und Ehre indizieren.

In beiden Texten kommt es durch die Anwesenheit bloßer Geschlechtlichkeit zu Gewalt, und auch die geschlechtsbefreiten TrägerInnen erfahren soziale Ächtung und werden verstoßen. Auf allen Seiten scheint durch den Streit um den Wert des Sexuellen jede einvernehmliche Regel außer Kraft gesetzt zu sein. Chaos und brachiale Heftigkeit sind das Ergebnis dieser fehlenden Normen. Besonders bedeutsam scheint dies für Inklusionsbewegungen zu sein, wenn die Vagina wieder an den Körper appliziert werden soll, Träger oder Genital sich dem anderen Geschlecht annähern oder die Nonnen sich den Phallus aneignen wollen. Die Texte verschließen sich friedvollen Ausgängen aus dem Streit oder einem Austritt aus den differenz*markierenden* Wettkämpfen. Stattdessen betonen sie das Gegensätzliche.

Ein dritter Text aus den Priapeia-Mären, der erstmals nach dem Entstehen des *Rosendorn* und bis ins 16. Jahrhundert überliefert ist, soll als Beispiel einer differenz*auflösenden* und inkludierenden Strategie dienen. In *Gold und Zers*[15] streiten sich nicht Träger und Genital, sondern ein Phallus mit einem Stück Gold um den eigenen Wert. Das extrahierte Geschlechtsteil hält die verbalen Attacken seines Widersachers nicht aus, sondern wird gewalttätig; er schlägt gegen einen Baum und reißt sich die Haare aus. Über den Sieg des Genitals oder des Golds soll eine Gruppe von Frauen in der Nähe entscheiden – sie werden nach ihrem Favoriten gefragt. Das Gold gewinnt, der Phallus zieht sich geschlagen zurück. Nachdem sich die Damen nach einiger Zeit wegen der unmöglichen Lustbefriedigung vom Gold befreit haben, kehrt der Phallus zurück. Dieses Mal wird er von ihnen freundlich empfangen – die Konkurrenz zwischen dem Gold und *zers* ist durch den Ausschluss des einen und der vollständigen Anerkennung des andern entschieden. Um ein erneutes Fortgehen des Penis zu verhindern, blenden die Frauen das Genital. Eine Nonne hängt sich die Augen um den Hals, welche sich dort in Brüste verwandeln. In der Ätiologie des Erzählers wird der Ursprung heterosexuellen Geschlechtsverkehrs erklärt: Wenn ein Mann die Brüste einer Frau berührt, schnelle der Zers auf, weil er die Augen erreichen wolle, die er verloren habe. Damit hebt der Text die Trenngrenzen zwischen dem Sieger und dem begehrten Objekt auf und integriert das isolierte Genital zurück in einen Sinnkontext.

---

15 Gold und Zers. In: FISCHER, Märendichtung des 15. Jahrhunderts, S. 430–443 (Anm. 12). Die jüngste Handschrift aus dem 16. Jahrhundert ist Cgm 5919, Staatsbibliothek München, in der sich auf den Reichstag zu Augsburg im Juli 1500 berufen wird.

Das Märe von *Gold und Zers* entwickelt eine eigene Strategie zur Beilegung von Gewalt und Chaos, indem es die Anerkennung des Phallus in die Hände der Frauen legt. Ein immer wiederkehrender Erzählbaustein der Priapeia ist die Abhängigkeit der Figuren und Genitalien vom anderen Geschlecht. Dies können im Fall der entsexualisierten Trägerinnen und Träger die ehemaligen Geliebten sein, bei Phallus und Vagina sind es fremde Frauen und Männer, deren Nähe gesucht wird. Das andersgeschlechtliche Gegenüber hat die Macht, das Schicksal des Genitals zu bestimmen. Hinsichtlich der Geschlechterverhältnisse in den Mären scheint die asymmetrische Abhängigkeit der Frau vom Mann nicht vorhanden, viel eher herrschen in den Texten wechselnde Interdependenzen und gegenseitige Bezugnahmen vor. In der Anthropologie der Priapeia befinden sich Männlichkeit und Weiblichkeit in gegenseitigem Anerkennungsbedürfnis. Konkurrenz wird damit zwischen den Kontrahenten aufgelöst, indem diese in gegenseitige Dependenz überführt werden. Erzählt werden diese Abhängigkeiten als Vereinigungsversuche, wenn die Nonnen den Phallus für sich haben möchten, die Vagina den amourösen Gruß des fremden Mannes erwartet oder die Frau sich die Augen des Penis um den Hals hängt. Glücken solche Inklusionsbewegungen am Ende, werden textspezifische Ordnungen geschaffen, die die chaotischen Auswirkungen der Wettkämpfe ausschließen. Oder anders gesagt: Wenn die alternierende Abfolge aufgelöst wird zugunsten einer Vereinigung beider Geschlechter, wird Gewalt verhindert oder zumindest mit einem Sinn legitimiert, im *Rosendorn* und in *Gold und Zers* ist dies der heterosexuelle Geschlechtsverkehr. Die Frage nach den Regeln, mit denen die gewaltvollen Effekte von Konkurrenz und Wettkampf abgefangen werden, lässt sich im Fall des *Weinschwelg* und der Priapeia beantworten: Die Gewalt verringert sich, indem vorher markierte Differenzen wieder aufgelöst werden.

III Hellerwertwitz

Neben den Strategien, um Gewalt zu verhindern, zeichnete sich schon ab, dass sich in den novellistischen Erzählungen von Wettkämpfen die normativen Ordnungen vervielfältigen. Das agonale Prinzip der Alternanz lässt in den Priapeia die Anerkennungsbedürftigkeit des Genitals durch das andere Geschlecht an die Oberfläche treten, sowohl Weiblichkeit als auch Männlichkeit benötigen die Bestätigung durch das andere Geschlecht. In zwei anderen Textbeispielen entwickeln sich durch die Konkurrenzstrukturen innovative Ordnungseinheiten, die bisherige Erzähltraditionen um neue Formen von Ehe und Geschlechterverhältnissen erweitern. Anhand der Mären *Hellerwertwitz* und *Rosshaut* wird deutlich, dass Wettkämpfe in Mären einen kreativen Effekt haben können, wenn einer bestehenden Ordnung durch die Markierung einer Differenz eine weitere Ordnung gegenübergestellt wird.

Vermutlich im 2. Viertel des 14. Jahrhunderts verfasste Hermann Fressant den *Hellerwertwitz*. In der Erzählung hat ein Kaufmann neben seiner Ehefrau noch zwei Geliebte. Kurz bevor er sich auf eine Geschäftsreise aufmacht, besucht er beide nacheinander und kündigt seine Abreise mit dem Versprechen an, jeder von ihnen ein Geschenk aus der Fremde mitzubringen. Die erste Dame empfängt ihn freundlich, es kommt zum Liebesakt und die Frau drückt ihre Trauer über seine bevorstehende Abwesenheit aus. Als der Kaufmann am Haus seiner zweiten Mätresse ankommt, wird diese von ihrem Hund vor dem Besuch gewarnt. Sie hat noch einen anderen Geliebten bei sich liegen, den sie vor dem Kaufmann in einer Truhe versteckt. Dann öffnet sie ihm, auch sie bejammert seine baldige Abwesenheit, es folgen der Beischlaf und das Versprechen des Mitbringsels. Damit kehrt der Mann schlussendlich zu seiner Ehefrau zurück. Sie weiß von den Geliebten, bedauert den falschen Lebenswandel ihres Mannes, gibt ihm selbst eine Münze und wünscht, er möge ihr einen Witz im Wert eines Hellers mitbringen. Gemeint ist also ein Fünkchen Verstand, gewendet in der Kaufmannsmetaphorik des Geldes. Auf seiner Reise hilft dem Kaufmann ein Fremder, der ihm rät, sich bei seiner Rückkehr als ausgeraubt und verarmt auszugeben, um die drei Frauen zu testen. Der Kaufmann gibt dem Fremden den Heller und befolgt seinen Rat. Als er zurückkommt, sein vermeintlich schlimmes Schicksal beklagt und sich hilfesuchend an seine früheren Freundinnen wendet, treiben diese ihn jedoch fort. Rückhalt erhält er nur bei seiner Ehefrau, die ihm trotzdem zur Seite stehen will. Daraufhin offenbart sich der Ehemann und ist erfreut, durch diesen Trick den Wert seiner Frau erkannt zu haben.

Ältere Versionen des Plots[16] erzählen von einer Rivalität zwischen einer einzigen Geliebten und der Ehefrau des Kaufmanns, bei der die Geliebte ihre Liebe

---

[16] Als französische Vorlage kann *La Bourse pleine de Sens* des Jean Galois gelten. Das Fabliau kennt nur eine Geliebte und arbeitet mit einer binär-axiologischen Gegenüberstellung. Ins Deutsche übersetzt hat es Ingrid STRASSER: Jean Le Galois, Von der vollen Börse mit Witz. In: Von Lieben und Hieben. Altfranzösische Geschichten. 16 Fabilaux. Ausgewählt, übersetzt und mit einem Nachwort versehen von Ingrid STRASSER, Wien 1984 (Fabulae mediaevales 4), S. 7–18. Die Erweiterung mit der zweiten Geliebten bei Fressant ist keineswegs irrelevant (so nämlich das Fazit Bernd STEINBAUERs in der Enzyklopädie des Märchens) und wurde auch in der Bearbeitung des Märe im *Pfennigwertwitz* übernommen. Überblick über die Überlieferung bieten STEINBAUER, Bernd: Verstand für einen Pfennig. In: Enzyklopädie des Märchens. Handwörterbuch zur historischen und vergleichenden Erzählforschung. Hrsg. von Kurt RANKE u. a., Bd. 14, Berlin 2014, Sp. 130–132 und ausführlich ROSENFELD, Hans-Friedrich: Mittelhochdeutsche Novellenstudien 1. Der Hellerwertwitz. 2. Der Schüler von Paris, New York/London 1967 (ND Leipzig 1927), S. 27–37, 98–103, 115–117 u. 122–145.

auf materielle Werte gründet (Geschenke, Geld), die Ehefrau aber auf immaterielle Werte (Tapferkeit und Schönheit). Diskursgeschichtlich dient der Plot der Ausbildung einer „Zusatzsemantik",[17] welche die Vorstellung einer universellen Käuflichkeit aller Güter einschränkt. Alle Fassungen, auch Fressants, stellen diesem absoluten Glauben die immateriellen Werte der guten Ehefrau entgegen, die ihren Mann nicht aus ökonomischem Kalkül liebt. Fressant baut eine weitere Protagonistin in das Handlungsgerüst ein: Sein Eingriff in den Plot konzipiert ein erweitertes Normenset, das unterschiedliche Konzepte von *triuwe* in Konkurrenz setzt. Fressant bettet die Treue durch die Rivalität der Damen in eine breitere Struktur ein, indem er sie an den bisher unverhandelten Konzepten von Monogamie und Polygamie misst.

Die erste Geliebte wird ganz als gute Frau geschildert. Als der Mann ihr seine Abwesenheit ankündigt, beklagt sie ihre große Treue. Als er weiterziehen will, wünscht er ihr Gottes Gunst und verspricht ihr das Geschenk aus der Ferne. Sie beginnt zu weinen und schwört, sich selbst zu kasteien, bis ihr seine Rückkehr verkündet wird. Bis zu seiner Heimkehr wolle sie fasten und beten und keinen Schuh mehr anziehen. Von seiner Anwesenheit hänge ihre Freude ab. Die *triuwe* der ersten Geliebten lässt zunächst keine Bedenken aufkommen.

Ganz anders die zweite, von Fressant eingefügte Episode: Es gibt keinen Zweifel, dass die weitere Geliebte von Anfang an nicht aufrichtig ist. Der fremde Mann in der Kiste verdeutlicht die Doppelzüngigkeit der Geliebten: Sie hat nicht nur ein Verhältnis zu *einem* verheirateten Mann, sondern auch noch zu anderen. Ihre Rolle ähnelt einer Prostituierten, wie nicht zuletzt in ihrer obszönen Sprache (V. 546, 568), ihrer Gewalttätigkeit (V. 560–564) und ihren beiden prügelnden Gästen (V. 565–567, 572f.) im späteren Teil deutlich wird. Die erste Geliebte erscheint dagegen geradezu unanstößig. Indem Fressant die zweite Geliebte einfügte, gestaltete er mit ihr eine deutlichere Gegenposition zur Ehefrau als mit der ersten Geliebten.

Damit erzählt Fressant nicht nur von Treuekonkurrenz, sondern inszeniert die Genese und Figuration solcher Konkurrenz selbst. Der *Hellerwertwitz* beginnt mit einem einheitlichen Treuekonzept, das im Verlauf binnendifferenziert wird. Auf diese Ausdifferenzierung gründet der Konflikt. Welche Semantiken von Treue stehen hier in Konkurrenz zueinander und wie werden sie repräsentiert? Die erste Geliebte vertritt eine Idee von Treue, die auf einem reziproken Tauschverhältnis beruht: Sie gibt Treue und erhält dafür Aufmerksamkeiten in Form von Geschenken und Intimität. Damit steht dieses Verständnis von Treue in Konkurrenz

---

[17] REICHLIN, Susanne: Ökonomien des Begehrens, Ökonomien des Erzählens. Zur poetologischen Dimension des Tauschens in Mären, Göttingen 2009 (Historische Semantik 12), S. 126.

zur Monogamie der Ehefrau und auch der zweiten Geliebten. Deren Treue wird am Exklusivitätsanspruch vom Standpunkt des Mannes und ihrer Stabilität aus bemessen. Ihre Beteuerung, *alle man sint mir unmaere / danne dû* (V. 176 f.; „Ich verachte alle Männer außer dir"), ist, wie man weiß, schlicht erlogen. Der Basiskonflikt, der dem *Hellerwertwitz* zugrunde liegt, entspinnt sich aus der mehrfach codierten Semantik des *triuwe*-Konzepts. Aus der Polysemie eines gemeinschaftsbildenden Leitbegriffes wird hier ein Konkurrenzkonflikt eines Kaufmanns zwischen seinen Konkubinatsfrauen und seiner Angetrauten, die verschiedene Treuesemantiken vertreten. Allerdings nur temporär, denn im *Hellerwertwitz* kann die Polysemie nicht aufrecht erhalten bleiben. Zum einen werden beide Geliebte in Vergleich zueinander gebracht: Welche wird auch in schlechteren Zeiten zum Kaufmann stehen, die monogam oder die polygam agierende? Zum anderen werden beide gleichsam in Konkurrenz zur Ehefrau gesetzt; die Grundfrage lautet in dieser Perspektive: Ehe oder Promiskuität? Das bürgerlich-kaufmännische Ideal der unkäuflichen Liebe[18] wird durch Fressants Eingreifen in den Plot um die Monogamie erweitert.

Das Märe verbindet verschiedene Sets von sozialen Ordnungen, die eigentlich auf unterschiedlichen Ebenen zum Tragen kommen: zum einen die Dichotomie Monogamie/Polygamie als Charakter des interpersonellen Kontakts, zum anderen Ehe/Promiskuität als übergreifende Lebensform. Diese binären Oppositionen werden hier unter einer komplexen Verbindung der Konkurrenz zusammengebracht. Im Unterschied zu struktureinfacheren Fassungen, die eine Binarität von materiellen und immateriellen Werten aufstellen, erzählt der *Hellerwertwitz* vom Arrangement der Möglichkeiten.

Im letzten Teil, zyklisch wie der erste gegliedert, erhält der Kaufmann kein Wohlgefallen mehr von seinen Geliebten. Freude existiert hier nur noch in Gleichzeitigkeit mit exklusiver Treue. Promiskuität wird an Polygamie gebunden, Monogamie und Ehe als einzig wahre Werte prononciert. Das entworfene Ideal der unverkäuflichen und stabilen Liebe wird mit der Monogamie verknüpft. Das soziale Ordnungssystem bürgerlicher Emotionalität wird konkretisiert, indem man es in Gegnerschaft zur polygamen und käuflichen Liebe bringt. Die Pluralisierung der Ordnung findet damit durch Exklusion statt, d. h. durch eine Trennung vorher verwobener Elemente: Promiskuität und Liebe schließen sich nun aus.

---

18 Für die Darstellung des ökonomischen Kalküls der Kaufmannsschicht im Märe siehe zuletzt FRIEDRICH, Udo: Trieb und Ökonomie. Serialität und Kombinatorik in mittelalterlichen Kurzerzählungen. In Mittelalterliche Novellistik im europäischen Kontext. Kulturwissenschaftliche Perspektiven. Hrsg. von Mark CHINCA u. a., Berlin 2006 (Beihefte zur Zeitschrift für Deutsche Philologie 13), S. 48–75.

Im Falle des *Hellerwertwitz* stabilisiert sich die *triuwe*, weil sie gleichzeitig Unkäuflichkeit und Monogamie beinhaltet. Während die Vorlage einen pointierten Widerspruch gegen die Käuflichkeit der Liebe erhebt, entfaltet sich der *Hellerwertwitz* zu einer komplexeren sozialen Ordnung. Was auf einer anfänglichen Vergleichbarkeit beruht, wird im Laufe der Erzählung durch vertikale Grenzziehungen ausgeschlossen; monogamen und belastbaren Bindungen wird alleinige Gültigkeit zugesprochen. Verdeutlicht wird dieses Verfahren durch Semantiken von reinen und unreinen Frauen, treuer und falscher Liebe. Der letzte Erzählbaustein, mit dem die Ehefrau ihre Redlichkeit beweist, wird eingerahmt von einer Legitimation in die Vergangenheit und in die Zukunft. Die Ehe wird erzählerisch an literarische-historische Vorbilder zurückgebunden (Tristan, Gawan, Ovid, Adam), während nach ihr mit der Erzählerrede auf die glückliche Zukunft der beiden verwiesen wird im Stil von ‚sie lebten von nun an glücklich zusammen'. Beides dient der narrativen Stabilisierung des Gewinnersystems aus der Rivalität einer Frau mit den zwei Geliebten ihres Ehemanns.

Pluralisierung vorhandener Ordnung geschieht im *Hellerwertwitz* also durch eine Differenzierung. Durch die neu in die Texttradition eingebaute Konkurrenz zweier Geliebten führt Fressant die Unterscheidung Monogamie/Polygamie als neuen Wert in den Vergleich mit ein. Die grundsätzlich parallel strukturierten Erzählbausteine heben das Unterscheidungsmerkmal deutlich hervor und lassen es in einen Wettbewerb treten. Gegenüber der französischen Erzählvorlage nimmt Fressant die monogame Bindung als Werturteil mit hinzu. Durch eine moralische Abwertung promiskuitiven Verhaltens wird die *rein* genannte Ehe mit Kontexten von Freude und Stabilität angereichert. In diesem Sinn wird die Ehe mit der Kaufmannsfrau durch die Konkurrenz mit zwei Geliebten eine komplexere soziale Ordnung.

IV Rosshaut

Das Märe *Die Rosshaut* ist das einzige erhalten gebliebene Märe Heinrichs des Teichners, der ansonsten vor allem lehrhafte Reimpaarreden schrieb. Seine gesamte dichterische Schaffenszeit erstreckt sich über den Zeitraum zwischen 1350 und seinem Tod in den 1370er Jahren.[19] In nur 104 Versen erzählt die *Rosshaut*

---

19 SCHALLENBERG, Andrea: Spiel mit Grenzen. Zur Geschlechterdifferenz in mittelhochdeutschen Verserzählungen, Berlin 2012 (Deutsche Literatur 7), S. 78, Anm. 111 und GLIER, Ingeborg: Heinrich der Teichner. In: Die deutsche Literatur des Mittelalters. Verfasserlexikon. Hrsg. von Kurt Ruh, Bd. 3, 2., völlig neu bearbeitete Aufl., Berlin, New York 1981, Sp. 884–892, hier Sp. 884 f.

moralisierend von einer sozialen Grenzüberschreitung – ich fasse die Handlung kurz zusammen:

Aus Bayern stammen ein Dienstmann und seine Frau. Die Gattin besteht darauf, ebenso extravagante Kleider zu tragen wie die Herzogin. Der Mann erinnert sie vergeblich, dass eine solche Anmaßung und Überschreitung der standesspezifischen Kleiderordnung ihnen nicht *angeo̊rt*. Um sie zu belehren, verspricht er ihr zum nächsten Festtag ein Kleid, schlachtet jedoch ein Pferd, das ebenso wie das Kleid der Herzogin 100 Pfund wert war. An besagtem Tag zwingt der Mann seine Frau, die Rosshaut überzuziehen und damit am Gottesdienst in der Öffentlichkeit aufzutreten. Solchermaßen bloßgestellt erregt sie die volle Aufmerksamkeit. Der Herzog wird über das auffallende Gebaren der Dame aufgeklärt und schenkt ihr in seiner Güte ein Kleid, das der Herzogin ebenbürtig ist und mit dem beide Frauen nun gleich prächtig gekleidet sind. Seinem Diener kauft er ein neues Pferd und gleicht damit den finanziellen Verlust der Züchtigung aus.

In der Reimpaarerzählung fällt inhaltlich eine Kohärenz auf, die auf den ersten Blick als widersprüchlich erscheint: Am Schluss der Binnenerzählung erhält die Dienstfrau das Kleid, das ihr zu Beginn verwehrt wurde. Die beiden Damen treten auf vestimentär gleicher Ebene auf:

> do waz der hertzog ſo gůt,
> er chaufft dem herren faczeſtund
> ein ander roz umb hundert phund
> und gab der vrawen ein gewant
> als der hertzoginn zu hant,
> daz ſi mit ein ander trugen.
> daz pracht der herr mit ſeinn fuegen
> daz dw vraw ſo zuchtig wart
> daz ſi chainer hochvart
> nymmer het in irem můt.
> (V. 70–79)[20]

Der Herzog war so edel, dass er seinem Lehnsmann unverzüglich ein neues Pferd für hundert Pfund kaufte. Der Frau gab er ein Kleid, mit dem sie so prächtig wie die Herzogin auftreten konnte. Der Herr belehrte mit diesem Einfall die Frau, anständig zu sein und keinen Stolz in ihrem Herzen zu tragen.

In der *Rosshaut* wird der Rangunterschied erst radikal mithilfe der Überspitzung verbildlicht (mit der Pferdehaut als Kostüm), um dann genau jenes Demonstra-

---

[20] Zitiert nach: Die Gedichte Heinrichs des Teichners. Hrsg. von Heinrich Niewöhner, Bd. 3, Berlin 1956 (Deutsche Texte des Mittelalters 48), S. 109–111.

tionsmittel der distinguierenden Kleidung überflüssig werden zu lassen (beide Frauen tragen am Ende dasselbe Kleid).

Die standesethische Motivation des Handelns wird in der narrativen Struktur ersichtlich. Bei der *Rosshaut* handelt es sich um einen Schwank, der durch eine Abfolge von Schlag und Gegenschlag gekennzeichnet ist und damit Hierarchien aushandelt.[21] Der erste Schlag wird ausgeführt von der Dienstfrau und ihrer mit Gewalt unterstützten Forderung, sich wie die Herzogin ankleiden zu wollen. Auf dieses vertikale Streben nach Aufstieg in der Ständeordnung folgt die List des Mannes, die die anfängliche Überlegenheit der Frau neutralisiert. Der Ehemann hat ihre Asymmetriedynamik sanktioniert und die Ständeordnung wie auch die Geschlechterhierarchie gesichert. Das angestrebte soziale Aufwärtsstreben der Frau erweist sich als moralische Abwärtsbewegung.

Diese einfache Struktur von Schlag und Gegenschlag, mit der das Märe an diesem Punkt auch enden könnte, wird zusätzlich komplexer durch eine zweite Struktur von Gabe und Gegengabe. Während der Ehemann mit List und Gewalt reagiert, ist das Handeln des Herzogs großmütig. Er schenkt der Dame das ursprünglich gewünschte Kleid. Erst durch diese Gabe wird die Frau von ihrer *hochvart* gereinigt. Die männliche Kompetenz zur Frauenzüchtigung ist damit in diesem Märe gespalten und ständespezifisch aufgeteilt. Zur Deckelung des Streits zwischen zwei Untertanen und als Zeichen der Freigiebigkeit erhält der Mann ein neues Pferd. Damit ist der *ordo* wiederhergestellt und die Ordnungsgewalt des Dienstmanns auf seinen Stand begrenzt. Die Differenzziehung vollzieht sich gleichzeitig an der Standes- und Geschlechtergrenze.

Die Reaktion auf unmoralisches Handeln trennt die Klassen: Während ein *reicher* nicht auf einen Affront eingehen darf, ist eine Bestrafung falschen Adels durch den gerechten *diener* statthaft. So ist auch die Reaktion des Dienstmanns und des Herzogs in der *Rosshaut* zu erklären: Die gewaltsame Züchtigung einer Frau kann legitim für einen *chnecht* sein, jedoch nicht für einen *herren*.

Die Ausgangsproblematik besteht in einer auffälligen inhaltlichen Kohärenz, die gleichwohl widersprüchlich erscheint: Am Ende der *Rosshaut* erhält die Dienstfrau das Kleid, das ihr zu Beginn verwehrt blieb. Lehnsherrin und Lehnsfrau treten auf vestimentär gleicher Ebene auf. Dennoch hat sich die problematische *hochvart* der Frau durch den radikalen Eingriff des Dienstmanns aufgelöst. Deuten lässt sich dieser Widerspruch nicht als Sieg der Frau: Am Ende ist die Grenze zwischen Oben und Unten nicht aufgehoben, sondern betonter als zuvor.

---

21 Als Erzählstruktur des Märe allgemein: ZIEGELER, Hans-Joachim: Schwank. In: Reallexikon der deutschen Literaturwissenschaft. Hrsg. von Jan-Dirk MÜLLER, Bd. 3, Berlin, New York 2003, S. 407–410, hier S. 408.

Die Erzählung bietet eine ordnungskonservative Teillösung an, die aber nicht alle Zeichen abdeckt. Die Züchtigung der Frau ist ein in den Mären häufig verwendetes Erzählmoment.[22] Das Unikum in der *Rosshaut* ist jedoch die Belehrung durch die Gabe.[23]

Die Ethik der *Rosshaut* ist also durchaus standesspezifisch zu sehen. Der *dienstmann* handelt in einem anderen normativen Modell als der *dienstherr*. Beide agieren auf differenten hierarchischen Ebenen und dem Diener obliegt die genderspezifische Aufgabe, die *hochvart* der Frau zu unterbinden und einem Überschreiten der sozialen Grenze entgegenzuwirken. Dafür Gewalt einzusetzen, ist für einen Untergebenen durchaus legitim. Dem Herzog obliegt die Pflicht, seine Unterstellten respektvoll zu behandeln. Eine öffentliche Vorführung niedriger gestellter Personen verbietet sich, ebenso jegliche Form des Gewalteinsatzes, stattdessen soll er wohlwollend und generös handeln. Die Zurschaustellung des eigenen Reichtums soll, wie im Schenken des Kleides, die Eigenart der Oberschicht bleiben. Demgegenüber gehört sich Freigiebigkeit für untere Klassen nicht, weshalb die Schenkung des Herzogs die soziale Differenz öffentlich markiert. Das regelkonforme Verhalten verstärkt damit die Moral unter der Untergebenen und den inneren Adel auf beiden Seiten. Für den Teichner ist die generöse Gabe die standesspezifische Reaktion auf die gewaltsame Struktur von Schlag und Gegenschlag innerhalb des Züchtigungsmotivs. Diese erzählerische Differenzierung von Ethik anhand unterschiedlicher Standesnormen führt zu einer vielfältigeren Lösung als nur zu einer einfachen Logik von Übertretung und Einrenkung von Ordnung. Sowohl die standes- als auch die geschlechtsspezifische Grenze betont der Text mit jeweiligen normativen Modellen, die die narrative Struktur von Schlag und Gegenschlag um diejenige von Gabe und Gegengabe ergänzt. Damit erweist sich eine scheinbar widersprüchliche Kohärenz als innerlich schlüssige Differenzierung.

---

22 Vgl. JONAS, Monika: Der spätmittelalterliche Versschwank. Studien zu einer Vorform trivialer Literatur, Innsbruck 1987 (Innsbrucker Beiträge zur Kulturwissenschaft / Germanistische Reihe 32), S. 85.

23 Zur Bezeichnung dieses ernsten Spiels, das über hierarchische Grenzen Gesten austauscht, erweist sich in der Nachfolge von Marcel MAUSS der Terminus der Gabe als nützlich, vgl. MAUSS, Marcel: Die Gabe. Form und Funktion des Austauschs in archaischen Gesellschaften. Übersertzt von Eva *Moldenhauer*, 10. Aufl., Frankfurt a. M. 2013 (stw 743). In der Nachfolge von MAUSS wurde innerhalb der Forschung das komplexe Verhältnis zwischen den Akteuren weiter bestimmt. So entsteht aus einer Gabe eine Beziehung auf der Hierarchievertikalen „zwischen dem, der gibt, und dem, der annimmt" (GODELIER, Maurice: Das Rätsel der Gabe. Geld, Geschenke, heilige Objekte. Aus dem Französischen übersetzt von Martin Pfeiffer, München 1999, S. 22). In diesem Sinn erwächst aus der Präsentation der erniedrigten Frau durch den Dienstmann eine Handlungspflicht vonseiten des Herzoges, die die Hierarchie bestätigt.

V Fazit

Gemeinschaftliches Element der Textauswahl war der agonale Charakter der Mären. Wettkämpfe erhöhen auch bei einfachen sozialen Formen schnell die Komplexität. Durch die alternierende Form von Figurenreden oder durch die markierte Differenz zur literarischen Tradition entstehen Widerstände, die als neue Ordnung ausgebaut werden können. Das Prinzip der Alternanz führt zu einer Kontextanreicherung, wenn Reden und Handeln der Kontrahenten einander abwechseln. Dabei können unterschiedliche Diskurse angeführt, Traditionen herangezogen oder Positionen variiert werden. Wettkämpfe sind jedoch auch einer binären Logik des Siegens und Verlierens verpflichtet, weshalb in der agonalen Pluralisierung von Ordnung ein hohes Konfliktpotenzial steckt.[24] Wettkämpfe spitzen häufig Dissens zwischen Personen oder Disparität zwischen Diskursen zu. Als Reaktion darauf entwickeln die Mären Strategien der Chaosbewältigung, indem sie drohender Gewalt durch Einverleibung des gefährlichen Weins wie im Falle des *Weinschwelg* entkommen oder indem zwei Geschlechter in gegenseitige Abhängigkeit gebracht werden wie im Falle der Priapeia, damit die Gewalt an dem Genital legitimiert wird. In beiden Textbeispielen lassen sich diese Strategien als Vereinigungen bezeichnen, die Stabilisierung durch Inklusion von Kontexten und durch gegenseitige Bezugnahmen befördern.

Phänomene der Pluralisierung können dort wahrgenommen werden, wo sich mithilfe dieser Kontexte äquivalente Ordnungen bilden, die entweder ersetzend wirken oder in bestehende Ordnungen verschachtelt werden. Im *Hellerwertwitz* tritt neben die promiskuitive und reziproke Buhlschaft die monogame und belastbare Ehe. Durch die Rivalität der Frauen werden Monogamie und unkäufliche Liebe als einzig wahre Form prononciert. In der *Rosshaut* wird das Schwankschema erweitert durch eine standesspezifische Unterscheidung geschlechtergerechten Verhaltens. In beiden Fällen ziehen die Texte Differenzen in bestehende Ordnung ein, die als Wettkampf oder Konkurrenz inszeniert werden. Pluralisierung durch Wettkampf nutzt das Prinzip der Alternanz, um einer normativen Ordnung mindestens eine zweite zur Seite zu stellen – ja förmlich in sie hineinzutragen Die Mären behandeln neue Phänomene wie die bürgerliche Ehe, das selbstbewusste Verteidigen eines Trinker-Ichs oder der Wert des Sexuellen, und sie erproben dafür Erzähloperationen, die in dieser Form keiner festen Erzähltradition entstammen. Ihre textinternen oder kontextbezogenen Systeme können daher als neue, experimentelle Ordnungen verstanden werden.

---

24 Vgl. zu dieser Spannung zwischen binärer Opposition und Vervielfältigung auch den Beitrag von Neil Cartlidge zu lateinischen Streitgedichten in diesem Band.

II **Positionen**

Christopher Liebtag Miller
Generation Through Demarcation: Symmetrical Competition, Asymmetrical Conflict and Knightly Status in *Erec*

Hartmann von Aue's *Erec*,[1] the earlier of the great poet's two Arthurian romances adapted from the work of Chrétien de Troyes, may rightly be said to have played a foundational role not only in the spread of courtly romance in the German-speaking world, but also in the development of a new self-conceptualization of the warrior aristocracy. In the medieval German context, it is in *Erec* that *ritterschaft* first becomes fully visible in its most enduring and distinctive forms: as a status-granting performance, lifestyle, and system of values accessible only to those for whom it was inborn. Precisely what it is that a knight actually does is succinctly summarized near the beginning of Hartmann's second romance, *Iwein*.[2] Here, there occurs a much-celebrated exchange between the knight Kalogreant and a wild man, ignorant of chivalric custom. Kalogreant explains that he seeks *âventiure*, a practice described thus:

> Nû sich wie ich gewâfent bin:
> ich heize ein rîter und hân den sin,
> daz ich suochende rîte
> einen man der mit mir strîte,
> unde der gewâfent sî als ich.
> daz prîset in unde sleht er mich.
> gesige aber ich im an,
> sô hât man mich vür einen man,
> unde wirde werder danne ich sî.
> (lines 529–537)

> Now, see how I am armed: I am called a knight, and I have the custom that I ride in search of a man who will fight with me, and who is armed as I am. It will bring him praise if he slays me. If I am victorious over him, however, I will be considered a man, and shall become of greater worth than I am now.

This statement communicates a great deal about what it is to be a knight. We learn that it is a knight's business to fight in order to gain value, that this

---

1 Hartmann von Aue, Erec. Ed. by Manfred Günter Scholz, Frankfurt a. M. 2007.
2 Hartmann von Aue: Gregorius, Der arme Heinrich, Iwein. Ed. by Volker Mertens, Frankfurt a. M. 2008. Here and throughout, all translations are my own unless otherwise noted.

value is dependent upon recognition (he will be praised, considered a man, and thereby become worthier) and that this can be achieved through combat against another knight, against someone, in Kalogreant's words, *der gewâfent sî als ich* (line 533).[3] These words establish an ideal of symmetrical competition for the scarce resource of honour, the possession of which is physically contested by individuals of qualified social standing, and it is by such practice that knights increase or decrease in worth: herein lies the essential component of performed knighthood.[4]

Yet such positive and productive competition comprises but a subset, however significant, of the range of agonistic interactions in which the knights of Hartmann's world participate. The exclusion of these latter conflicts from the definition of the *âventiure* sought by Kalogreant is as informative as the narrow spectrum of interaction included. How ought conflict between fundamentally

---

[3] Eilhart von Oberge, likely writing shortly before Hartmann, explains the practice of *âventiure* similarly in his *Tristrant*, stating that knights (*die gûten knechte*, line 5054 – for the usage of this term in reference to knights, see JACKSON, William Henry: Chivalry in Twelfth Century Germany: The Works of Hartmann von Aue, Cambridge 1994 [Arthurian Studies 34], pp. 50–51) ride armed for days at a time in search of combat, and that upon meeting one another, have no choice but to fight. Because of this, which they do for honour, they have great praise. See Eilhart von Oberge: Tristrant. Ed. by Franz LICHTENSTEIN, Straßburg 1877, lines 5046–5058. Whether this conceptualization predates Hartmann's own is unknown, for the date of Eilhart's *Tristrant* remains contested, and these lines do not appear in any of the oldest known fragments, surviving only from the fifteenth century.

[4] Here my reading largely aligns with that of Hubertus FISCHER. Kalogreant's words do not constitute an ironic or distorted view of knightly competition to be viewed critically in light of the narrative which follows: they are a neutral statement describing the business of knighthood. "Diese Definition der 'âventiure' wird nun keineswegs [...] durch die Inkongruenz mit der folgenden Handlung widerlegt. Im Gegenteil: das folgende Geschehen bestätigt sie vollkommen. Der Ritter sucht die Bewährung im Kampf mit dem Ebenbürtigen, weil er sich darin erst als Ritter bestätigten und seine Würde mehren kann." FISCHER, Hubertus: Ehre, Hof und Abenteuer in Hartmanns *Iwein*. Vorarbeiten zu einer historischen Poetik des höfischen Epos, München 1983 (Forschungen zur Geschichte der älteren deutschen Literatur 3), p. 22. This is not to say that *Iwein*'s understanding of honour itself can be fully confined within these bounds: quite the contrary. As I argue below, where *Erec* is deeply concerned with delineating the knightly from the non-knightly, *Iwein* is far more interested in exploring difference within the knightly category. As Dorothea KLEIN has recently and convincingly argued, "Im 'Iwein' werden verschiedene Formen der Ehre und des Ehrerwerbs diskutiert und problematisiert." Over the course of the poem, Kalogreant's words are not exposed as false, but rather incomplete, and as such positioned as the basis for the narrative's central question. KLEIN, Dorothea: Iweins êre. In: Ehre. Teilband I: Fallstudien zu einem anthropologischen Phänomen in der Vormoderne. Ed. by Dorothea KLEIN, Würzburg 2019 (Publikationen aus dem Kolleg "Mittelalter und Frühe Neuzeit" 5,1), pp. 187–204, here pp. 189–190.

unequal individuals be read in Hartmann's narratives, and to what extent is his culture of knighthood capable of tolerating or profiting from asymmetrical forms of conflict?

The knightly imperative to compete against one's peers must be understood as both a defining characteristic and a profound, two-pronged vulnerability. On the individual level, the necessity of engaging in knightly competition threatens all those who fail to exert themselves and to risk their standing upon the field of combat. On a broader level, the restricted range of possible opponents from whom and through whom one may gain esteem results in a marked existential fragility: although knights lay claim to a special, privileged position within the social hierarchy, they cannot always avoid engaging with those outside, which is to say, below their own category. Because the ability to exert physical dominance cannot be separated from social value amongst knights, such encounters imperil their membership within the knightly category. What follows will consider the mechanisms by which the knights of Hartmann's *Erec* generate and exploit value and identity amongst themselves, explore the potential consequences of fighting outside the qualified league of their peers, and demonstrate the manner in which both forms of interaction are utilized to generate and shape a novel conception of identity.

At the outset of this discussion, three concepts are crucial and require some explanation before moving forward: the first is knighthood, being the condition and category of the competitors. The second is competition, the nature of the performance through which these knights generate their identity and worth, and the third, honour, the scarce resource for which they compete and by which their competition is regulated.

I Hartmann von Aue and Knighthood

Hartmann von Aue, whose literary activity may be roughly dated to 1180–1210, is credited with introducing and shaping the blueprint for Arthurian romance in Middle High German. His adaptation (ca. 1180–90) of Chrétien de Troyes' *Érec et Énide* (ca. 1170), together with his later adaptation of *Iwein* (ca. 1199–1205), occupy a foundational position not only in the development of Middle High German literature in its classical period around the year 1200 but also in the development of new cultural forms of interaction, centred upon changing concepts of knightly and aristocratic identity.[5] It is in Hartmann's romances that a specific,

---

5 Although the number of surviving manuscripts suggests that *Iwein* enjoyed substantially more

identifiable ideology of knighthood first rises to prominence in the German speaking world, and Hartmann himself must consequently be accorded a foundational role in its development.

Knights, the armoured cavalry of medieval Europe, were certainly not an invention of Hartmann's age, but rather a long-established military force that rose in both military importance and cultural prominence over the course of the early and high medieval periods. While the equipment of a knight was well beyond the means of virtually all members of the lower ranks of society even in the earliest periods, the expense of obtaining and maintaining this equipment – not only the arms and armour themselves but also the number of supporters necessary to maintain and use these items – increased substantially over the course of the twelfth century. As a result, the number of men who commanded sufficient resources to fulfil the functions of knighthood declined markedly between the early years of the twelfth century and the later years of the thirteenth.[6] During this period, the ever-greater extent to which the body of the knight (and later, of his horse) was encased in iron lent the knight not only military superiority but a visual distinction, culminating in the complete encasement of the body in metal and the resulting invisibility of all his vulnerable, human flesh, which set him even further above other men. Surviving sources bear witness to a concurrent movement toward prohibiting the lower ranks of medieval society from wearing the trappings of knighthood: the *Kaiserchronik*, dating from the middle of the twelfth century, anachronistically credits Charlemagne with the introduction of laws forbidding peasants from carrying swords, upon penalty of being flayed.[7]

---

popularity than *Erec* (indeed, no complete manuscript of *Erec* survives, with the only nearly-complete text appearing in the early sixteenth-century *Ambraser Heldenbuch*), literary references to the work, both direct and oblique, indicate that *Erec* had a substantial impact on the development of courtly narrative and epic romance at the height of the Middle Ages. See JACKSON, William Henry: The Medieval Literary Reception of Hartmann's Works. In: A Companion to the Works of Hartmann von Aue. Ed. by Francis G. Gentry, Rochester 2005 (Studies in German literature, linguistics and culture), esp. pp. 200–210.

6 See RÖSENER, Werner: Ritterliche Wirtschaftsverhältnisse und Turnier im sozialen Wandel des Hochmittelalters. In: Das Ritterliche Turnier im Mittelalter. Beiträge zu einer vergleichenden Formen- und Verhaltensgeschichte des Rittertums. Ed. by Josef FLECKENSTEIN, Göttingen 1985 (Veröffentlichungen des Max-Planck-Instituts für Geschichte 80), pp. 296–338, here pp. 335–336.

7 Kaiserchronik eines Regensburger Geistlichen. Ed. by Edward SCHRÖDER, MGH Dt. Chron. 1,1, Hannover 1895, lines 14807–14811. That such restrictions were not mere literary invention is indicated by the *Constitutio de pace tenenda* issued by Frederick I in 1152, although here the penalty is assessed at a mere twenty *solidi*. See Constitutiones et acta publica. Ed. by Ludwig WEILAND, MGH Const. 1, Hannover 1893, n. 140, c. 12.

As the lower levels fell away, these changes brought the upper levels of the fighting men into a closer proximity with the nobility, and contributed to the development of a new, knightly lifestyle in which the traditional activities of the elite fighting men were joined to the social customs and values of the nobility and their rapidly burgeoning courts. This shift naturally imposed still further economic burdens upon the members of the knightly order, owing to the substantial costs of the courtly lifestyle, including fine clothing, feasting, participating in tournaments and patronage of poets, further pruning their already restricted numbers.[8] These changes occurred first in the French lands, under rather different legal and cultural conditions than those that obtained within the empire, but spread rapidly to neighbouring territories, including the German lands during the second half of the twelfth century.[9]

This is the cultural context in which Hartmann wrote his *Erec*, through which Hartmann assumed his roles as both mediator of French aristocratic culture in the German-speaking realms and as a significant innovator in the conception of a new, knightly identity. It is in *Erec* that the term *ritter* almost fully supplants older terms for warriors prominent in earlier vernacular epics of the twelfth century like *helt*, *degen*, *wîgant*, and *recke*.[10] It is also in *Erec* that we see the term widely employed to refer to members of the nobility. The protagonists of both *Erec* and *Iwein* are not merely noble but indeed royal by birth or marriage. Each hero holds the title of king, and yet is no less a knight as a result. Here we may see a reflection of the social milieu in which Hartmann wrote: an environment in which the highest ranks of the nobility were eager to participate in the same cultural practices, the same trends, as the socially far-lower status mounted warriors who owed them fealty.[11]

This fashion should not be taken to indicate an equality of social standing between the great nobility and the lowly members of their knightly entourages,

---

8 It is here worth noting that the same passage of the *Kaiserchronik* cited above, in which swords were forbidden to peasants, also depicts Charlemagne imposing severe restrictions upon their choice of clothing, specifying that only the plainest and simplest of garb may be worn. See ibd., lines 14791–14802.
9 The process is outlined succinctly by BUMKE, Joachim: Die Rezeption der französischen Adelskultur in Deutschland. In: Höfische Kultur. Literatur und Gesellschaft im hohen Mittelalter, 8th ed., München 1997, pp. 83–136 passim.
10 JACKSON, Chivalry in Twelfth Century Germany, pp. 42–43 (n. 3).
11 BUMKE points to *Erec* as the first significant manifestation of this shift, and indeed credits Hartmann himself as the primary force in the elevation of knighthood to a term which could be applied to individuals holding the status of kings or even emperors. See BUMKE, Joachim: Studien zum Ritterbegriff im 12. und 13. Jahrhundert, Heidelberg 1964 (Beihefte zum Euphorion 1), pp. 93–94.

but does mean more than simply the "Aristokratisierung der Bewaffnung," observed by Joachim BUMKE in twelfth-century sources, by which "alle, die in ritterlicher Rüstung kämpfen" could be accounted knights.[12] While it is true that, in *Erec*, the outward appearance of knighthood is largely synonymous with that of the properly armoured warrior, it is worth noting that within it, the term "knightly" (*ritterlîch*) has already sufficiently suffused the concept of nobility that it is also used to describe unarmoured noble women (lines 1707; 3324).

The quality of being knightly, in the decades around the year 1200, was equally applicable to an aristocratic lifestyle and bearing as to military function. This terminological shift served to ennoble certain individuals who served lords in a military capacity, although without effacing class differences and not necessarily in a legal sense. Amongst those who shared in the emerging lifestyle of knighthood were those unfree knights who were known as *ministeriales*.[13]

The development of a knightly category incorporating persons from the highest echelons of the nobility down to the unfree *ministeriales* is first evident in the German sphere within the vernacular literature of the twelfth century. Over the course of the thirteenth century, this new knighthood is increasingly marked by the value placed upon courtly manners and the pursuit of *minne*, forms of life primarily adopted from the French aristocracy.[14] Hartmann's works represent a significant early movement in this direction, yet knighthood, especially in *Erec*, remains at its core fundamentally martial in nature, and knights comprise the active, service-oriented component of the warrior aristocracy.

---

12 Ebd.
13 As Benjamin ARNOLD has written: "[...] unfree status was a legal matter and the enjoyment of nobility a social one, the medieval mind did not struggle with a contradiction here." ARNOLD, Benjamin: German Knighthood: 1050–1300, Oxford 1985, p. 70. ARNOLD notes further that by around 1200, the adjective *nobilis* was frequently used in reference to *ministeriales*, who might also be addressed as *dominus* in addition to *miles*, ibd. p. 71–73. At the same time, it is worth remembering Joachim BUMKE's admonition that the term *ritter* cannot in all instances, in the period around 1200, be taken in and of itself to indicate nobility, but rather was equally applicable to those named *ritter* because they served a lord and, eventually, to the members of the nobility who had assumed or been awarded a role as man (as through the *Schwertleite*) in the society of the lay aristocracy. See BUMKE, Studien zum Ritterbegriff, pp. 82–83 and 146 (n. 11). In Hartmann's tales, the still strong distinction between free nobles (*nobiles*) and unfree *ministeriales* evident in legal charters of the twelfth century is less present, where visible at all. See BUMKE, Die Rezeption der französischen Adelskultur, pp. 9–71 (n. 9) and BUMKE, Studien zum Ritterbegriff, passim (n. 11).
14 See BUMKE, Die Rezeption der französischen Adelskultur, passim (n. 9). For the adoption of French social customs, see esp. pp. 108–112. Regarding the adaptation and acceptance of literary texts and conventions, see esp. pp. 120–137.

As a ministerial himself, Hartmann wrote from within the ascendant knightly category and as a result, to an extent far greater than his predecessors and even his contemporaries, evinces a pronounced interest in systematising the varied mechanisms, rules, and conventions of categorisation and competition within his fictive societies.[15] His works manifest concern not only for problematizing the ethical considerations underlying idealized forms of knightly interaction, but also in establishing the social and genetic boundaries of knighthood. As a result, they offer unparalleled access to the processes by which knightly identity was generated.

Hartmann's knighthood is performed, but its performance presupposes an inborn status. In *Erec*, the presence of knighthood is asserted to be outwardly distinct and recognizable, yet its existence must be explicitly claimed and enacted time and again. The means by which knights are set apart and set themselves apart from other groups is of crucial concern, a distinction achieved above all through practices of competition.

II Conflict and Competition

The primacy of martial prowess in the exercise of knighthood is neither obfuscated nor treated with disdain by Hartmann, for his tales evince obvious joy in the depiction of knights engaged in physical violence.[16] This is particularly the case when knights battle other knights, a practice that Kalogreant situates at the core of knightly identity, here termed competition.

The essential requirement for competition, as differentiated from conflict, is the existence of a scarce resource, a resource of limited quantity that is sought by two or more parties but which cannot be jointly possessed. The nature of the conflict, of the competition, is in large part determined by the nature of the scarce resource: artificial, abstract resources like esteem, the enjoyment of which is dependent upon a third party, impose different restrictions upon com-

---

15 Hartmann designated himself both *ritter* and *dienestman: Der arme Heinrich*, lines 1–5. The latter term, in Hartmann's period, appears to have been functionally interchangeable with *ministerialis*. See BUMKE, Studien zum Ritterbegriff, pp. 70–73 (n. 11).

16 As correctly noted by Will HASTY, "*Gewalt* in knighthood is not merely a neutral term applied to the physical effort exerted by a knight in battle. It manifests itself here and elsewhere as an inseparable aspect of the courtly attributes of *prîs* or *êre*... *gewalt* is motivated by and leads, in the case of victory, to greater honor, which in turn involves the acquisition of greater power." HASTY, Will: Art of Arms: Studies of Aggression and Dominance in Medieval German Court Poetry, Heidelberg 2002 (Beiträge zur älteren Literaturgeschichte), p. 32.

petitors than purely material resources, which require nothing more than possession.

Competition at its most basic may be seen in the natural world, where two predators occupy the same territory. Where the number of prey animals is limited, the two predators are forced to compete in order to survive: gaining access to prey and successfully consuming that food source determines the 'winner', and the success of one predator works to the detriment of the other. Ultimately, whatever means may be employed, gaining exclusive access to the scarce resource is the sole condition of victory.

The nature of the competition differs in those circumstances requiring the participation of a third, adjudicating party. This may be seen, for example, in mating competition, as occurs in many bird species, whose males engage in elaborate displays to win the attention of females. Here success is not determined by mere possession of the scarce resource, but rather by a third party's evaluation of the respective male's ability to conform to a set of arbitrary standards.

Competition among humans may become still more complicated where the scarce resource is a social construct. Such resources only exist insofar as they obtain belief in themselves and not only is winning them consequently subject to a set of conditions imposed by an audience, but this awarding body need not be physically present (nor indeed corporeal at all) for the arbitrary standards according to which victory is awarded to obtain.

Competition of this sort permeates much of human society; systems of ranking and the creation of hierarchies (however loosely defined) are inherently competitive. When students compete for a single scholarship, the scholarship may only be awarded to a single student: the one who most perfectly conforms to the arbitrary standards of excellence established by the awarding body. The scholarship is a scarce resource, yet where the students are ranked, competition may exist between them even when no single prize is made available. In a hierarchy, the superior position cannot simultaneously be held by two opposing individuals or groups, and so the enjoyment of the recognition of holding the superior position must itself be understood as a scarce resource. Likewise, when two football teams compete against one another, they compete for esteem, for the public recognition of their superiority. Where physical trophies exist in such competitions, they are not themselves the object of competition, but rather the physical embodiment of that esteem which constitutes the true aim of the contest. The winner is adjudged not merely by the act of physical domination, but also by the adherence of both parties to an arbitrarily defined set of rules. Crucial for our discussion is the ability of such rules, in combination with the establishment of hierarchies, not only to proscribe behaviour in the course of competition, but to restrict who may compete: if social consensus denies one party the ability to possess the artificially scarce resource for which the parties are competing, that party cannot be understood to be in competition.

Sport leagues provide precisely such a delineation: members of higher leagues do not compete with members of lower leagues. Still greater is the distinction between professionals and non-professionals: should a premier league team play against school children, neither group is understood to be in competition with one another. Unlike a league match, the premier league team is not competing to rise within the team rankings, nor to avoid falling. Yet this does not mean that the match is wholly without risk, at least in theory, for should the team of children miraculously win, it would be difficult for the professional team to maintain public confidence in the right of its players to be considered worthy of their elite professional status. In the event of an upset, the lower team might gain in esteem respective to their peers, and the professional team might lose the esteem it requires to maintain its membership amongst its elite peers, but they do not compete against one another for a single resource.

This, finally, brings us back to the business of knights. Knights compete against one another for a variety of reasons and resources – the affection of a lady, the favour of a king, the praise of one's fellows, land, wealth, title, etc. – but in literature, all of these are subsumed into a single scarce resource: honour. The competition for honour takes place on multiple planes and axes: at times, knights attempt to win recognition more or less indirectly through their performance of knightly behaviours, through displays of generosity, loyalty, and the demonstration of courtly manners and practices. More often, and crucially for our discussion of *Erec*, they compete by engaging in an unending series of more or less discreet contests, in which they attempt to attain a position of superior worth through the exertion of direct physical dominance over one another. In Hartmann's works, it is overwhelmingly the latter form, that of physical combat between individuals, which determines the outcome of the larger competition for honour.

III Honour

Honour, Middle High German *êre*, is the key to understanding knightly competition and its foundational role in the creation of knightly identity. *Êre* is virtually omnipresent in Middle High German epic, appearing in a dizzying array of contexts and forms. In *Erec*, honour suffuses all aspects of courtly society and subsumes all of the interactions occurring within it. It is in large degree a result of this initially disorienting multiplicity of meaning that the conception of honour in *Erec* presents as uniquely suited for our understanding of knightly competition, because it designates simultaneously the principle according to which the value of the individual is established, the scarce resource for which knights compete, and the rules by which the competition proceeds.

In its role as a regulatory value system, we may follow Otfrid EHRISMANN in understanding *êre* as "de[n] 'Ehrenkodex', die Norm, die die adelige Gesellschaft in Bezug auf das wünschenswerte Handeln ihrer Mitglieder setzte und die diese internalisiert hatten."[17] Honour is here understood to be the principle by which knights and nobles conduct themselves; their adherence to this code is, to a large extent, the means by which they recognize themselves as a group.[18] In *Erec*, when a thing is done properly and appropriately according to the station of the person concerned, it is said to be done according to honour.[19] Thus, when Erec wishes to have the heads of the knights slain by Mabonagrin buried properly and according to their station, this is to be done *nâch êren* (line 9752). And indeed, the ultimate praise bestowed upon Erec at the narrative's conclusion is found in the statement that, having forsworn his earlier *verligen*, Erec lived afterward *nâch êren* (line 10124), which may be understood to carry both the sense of "according to the standard of honour" and "for the sake of honour".

Yet honour is far more than a set of behavioural guidelines dependent upon gender and status. In *Erec*, it may be observed that, just as honour is understood to comprise not only the norms but the essential character of elite society, so too are the material resources of the aristocracy subsumed into and even synonymous with *êre*. Honour is both power over others and the resources to live in an appropriately aristocratic, courtly style. This is made clear in the narrator's statements concerning the impoverished state of Count Koralus, the father of Enite: we are told that although the count once held far greater possessions and honour, a feud with a more powerful man left him with so little honour that he could no longer afford a single squire, despite the fact that his loss in

---

[17] EHRISMANN, Otfrid: Ehre und Mut, Âventiure und Minne. Höfische Wortgeschichten aus dem Mittelalter, München 1995, p. 66.

[18] See FISCHER, Ehre, Hof und Abenteuer, p. 72 (n. 4).

[19] It is part of the character of *êre* that the standards it imposes are not constant across all the persons. Honour constrains knights in a different manner than it constrains noble women. *Erec* makes clear that Enite is both capable of enjoying honour and bound by its strictures, yet where male knights perform honour through the demonstration of martial valour, the primary foundation of Enite's honour lies in her beauty and her chastity. Thus, Enite's honour increases when she is able to at last carry the sparrow hawk (lines 1376–1382), designated by Herzog Imain as the marker of the most beautiful lady (lines 200–203), and when the lady is later able to avoid the sexual advances of the unnamed count, it is reported she saved her honour "through the beautiful wiles of a woman" (*mit schœnen wipes listen / begunde si dô vristen / ir êre*, lines 3940–3942).

no way resulted from disgraceful behaviour (lines 400–413). Here, honour and the material resources to perform nobility must be understood to be synonymous. This understanding of honour becomes still clearer through Count Oringles' words to Enite when he believes Erec dead and attempts to take Enite for his own. In hoping to convince Enite that the marriage is cause for celebration, he explains to her that where she was previously poor, she is now rich, where she was without worth, God has granted her honour, where she was unknown, now she has power over an entire land, she had received no notice, but now is a mighty countess, she was without comfort, but now has *die êre gar* (lines 6471–6483). Through this series of contrasts, we learn that in at least one of its aspects, honour is synonymous with wealth, power, and comfort, a fact underlined by Oringles' concluding statement: *ê lebetet ir âne êre, / der habet ir nû mêre / dan dehein iuwer lantwîp* (lines 6492–6494). Although itself non-material, honour must nevertheless be understood as a genuine power over others, not least because it subsumes all lesser, material forms of capital into itself.[20]

Honour may consequently be understood as a specific form of "symbolic capital", following the terminology of Pierre BOURDIEU;[21] "a power that can only be won from others competing for the same power, a power over others that derives its existence from others."[22] It is with this in mind that we may turn to knightly competition, for it is in this form that *êre* constitutes the essential, valuative component of knightly identity, in Gerd ALTHOFF's words, the "Summe all dessen, was – aus Vornehmheit, Ämtern, Besitz, persönlichen Fähigkeiten und Verbindungen gebildet – die Stellung dieser Person in den verschiedenen Lebensordnungen ausmacht,"[23] but also functions as the artificial scarce resource for which knights compete. *Êre*, like capital, is alienable. In *Erec*, it can

---

20 This accords with BOURDIEU's observations of Kabyle society, through which his conception of honour first took shape. Here, he noted that all power structures and economic relationships were subsumed into and cloaked behind the language of honour – a characteristic also observable in the courtly society of Middle High German literature. See BOURDIEU, Pierre: The Sentiment of Honour in Kabyle Society. In: Honour and Shame: The Values of Mediterranean Society. Ed. by Jean G. PERISTIANY, Chicago 1966, pp. 191–241, here pp. 229–230.
21 See BOURDIEU, Pierre: Outline of a Theory of Practice, transl. by Richard NICE, Cambridge 1977, pp. 178–183. Originally published as *Esquisse d'une théorie de la pratique. Précédé de Trois études d'ethnologie kabyle* (Geneva 1972); see BOURDIEU, Pierre: Pascalian Meditations, transl. by Richard NICE, Cambridge 2000), pp. 241–245. Originally published as *Méditations pascaliennes* (Paris 1997).
22 Ebd., p. 241.
23 ALTHOFF, Gerd: Compositio. Wiederherstellung verletzter Ehre im Rahmen gütlicher Konfliktbeendigung. In: Verletzte Ehre. Ehrkonflikte in Gesellschaften des Mittelalters und der frühen Neuzeit. Ed. by Klaus SCHREINER/Gerd SCHWERHOFF, Köln 1995, pp. 63–76, here p. 63.

be won or acquired (line 2751) and possessed (line 2535), yet also taken away (line 3122) or destroyed (lines 879–880). Knights gain in honour through their martial activity, through entering into physical contests in which the winner gains in status by taking honour from the loser. This essentially transactional nature may be seen in Erec's explanation for his readiness to take on multiple foes in a strange country: he wishes to have their honour for himself alone (*ich alters eine / iuwer aller êre wolde hân*, lines 7021–7022). Knightly combat is thus in most circumstances a zero-sum game: the profit of one side occasions the loss of the other. While this gain and loss results from physical action, it is in and of itself symbolic – at the same time, the possession or lack of symbolic capital occasions material consequences. Although *êre* is multifaceted and cannot be entirely reduced to any one of its functions, it is in its role as a form of alienable, symbolic capital that we will concern ourselves in what follows.

Because its existence, power and validity are dependent upon the belief and recognition of others, honour's possession and transfer are subject to specific 'rules' of engagement and interaction. These rules not only govern conduct as already mentioned, but also impose crucial restrictions on the field of competitors. At its simplest, this may be seen when Erec in his anger tells Enite that he would kill her, if only men could gain honour from fighting women (lines 3409–3412): for the knight, women stand outside the realm of productive honour competition. This restricted competitive field in *Erec* proves both an essential characteristic of knightly identity and a source of profound anxiety.

Here it must also be noted that although honour functions in many ways like capital, in that it can be exchanged, won, lost, and spent, it cannot be saved, cannot be sat upon or stored. In Hartmann's world, the need to continually engage in competition against one's peers is fundamental to the identity of the knight. For *êre* to obtain its validity, it must be constantly in motion, constantly displayed and, more importantly, wagered. As noted by Hubertus FISCHER, "ein Ritter wäre nicht mehr Ritter, wenn er diese 'wâge' nicht auf sich nehmen würde."[24] It is this characteristic of honour that results in Erec's great crisis,

---

24 FISCHER, Ehre, Hof und Abenteuer, p. 22 (n. 4). The pragmatic and prosaic concerns behind this condition of knightly honour are addressed by Martin H. JONES, who notes that both *âventiure* and the tournament play the same role in maintaining both reputation and "combat fitness", and that, for the knight, "it is vital to expose oneself to the hardships of armed conflict when there is no compelling necessity to do so, in order that the ability to respond effectively when there is such a necessity is maintained." JONES, Martin H.: Chrétien, Hartmann, and the Knight as Fighting Man: On Hartmann's Chivalric Adaptation of 'Erec et Enide'. In: Chrétien de Troyes and the German Middle Ages: Papers from an International Symposium. Ed. by Martin H. JONES/Roy WISBEY, Cambridge 1993 (Arthurian Studies 26), pp. 85–109, here pp. 107–108.

for in the wake of his victory over Iders and his further triumphs at the tournament, Erec allows his status to deteriorate by failing to wager it, and loses the respect of all as a result (lines 2966–2973): this is to say, that as he is no longer capable of obtaining belief in his store of symbolic capital, it disappears.[25]

The knight who does not compete ceases to be a productive member of the knightly community. His honour is no longer available to the general betting pool of competing knights. As he refuses to risk losing it, so he denies others the possibility of gaining it – as a consequence, his honour rots and withers.[26] As a consequence, we may understand that in at least one of its aspects, this power must be made available by knights, it must be placed on the game board, as it were, in order for others to have any possibility of gaining it. The knight who does not fight against his peers is a selfish knight. Because êre is understood to be a scarce resource, junior members of knightly society would be effectively shut out of the honour economy were established knights to simply sit on their store of honour. In this, Erec's role and status amongst knights is fundamentally different from that of Arthur, who is able to retain his honour despite his inactivity. Arthur, uniquely in Hartmann, is accorded the privilege of gaining honour through providing his knights with opportunities to wager their honour – by holding tournaments and festivals. Whether Arthur enjoys this ability by virtue of his age or by virtue of his preeminent status as a king above kings is unclear.[27] What is clear is that Erec, a member of the active, youthful element of the warrior aristocracy, cannot do the same. His worth and identity (and consequently, the worth and identity of all those subordinate to him and affiliated with him)

---

25 In the world of Hartmann's later *Iwein*, Erec's disgrace has already become proverbial. Here, Gawein relates Erec's story to the titular hero as a cautionary tale, stating that, had Erec not later corrected his behaviour, *sô wære verwâzen sîn êre* (lines 2791–2797 and 2797).
26 This is the greatest threat to knightly honour represented in *Erec*, where there is little suggestion to be found that excessive pursuit of honour on the field might also pose a danger. This stands in contrast to Hartmann's later *Iwein*, where the hero loses his honour and risks not only his own *ritters namen*, but also that of his lord Arthur when he fails to return to his wife from his adventuring at the promised time. In this, the crucial element of Iwein's misdeed is his failure to uphold *triuwe* – loyalty, a value which Hubertus FISCHER places alongside *êre* as the defining characteristic of knighthood. See FISCHER, Ehre, Hof und Abenteuer, pp. 71–72 (n. 4).
27 Support for the former notion, that the actively violent and corporeal competitive requirements of knighthood are restricted to the younger members of the category, is supported by the list of kings in attendance at Arthur's tournament: here, Hartmann distinguishes between the old and the young kings, writing that each group dressed in like manner, with the elder knights specifically clad in a manner befitting their age (lines 1950–1953 and 1981–1984). Although both groups assemble in knightly fashion (line 1946), it is only the younger group of kings who are specifically referred to as constituting *diu junge ritterschaft* (line 1978).

cannot be separated from his own exercise of knighthood, even when he ensures that his knights are equipped to pursue competition during his *verligen* (lines 2954–2964). Despite the narrator's praise of this practice (line 2965), it does not spare him the contempt of his subjects or prevent the exodus of knights and squires from his court. The ideal society of knights, as envisioned by Hartmann, is fundamentally and necessarily dynamic, and this principle is incorporated into all its units of measurement and practices of evaluation.

IV The Practice of Knighthood

In order to understand how this works in practice, it may be useful to begin by considering the first great combat of Erec's career, a contest through which he gains his initial renown and fully acquires his identity as knight, for the episode provides an excellent demonstration of the means by which knights compete for honour and the manner in which they gain and lose status as a result of this competition.

At the start of the surviving text, *Erec*'s titular hero is beaten in the presence of his queen and her ladies by an unknown dwarf whilst unarmed. Disgraced by the experience, he sets out to avenge himself. He learns that the dwarf is a servant of the knight Iders, who subsequently becomes the target of Erec's quest for satisfaction. Erec follows the knight to the castle of Tulmein, where the duke Imain holds an annual contest, in which a sparrow hawk is awarded to the most beautiful lady present. Time and again, he learns, Iders has appeared to claim this prize for his own lady. Erec is hosted for the night by the noble Koralus, a count who has fallen on hard times, but who nevertheless shows the young hero great hospitality.[28] Erec asks to borrow a mail coat from his host, and proposes to ride with Koralus' daughter Enite to the festivities, where he plans to challenge Iders on the lady's behalf. Koralus agrees, and Erec follows through with his plan. The two knights fight, ostensibly for the purpose of determining which of the two ladies is indeed the most beautiful. They battle one another until each is exhausted, whereupon they temporarily break off their com-

---

[28] Ever concerned with rank and status, Hartmann elevates the status of Erec's future father in law above the corresponding figure in Chrétien's work from nobleman to count. Several lines later, Hartmann emphasizes Enite's standing as well, informing his audience that Duke Imain is, in fact, her uncle, and that her birth was without shame, which is to say, both noble and legitimate (lines 435–439).

bat.²⁹ Once rested, they resume fighting and Erec eventually emerges victorious, spares his fallen foe, and wins lasting fame.

The dual function of honour as both standard of behaviour and the prize of competition becomes clear over the course of the combat, for although victory emerges as the ultimate determination of greater worth, conduct within the contest remains essential. As serious as the matter is (Iders informs Erec that his life is at stake and that he will accept no ransom, terms which Erec accepts unconditionally, lines 708–727), the two knights willingly break off in the middle of their combat for a rest, solely because their exhaustion prevents them from conducting themselves in a manner according with their standing, and consequently will not profit them any increase in honour (lines 897–910). In so doing, the knights make plain that any concern for justice (in this case, the proper allocation of the sparrow hawk) and for the restoration of personal integrity (i.e. obtaining vengeance for Erec's disgrace at the hands of the dwarf) must be set aside in the face of the honour contest.³⁰

Throughout, the transactional nature of the combat as a process of honour exchange and status negotiation is laid bare through the language employed by Hartmann. Here, as elsewhere in Hartmann's work, the combat is described using terms of economic exchange, with honour as currency: the knights borrow and pay one another with blows, they make proposals and counter-proposals and in so doing see their respective store of honour rise and fall with every blow (lines 864–896).³¹ These wagers finally culminate in Erec's victory, and

---

29 The same reason is given for a pause in the combat between the knights Iwein and Gawein in Hartmann's later epic *Iwein*, lines 7235–7250.
30 It has frequently been noted that Hartmann significantly tones down the graphic violence present in Chrétien's descriptions of combat, as noted by Dorothea KLEIN, in this first combat against Iders in particular, "[d]ie zivilisationskritische Kampfszene Chrétiens ist so zum Lehrstück für vorbildliches Rittertum umgemodelt, der Jüngling Erec für die zeitgenössischen Leser Hartmanns zum Modell geworden." KLEIN, Dorothea: Geschlecht und Gewalt. Zur Konstruktion von Männlichkeit im 'Erec' Hartmanns von Aue. In: Literarische Leben. Rollenentwürfe in der Literatur des Hoch- und Spätmittelalters. Festschrift für Volker Mertens zum 65. Geburtstag. Ed. by Matthias MEYER/Hans-Jochen SCHIEWER, Tübingen 2002, p. 443.
31 The same language appears in Hartmann's *Iwein*, which extends the metaphor of financial exchange still further in the titular hero's climactic combat against Gawein: Hartmann von Aue, *Iwein*, lines 7143–7234. Such language has led Will HASTY to describe chivalry in medieval German literature as essentially a form of status speculation. The term is apt, but perhaps falls somewhat short of fully capturing the inescapable imperative of wagering and risking honour between knights. See HASTY, Will: Bullish on Love and Adventure. Chivalry as Speculation in the German Arthurian Romances. In: Arthuriana 20 (2010), pp. 65–80, regarding knightly combat specifically, see pp. 65–67. HASTY also notes that while Chrétien indeed employed the image-

at the end of the contest, it is made plain that Erec has gained in honour just as Iders has lost: the former is thereafter regarded by the inhabitants of Tulmein as the greatest man to ever enter their land (lines 1306–1308), while the latter is led to remark in the aftermath of his defeat: [...] *er hat mir nâch benomen / zuo den êren das leben* (lines 1235–1236). Erec's combat against Iders proves the truth of Kalogreant's words in another manner as well. Not only is Erec adjudged worthier, he is also thereafter considered to be a man ([...] *gesige aber ich im an / sô hât man mich vür einen man, / unde wirde werder danne ich sî* [...]; *Iwein*, lines 535–537), for when Erec first confronts Iders directly, addressing his opponent as *herre guot kneht* (line 700), the knight responds by naming Erec a mere *jungelinc* (line 708), a term repeated by the narrator (admittedly in the context of praising his knighthood: *Erecke dem jungelinge / gezam vil wol sîn ritterschaft* [lines 757–758]). It is only once the combat begins that Iders realizes that he was deceived in believing his foe a child (lines 763–765). Iders at last recognizes Erec as a warrior (a rare instance of the word *degen*, line 768), and the next time that Iders speaks to his foe, he addresses him as *edel ritter guot* (line 898). If Erec's injured honour is made whole through his victory over Iders, it is through recognition that he attains his identity as a knight. Precisely what this means can be seen once Erec returns to the community of Arthur's knights: Erec has not only won honour, he has gained access to the field of knightly competition. Erec repeatedly and enthusiastically participates in a grand tournament following his wedding (although the fear of earning reproach and dishonour by failing to participate is also a factor – line 2258). Once again, the knight wagers honour for the sake of still greater fame and meeting with success after success (lines 2413–2825).[32] Through wagering his life and honour against Iders, Erec earns his knighthood and the privilege of risking yet greater honour in competition against other knights who enjoy the same privilege: the two are here synonymous.

In both Erec's gain and Iders' loss, we see that the business of being a knight in Hartmann's world may be understood as a business indeed: knightly encounters are both competitive and transactional, and honour is the currency of knighthood. In the fight between Erec and Iders, both knights wager their capital and see their standing rise or fall as a result of their actions. Like all combat between knights, this encounter is a contest in the midst of a larger struggle, which may rightly be termed competition: in fighting to gain victory, and thereby to be-

---

ry of economic exchange in describing the combats of his heroes, he did so far less extensively than Hartmann, and not at all in either of the works adapted by Hartmann. See ibd., n. 12.
32 This is possibly the earliest description of such an event within German literature and an episode that Hartmann expands to more than four-times the length accorded it by Chrétien.

come more worthy, they compete for a scarce resource, one which cannot, save in rare circumstances, be held jointly. They compete for honour.

V Exclusivity and Vulnerability in Knightly Competition

Immediately before Iders and Erec fight, there occurs an important passage in which the arms of both knights are described: we are told that Erec is clad in a borrowed, but nevertheless *schœnez* coat of mail, light and strong (lines 591–592), and Iders in a praiseworthy harness (line 744). While comparisons are made between the quality of their other arms – Erec's shield is old-fashioned, his lance too thick, and his charger unprotected – it is made clear that both are fully clad in mail. This is more significant than it may at first seem, for it establishes that both combatants meet a crucial qualification: in their outer presentation, both are armed as knights.[33] Already in Erec's first combat, we find a hint of the vulnerability occasioned by the restriction of honour competition to members of the knightly category: in order for the competition to be productive, both individuals must be of sufficient standing. If this is not the case, the victor would gain little or nothing in status, but also would not necessarily lose any standing. Yet the reverse is far more threatening, for if the victorious party should prove to be of insufficient standing, the consequences for the defeated would be dire indeed.

Because symbolic capital "only exists through the esteem, recognition, belief, credit, confidence of others, and can only be perpetuated so long as it succeeds in obtaining belief in its existence,"[34] the existence of honour is subject to further, socially determined conditions. One of these is that knightly identity cannot be sustained without competition. An equally important stipulation is that this competition must occur against members of the same category and class – against other knights. In the confrontation with Iders, the crucial external markers of this status, namely the willingness to fight and the arms that are indicative of the resources possessed only by a member of this elite class, are made

---

[33] W. H. JACKSON writes that "[t]he mere appearance of a mounted man in full armour is sufficient for him to be referred to as a *ritter* in Hartmann's world." Accurate as this is, there should be no "mere" about it – the iron outer skin of the fully armoured warrior on horseback is in *Erec* the exclusive purview and condition of a celebrated knighthood. JACKSON, Chivalry in Twelfth Century Germany, p. 45 (n. 3).
[34] BOURDIEU, Outline of a Theory of Practice, p. 166 (n. 21).

amply apparent from the outset. Over the course of *Erec*, an additional prerequisite emerges: the possession of a knight's name (*ritters name*) and lineage.³⁵

In *Erec*, *êre* is the exclusive prerogative of the nobility in nearly all cases. This has significant consequences for *êre*-competition: as Martin DINGES has observed regarding honour more generally, "Auseinandersetzungen um Ehre sind nur zwischen virtuell Gleichen möglich, denn jede Herausforderung an die Ehre eines anderen beinhaltet immer auch die Anerkennung des Gegners als beachtenswerte Person."³⁶ Essentially: knights may only win honour from other knights. The ability to hold honour and to participate in its transfer and exchange is a defining characteristic of the category. Yet this characteristic introduces vulnerability, for it means that agonistic relationships with individuals who do not belong to the same category present an existential threat. Where the knightly category holds itself higher in the social hierarchy than non-noble classes and categories such as merchants and peasants, membership within that category cannot withstand subjugation to any member of a lower category. Simply put, if a knight is defeated in combat by a non-noble, not only his honour, but his membership within the knightly category is called into question. Establishing who is and is not one's peer is consequently of crucial importance. As the possession of honour is restricted to those of knightly standing, and as the possession of this resource must constantly be asserted and demonstrated, anxiety over the vulnerability of knightly standing permeates *Erec*. The question of

---

35 Precisely which group or groups within the social hierarchy of the German empire around the year 1200 could lay claim to a *ritters name* in the sense here intended by Hartmann is not clear. Joachim BUMKE saw the term as denoting a particular subset of knights, namely the members of the aristocratic knighthood (he notes that from Hartmann's time the term became a "Reservat des adligen Rittertums"), and even amongst these, only those who lived up to a particular standard of conduct: "*Ritters name* ist in der höfischen Dichtung weniger eine Standesbezeichnung als ein Zentralbegriff der Herrenethik." BUMKE, Studien zum Ritterbegriff, p. 131 (n. 11). Against this, William Henry JACKSON argues convincingly that "the ethical dimension of the expression *ritters name*, and of knightly terminology in general, presupposes a social category and cannot properly be understood in isolation from that social category." JACKSON, William Henry: Aspects of Knighthood in Hartmann's Adaptations of Chrétien's Romances and in the Social Context. In: Chrétien de Troyes and the German Middle Ages: Papers from an International Symposium. Ed. by Martin H. JONES/Roy WISBEY, Cambridge 1993 (Arthurian Studies 26), pp. 37–55, here p. 41. Note too, that the same prerequisites are present in Hartmann's *Gregorius*, where the hero states that he would gladly become a knight, had he the birth (*geburt*) and resources (*guot*), lines 1496–1503.

36 DINGES, Martin: Die Ehre als Thema der historischen Anthropologie. Bemerkungen zur Wissenschaftsgeschichte und zur Konzeptualisierung. In: Verletzte Ehre. Ehrkonflikte in Gesellschaften des Mittelalters und der Frühen Neuzeit. Ed. by Klaus SCHREINER/Gerd SCHWERHOFF, Köln 1995, pp. 29–62, here pp. 50–51.

the opponent's status, asked again and again in the aftermath of combat, speaks to an awareness, never explicitly articulated, of the fragility of the knight's self-ascribed superiority.

This is not, of course, to say that it is only the fear of fighting (or losing) that prompts the question, nor that competition within the warrior aristocracy occurs on a level playing field where each competitor takes upon himself equal risk in engaging his opponent. Both the overwhelming concern to identify one's peers and the existence of honour hierarchies within the knightly category are amply demonstrated by the climactic combat of Hartmann's *Erec*. Here, the titular protagonist is informed that the knight he faces, Mabonagrin, has already slain the "best known knights in any land" (lines 8500–8501: *sô man si beste erkande / in deheinem lande*) and that he is famed far and wide. Hearing this, Erec is thrilled at the opportunity to wager his small store of honour against a far greater sum, in his words, a penny against a thousand pounds ([...] *dâ ich wider tûsent phunden / wâge einen phenninc.* lines 8535–8536). This language of gambling and of economic risk and reward echoes and builds upon the account of Erec's first combat against Iders, but here the emphasis is placed still more firmly upon the transfer of symbolic capital between knights, highlighting the risk/reward economy that obtains in knightly competition.[37]

This competition poses far greater risk for one party than for the other, because the amount of honour that it is possible to gain is largely restricted by the amount of honour possessed by one's opponent. Erec himself explains the conditions of exchange succinctly:

> [...] merket wie ungelîche
> uns giltet daz selbe spil.
> ez giltet im unnâch sô vil
> ze der zwelften mâze, als ez mir tuot.
> er setzet wider valsche guot,
> sîn golt wider êre.
> ez enprîset in borsêre,
> wirt im des siges an mir verjehen,

---

[37] This same terminology has been employed by Will HASTY in The Medieval Risk-Reward Society. Courts, Adventure, and Love in the European Middle Ages, Columbus 2016 (Interventions. New studies in medieval culture), where he positions Erec's wagering of self and the explicitly economic terminology employed by this hero prior to his fight with Mabonagrin within an evolving conception of the self as contingent upon success or failure ultimately stemming from a Pauline-Augustinian world-view, with knightly honor distinguished in part by the fact that it, unlike the grace for which the Christian athlete strives, is available only in limited supply. See ibid., pp. 126–127, 130–137 passim.

> wan sô ist im dicke baz geschehen.
> (lines 8563–8571)

[...] mark how unequal the same contest is for us. For him, it counts less than a twelfth as much as it does for me. He sets himself against a false good, his gold against honour. It will profit him little, if victory over me is reputed to him, for it has so often happened to him before.

Mabonagrin risks substantial loss for relatively little gain – a mere penny against a thousand pounds. Yet, having committed to his course and received the challenge, Mabonagrin has little choice in the matter. As illustrated by the narrative's protagonist himself, to avoid competition is, if anything, more damaging to one's status than losing in competition – even in the absence of the oath sworn to his wife, for Mabonagrin to forswear combat would be more catastrophic than losing the fight.

When Erec eventually triumphs, a profound shift in focus occurs. No longer is the most pressing concern the amount of gain or loss in the wagering of honour, but rather the validity of the competition: in other words, Mabonagrin wishes to know whether he has lost his store of honour, or his ability to hold honour at all. Consequently, Mabonagrin's immediate desire is to verify that his vanquisher is indeed of the 'correct' category, for while competition amongst those who boast a *ritters name* indeed possesses the power to reorder hierarchical relationships within that class, it does not allow for the complete elimination of the honour capacity inherent to the knightly class; it does not damage the ordering process or alter the fundamental social hierarchy of human society. The standing of knights who lose to knights is reduced within the company of their fellows, but they remain knights.

To lose to a non-knight would be a catastrophe. It is for this reason that Mabonagrin demands to know Erec's status and repeatedly professes a desire to die should his vanquisher not belong to the same honour-capable category of knighthood that he does himself (lines 9340–9365).[38] If Erec is not noble, then Mabonagrin's honour would be not merely lost, it would be so thoroughly diminished as to no longer be recoverable – his very capacity to possess honour, his

---

[38] In the interactions between Erec and Mabonagrin following the latter's defeat, it is clear that there is something different at play than what David YEANDLE names the "obligation of the defeated knight to give his name first to his victor before the latter identifies himself." YEANDLE, David N.: Schame in the Works of Hartmann von Aue, in: German Narrative Literature of the Twelfth and Thirteenth Centuries: Studies Presented to Roy Wisbey on his Sixty-Fifth Birthday, Tübingen 1994, pp. 193–228, here p. 216. While Mabonagrin is indeed worried about the potential disgrace of having lost to an inexperienced knight (lines 9345–9353), here the emphasis is placed upon the threat from outwith the knightly category (lines 9349–9350).

identity as a knight – would be threatened. For Mabonagrin, bodily extinction is preferable, for while a reordering of the value hierarchy internal to knighthood must be accepted as a potential consequence of participation in that hierarchy, removal from that order is insufferable.

Mabonagrin's fears are naturally unfounded. Although his lady weeps in the face of his loss (lines 9696–9698), the knight himself is reconciled and wishes his victor honour, as befits their mutual standing (lines 9393–9397). As in other contests, Erec sees his honour and fame increase according to the measure of his victory (lines 9664–9678 and 9888–9898).

In *Erec*, as generally in Middle High German literature, the superior standing of the knight *vis-à-vis* the non-noble opponent may be threatened, but is seldom overturned. In inter-category conflict, the exchange of honour is almost entirely precluded. The only serious suggestion in *Erec* that honour may be obtained in combat outside of competition between those born to the name of knight occurs in the aftermath of the first of Erec's two encounters with Guivreiz. Like Erec, Guivreiz is both king and warrior, and is presented as a model knight in all respects. When the two meet upon the road, Guivreiz challenges the hero and insists upon a combat. That this combat is to be a contest for honour is made explicit from the outset: in his initial challenge to Erec, Guivreiz proclaims that the stranger knight shall be granted the opportunity to win great fame (lines 4345–4346), and the narrator relates that each man received what he had long asked of God: an opponent against whom he might test himself (lines 4399–4403). The stage is thus set, as in Erec's encounter with Iders and at Arthur's tournament, for a wagering of honour in which one combatant stands to gain that which the other will lose.

In their first encounter, Erec defeats the noble Guivreiz and the question of the victor's status follows immediately upon Erec's victory. The exchange is notable for Guivreiz's statement that Erec's actions alone may be sufficient to ennoble him, regardless of his lineage (line 4457) – a momentary suggestion that nobility, and the ability to possess and wager honour may not be the in-born, genetically exclusive privilege suggested everywhere else within the narrative. Remarkable as it is, we must not make too much of this suggestion, for it is revealed upon closer inspection to be an empty hypothetical. Already at the moment of their first encounter, Guivreiz is certain of Erec's nobility: it is only for this reason that he challenges him at all. Not only is Erec traveling in company with the most beautiful woman Guivreiz has ever seen – who but a noble man of great standing would ever gain such a companion, he asks (lines 4330–4335) – but, far more importantly, we are informed yet again that Erec is armed in the manner of a knight (lines 4336–4340). What is more, immediately after making this statement, Guivreiz begins to press Erec on the particulars of his origin.

He asks if the knight is indeed of noble standing (4522–4525), doing so, like Mabonagrin, out of concern for his honour in defeat (lines 4526–4527). Guivreiz states that he will be able to let the defeat go without complaint if only it should prove to be a man of noble standing that has bested him (lines 4532–4534), and when Erec confirms that he is indeed the son of a king, Guivreiz jumps for joy and bows at the feet of his foe (lines 4545–4546).

For W. H. JACKSON, the exchange between Erec and the defeated Guivreiz "suggests the complex mentality of a society in which preoccupation with precise conditions of birth existed side by side with the recognition of new men who had made their way up to a position of de facto aristocracy which outstripped their judicially inferior status."[39] In this, Guivreiz's words may indeed gesture toward a more inclusive understanding of the knightly category without actually committing to the position. At the same time, the fact of Erec's noble status may be understood to support the view that knighthood is *de facto* a noble condition. Viewed in light of the text as a whole, the exchange is but one manifestation of a pervasive anxiety concerning the integrity of knightly identity within the narrative's larger project of establishing the boundaries of this category. Knighthood as a category is here generated and sustained by internal competition between its members, whose ability to productively engage with that competition is the mark of membership.

VI Asymmetrical Conflict

The knights of Hartmann's narratives do indeed engage in combat against men of lesser standing, but these conflicts receive markedly different treatment within the text; the matter turns above all on the transferability of honour. Competition between knights means that both combatants wager their honour on the contest: what one loses, the other gains. Yet even in the case of a loss, the loser is to some extent shielded by the status of his opponent. Although the loser's honour is transferred to the winner, the loser remains within the same hierarchy, now positioned subordinate to the winner: the account is emptied, but not closed. When faced with a non-noble foe, the risks are rather different. Because at the end of the combat the loser's position must be subordinate to that of the winner, should the winner stand subordinate by virtue of birth to all those privileged by the name of knight, then a knightly loser must perforce be ejected from the ranks of the by-definition superior category.

---

39 JACKSON, Chivalry in Twelfth Century Germany, p. 81 (n. 3).

It is surely no coincidence that Erec's confrontation with a group of non-knightly, dishonourable brigands occurs at the hero's lowest moment: having lost all of his honour as a result of his *verligen*, Erec finds himself at the bottom-most limits of the knightly category. Utterly without honour, but still capable of winning and possessing it – still a knight and therefore of fundamentally different kind to the robbers who will beset him – Erec sets out with his wife to rebuild his store of symbolic capital and his identity. Shortly after embarking upon their journey, the couple is accosted by two bands of brigands in short succession. In each instance, it is made clear that the encounters are not understood in a manner such that they constitute competition: the hero and his non-noble opponents do not and cannot compete directly with one another for the only true resource of value to the knight.

Although Erec leaves his castle in the hopes of finding *âventiure* (line 3111), Erec's encounter with the robbers is described in markedly different terms from his encounters with other knights. The men who lie in wait for the knight are named *roubære* by the narrator (line 3116), and are differentiated from knights chiefly by their armament (that is, their appearance) and their conduct.[40] From the moment of their appearance, it is clear that the robbers are not possessed of sufficient honour and standing to present Erec with an opportunity to enhance his status. Crucially, they are not arrayed as knights, as Kalogreant specifies knightly opponents must be, but rather are poorly armed, as is fitting for robbers ([...] *gewâfent slehte / nâch der roubaere rehte*, lines 3228–3229).[41] Precisely what this means is clarified shortly thereafter, when we are told that in additional to a shield possessed by at least one of the robbers (line 3216), *ir ieglîch*

---

[40] Only Enite's words introduce any suggestion that the robbers might be designated something more than common thieves. Upon first spying the brigands, Enite recognizes that they are in fact *roubære* by virtue of their behaviour (*gebærden*, line 3127). Yet when she warns her husband of the danger, she informs him *dir sint ritter nâhen bî* (line 3186). As neither Erec nor the narrator employ this term in referring to the robbers, and as the latter clearly differentiates the appearance of these men from that of knights, it is possible that Enite is here under some misapprehension. It is also possible that Enite's usage of the word *ritter* simply reflects the semantic range of a word, which, in the decades around 1200, could be employed not only in reference to a knight (that is, to a particular, elevated category of *rider*) and to one who rides.

[41] Hartmann's emphasis on describing the armour of his characters, even in those instances where Chrétien provides no information, not only serves to delineate the social standing of these figures but also, as Martin H. JONES has noted, provides pragmatic explanations for the high body-count of Erec's combats, for nearly all of the knight's unarmoured foes are slain, in stark contrast to the knights that he grants *sicherheit*. See JONES, Martin H.: Schutzwaffen und Höfischheit. Zu den Kampfausgängen im 'Erec' Hartmanns von Aue. In: Spannungen und Konflikte menschlichen Zusammenlebens in der deutschen Literatur des Mittelalters. Bristoler Colloquium 1993. Ed. by Kurt GÄRTNER et al., Tübingen 1996, pp. 74–90, here pp. 77–79.

hete einen îsenhuot / ze einem panziere (lines 3231–3232). Such armament seems to be the standard for sub-knightly fighting men in Hartmann's world, for this same light armament – a kettle hat and a shirt of mail, the latter differentiated from the full mail of a knight by the lack of covering for the arms and legs (*in wâren bein und arme blôz*, line 3226) – is earlier ascribed to the hero's *knaben*, who each possess *ein panzier und ein îsenhuot* (line 2349).[42] The visual presentation of the robbers, by virtue of the quality and quantity of their armour, is decidedly non-knightly.[43]

Beyond this, neither group of robbers seek to win honour through defeating Erec, only material gain and possession of his wife (lines 3194–3214, 3219–3220 and 3318–3342). One of the first statements made about the robbers is that they lie in wait for Erec, so that they might take his life and honour for the sake of his possessions (*daz si im umbe daz guot / næmen êre unde lîp*, lines 3121–3122). It is the possessions, the material resources of the knight that they desire – that the knight's honour would be destroyed thereby is of no consequence to the brigands.[44]

Further to this, once underway, the combat itself does not follow the standard pattern of knightly competition, in which knights commonly joust before dismounting to engage in single combat with sword and shield.[45] Erec kills

---

[42] Both this and the fact that the narrator never refers to the robbers as *ritter* are Hartmann's own innovations, standing in contrast to Chrétien, who repeatedly names the robbers *chevalier*. See JACKSON, Chivalry in Twelfth Century Germany, p. 110–111 (n. 3).

[43] Regarding the robbers' weapons, it is clear that some must carry lances, for they "joust" with Erec (lines 3209, 3388), but it is not clear if they themselves bear swords. The fact that Hartmann does not explicitly place the most stereotypically knightly weapon in the hands of his brigands may serve to further highlight the discrepancy of worth and social standing between Erec and his opponents (though we may also safely conclude that any prohibition on the carrying of swords by non-nobles would have been cheerfully disregarded by such brigands).

[44] Will HASTY has correctly observed that the episode, while to some extent providing evidence for a nascent ethical component to Erec's pursuit of honour, does not itself result in any meaningful increase of honour. I disagree with HASTY's belief that lines 3121–3123 indicate that the robbers covet Erec's honour: it seems to me clear from the text that the knight's honour would be taken from him in the event of his loss to the brigands as a result of the robber's desire for his *guot*. When it is said that the robbers grant one amongst their number the *êre* (which may here be understood, like modern "honour" to mean "privilege") of laying claim to Enite (line 3215), indicates merely the existence of a different hierarchy, ordered according to a different value system, which obtains amongst the robbers. See HASTY, Will: *Daz prîset in, und sleht er mich*. Knighthood and Gewalt in the Arthurian Works of Hartmann von Aue and Wolfram von Eschenbach. In: Monatshefte 86 (1994), pp. 7–21, here p. 9; HASTY, Art of Arms, p. 33 (n. 16).

[45] It is here worth noting that Hartmann himself was largely responsible for introducing this framework for knightly combat into the German literary scene. See JONES, Chrétien, Hartmann,

each of the robbers in turn without ever leaving his saddle. More telling still, there is no language of transaction in this combat, no talk of wagering. The metaphors of economic exchange are entirely absent, and the fights themselves are accorded only the barest of descriptions: when charged by the first robber, we read only that Erec "struck him dead from his horse. His companions wanted avenge him, the same was done to them" (lines 3223–3225: *und stach in von dem rosse tôt. / sîn geselle wolde in gerochen hân: / dem wart alsam getân*).

In the aftermath of Erec's victory, the narrator does not attribute any increase of honour to the knight's conduct, despite the killing of eight men single-handedly. The closest that the text comes to such a statement occurs immediately after his victory over the first and smaller band. Here it is said only that the knight came through the encounter with his honour intact (line 3310). This would seem a follow-up to the narrator's earlier comment that the brigands were prepared to take the life and honour of their prey in order to obtain their possessions (lines 3121–3122) indicating that at the close of this episode, Erec has successfully avoided further disgrace, though he has yet to win back his honour. Although potentially significant for Erec's personal development, the knight's battle against the robbers cannot result in honour increase and consequently does not constitute competition in any sense that would be recognizable to a knight.

In dispatching the robbers, Erec has taken action to restore public order, though this aspect receives but scant attention within the text. Inasmuch as Hartmann's account of the combat reads more like a summary execution than a genuine struggle, it is also possible to see Erec's killing as punishment, as the enactment of justice. If this is the case, the crime being punished here may be the attempted robbery – but this is not necessarily the case. Certainly, the punishment cannot be separated from the respective standing of the opposing combatants. The actions of the robbers do not fundamentally differ from those of knights: neither challenging and attacking a stranger upon the road, nor taking his horse, nor his armour, nor his lady are alien to knights elsewhere in Hartmann. The key distinction lies in the fact that the robbers do not compete for honour, indeed, cannot compete for honour, owing to their non-knightly status.

Given that Erec's altruism does not, at any point in the text, appear to extend far beyond the borders of knighthood and the nobility, it is perhaps going too far

---

and the Knight as Fighting Man, pp. 95–96 (n. 24) and concerning the structure of single-combats more generally, see the summary provided by KELLET, Rachel E.: Single Combat and Warfare in German Literature of the High Middle Ages. Stricker's 'Karl der Grosse' and 'Daniel von dem Blühenden Tal', London 2008 (Texts and dissertations. Modern Humanities Research Association 72), pp. 5–9.

to see Erec's actions in killing the robbers as punishment for crimes against a broader public. Rather, to the extent that they are punished, it is for the specific crime of attacking a knight. The severity of this crime is repeatedly emphasized throughout *Erec*. It figures not only in the giants' treatment of Cadoc (see below), and the unnamed count's decision not to hang Erec (lines 4177–4180), but also becomes apparent in the terminology employed by Guivreiz when he worries that the hero might be attacked by the *lantvolke*. Here, he states that they are likely to "murder" him ([...] *wirt ez dem lantvolke kunt, / si ermürdent in zestunt*, lines 6846–6847). Its usage to describe the killing of a knight by a group of lesser persons is the only instance of this verb in *Erec*, and underlines the fundamentally unjust nature of the action under any imaginable circumstances.[46]

Erec's encounters with the brigands tell us a number of significant things about combat between knights and sub-knightly fighting men. As represented in *Erec*, it is difficult to understand such a fight as constituting contest or competition: above all because the scarce resource for which knights concern themselves cannot be held by members of one party (the brigands). Erec must fight to prevent the loss of his honour, but in the hypothetical event of his defeat, that honour would not accrue to his non-knightly vanquishers, it would simply be destroyed. Nor do the robbers aspire to acquire such a resource: their interest in the matter begins and ends with the possession of Erec's material goods and of his wife. Although both Enite herself and Erec's belongings comprise a part of the knight's honour, neither the robbery nor the possession would bring the robbers any increase in social capital from the perspective of the knight. Nor does it seem reasonable to characterise the combat as competition for the alternate scarce resource represented by these prizes, owing to the foregone conclusion of Erec's victory. Enite is the only one to express any concern that the attack poses any real risk for her husband, and this fear arises only from the possibility of ambush – a possibility immediately dispensed with in both cases by her violation of Erec's command to remain silent. This violation provides the essential drama of the scene, not the combat itself, for neither Erec nor the narrator evince any fear on his behalf. Erec's perfunctory victory in this instance must be understood not as success within a form of productive competition for value and esteem, but rather a re-assertion and confirmation of his membership, on the

---

[46] A similar sentiment is evident in Wolfram's *Willehalm*. Here, a group of burghers are upbraided for demanding a toll from a knight and subsequently attacking him. In the aftermath, the action is condemned by both their knightly lord (the hero's brother, Ernalt), who states that he would not have mourned even had they all be slain (p. 116, lines 18–19), but also by the narrator, who describes the attack as a sin (p. 113, line 18), and a disgrace to the city (p. 114, lines 9–11). See Wolfram von Eschenbach, Willehalm. Ed. by Joachim HEINZLE, Frankfurt a. M. 2009.

most basic level, within the knightly category. At the same time, the sharp distinction drawn between Erec and the brigands, expressed through their outer appearance, resources, and martial ability, asserts the integrity of knighthood's closed boundaries. In all of this, Erec's victory is as much, if not more, an affirmation of knightly superiority within the social hierarchy as it is a statement of individual worth.

VII Hybrids and the Disruption of Knighthood

The brigands are not the only non-knightly foes faced by Erec and his other encounters outwith the boundaries of knighthood serve to invoke and problematize still deeper anxieties inherent in the performance of knightly identity. Erec's other foes are not like the robbers, for where the robbers are neatly dispatched almost immediately after they enter the narrative, these others create genuine disruption within the social order and actively damage and confuse the processes of knightly honour and identity. Given this, it is especially notable that these foes present by their very nature a problem of categorization: they are hybrid beings, dwarves and giants, and each overlaps significantly with more familiar social categories, without fully occupying them.

In *Erec*, Hartmann is careful to distinguish between foes who possess extraordinary characteristics, but remain both men and knights, and those who stand more fully outside these categories. With Guivreiz and Mabonagrin, Hartmann plays with the possibilities of the hybrid, but draws a clear line: Guivreiz is a very short man, very nearly (*vil na*) the size of a dwarf, but explicitly not a dwarf (lines 4282–4286). Mabonagrin is described in nearly the same terms, but is rather nearly (*vil nâch*) the equal of giants (line 9013). In *Erec*, this not-quite-other status seems to play an essential role in establishing their ability to be categorized as knights.[47] This is perhaps especially true in the case of Guiv-

---

[47] Although *Erec* differentiates between giants and giant-like knights, Hartmann's later *Iwein* includes giants both within and outwith the knightly category, allowing the giant Harpin the name of *ritter*, but also featuring non-knightly giants who more closely resemble those of *Erec*. This polyvalent treatment reflects broader trends in the medieval conception of giants. Augustine, in his *City of God*, numbered the giants amongst the monstrous races, and noted that they lack the wisdom and spiritual blessings of man, Isidore, on the other hand, referred to giants as large men in his *Etymologiae* – an understanding of giants also present in some twelfth- and thirteenth-century bestiaries. Notably, in virtually all cases, there is agreement that giants represent *superbia*. See BOYER, Tina Marie: The Giant Hero in Medieval Literature, Leiden 2016 (Explorations in medieval culture), pp. 29–33. Regarding the division of giants into knightly and non-knightly categories, see KELLET, Single Combat and Warfare, pp. 76–92 (n.

reiz, where Hartmann expands on Chrétien's brief mention that the knight was short of stature and seizes the opportunity to discuss the importance of the inner man, of the heart, in the proper performance of knighthood, yet in so doing cannot abandon Guivreiz's status as man and knight, for both are necessary to preserve the integrity of the honour contest in which he engages. In this regard, his relationship to the scarce resource of honour, and his ability to participate in knightly competition for that resource, is crucial. While the 'true' dwarf Maledicur and the giants can only damage and destroy honour, Guivreiz and Mabonagrin, because they are themselves capable of holding and winning honour, provide Erec with opportunity to assert and improve his status within the knightly category. Ultimately, both groups of foes force a consideration of category upon the audience and serve, through their interactions with Erec and with other knights, to delineate the boundaries of knighthood.

VIII Dwarves

The first such encounter occurs at the very beginning of Erec's journey: it is through the dwarf serving as Iders' squire that Erec first receives the honour injury which propels him toward the combat that solidifies his knightly identity. Here, the short stature of the dwarf compounds the insult resulting from the servile figure's already egregious exploitation of Erec's temporary and situational impotence, implicitly advancing a claim of Erec's inability to perform as knight and thereby setting into motion the events which will confirm the hero's membership within the knightly category.

The episode is here worth revisiting in brief: The tale begins with the queen, riding in company with Erec and her ladies. From some distance, the queen spies an unknown knight (Iders) riding with two companions: a maiden and a dwarf, the latter of whom, we learn later, is named Maledicur. She dispatches one of her

---

45). For further categorisations and sub-categorisations of giants in medieval literature, see AHRENDT, Ernst Herwig: Der Riese in der mittelhochdeutschen Epik, Güstrow 1923 and LECOUTEUX, Claude: Les monstres dans la littérature allemande du Moyen Age: Contribution à l'étude du merveilleux médiéval, Göppingen 1982 (Göppinger Arbeiten zur Germanistik 330). Aside from Maledicur (see below), the other dwarves present in *Erec*, namely the dwarf kings Bilei and Brians together with their entourage and the unnamed dwarf who formerly owned the wondrous horse given to Enite, do not enter into combat with the protagonist. While it is notable that the dwarf kings and their Antipodean warriors ride to Arthur's tournament, the question of their knighthood (they are not named knights nor is there reference to arms or honour) is eclipsed by their role in adding to the general splendour of Arthur's festivities, where they stand in a long list of guests from distant lands and at times fantastic origins (lines 1902–2117).

ladies to ride over and enquire as to the knight's identity. The queen's lady obediently does so, but is thwarted by the dwarf, who beats her about the head with his whip. Having seen this, Erec upbraids the dwarf, and is himself whipped for his trouble.

It is here significant that this interaction, although it shames and dishonours Erec in the presence of the queen (lines 104–108), does not result immediately in combat. Although the imperative to avenge an honour-slight is ever present, Erec restrains himself from punishing the dwarf, for he knows that attacking the servant of a knight would present as an attack upon the honour of that knight, and would incur an attack that Erec is incapable of withstanding without his armour.[48]

The character of Erec's disgrace is here manifold. First, the action of whipping carries inherently punitive connotations, particularly as a punishment assigned by knights to their inferiors.[49] Erec is consequently in the position where he has been injured by a punisher, who, through the very action of punishing lays claim to a superior standing, yet is (in Erec's world) of demonstrably lesser status than himself. Second, this offense takes place in the sight of his queen and her ladies, who as noble women occupy a significant position as adjudicators of knightly honour within courtly society, and as a result Erec incurs particularly great shame (lines 107–110). Additionally, the fact that one of the queen's maidens met precisely the same fate immediately before Erec's humiliation heightens his emasculation still further: in the absence of his mail, Erec is *blôz als ein wîp* (lines 99–103), and incapable of performing masculinity according to the standard of knighthood.[50] Erec is not only treated in the same manner as the maiden, but also constrained to react in the same manner. Erec, in this moment, is not a man. Finally, that the offense is perpetrated by a servile 'dwarf' heightens the degradation still further. The whipping would surely have humiliated the knight by virtue of the attacker's non-noble, servile status, even were he of larger stature, but here the dwarf is Erec's clear inferior not only

---

48 Dorothea KLEIN here sees the dwarf as an extension of the knight himself, as a means "das Gewaltpotential des feudalen Subjekts anschaulich zu machen" and thereby to highlight the regulation (in the figure of the knight) of this aggression through *courtoisie:* "der Aggressionstrieb und seine kulturelle Überformung sind narrativ auf zwei Figuren verteilt, die überdies auf zwei verschiedenen sozialen Ebenen angesiedelt sind." KLEIN, Geschlecht und Gewalt, p. 438 (n. 30).
49 See JACKSON, Chivalry in Twelfth Century Germany, p. 56 and 100 (n. 3).
50 As Dorothea KLEIN observes, "es fehlen ihm [...] die Schutzwaffen, es fehlt jene zweite Haut, die den Adeligen zum Rittermann macht, die ihn also mit entscheidenden soziokulturellen Geschlechtsmerkmalen ausstattet." Further, "eine entscheidende Qualifikation zum Mann-sein fehlt: die Fähigkeit, sich und andere gegen Aggressivität zu schützen." KLEIN, Geschlecht und Gewalt, pp. 438–439 (n. 30).

socially but physically. As a result, Erec sees himself shamed in a manner never suffered by any of his peers. It is a disgrace so great, and from such a little man, that Erec cannot endure the ladies' presence until he has avenged it: he questions the value of his own life (lines 115–128).

The engagement is essentially and exclusively destructive from Erec's perspective: he loses honour, while the dwarf (from Erec's perspective) neither gains nor is capable of gaining anything of value. Even if Erec felt himself capable of resisting or challenging the dwarf physically, there is no possibility of productive contest or competition between the two figures, they are of a fundamentally different 'kind' and the inability of the one to hold the scarce resource coveted by the other denies it to both of them. It is for this reason that Erec's thoughts turn immediately to the dwarf's master. It is upon the knight that he must avenge himself, for it is only from a knight that he can win the honour that will repair the damage that has been done (lines 135–137).

Yet it is important that Maledicur does not disappear from the narrative at this point. Despite the fact that Erec indeed restores his honour through victory over a noble opponent, he also insists upon the direct punishment of the individual who committed the misdeed.[51] Erec initially demands that Maledicur's hand be cut off (though the narrator informs the audience that the hero does not truly intend to follow through with this threat), before ultimately having the dwarf stretched upon a table and thrashed by two servants (lines 1031–1077). Erec's feint towards a more severe punishment and immediate, disinterested reduction of the sentence, underlines the enormous gulf in social status which lies between the two figures. With the knight's honour restored and enhanced, Maledicur is effectively so far beneath Erec that he can destroy or spare him without consequence to himself. The dwarf is therefore not defeated, but rather punished corporeally. Just as Erec cannot win or redeem his honour through combat with the dwarf, so too is a loss of honour an unfit chastisement. At the same time, it also serves to correct the social order. This correction cannot be achieved by simply having Erec whip the dwarf as the dwarf whipped him: to do so would put him on a level, would confirm the dwarf's impertinent claim to a right of interaction. Rather, the correction must occur through an enactment of the hierarchical order it is intended to restore. Erec orders that the dwarf be corporeally punished by Erec's subordinates, to whom the dwarf is himself now subordinated.

---

51 As noted by Irmgard RÜSENBERG (née GEPHART), "hier aber geht es nicht nur um die Wiederherstellung von Ehre, sondern um eine Bestrafung des Übeltäters." GEPHART, Irmgard: Das Unbehagen des Helden. Schuld und Scham in Hartmanns von Aue 'Erec', Frankfurt a. M. 2005 (Kultur, Wissenschaft, Literatur 8), p. 34.

Maledicur's role in the narrative is thus polyvalent: first, his small stature serves to heighten the pain of an already humiliating encounter for the knight by emphasizing the knight's impotence: the need for the knight to re-establish himself as knight becomes especially pressing. In conjunction with this, the dwarf's hybrid nature serves to highlight the imperative of establishing intelligible, hierarchical, and categorical social order. In punishing Maledicur, Erec corrects a defect in this social order – here it is worth remembering that it is less the beating itself than the *unzuht* of the dwarf that causes outrage[52] – defending the social boundaries of knighthood and ensuring that its processes of honour exchange and performance may function unimpeded.

IX Giants

Later in the tale, the possibility of defeat and the risk to knightly honour through the intervention of non-knights increases substantially, and the disruption of the mechanisms of honour competition becomes more than mere hypothetical. Here, the exacerbating insult of the foe who is less-than is replaced by the existential crisis presented by a foe who is simultaneously less- and more-than knight, and Erec is not faced with mere brigands, with humans of a lesser status who dare to challenge him in his superiority, nor with dwarves who capitalize upon a moment of weakness, but rather with super-human foes whose very nature presents a challenge to the hierarchies of human society: giants.

Giants are amongst the most common of the hybrid-humans faced by warriors in Middle High German literature, and at least one part of their function in these narratives remains remarkably consistent: Giants disrupt the business of knights and challenge the fundamental nature of knightly competition. The giants faced by Erec serve above all to humiliate knights and nobles – a role they also play in many other texts of the same period, notably in Hartmann's own *Iwein*. As non-noble, non-knightly and non-/super-human foes, they deprive their aristocratic opponents of their honour, and, in so doing, threaten to destroy the very system of productive competition through their overwhelming and unnatural strength.

It is this humiliation inflicted by the giants of Hartmann's *Erec* that most distinguishes their role within the tale's fictive honour economy. The so-called Cadoc episode, in which Erec encounters a lady weeping in the forest and,

---

[52] The crime is repeatedly so described in the aftermath of Erec's combat against Iders: lines 1043, 1048 and 1071.

after inquiring what has happened, rescues her beloved knight from a pair of vicious giants, has often and not without reason been interpreted principally in light of the emphasis placed by Hartmann upon Erec's empathy for the suffering of the lady and the knight Cadoc,[53] yet the episode also plays a crucial role in the narrative's formulation of the knightly category and the role that competition plays in its demarcation.

When Erec meets the unnamed giants of his story, they have just defeated, but not killed, the lady's unfortunate knight. The knight is later revealed to be Cadoc of Tabrîol, but is referred to simply as "the knight" throughout the episode. Rather than slay their foe, the giants have taken him prisoner, a humiliation witnessed by his lady (lines 5355–5357). The title "knight" and its markers receive particular emphasis from the start of the encounter, both in their presence and in their absence. When Erec himself comes upon the giants, their non-knightly status is made immediately apparent, for, as with the robbers, it is emphasized that the giants are not clad as knights – the lack of the material and visual manifestations of knightly being is introduced in explicit contrast with Erec's possession of them:

> nû heten die zwêne grôzen man
> weder schilt noch sper
> noch swert alsô er:
> des er von rehte genôz.
> wâfens wâren si blôz.
> (lines 5381–5385)

> Now the two great men had neither shield nor lance nor sword as [Erec] did: he justly benefited from this. They were bare of armour.

A further counterpoint is established when we read further that the giants have stripped their captive of his own outer markers of knighthood: the knight is left bare of arms and clothing, his hands are bound and, in a cruel mockery of the martial superiority afforded the knight by his equine mount, his feet are fettered beneath the belly of his horse (lines 5400–5405). Were this not enough, the giants also drive him about with great whips, flaying all the skin from his neck to his knees.

As noted by Jeffrey Jerome COHEN, in medieval literature, "the giant appears at that moment when the boundaries of the body are being culturally demarcat-

---

[53] See JACKSON, Chivalry in Twelfth Century Germany, p. 113 (n. 3); see KLEIN, Geschlecht und Gewalt, pp. 455–456 (n. 30); see GEPHART, Das Unbehagen des Helden, pp. 61–70 (n. 51); see BUMKE, Joachim: Der 'Erec' Hartmanns von Aue. Eine Einführung, Berlin 2006, pp. 49–51.

ed."⁵⁴ In this case, it is a specifically knightly body – one encased in a skin of armour, as much a part of his identity as the skin beneath. Here, the giants not only demarcate the knightly body through comparison with their own, non-knightly bodies, they are the active negation of the knight.

Every point of their interaction with Erec seems to illustrate the giants' status outside the knightly category and the destructive nature of their intervention in knightly competition. Erec chastises the pair for violating *ritters reht* (line 5412). When Erec asks them why they behave as they do, he is informed that he dishonours himself merely by asking – for he will receive no answer (lines 5453–5455). Attempting to interact with the giants on a level serves to degrade the knight and highlights his impotence to compel a like response. The giants have no care at all for Erec's admonition that they ought to be ashamed of treating a man who has *ritters namen* (line 5468) in such a manner.⁵⁵ In this, the giants indicate their contempt for the hero's notions of knightly privilege, and directly impugn the central claim of knightly identity in *Erec*, namely, the ability to possess and exchange honour. In so doing, the giants stake their own claim to superiority and delineate their economy of social value from that of their knightly foes: "if I could gain any honour or fame from you, I would break you like a chicken" (*möhte ich an dir dehein êre / begân oder deheinen ruom, / ich zebræche dich als ein huon*, lines 5481–5483), one of them informs Erec. Here, the giant's words may be understood either to indicate that the giant is incapable of gaining honour and participating in the honour economy, or that the action of engaging with him is not worth the trouble, owing either to the giant's existence outside the knightly category or to Erec's sufficiently low position within it.⁵⁶ In either case, the com-

---

54 COHEN, Jeffrey Jerome: Of Giants: Sex, Monsters, and the Middle Ages, Minneapolis 1999 (Medieval cultures 17), p. xiii.
55 As noted above, this is not the first occurrence of the term *ritters name* in *Erec*, nor the only instance in which possessing the name of knight is accorded special significance. Earlier in the tale, when the unnamed count believes Erec to be a felon who has kidnapped Enite, he nevertheless states that he will forgo hanging his captive because he possesses this title (lines 4179–4180). Erec, offended nevertheless at being called a thief, upbraids the count: he questions where the count has learned to treat someone with the name of knight in such a manner, suggesting that such action must be the result of an education at an inferior court, and laying claim to greater nobility (lines 4201–4204). The suggestion that the important placed by Erec upon the victim's knightly status represents a fault in his own development, as advanced, for instance, by BAYER, Hans: *bî den liuten ist sô guot*. Die *meine* des Erec Hartmanns von Aue. In: Euphorion 73 (1979), pp. 272–285, does not receive significant support from the text itself, especially as the narrator echoes Erec's sentiments (line 5412).
56 In light of Erec's earlier statement to Enite, that he would kill her if only a man might gain honour from fighting a woman (lines 3409–3412), one might also read the giant's comment as intentionally and especially emasculating for the knight.

ment emphasizes once again that the giants' extra-knightly status ensures that their interactions with knightly honour can only be destructive. The giants' actions are damaging to honour not merely in an individual instance but holistically. The opposing categories of knight and giant are confirmed when the same giant, taunting Erec, challenges him to take up the knight's cause as relative: *nû nim dir in ze mâge / und hilf im: des ist im nôt genuoc* (lines 5485–5486). These words are an invitation to fight, for the obligation to protect and avenge relatives and dependents was an essential component of honour long predating Hartmann's era, but they are also a call for Erec to recognize the fundamental truth of the knightly identity he shares with his humiliated compatriot. The giants represent a challenge to the very validity of the knightly category.

Erec's fight with the giants concludes when the hero, having blinded and slain one of the giants (lines 5509–5517), drives the second to his knees and then beheads his prone foe (lines 5565–5568).[57] These actions resemble a quasi-juridical execution, evoking the punishment of a capital crime, and Erec's comments to the freed captive in the aftermath make clear that his concern is the restoration of knightly integrity. Neither Erec nor the narrator make any claims that the warrior has gained honour from the giants and indeed, the only mention of honour comes when Erec informs Cadoc that he seeks no honour 'from him', that is, from another member of the honour-capable brotherhood of knights, beyond the knowledge of his name (lines 5640–5643) and that he deliver a message to the queen, informing her that Erec stands at her service (lines 5688–5698).[58] Rather than competing for honour, it is clear Erec has corrected a wrong perpetrated against knightly identity, and it is this spirit that he informs the knight of his own experience of honour-loss, instructing the wounded man to continue on his journey to Britanje, for in that land a knight

---

[57] Both blinding and decapitation are standard elements in combat against giants, the former having been well established at least from the blinding of Polyphemus by Odysseus, and the latter well known in the medieval period from David's beheading of the slain Goliath (referenced explicitly in Erec's victory over the second giant at lines 5561–5564). In Arthurian literature, the motif of the decapitated giant is already present in Geoffrey of Monmouth's *Historia Regum Britanniae*, where Arthur first kills and then orders the beheading of the giant of Mont Saint Michel. See COHEN, Of Giants, pp. 64–80 (n. 54).

[58] Irmgard RÜSENBERG's reading, that Erec sends "[d]en fremden Ritter [...] als Abbild seines restituierten Ichs zu seiner Königin" may here indeed be expanded to encompass not merely a restored Erec, but a restored knighthood. GEPHART, Das Unbehagen des Helden, p. 65 (n. 51). Here it is perhaps also worth noting that although Erec is clearly at pains to restore Cadoc's status as knight, the act of dispatching him to the queen as messenger, much as Iders was dispatched before him, constitutes in effect the visual, performed embodiment of Cadoc's subjugation to his rescuer.

can gain greater praise than in any other (lines 5676–5687). Erec thus encourages the knight to resume his participation in the ordering processes of knightly competition. Although Erec has already avenged the injury to knightly dignity by slaying the giants, it is only in restoring the health of the identity-conferring competition amongst knights that Erec achieves genuine victory.

A comparison with the Harpin episode in Hartmann's later *Iwein*, in which another knight is confronted with a giant foe whose actions serve to degrade and threaten the knightly (and above all masculine) order, serves to highlight the particular significance of *Erec*'s Cadoc-episode in relation to the narrative's construction of knighthood.

In *Iwein*, the titular hero is temporarily hosted by a lord who has "often fought as a knight and often risked his life" (lines 4393–4395). This lord is currently suffering under the oppression of a giant named Harpin, who has plundered the lord's lands and kidnapped the knight's six sons. As in *Erec*, the giant's prisoners are stripped of all the outer markings of knighthood. Still worse, two of these have been hanged before their father's eyes, and Harpin promises to hang the others if their sister is not handed over (lines 4463–4482). The episode combines the humiliations of the *Erec* narrative by including the presence of a dwarf in the giant's service, who drives the captive sons, stripped of arms and clad in frayed sackcloth before him, beating them with a whip (lines 4924–4931). There are, however, important differences in the presentation of the giant's actions which significantly alter our reading of the Harpin episode of *Iwein* in comparison with the Cadoc sequence of *Erec*.

Iwein's knightly protagonist is brought into alignment with a lord who, although formerly active as a knight, has since passed into the role of patriarch: he is no longer active in knightly competition, but the solidarity of knighthood remains. The threat and insult of the giant's intervention in knightly affairs is consequently expanded such that it includes the elder members of the order, and, through the inclusion of both sons and daughter, the procreative abilities of the knightly family. As noted by Jeffrey Jerome COHEN in reference to Chrétien's treatment of the episode, Harpin poses "a double menace to the continuity of the aristocracy: the destruction of the family's sons, the lifeblood of a patrilineal culture, and the grossly magnified corruption of the daughter's virginity, destroying her open market value as marriageable commodity," which forces "a clash of bifurcated representations, one of aristocratic and one of monstrous masculinity."[59] What is more, in stark contrast to the giants faced by Erec, Harpin achieves this from within the knightly category: Iwein himself addresses the

---

59 COHEN, Of Giants, p. 77 (n. 54).

giant as *rîter* (line 5008). The cumulative effect is the construction of a crisis internal to the knightly category, broadly conceived, in which sub-categories of relative virtue and value must be established.

The giants of *Erec* are different creatures, used to different ends in as much as they threaten a particular, specifically knightly and active masculine identity. They do so by calling into question the knightly claim to dominance: the social superiority enjoyed by the knight is undermined through an attack upon the physical dominance upon which it is to a large extent predicated. The fact that this attack originates from outside the knightly category disrupts the ability of the targeted knight to engage in competition with his peers, and the fact of this disruption both serves to mark the boundaries of that peer group and constitutes the specific injury to be made good by the protagonist. Where the events of *Iwein* necessitate important distinctions of conduct and bearing within the knightly category, *Erec* concerns itself with the delineation of the knight as category. This is achieved through establishing rules and limits of knightly competition, and asserting the power of the knight to enforce these boundaries.

Through their overwhelming physical force, the giants pose a challenge to the knightly claim of superiority. In this, it is tempting to see in them a rebuke of the suggestion that knightly honour can consist purely of martial ability: Giants are the superior fighters, but their victories are without honour – they humiliate and degrade their opponents. They are not merely, as Ingrid KASTEN has remarked, "poetische Chiffren für Menschen" who exert unjust violence without restraint,[60] they are the violence of knighthood uncoupled from *êre* – both in its manifestation as code of conduct and as the symbolic capital which constitutes the reward for following that code. In enacting this humiliation, they are the embodiment of the anxiety of a masculine warrior culture in which individual worth is largely predicated on martial ability. They are the fear of physical helplessness personified. Combat against such foes is not knightly competition, for they, like the robbers, are incapable of winning or possessing the scare resource of *êre*. Rather, they provide knights with the opportunity to again affirm their unique superiority. In rescuing his fellow knight, Erec manifests the core virtue of *triuwe* as a form of class solidarity. His victory, in which he does not win honour from the giants but increases in worth as a result of the esteem accorded to him by members of the knightly class – the victims of the giants who, together with those to whom they will later report his deeds, form the primary audience of

---

[60] KASTEN, Ingrid: Bachtin und der höfische Roman. In: "bickelwort" und "wildiu mære" Festschrift für Eberhard Nellmann zum 65. Geburtstag. Ed. by Dorothee LINDEMANN et al., Göppingen 1995 (Göppinger Arbeiten zur Germanistik 618), pp. 51–70, here pp. 61 and 27.

his actions, does not ultimately suggest the replacement of martial skill by compassion as the primary characteristic of the knight, but rather establishes the role of *triuwe*, here in the sense of loyalty not only to one's own class, but to the only meaningful judges of one's honour, in justifying and defending that competition. Erec's actions do not merely save the humiliated knight from death, they simultaneously restore the system of competition from which that knight derives his identity and his ability to compete within it. As warriors without refinement, incapable of engaging in the competition for honour, the giants serve to delineate and affirm knightly identity.

X Conclusion

In *Erec*, the identity of the knight cannot be separated from the performance of knighthood, a performance which is above all things competitive. Competition within the knightly class is understood as productive, positive, and necessary – the best rise to the top, yet the beaten remain a part of the game. Competition is in fact the primary performance of the knightly identity, however significant the collection of moral, ethical, and spiritual admonitions and aspirations that may also accrue to it. It is through competition that the ranks of knighthood are constantly re-ordered and re-evaluated as the social hierarchy is made and remade through continuous, symmetrical competition for honour. This competition constitutes an economy of symbolic capital, and generates a constantly shifting hierarchy, a continuous process of ordering-as-order in which individuals rise and fall at the expense or to the benefit of their opponents as the balance of *êre*, a scarce resource within this system, shifts from one figure to another. Yet where such competition serves to productively generate esteem and value for the members of the knightly class, the potential for disruption of this continual process of self-affirmation through competition by forces outside of its restricted playing field proves a source of fear and anxiety.

This anxiety arises from a perceived potential for the annihilation of honour and the erosion, if not the outright destruction, of the principles underpinning the knightly claim to superiority and its identity as a privileged and unique category. Inter-category conflict gains its significance within the text in part because of its potential to destabilize and destroy the social order. The productive, necessary hero who corrects this disruption, as Erec does, is placed into the role of defending and reforming the competitive social order – he excels within the competition and enables that competition, preserving the social mechanisms which drive it and profit by it. In assuming the role of that order's protector, the hero simultaneously confirms the validity of the ordering process and is confirmed by it.

Yet the greater significance of asymmetrical conflict as represented in *Erec* lies in its ability to aid in the delineation and development of knightly identity. Where intra-category conflict in *Erec* is deemed competition, a process by which knights advance themselves as knights, gaining or losing standing relative to their peers, inter-category conflict can only serve to affirm or deny categorical status. The absence of a single scarce resource to which combatants of differing categories may lay claim precludes a recognition of their conflict as competition. Rather, such conflict serves as affirmation of categorical hierarchies and consequently, as a means of delineating the borders of such categories.

Where Hartmann's later *Iwein* and the Arthurian epics of other authors that followed in its wake evince considerable interest in differentiating between positive and negative models of knightly behaviour and in establishing moral and ethical hierarchies as well as hierarchies of domination between knights, *Erec* is far more concerned with establishing the category of knighthood as distinct and privileged identity. Here, the knightly category is ever primary, and all those outside it are subsumed into the same, potentially honour-destroying category of other: it is thus that dwarves, giants, and robbers may be grouped together in a single mass of beings *outside*. Alterity in *Erec* is that which lies outside the boundaries of knighthood. Erec's journey sees the knight tracing precisely these boundaries. His combats repeatedly cross over the borders of knighthood, only to return within the boundaries of identity once the lines of demarcation have been firmly established. The super- or extra-human nature of the bodies of giants and dwarves is secondary to their otherness as non-knights, with whom and through whom knightly identity may be affirmed but never enhanced. While competition between knights produces individual identity through the establishment of relative value, conflict between knights and non-knights produces collective identity by demarcating the boundaries of exclusion and privilege.

Maximilian Benz
pallium, tunica, chlamys
Ein Kleiderwettstreit im legendarischen Erzählen (Antonius, Paulus eremita, Martin)

I *imitatio* und *aemulatio*

Athanasius von Alexandrien, der umfassend gebildete, kirchenpolitisch und theologiegeschichtlich bedeutende Bischof,[1] eröffnet das an die Mönche im Westen gerichtete Begleitschreiben zu seiner bald nach 356 n. Chr. verfassten *Vita Antonii* keineswegs zufällig mit einer agonalen Emphase. Einen sehr guten Wettstreit – Optimum [...] certamen (*Vita Antonii*, Z. 8)[2] – hätten die Mönche im Westen begonnen, der darin bestehe, den ägyptischen Mönchen gleichzukommen oder sie sogar zu übertreffen. Mit seiner Beschreibung vom Leben und Sterben des Antonius antwortet Athanasius auf ein – authentisches oder fingiertes[3] – Bedürfnis nach Orientierung zu einer Zeit, als zwar die monastische Lebensform

---

[1] Vgl. umfassend zu Leben und Werk Athanasius Handbuch. Hrsg. von Peter GEMEINHARDT, Tübingen 2011 (zur *Vita Antonii* ein konziser Forschungsabriss auf S. 255–259). Die Verfasserschaft ist unbestritten, allerdings hat TETZ, Martin: Athanasius und die ‚Vita Antonii'. Literarische und theologische Relationen. In: Zeitschrift für die neutestamentliche Wissenschaft 73 (1982), S. 1–30, dafür argumentiert, dass sich Athanasius auf Serapion von Thmuis als Gewährsmann stütze, und auf identifizierbare athanasianische Zusätze hingewiesen. – Vgl. meinen Beitrag: BENZ, Maximilian: Konkurrenz und Institutionalisierung in der Spätantike. In: Legendarisches Erzählen. Optionen und Modelle in Spätantike und Mittelalter. In: Julia WEITBRECHT u. a., Legendarisches Erzählen. Optionen und Modelle in Spätantike und Mittelalter, Berlin 2019 (Philologische Studien und Quellen 273), S. 115–136, auf den die folgenden Überlegungen in Teilen zurückgehen.
[2] Ich zitiere den Text sogleich in der Übersetzung des Evagrius, da es im Folgenden entschieden auf die Konstellationen im lateinischen Westen ankommt. Zitiert wird unter Angabe des Kapitels und der Zeile nach BERTRAND, Pascal: Die Evagriusübersetzung der ‚Vita Antonii'. Rezeption – Überlieferung – Edition. Unter besonderer Berücksichtigung der Vitas Patrum-Tradition, Utrecht 2005. Die Übersetzungen orientieren sich an Athanasius, Ausgewählte Schriften, Bd. 2. Übers. v. Anton STEGMANN u. Hans MERTEL, Kempten 1917 (Bibliothek der Kirchenväter 31), S. 687–776. In den Fußnoten werden die Abweichungen des Evagrius gegenüber dem athanasianischen Text dokumentiert.
[3] Das Faktum, dass Athanasius ansonsten keinerlei ‚literarische Ambitionen' hatte, spricht meines Erachtens nicht zwingend dafür, dass der Schreibanlass authentisch sein muss (so etwa TETZ, Athanasius, S. 6 [Anm. 1]).

schon bekannt und attraktiv, keineswegs aber auch nur annähernd reguliert war.[4] Diese Lücke will die *Vita* füllen, wobei den Mönchen vor allem zwei aufeinander aufbauende Modi der Bezugnahme zur Verfügung stehen: Antonius soll ihnen handlungsleitendes Beispiel – *exemplum* – sein, das man schließlich zu übertreffen sucht – *aemulatio*.[5]

Der erste Modus, das ethische Konzept der Nachfolge, geht im christlichen Bereich maßgeblich auf das *Neue Testament* und die darin enthaltene Vorstellung von der *imitatio Christi* zurück. Von großer Bedeutung ist hierbei das Verb ἀκολουθέω,[6] das im Begleitbrief des Athanasius an jener textkritisch schwierigen, inhaltlich wichtigen Stelle gebraucht wird, in der es darum geht, ob Athanasius sich selbst oder einen Ungenannten (Serapion von Thmuis) als Vertrauten des Antonius stilisiert.[7] Während allerdings Christus als wahrer Gott und wahrer Mensch uneinholbares Vorbild ist,[8] dem man nachfolgt – mittelbar über die Apostel und die vielen Glieder der *communio sanctorum* –,[9] gibt es unter den Gläubigen durchaus Formen des ‚frommen' Wettstreits, die dann in Christus wiederum ihre regulative Idee, den unerreichbaren Zielpunkt finden. Hier entfaltet sich die Produktivität eines Wettstreitgedankens, dessen Ökonomie gerade darin besteht, dass das Problem, dass das Ziel nur annäherungsweise angesteuert, kaum aber erreicht werden kann, in eine gemeinschaftliche Operationalisierung dieser Annäherung im Zeichen des Agon überführt wird.

---

4 Mit ‚Regulation' meine ich keine feste Normierung, sondern die Verfügbarkeit von Normen, die handlungsleitend sein können.
5 Vgl. *Vita Antonii*, Z. 11–15: *Quoniam igitur exegistis a me, ut uobis scriberem de conuersatione beati Antonii, uolentibus discere, quemadmodum coeperit, quiue fuerit ante sanctum propositum, qualem etiam habuerit terminum uitae et si uera sint ea quae de ipso fama dispersit, ut ad eius aemulationem atque exemplum uos instituere possitis, magna cum laetitia suscepi uestrae charitatis imperium.*
6 Vgl. SCHNEIDER, Gerhard: ἀκολουθέω. In: Exegetisches Wörterbuch zum Neuen Testament. Hrsg. von Horst BALZ/Gerhard SCHNEIDER, Bd. 1, 3. Aufl., Stuttgart 2011, Sp. 117–124.
7 Vgl. meine Anm. 1. Der Text lautet zum einen παρ' αὐτοῦ ἀκολουθήσας αὐτῷ χρόνον οὐκ ὀλίγον, zum anderen παρὰ τοῦ ἀκολουθήσαντος αὐτῷ χρόνον οὐκ ὀλίγον; vgl. Athanase d'Alexandrie: Vie d'Antoine. Hrsg., eingef. u. übers. v. Gerhardus Johannes Marinus BARTELINK, Paris 1994 (Prooimion 5), S. 128.
8 Soweit jedenfalls die christliche Dogmatik; die einzelnen Texte werden dem nicht immer gerecht, *imitatio Christi* kann auch in *aemulatio Christi* übergehen, vgl. hierzu jüngst den Band: For Example. Martyrdom and Imitation in Early Christian Texts and Art. Hrsg. von Anja BETTENWORTH u. a., Paderborn 2020 (Morphomata 43). Im Rahmen meines DFG-Heisenbergprojekts zu ‚Praktiken der Selbstvergleichung' werde ich dem Zusammenhang mit Blick auf das Spätmittelalter und die Frühe Neuzeit nachgehen.
9 Vgl. z. B. 1 Kor 11,1 (*Vulgata*): *imitatores mei estote sicut et ego Christi.*

Mit dem Metaphernkomplex des Kampfes wird eine in mehrfacher Hinsicht anschlussfähige Semantik eingespielt: Nicht nur kann diese im Rahmen des *imperium Romanum* allgemeine Gültigkeit beanspruchen; gerade auch in der Frömmigkeitspraxis spielt die Interaktionsform des Kampfes eine wesentliche – und angesichts der neutestamentlichen Liebesbotschaft immer auch paradoxe – Rolle, zumindest seit das Zeugnis – allgemein ‚Martyrium' – im Sinne des Blutzeugnisses ausgelegt, Zeugenschaft und Kampf also enggeführt wurden und man die Märtyrer wie Schüler und Nachahmer des Herrn (μάρτυρας ὡς μαθητὰς καὶ μιμητὰς τοῦ κυρίου) ansah, wie es in der wohl kurz nach 300 erweiterten Fassung des *Martyrium Polycarpi* (17,3) heißt.[10] Dementsprechend durchzieht auch die *Vita Antonii* eine Kampfrhetorik, weswegen Peter GEMEINHARDT ihren ersten Teil als *passio* betrachtet: Die *Vita Antonii* verabschiede nicht das Modell eines heiligmachenden Martyriums, sondern halte entschieden daran fest, auch wenn Antonius das Martyrium verwehrt bleibt.[11]

In ideologischer Hinsicht wäre hier nun strikt zwischen gemeinschaftlichen Formen des Wettstreits im Guten und dem blutigen Tod für den rechten Glauben in der feindlichen Auseinandersetzung mit dem Heidentum zu unterscheiden; die jeweiligen Interaktionsformen lassen sich auch in analytischer Perspektive differenzieren. Gleichwohl gibt es Übergänge gerade in Hinsicht auf das Ineinander von produktiven und destruktiven Dynamiken des Agonalen. Jede Wettkampfanordnung geht von Asymmetrien aus, ja muss mit ihnen rechnen. Für die Strategie des christlichen Wettkampfs ist gerade in Hinsicht auf Hierarchie und Suprematie zusätzlich allerdings zu bedenken, dass der christlichen Weltbetrachtung, wurzelnd im Leben, vor allem aber im Sterben und Auferstehen Christi, ausgeführt in der paulinischen Theologie, eine Verkehrungsfigur eignet, die Schwäche als Überlegenheit, Niederlagen als Siege versteht, freilich stets mit Blick auf transzendente Axiologien, die den immanenten scharf entgegengesetzt

---

10 Text nach ZWIERLEIN, Otto: Die Urfassungen der Martyria Polycarpi et Pionii und das Corpus Polycarpianum, Bd. 1: Editiones critiae, Berlin, Boston 2014 (Untersuchungen zur antiken Literatur und Geschichte 116), zur Fassung α, die von Eusebius in seiner zweiten, erweiterten Ausgabe der *Kirchengeschichte* aufgenommen wurde, vgl. ebd., Bd. 2: Textgeschichte und Rekonstruktion. Polykarp, Ignatius und der Redaktor Ps.-Pionius, S. 112–117. Zum historischen Zusammenhang: BAUMEISTER, Theofried: Märtyrer und Martyriumsverständnis im frühen Christentum. Ursprünge eines geschichtsmächtigen Leitbildes. In: Wissenschaft und Weisheit 67 (2004), S. 179–190; GEMEINHARDT, Peter: Märtyrer und Martyriumsdeutungen von der Antike bis zur Reformation. In: DERS., Die Kirche und ihre Heiligen, Tübingen 2014 (Studien und Texte zu Antike und Christentum 90), S. 151–192, hier S. 172f. (zuvor in: Zeitschrift für Kirchengeschichte 120 [2009], S. 289–322).
11 Vgl. GEMEINHARDT, Peter: ‚Vita Antonii' oder ‚Passio Antonii'? Biographisches Genre und martyrologische Topik in der ersten Asketenvita. In: Die Kirche und ihre Heiligen, S. 327–360, insbes. S. 338–344 (Anm. 10).

werden. In diesem Zusammenhang kann das Martyrium, das der Heilige – durch Gottes Gnade geschützt – nicht erleidet, das ihm vielmehr den Triumph über Exzesse physischer Gewalt ermöglicht, weniger kampfförmig vonstattengehen als ein Wettstreit zwischen zwei Bekennern, die sich wechselseitig in ihrer Radikalität zu überbieten suchen und deren Agon gerade deshalb, weil beide auf der ‚richtigen' Seite stehen, durch keine transzendente Instanz substantiell entwertet werden muss.

Dies alles hat auch für das legendarische Erzählen weitreichende Konsequenzen, begreift man es vor allem als das Erzählen vom Leben, Sterben und den gewirkten Wundern eines Heiligen.[12] Denn einerseits stellt das Leben Christi die Basiserzählung dar, an die angeschlossen,[13] die aber nicht übertroffen werden kann. *Imitatio* wird so auch zu einer poetischen Größe, die in der Rhetorik gut verankert ist.[14] Andererseits gibt es weder in der Spätantike noch im Mittelalter eine Theorie der *sanctitas*, was nicht bedeutet, dass jede legendarische Erzählung metareflexiv das Problem der Heiligkeit adressierte; es gibt aber in Hinsicht darauf, wie man die Basiserzählung konkret ausgestaltet, Spielräume, die angesichts der Tatsache, dass die Heiligen zwar eine Gemeinschaft bilden, Heiligkeit sich aber nur als Differenzkategorie denken lässt, zu agonalen Textbeziehungen führen können. Auch Texte treten also ein in jenes *optimum certamen*, von dem Athanasius spricht, und auch hier geht es um produktive wie destruktive Dynamiken.[15]

---

12 Zum definitorischen Spektrum und den Problemen vgl. bündig KOCH, Elke: Legende. In: Handbuch Literatur und Religion. Hrsg. von Daniel WEIDNER, Stuttgart 2016, S. 245–249.
13 Vgl. SCHULMEISTER, Rolf: *Aedificatio* und *Imitatio*. Studien zur intentionalen Poetik der Legende und Kunstlegende, Hamburg 1971, S. 68–78.
14 KAMINSKI, Nicola: Imitatio auctorum. In: Historisches Wörterbuch der Rhetorik. Hrsg. von Gert UEDING, Bd. 4, Tübingen 1998, Sp. 235–285. Zwischen der *imitatio Christi* und der *imitatio auctorum* muss unterschieden werden, da die eine eine vor allem ethische, die andere eine vor allem epistemische Kategorie ist; vgl. die Rezension von Andreas KABLITZ. In: Romanistisches Jahrbuch 47 (1996), S. 223–226, zur Studie von DE RENTIIS, Dina: Zeit der Nachfolge. Zur Interdependenz von *imitatio Christi* und *imitatio auctorum* im 12.–16. Jahrhundert, Tübingen 1996 (Beihefte zur Zeitschrift für Romanische Philologie 273). Im Spätmittelalter kommt es *innerhalb* des Konzepts der *imitatio Christi* zu einer weitgehenden Ausdifferenzierung ethischer und epistemischer Aspekte, vgl. hierzu das in Anm. 8 erwähnte Projekt des Verfassers.
15 Es soll hier bewusst offengelassen werden, ob mit all dem auch ein Risiko einhergeht. Dies wird an späterer Stelle und fallbezogen zu klären sein; zum *impliziten* Risiko der Legende vgl. KÖBELE, Susanne: Die Illusion der ‚einfachen Form'. Über das ästhetische und religiöse Risiko der Legende. In: PBB 134 (2012), S. 365–404.

II Des Einsiedlers alte Kleider

Personen beziehungsweise, im literarischen Zusammenhang, Figuren können auf vielfältige Weisen charakterisiert werden. Im Zusammenhang legendarischer Erzählungen geht man am besten von ‚Protagonisten' aus.[16] Wenn es um Nachfolge, Nachahmung und optional auch Überbietung geht, rücken neben Handlungen auch Attribute der heiligen Protagonisten ins Zentrum, die nicht zwingend schon mit Blick auf den Status der Reliquie[17] hin konzeptualisiert sein müssen. Allgemeiner spielen symbolische Ordnungen eine maßgebliche Rolle. Diese schließen an Phänomene des kulturellen Haushalts einer Zeit an. So auch bei Antonius, dessen Lebensbeschreibung ja zum Agon unter den Mönchen führen sollte: Am Ende des Lebens, das ihn aus einer christlichen Familie nach dem Tod der Eltern in die Wüste geführt hatte, spielt die Kleidung eine besondere Rolle, wobei sich Antonius auch hier als *imitabile* (Vita Antonii, Kap. 89, Z. 1283) erweist. Die Szenen zeigen Antonius nochmals inmitten von Gemeinschaften, die sein asketisches Leben entscheidend prägten.[18] Da ist zunächst einmal der größere Kreis der Anhänger, die schließlich unterwiesen, aber dann doch verlassen werden, da Antonius fürchtet, einem ägyptischen Brauch entsprechend mumifiziert und im Haus aufbewahrt, aber nicht christlich erdbestattet zu werden. Deshalb verbringt er seine letzten Wochen im Kreis zweier Gefährten, die den mehr als Hundertjährigen schon aus pragmatischen Gründen unterstützen mussten. Auch sie werden in einer letzten Rede gemahnt. Die *novissima verba* gelten aber seinen Kleidern:

> Vestimentorum autem meorum sit ista diuisio: Melotem et pallium tritum, cui superiaceo, Athanasio episcopo date, quod mihi nouum ipse detulerat. Serapion episcopus aliam ac-

---

16 Die literaturwissenschaftliche Unterscheidung von ‚Figur' und ‚Person', die nicht zuletzt aus der Problematik der Figurenpsychologie resultiert und in sich wiederum schwierig ist (vgl. HAFERLAND, Harald: Psychologie und Psychologisierung. Thesen zur Konstitution und Rezeption von Figuren. Mit einem Blick auf ihre historische Differenz. In: Erzähllogiken in der Literatur des Mittelalters und der Frühen Neuzeit. Akten der Heidelberger Tagung vom 17. bis 19. Februar 2011. Hrsg. von Florian KRAGL/Christian SCHNEIDER, Heidelberg 2013 [Studien zur historischen Poetik 13], S. 91–117), scheint mir mit Blick auf das legendarische Erzählen besonders prekär zu sein. Sie zieht – ausgehend von Fiktionalitätsfragen – eine ontologische Differenz ein, die historisch inadäquat ist: Heilige sind nicht bloß Figuren, man glaubt an sie und ihre tatsächliche Existenz, vgl. hierzu grundlegend KOCH, Elke: Fideales Erzählen. In: Poetica 51 (2020), S. 85–118.
17 Vgl. ANGENEND, Arnold: Reliquien/Reliquienverehrung im Christentum. In: Theologische Realenzyklopädie. Hrsg. von Horst BALZ u. a., Bd. 29, Berlin, New York 1998, S. 69–74, hier S. 70.
18 Vgl. TRAULSEN, Johannes: Heiligkeit und Gemeinschaft. Studien zur Rezeption spätantiker Asketenlegenden im Väterbuch, Berlin, Boston 2017 (Hermaea N. F. 143).

cipiat melotem. Vos cilicinum habetote uestimentum, et ualete, uiscera mea. Antonius enim migrat, et iam non erit in praesenti saecula uobiscum. (*Vita Antonii*, Kap. 91, Z. 1339–1343)

> Meine Kleider sollen folgendermaßen verteilt werden: Das Schafsfell und den zerschlissenen Mantel, den ich darübertrage, gebt dem Bischof Athanasius: Er hatte ihn mir neu gegeben. Bischof Serapion soll das andere Schaffell empfangen. Ihr sollt das härene Gewand haben. Und nun lebt wohl, meine Kinder; denn Antonius geht hinüber und wird nicht mehr mit euch in dieser Welt sein.

Auch mit seiner Bekleidung steht Antonius in einem großen Bezugsrahmen, der seinen Ausgang nimmt von den „großen, charismatischen Volkshelden der Richterzeit sowie Propheten, Märtyrer[n] und andere[n] Charismatiker[n]"[19] des *Alten Testaments:* Diese trugen als Mantel ein Fell, das in der *Septuaginta* μηλωτή genannt wird. Zudem spielt hier gewiss auch die über Johannes den Täufer aktualisierte Bedeutung der Buße im Zuge der Weltabkehr eine wichtige Rolle; Johannes wird vor allem in dem härenen Gewand (τριχινὸν ἔνδυμα) aufgerufen.[20]

Was man zunächst einmal festhalten kann: In Antonius' vestimentärer Peripherie wird man des Kerns seiner Person ansichtig, deren Exzeptionalität im Zeichen von Buße, Askese und Orthodoxie[21] durch die Dialektik von Stigma und Charisma organisiert wird. Daneben besitzt Antonius aber auch einen Mantel – das griechische Nomen ἱμάτιον gibt Euagrius mit *pallium* wieder (das auch μηλωτή übersetzen kann). Hierbei geht es angesichts des zerschlissenen Zustands des Mantels zwar durchaus auch um die Bedürfnislosigkeit des Einsiedlers. Darüber hinaus verbildlicht der Mantel aber auch Fragen von Sukzession und Legitimität.[22] Auch hierfür gibt es biblische Modelle, etwa die Übergabe von Elias Zaubermantel an Elisa, wie ja Antonius generell in verschiedenen Hinsichten, aber stets implizit[23] nach Elia modelliert worden ist.[24] Damit findet sich in der vorliegenden Passage auch ein Reflex der historischen Situation. Die noch junge

---

19 DIHLE, Albrecht: Das Gewand des Einsiedlers Antonius. In: Jahrbuch für Antike und Christentum 22 (1979), S. 22–29, hier S. 24.
20 Vgl. Mk 1,6: καὶ ἦν ὁ Ἰωάννης ἐνδεδυμένος τρίχας καμήλου καὶ ζώνην δερματίνην περὶ τὴν ὀσφὺν αὐτοῦ καὶ ἐσθίων ἀκρίδας καὶ μέλι ἄγριον.
21 Der kirchenpolitische, antihäretische Diskurs spielt in der *Vita Antonii* eine große Rolle. Athanasius' Kampf gegen Meletianer und Arianer wird in den Abschiedsreden des Antonius prominent.
22 Von hier aus ist auch ein Anschluss an die Traditionen der Philosophenbiographien möglich, die von der Forschung immer wieder im Zusammenhang mit der Genese der Gattung Legende thematisiert wurden. Es handelt sich wohl um wechselseitige Transferprozesse, unidirektionale Einflusslinien ließen sich nicht nachweisen.
23 Vgl. TETZ, Athanasius, S. 8f. (Anm. 1).
24 Vgl. BRENNAN, Brian: Athanasius' ‚Vita Antonii'. A Sociological Interpretation. In: Vigiliae Christianae 39 (1985), S. 209–227, insbes. S. 222–224.

Asketenbewegung bedarf der Institutionalisierung, gerade im kirchenpolitisch umkämpften Feld des spätantiken Ägypten, und die Rückgabe des Mantels antwortet auf die Gabe, die Antonius' Lebensform durch Athanasius, den Bischof von Alexandrien, legitimierte. Wie es N. K. ROLLASON ausdrückt: Die „association with Athanasius literally envelops Antony in the mantle of Church authority."[25] Und gleichzeitig geht auch etwas vom Charisma des Einsiedlers auf den Bischof Athanasius über.[26]

Die Weitergabe dieses persönlichen Besitzes ist darüber hinaus aber auch allgemein Zeichen der Verbundenheit: „Daß Mönche oder Kleriker letztwillig ihre Kleidungsstücke als Zeichen der Zuneigung Freunden oder Schülern einzeln verschenkten",[27] ist auch andernorts belegt. Es handelt sich um eine verbreitete Praktik, die unabhängig von dem erst spätantik entstehenden Reliquienkult[28] von einer metonymischen Relation zwischen Träger und Kleidung ausgeht. Der Text bestätigt, dass diese Verbindung wirksam ist: Man sieht nach Antonius' Tod *Antonium in Antonii muneribus* (Vita Antonii, Kap. 92, Z. 1350), also in seinen Kleidern.

III Unterbietung als Überbietung

Athanasius' Idee eines *optimum certamen* wurde rascher realisiert, als er sich vielleicht selbst denken konnte oder wünschen sollte. Bereits in den späten 370er Jahren verfasste Hieronymus die Vita des Paulus von Theben, dem er den programmatischen Beinamen *primus eremita* gab. Der gesamte Text ist, wie schon in seiner Einleitung erklärt,[29] eine entschiedene Korrektur der *Vita Antonii*. Dementsprechend konzentriert sich Hieronymus auf Paulus' Weg aus der Welt und überspringt die Ereignisse in der Wüste bis hin zu jener zentralen Begegnung des

---

25 ROLLASON, Nikki K.: Gifts of Clothing in Late Antique Literature, London 2016, S. 151.
26 Vgl. ebd., S. 154.
27 DIHLE, Das Gewand, S. 22 (Anm. 19). Vgl. auch ROLLASON, Gifts of Clothing, passim (Anm. 25).
28 Vgl. ANGENEND, Reliquien/Reliquienverehrung, S. 70 (Anm. 17): „Ein Grunddatum setzte Ambrosius, als er am 17. Juni 386 erstmals im Westen Märtyrergräber öffnete und die Gebeine an den Altar einer Kirche übertrug."
29 Vgl. *Vita Pauli* (Jérôme, Trois vies de moines [Paul, Malchus, Hilarion]. Hrsg. von Edgardo M. MORALES [Sources Chrétiennes 508], Paris 2007), Kap. 1, Z. 6–13: *Alii autem, in quam opinionem uulgus omne consentit, adserunt Antonium huius propositi caput, quod ex parte uerum est. Non enim tam ipse omnes fuit, quam ab eo omnium incitata sunt studia. Amathas uero et Macarius, discipuli Antonii, e quibus superior corpus magistri sepeliuit, etiam nunc adfirmant, Paulum quendam Thebaeum principem rei istius fuisse, non nominis, quam opinionem nos quoque probamus.*

Antonius mit dem schon uralten Paulus, zu der Antonius in Form einer Traumvision aufgefordert wird. Hier kommt es mir nicht auf die zahlreichen Verschiebungen und Korrekturen an – so ist der Text zum einen davon geprägt, dass sich Hieronymus an ein „gebildetes christliches Publikum" wendet, „das an dem asketischen Ideal interessiert war";[30] zum anderen wird auch das Mönchsideal selbst reformuliert: Während Antonius immer wieder angefochten wird und sich durch Belehrungen und Ermahnung hervortut, lebt Paulus

> in völliger Einsamkeit; er hat weder gegen Dämonen zu kämpfen noch seinesgleichen zu unterweisen. Seine Rolle kennt keinerlei Spannungen; sein harmonisches Glück der Selbstgenügsamkeit ist in eine märchenhafte Sphäre freundlicher Fabelwesen und friedliebender Tiere eingefügt.[31]

Entscheidend ist vielmehr, in welcher Weise das Prinzip einer die *imitatio* überwindenden *aemulatio* umgesetzt wird.

Dass Paulus tatsächlich *multo melior* (*Vita Pauli*, Kap. 7, Z. 7 f.) ist als Antonius, drückt sich nämlich vor allem in der Kleidung aus. Noch bevor Paulus und Antonius in einen, wie Manfred FUHRMANN schreibt, „edlen Wettstreit der Bescheidenheit"[32] eintreten, wird erzählt, wie Paulus lebt. Er bezieht eine Höhle, die nach oben hin offen, aber durch eine Palme beschirmt ist. Die Palme liefert – zusammen mit dem dort entspringenden Quellwasser – alles, was Paulus zum Leben braucht.[33] Erst am Ende der Vita wird deutlich, was damit gemeint ist: Paulus hat sich selbst aus den Palmblättern eine Tunica geflochten. Nicht einmal mehr Felle sind es also, die Paulus bekleiden. Damit unterlässt es Hieronymus, Paulus in die oben für Antonius skizzierte Traditionslinie einzuschreiben, formuliert aber in dieser Unterbietung auch einen Suprematieanspruch: Die Palme mag nicht nur eine Verschiebung weg von der Leitsemantik des Martyriums andeuten, sondern auch mit der notdürftigen Kleidung Adams und Evas *post lapsum* in Verbindung stehen, den zusammengehefteten Feigenblättern (Gen 3,6). Während aber die Felle implizit unterboten werden, wird das *pallium* des Antonius, das er von Athanasius erhielt, explizit entwertet.

---

30 REBENICH, Stefan: Hieronymus und sein Kreis. Prosopographische und sozialgeschichtliche Untersuchungen, Stuttgart 1992 (Historia Einzelschriften 72), S. 129.
31 FUHRMANN, Manfred: Die Mönchsgeschichten des Hieronymus. Formexperimente in erzählender Literatur. In: Christianisme et formes littéraires de l'antiquité tardive en Occident. Hrsg. von Alan Cameron, Genf 1977 (Entretiens sur l'antiquité classique 23), S. 41–89, hier S. 77.
32 Ebd., S. 71.
33 *Vita Pauli*, Kap. 6, Z. 3: *Cibum et uestimentum palma praebebat.*

Zeitgleich mit dem Zusammentreffen mit Antonius ist Paulus' Todesstunde gekommen. Als Antonius traurig Paulus bittet, ihn nicht zu verlassen, fordert Paulus ihn auf, eben diesen Mantel, das *pallium*, zu bringen.[34] Der Text begründet dies einerseits im Sinne einer *compassio*-Handlung, andererseits wird das Wissen des Paulus zum Ausweis seiner Erwähltheit:

> Hoc autem beatus Paulus rogauit, non quod magnopere curaret, utrum tectum putresceret cadauer, an nudum – quippe qui tanti temporis spatio, contextis palmarum foliis uestiebatur – sed ut a se recedenti moeror suae mortis leuaretur. Stupefactus ergo Antonius, quod de Athanasio et pallio eius audierat, quasi Christum in Paulo uidens, et in pectore eius Deum uenerans, ultra respondere nihil ausus est, sed cum silentio lacrimans, exosculatis eius oculis manibusque, ad monasterium quod postea a Saracenis occupatum est, regrediebatur. (*Vita Pauli*, Kap. 12, Z. 9–18)
>
> Darum bat der hl. Paulus nicht deshalb, weil er sich zu sehr sorgte, ob seine Leiche bekleidet oder nackt verwese – er hatte sich ja seit langem mit zusammengeflochtenen Palmblättern bekleidet –, sondern damit der, der von ihm wegging, von der Trauer über seinen Tod befreit würde. Antonius war ganz erstaunt darüber, dass Paulus von Athanasius und dem von ihm geschenkten Mantel gehört hatte. Gleichsam Christus in Paulus sehend und den Herrn in dessen Brust verehrend, wagte er es nicht mehr, darüber hinaus zu antworten. Nachdem er dessen Augen und Hände geküsst hatte, ging er zurück zu dem Kloster, das später von Heiden besetzt wurde.

Zugleich ist damit aber auch klargestellt, dass die symbolische Bedeutung des Mantels, wie sie in der *Vita Antonii* entfaltet wird, für Paulus keine Rolle spielt. Er begründet dezidiert eine eigene Tradition, ein Anschluss an eine kirchliche Orthodoxie wird nicht gesucht. Wie selbstverständlich bestätigt Antonius dies. Nachdem er mit der Hilfe zweier Löwen Paulus bestattet hat, nimmt er die Palmblatt-Tunica zur Erinnerung mit ins Kloster und trägt sie fürderhin am Oster- und Pfingstfest.[35] Wenn man dies alles noch auf alttestamentliche Zusammenhänge beziehen will, könnte man folgern: Indem Antonius die Tunica des Paulus eremita übernimmt, wird er zum Elisa und Paulus zum Elia.[36]

Im Zuge einer gesteigerten Christomimesis, die sich in der Nacktheit, verstanden als *vestis Christi*, ausdrückt,[37] übertrifft Paulus Antonius, indem er ihn

---

34 Vgl. ebd., Kap. 12, Z. 7–9: *pallium quod tibi Athanasius episcopus dedit, ad obuoluendum corpusculum meum, defer.*
35 *Vita Pauli*, Kap. 16, Z. 29–34: *Postquam autem dies inluxerat alia, ne quid pius haeres ex intestati bonis non possideret, tunicam sibi eius uindicauit, quam in sportarum modum de palmae foliis sibi ipse texuerat, ac sic ad monasterium reuersus, discipulis ex ordine cuncta replicauit; diebusque sollemnibus Paschae uel Pentecostes semper Pauli tunica uestitus est.*
36 Vgl. ROLLASON, Gifts of Clothing, S. 156 (Anm. 25).
37 Vgl. *Vita Pauli*, Kap. 17, Z. 8: *Ille Christi uestem, nudus licet, seruauit.*

unterbietet. Daraus resultiert auch ein paränetischer Impuls an Hieronymus' implizite Rezipienten.[38] Zugleich affiziert das Gewand auch das abschließende *self-fashioning* des Verfassers, der die Tunica des Paulus den Purpurgewändern der Könige vorzöge.[39] Angesichts der Tatsache, dass andernorts keinerlei Zeugnisse über Paulus von Theben zu finden sind, wird man hier von einer großen Produktivität des Wettstreits sprechen können, einer Produktivität, die durchaus riskant ist. Zu Beginn der Vita des Hilarion, in der das Modell der Sukzession ebenfalls vestimentär codiert wird,[40] geht Hieronymus auf Anfeindungen gegenüber seiner Paulus-Legende ein. Die Existenz des Paulus und somit die Wahrheit der Legende sind offen bestritten worden.[41]

IV Konzeptwechsel

Imitatio und *aemulatio* bergen insofern ein gewisses Risiko, als sie einen Wettstreit, der eigentlich von inhaltlicher Substanz getragen sein sollte, rein äußerlich erscheinen lassen, Fragen der Wahrheit durch solche der Macht verdrängen. Eine Möglichkeit, diese *catena fatalis* aufzubrechen, besteht darin, die Prämissen, Prinzipien und Regeln des Wettstreits zu verändern. Diesen Weg beschritt gegen Ende des 4. Jahrhunderts Sulpicius Severus in seiner *Vita Martini*.

Sulpicius beginnt seine Vita zunächst durchaus konventionell mit einer ostentativen Abgrenzung von der paganen Literatur und bestimmt zugleich den intendierten rezipientenseitigen Effekt von Vitenliteratur: Es handelt sich, auch bei ihm, um ein Zusammenspiel von *imitatio* und *aemulatio*,[42] zu dem die Lektüre eines biographischen Portraits anregen soll. Während aber im Fall eines Hektor

---

38 Vgl. ebd., Kap. 17, Z. 5 f.: *Vos in tunicis aurum texitis, ille ne uilissimi quidem mancipi uestri indumentum habuit.*
39 Vgl. ebd., Kap. 18: *Obsecro, quicumque haec legis, ut Hieronymi peccatoris memineris; cui si Dominus optionem daret, multo magis eligeret tunicam Pauli cum meritis eius, quam regum purpuras cum regnis suis.*
40 Antonius schenkt Hilarion, als er seine „eigene asketische Existenz" (FUHRMANN, Mönchsgeschichten, S. 52 [Anm. 31]) begründet, ein Gewand (*pelliceus ependytes*), vgl. *Vita Hilarionis*, Kap. 3, Z. 1–3: *Igitur sacco tantum membra coopertus et pelliceum habens ependyten quem illi beatus Antonius proficiscenti dederat, sagumque rusticum […].*
41 Vgl. ebd., Kap. 1, Z. 19–23: *qui olim detrahentes Paulo meo nunc forsitam detrahent et Hilarioni, illum solitudinis calumniate, huic obicientes frequentiam; ut qui semper latuit, non fuisse, qui a multis uisus est, uilis existimetur.*
42 Vgl. Sulpice Sévère: Vie de Saint Martin, Bd. 1. Eingel., hrsg. u. übers. v. Jacques FONTAINE, Paris 1967 (Sources Chrétiennes 133), Kap. 1,2: *[…] propositis magnorum uirorum exemplis non parua aemulatio legentibus excitabatur.*

oder Sokrates die Nachahmung *stultitia* sei,⁴³ wird Martin explizit als *imitandus* (*Vita Martini*, Kap. 1,6) bezeichnet. Daraus resultiert ein hoher Geltungsanspruch für das dichterische Werk, was Sulpicius in pointierter Abgrenzung vom Bescheidenheitsgestus eines Livius zum Ausdruck bringt:⁴⁴

> Vnde facturus mihi operae pretium uideor, si uitam sanctissimi uiri, exemplo aliis mox futuram, perscripsero, quo utique ad ueram sapientiam et caelestem militiam diuinamque uirtutem legentes incitabuntur. (*Vita Martini*, Kap. 1,6)

> Deshalb scheint es mir ein lohnendes Unterfangen zu sein und der Mühe wert, das Leben des hochheiligen Mannes aufzuzeichnen, das anderen bald zum Vorbild dienen wird. Dadurch werden die Leser gewiss zur wahren Weisheit, zum himmlischen Kriegsdienst und zur gotterfüllten Tugend angespornt werden.⁴⁵

Was nun aber des Näheren unter der *militia caelestis* zu verstehen ist, zeigt das Leben Martins selbst, das Sulpicius mit dessen Geburt und Kindheit zu erzählen beginnt. Die konfrontative Verbindung der Rollen eines *miles* und eines *monachus* bereits hier einführend,⁴⁶ skizziert Sulpicius im Folgenden knapp, worin die Einzigartigkeit Martins besteht:

> Necdum tamen regeneratus in Christo, agebat quendam bonis operibus baptismi candidatum: adsistere scilicet laborantibus, opem ferre miseris, alere egentes, uestire nudos, nihil sibi ex militiae stipendiis praeter cottidianum uictum reseruare. Iam tum euangelii non surdus auditor de crastino non cogitabat. (*Vita Martini*, Kap. 2,8)

> Und obwohl er noch nicht in Christo wiedergeboren war, gab er mit seinen guten Werken einen [würdigen] Taufanwärter ab: Er stand nämlich den Notleidenden bei, half den Elenden, speiste die Bedürftigen, kleidete die Nackten und behielt von seinem Militärsold für sich nur so viel zurück, wie er zum täglichen Leben brauchte. Schon damals hatte er für die Lehre des Evangeliums ein offenes Ohr und dachte nicht an das Morgen.

Während Sulpicius sich zu Beginn prononciert von der paganen Literatur absetzt, liegt in dieser Charakterisierung eines guten christlichen Lebens eine zweite implizite Abgrenzung: Sulpicius modelliert hier zwar den Hl. Martin nach dem Vorbild des Antonius,⁴⁷ Fluchtpunkt ist aber in beiden Fällen Christus selbst.⁴⁸

---

43 Vgl. *Vita Martini*, Kap. 1,3: [...] *cum eos non solum imitari stultitia sit* [...].
44 Vgl. BARNES, Timothy D.: Early Christian Hagiography and Roman History, Tübingen 2010 (Tria corda 5), S. 211.
45 Die Übersetzung aus Sulpicius Severus: Vita sancti Martini. Übers. v. Gerlinde HUBER-REBENICH, Stuttgart 2010 (Reclams Universal-Bibliothek 18780).
46 Vgl. *Vita Martini*, Kap. 2,7: [...] *ut iam illo tempore non miles, sed monachus putaretur.*
47 Vgl. *Vita Antonii*, Kap. 3, Z. 54 f.: *Rursus autem ecclesiam ingressus, cum audisset Dominum in Euangelio dicentem: ‚Nolite cogitare de crastino', relictam quoque portionem pauperibus distribuit.*

Dabei kommt es zu folgenreichen Umakzentuierungen: Während bei Antonius das Verteilen seines Guts Notwendigkeit des Weltabschieds ist, ist bei Martin, eingebettet in ein entdramatisiertes Konversionsnarrativ, die Hinwendung zu den Bedürftigen Programm. Hervorgehoben wird Martins Handeln in der Welt, das sich gleichwohl nicht an weltimmanenten Maßstäben, sondern dem Evangelium ausrichtet. In diesem Sinne betont der Text auch nicht nur die *sanctitas* und *potentia*, sondern auch die *apostolitas* Martins.[49] Über weite Strecken hinweg agiert er als ‚Sendbote' Christi.

Dieses veränderte Konzept ist in einer bis heute wirkmächtigen Passage ikonisch verdichtet worden, in der es wesentlich um den Umgang mit Bekleidung geht:

> Quodam itaque tempore, cum iam nihil praeter arma et simplicem militiae uestem haberet, media hieme quae solito asperior inhorruerat, adeo ut plerosque uis algoris extingueret, obuium habet in porta Ambianensium ciuitatis pauperem nudum. Qui cum praetereuntes ut sui misererentur oraret omnesque miserum praeterirent, intellexit uir Deo plenus sibi illum, aliis misericordiam non praestantibus, reseruari. Quid tamen ageret? Nihil praeter chlamydem, qua indutus erat, habebat: iam enim reliqua in opus simile comsumpserat. Arrepto itaque ferro quo accinctus erat, mediam diuidit partemque eius pauperi tribuit, reliqua rursus induitur. Interea de circumstantibus ridere nonnulli, quia deformis esse truncatus habitu uideretur; multi tamen, quibus erat mens sanior, altius gemere, quod nihil simile fecissent, cum utique plus habentes uestire pauperem sine sua nuditate potuissent.
>
> Nocte igitur insecuta, cum se sopori dedisset, uidit Christum chlamydis suae, qua pauperem texerat, parte uestitum. Intueri diligentissime Dominum uestemque, quam dederat, iubetur agnoscere. Mox ad angelorum circumstantium multitudinem audit Iesum clara uoce dicentem: Martinus adhuc catechumenus hac me ueste contexit. Vere memor Dominus dictorum suorum, qui ante praedixerat: quamdiu fecistis uni ex minimis istis, mihi fecistis, se in paupere professus est fuisse uestitum; et ad confirmandum tam boni operis testimonium in eodem se habitu, quem pauper acceperat, est dignatus ostendere. (*Vita Martini*, Kap. 3,1–4)
>
> Eines Tages also, als Martin schon nichts mehr besaß außer seinen Waffen und seinem einfachen Militärmantel, begegnete er mitten in einem Winter, der strenger war als gewöhnlich und so von Frost starrte, dass sehr viele [Menschen] an der gewaltigen Kälte starben, am Stadttor von Amiens einem nackten Bettler. Dieser flehte die Vorübergehenden an, sich seiner zu erbarmen, [aber] alle gingen an dem Elenden vorbei. Da erkannte der von Gott erfüllte Mann, dass jener ihm vorbehalten sei, da die anderen keine Barmherzigkeit übten. Was aber sollte er tun? Er besaß nichts außer dem Soldatenmantel, den er trug; das

---

Zur Bedeutung der *Vita Antonii* für die *Vita Martini* vgl. TORNAU, Christian: Intertextuality in Early Latin Hagiography. Sulpicius Severus and the ‚Vita Antonii'. In: Studia Patristica 35 (2001), S. 158–166.
48 Vgl. Mt 6,34.
49 Vgl. *Vita Martini*, Kap. 7,7: *Ab hoc primum tempore beati uiri nomen enituit, ut qui sanctus iam ab omnibus habebatur, potens etiam et uere apostolicus haberetur.*

Übrige hatte er nämlich für ein ähnlich gutes Werk bereits aufgebraucht. Entschlossen zog er also das Schwert, mit dem er gegürtet war, teilte [den Mantel] mitten entzwei, gab einen Teil davon dem Armen und legte den anderen wieder an. Unterdessen lachten einige der Umstehenden, weil er mit seinem verstümmelten Gewand entstellt aussah. Viele aber, die bei besserem Verstand waren, seufzten tief, weil sie nichts dergleichen getan hatten, obwohl sie doch mehr besaßen und den Armen hätten bekleiden können, ohne sich selbst zu entblößen. In der darauffolgenden Nacht nun sah Martin im Schlaf Christus mit dem Teil seines Mantels angetan, mit dem er den Armen bedeckt hatte. Ihm wurde befohlen, den Herrn ganz aufmerksam zu betrachten und das Gewand, das er herausgegeben hatte, wiederzuerkennen. Alsbald hörte er Jesus laut und deutlich zu der Menge der umstehenden Engel sagen: „Martin, der noch Katechumene ist, hat mich mit diesem Gewand bedeckt." Wahrhaft eingedenk seiner Worte, die er vormals gesprochen hatte: „Was immer ihr einem dieser Geringsten getan habt, das habt ihr mir getan", gab der Herr offen zu erkennen, dass er [selbst] in dem Armen bekleidet worden war; und um seinem Zeugnis für die so gute Tat Nachdruck zu verleihen, geruhte er, sich in demselben Gewand zu zeigen, das der Arme empfangen hatte.

Martin ist zu diesem Zeitpunkt seines Lebens wohlgemerkt noch nicht einmal getauft, handelt aber vorbildlich und im Kern auch nicht anders als später. Maßstab seines Handelns ist dabei nicht eine Episode aus dem Leben Jesu, sondern ein Satz aus der bei Matthäus in den Kapiteln 24 und 25 wiedergegebenen Endzeitrede. Martin folgt hier also insofern nach, als er Christus den Eschatos zur buchstäblichen Norm seines Lebens erhebt. Es handelt sich dabei gleichwohl um eine regelrechte Immanenzemphase. Martin ist nicht nur noch nicht getauft, sondern auch noch römischer Soldat, das heißt in die Zwänge innerweltlichen Handelns eingebunden, und er wird es auch nach seiner Taufe noch bleiben: Der Soldat als *miles Romanus* und *miles Christi*, dies ist die Pointe einer Verkehrungsfigur, die im Anschluss an die Waffenallegorese des *Epheserbriefs* entwickelt wird.[50] Hier erscheint sie freilich dialektisch gewendet. Martin gibt dementsprechend auch nicht alles her, wenn er die Welt verlässt, sondern behält sich die Hälfte, die er für sein Leben in der Welt noch benötigt.

Den Unterbietungswettbewerb vom verschlissenen *pallium* und den Schaffellen zur notdürftigen *tunica* spinnt Sulpicius nicht weiter, sondern er wählt, der Funktion Martins entsprechend, den Soldatenmantel, die *chlamys*. Sie wird aber nicht zum Fetisch der Reliquie, auch nicht zum äußerlich sichtbaren Merkmal orthodoxer Investitur, sondern ist Instrument tätiger Nächstenliebe. Anstelle der Verteilung (*diuisio*) ganzer Kleider, wie bei Antonius, wird hier die Zerstückelung, die einst dem *corpus* des Märtyrers zuteil wurde, auf ein Bekleidungsstück verschoben, dessen *partes* dann auch für das Ganze stehen können. Christus der Eschatos selbst bestätigt in der sich anschließenden Traumvision die Richtigkeit

---

50 Vgl. Eph 6,10–17.

dieses Verhaltens. Es ist offensichtlich, dass Sulpicius an die Viten der Wüstenväter anschließt, ebenso deutlich ist aber auch, dass er nicht nur die Textstruktur nicht von ihnen übernimmt, sondern auch Martin nach einem anderen Leitbild modelliert. In der zweiten Hälfte des vierten Jahrhunderts emergieren unterschiedliche neue Optionen heiligmäßigen Lebens, nicht koevolutionär, sondern in imitativ-aemulativer Bezogenheit.[51]

V Stillstellung

Das Riskante einer solchen Anordnung zeigt sich mit Blick auf den Einzeltext, der – wie Hieronymus bezeugt – schon zeitgenössisch kritisiert wurde. Die Frage nach den aus dem Wettstreit hervorgehenden Geltungsbehauptungen und ihrer Relationierung wird aber auch gerade dann drängend, wenn die Texte zueinander ins Verhältnis gesetzt werden. Ich möchte deshalb mit zwei Sammlungskontexten schließen, die sowohl zeigen, dass die Problematik aemulativer Bezogenheit historisch wahrgenommen und bearbeitet wurde, als auch dokumentieren, dass man die in analytischer Perspektive deutlich hervortretenden Spannungen nicht überbewerten darf.

Breit überliefert war im Mittelalter das heterogene Corpus der *Vitaspatrum*, dessen Bedeutung für das abendländische Mönchtum nicht überschätzt werden kann.[52] Zusammengesetzt aus umfangreichen Mönchs- und Eremitenviten, von in Reise- und Erfahrungsberichten zusammengefassten Erzählungen des asketischen Lebens in der Wüste und schließlich von Lehrgesprächen, Beispielerzählungen und *dicta* der Wüstenväter, wird in diesem Corpus das für die Regulierung monastischer Existenz zentrale Wissen gespeichert; dementsprechend rekurrieren die ersten Ordensregeln des Westens auf die *Vitaspatrum*, auch wenn das Corpus selbst handschriftlich erst seit dem 8. Jahrhundert greifbar ist. Ich stütze mich im Folgenden auf die *Alemannischen Vitaspatrum*, eine volkssprachliche

---

[51] Der Aspekt des Mantels und der Bekleidung spielt auch im weiteren Kontext der Schriften des Sulpicius eine Rolle. So gibt Martin als Bischof (*Dialogi* 2,1 [S. 181]) einem halbnackten Armen sein Untergewand. In den Briefen des Paulinus von Nola wird von Kleiderwechseln erzählt, wobei Paulinus (seinem Konkurrenzverhältnis zu Sulpicius entsprechend) unbequeme Kamelhaarkleidung, die ihm geschickt wurde, gerne trägt, während er ein bequemes Kleid weiterschickt. Die Hinweise verdanke ich Alexander HÄBERLIN und dem Kolloquium des klassisch-philologischen Seminars in Zürich.
[52] Das Folgende nach WILLIAMS, Ulla/HOFFMANN, Werner: Vitaspatrum. In: Die deutsche Literatur des Mittelalters. Verfasserlexikon. Hrsg. von Kurt RUH u. a., Bd. 10, 2. Aufl., Berlin, New York 1999, Sp. 449–466.

Prosaübersetzung, mithin „eines der am breitesten tradierten volkssprachlichen Werke des späten [Mittelalter]s überhaupt".[53]

Der erste Teil der *Vitaspatrum* zeugt zunächst davon, wie sehr sich Hieronymus durchgesetzt hat.[54] Denn die Sammlung wird eröffnet durch die *Vita Pauli primi eremitae*: *Sanctus Jeronimus schriebet v́ns von dem heligen vatter sancto Paulo, der vnder allen múnchen der erst einsidelle was* (Vitaspatrum, S. 3, Z. 5f.).[55] Und auch in seinem Lebenswandel hebt der Text die Abhängigkeit von der Palme hervor, da *Paulus ŏch nie ander gewant gewan, wan das er uz dem palme bŏme flacht im selben einen rok, den er vnz an sin ende an sinem libe trůg*. (Vitaspatrum, S. 5, Z. 38–S. 6, Z. 1). Auch die Bestattung im Mantel des Antonius, den dieser von Athanasius erhielt, und die Annahme des Palmenrocks durch Antonius werden berichtet, sodass das Kapitel mit dem Bekenntnis des Hieronymus schließen kann, dass er *gerner nemen [wolt] den rok des heiligen Pauli mit sinem lôn, danne aller kúnigen edels gewant mit iro richtůme* (Vitaspatrum, S. 11, Z. 15f.).

Von dieser Erzählung unbeeindruckt beginnt im Folgenden die Darstellung des Lebens des Antonius nach Athanasius. Sogar der Anspruch, der erste Einsiedler zu sein, wird ohne Korrektur übernommen,[56] obwohl Antonius angeblich doch alles, was sich in Ägypten und anderen Länder zuträgt, von Gott erfährt.[57] Ein direkter Widerspruch zur *Paulusvita* entsteht dort, wo Antonius den Mantel an Athanasius zurückschickt, in dem er ja, wie zuvor zu lesen war, Paulus bestattet hatte: *Jr sont Athanasio dem bischof den mantel bringen den er mir vor manigen iaren selber brachte vnd ein meloten* (Vitaspatrum, S. 41, Z. 29f.). Dies nun legt nahe, dass der Kleiderwettstreit keineswegs als problematisch angesehen wurde, auch wenn es nicht einfach zu erklären ist, wie die beiden einander widersprechenden Fassungen nebeneinanderstehen konnten. Daraus wird man allerdings keine erhöhte Widerspruchstoleranz des Mittelalters ableiten können; denn neben der Tendenz, den Widerspruch des Wettstreits zu ignorieren, gab es auch die, ihn bewusst zu tilgen.

---

53 Ebd., Sp. 455.
54 Hierzu gibt es natürlich auch Gegenbeispiele, so etwa den frühesten Text, der die *Vitaspatrum* ins Deutsche bringt (und zwar in Versen): das *Väterbuch*. Es beginnt mit der Antoniuslegende, in die das Leben des Paulus eremita eingefügt ist. Vgl. hierzu TRAULSEN, Heiligkeit und Gemeinschaft, S. 94–98 (Anm. 18).
55 Hier und im Folgenden zitiert nach WILLIAMS, Ulla: Die ‚Alemannischen Vitaspatrum'. Untersuchungen und Edition, Tübingen 1996 (Texte und Textgeschichte 45).
56 Vgl. *Vitaspatrum*, S. 16, Z. 40f.: Antonius *hůp en leben alleine in der wůsti an, das noch do allen múnchen was vnerkant in der wůsti eine ze lebenne*.
57 Vgl. ebd., S. 27, Z. 17–19: *Aber noch loblicher ist das von im, das er also verre in der inren wůsti was von den lúten vnd er doch von gotte alles das wiste swas in Egypto vnd in andren verren landen beschach*.

Die „Altväterspiritualität"⁵⁸ prägte auch Dominikus, den Gründer des Ordens, dem auch Jacobus de Voragine angehörte.⁵⁹ Seine *Legenda aurea* war breit überliefert, obwohl oder vielleicht gerade weil sie nicht das komplexeste Werk ist. Es wurde „teils wegen seiner zurückhaltenden Quellenkritik, teils wegen seiner der Popularisierung hagiographischer Stoffe dienenden formal-literarischen Anspruchslosigkeit von Anfang an von verschiedenen Seiten kritisiert".⁶⁰ Demgegenüber ist festzuhalten: Die Sammlung des Dominikaners stellte schon für den zeitgenössischen Zusammenhang eine enorme Syntheseleistung dar; das so heterogene und polymorphe Geflecht legendarischer Erzählungen wurde entlang des liturgischen Kalenders sortiert und die jeweiligen Darstellungen zu Heiligengestalten und wichtigen kirchlichen Festen vereinheitlicht; dabei bediente sich Jacobus vor allem der Kürzung (*abbreviatio*): „Indem die faktische Handlung dominiert, deren Abläufe lediglich knapp zusammengefasst werden, spielen inneres Geschehen, Motivierungen der Handlungsträger u. ä. so gut wie keine Rolle."⁶¹ Nicht jede Legende wurde allerdings auf dieselbe Weise von Jacobus bearbeitet; es ist zu unterscheiden je nach Status des Heiligen oder des Festes und nach der konkreten Quellenlage. Man wird jedoch generalisierend festhalten können, dass der Normierungsgewinn, das konzeptionell Stringente, auch reduktiv ist, weswegen die *Legenda aurea* zwar mit Blick gerade auf die an sie anschließenden Legendare des Spätmittelalters von großer Bedeutung, für legendarisches Erzählen im Mittelalter indes nicht repräsentativ ist.⁶² Die Heiligen sind

---

58 WILLIAMS, Die ‚Alemannischen Vitaspatrum', S. 5* (Anm. 55).
59 Interessante Perspektiven auf den Kleiderwettstreit eröffnen sich auch, wenn man die Auseinandersetzung zwischen Dominikanern und Franziskanern in Bezug auf das Armutsideal betrachtet.
60 KUNZE, Konrad: Jacobus a Voragine. In: Die deutsche Literatur des Mittelalters. Verfasserlexikon. Hrsg. von Kurt Ruh u. a., Bd. 5, 2. Aufl., Berlin, New York 1985, Sp. 448–466, hier Sp. 454.
61 HAMMER, Andreas: Erzählen vom Heiligen. Narrative Inszenierungsformen von Heiligkeit im ‚Passional', Berlin, Boston 2015 (Literatur – Theorie – Geschichte 10), S. 35.
62 Jacobus steht mit seiner Zusammenstellung und in der kürzenden Adaptationstechnik in der Tradition der *Legendae novae*, die gerade auch durch die Dominikaner geprägt wurden, etwa durch den *Epilogus in gesta sanctorum* des Bartholomaeus von Trient und durch die *Abbreviatio in gestis et miraculis sanctorum* des Jean de Mailly – allerdings geht er über Jean de Mailly, was die Kürzungen betrifft, hinaus; vgl. RHEIN, Reglinde: Die Legenda Aurea des Jacobus de Voragine. Die Entfaltung von Heiligkeit in ‚Historia' und ‚Doktrina', Köln u. a. 1995 (Beihefte zum Archiv für Kulturgeschichte 40), S. 23–33. Im Zentrum dürfte dabei weniger eine „andachtsbildartige Verdichtung" (WOLPERS, Theodor: Die englische Heiligenlegende des Mittelalters. Eine Formgeschichte des Legendenerzählens von der spätantiken lateinischen Tradition bis zur Mitte des 16. Jahrhunderts, Tübingen 1964 [Buchreihe der Anglia 10], S. 199 f. mit Anm. 14) stehen als vielmehr der Wille, ein in aller Kürze verlässliche Informationen bietendes, sich am Kalender der römischen Kirche orientierendes und insofern universell einsetzbares Kompendium zu erstellen.

hier nach ihrem Gedenktag im Kirchenjahr angeordnet, sodass Paulus eremita (10. Januar) und Antonius (17. Januar) zwar in unmittelbarer Nähe zueinander stehen, aber nicht mehr direkt vergleichbar erscheinen. Interessant ist nun, dass Jacobus bei Paulus zwar auf die *pia lis*[63], den *milten krieg* zwischen Paulus und Antonius beim Brotbrechen eingeht, wie es in der weitverbreiteten *Elsässischen Legenda aurea* heißt,[64] aber nichts mehr davon erwähnt, dass Paulus Antonius wegschickte, damit er den von Athanasius geschenkten Mantel holt. Hierbei ist zu betonen, dass nicht nur im Zusammenhang des Paulus, sondern auch des Antonius der Mantel keine Erwähnung findet. Von der *tunica Pauli ex palmis contectam – rant Paulus rog der von palmen waʒ gertricket –* ist hingegen durchaus die Rede; Antonius nimmt sie nach Paulus' Tod mit sich mit und trägt sie an Festtagen.[65]

Dies nun wiederum hat vielleicht weniger mit den Spannungen des Kleiderwettstreits zu tun als vielmehr mit einer veränderten Vorstellung von dem entscheidenden Charakteristikum des Heiligen. Peter GEMEINHARDT hat auf die dem Kapitel vorangestellte Etymologie verwiesen, nach der Antonius von *ana* (oben) und *tenens* (halten) kommt. Sein Leben steht unter den Rubra von „Himmelsorientierung und Weltverachtung: Deshalb sind die Visionsberichte wichtig, ebenso die Lehre von der Entweltlichung in den *Apophthegmata Patrum*, nicht dagegen die weltzugewandten Elemente der asketischen Existenz: Verkündigung, Mission oder Wunderheilungen".[66] Auch dass Antonius als erster Eremit angesehen wurde, ist Jacobus keine Erwähnung mehr wert. Im Zentrum steht das Paradigma des Dämonenkampfes. Zwischen Genesis und Geltung geht also auch hier ein tiefer Spalt.

Neben diese wichtigen Quellen tritt aber auch der Einfluss von Johannes Beleths *Summa de ecclesiasticis officis*, die gerade für den gesamtkompositorischen Rahmen bislang von der Forschung nicht immer hinreichend berücksichtigt wurde.
63 Jacobus de Voragine: Legenda aurea, Bd. 1. Hrsg. u. übers. von Bruno W. HÄUPTLI, Freiburg i. Br. u. a. 2014 (Fontes Christiani Sonderband), S. 334, Z. 12.
64 „Die Elsässische LA stammt als einzige deutsche Prosaversion des Gesamtwerks noch aus der ersten Hälfte des 14. Jh.s", WILLIAMS, Ulla/WILLIAMS-KRAPP, William: Einleitung, in: Die ‚Elsässische Legenda Aurea', Bd. I: Das Normalcorpus. Hrsg. von DENS., Tübingen 1980 (Texte und Textgeschichte 3), S. XIII–LXXVII, hier S. XIV.
65 Vgl. *Legenda aurea*, Bd. 1, S. 334, Z. 22 f.: *Antonius autem tunicam Pauli ex palmis contextam adsumpsit, qua postmodum in sollemnitatibus utebatur. Elsässische Legenda aurea*, Bd. 1, S. 115, Z. 1–3: *Sant Anthonius nam mit ime rant Paulus rog der von palmen waʒ gertricket vnd núcʒete den ʒů hochʒiten in rine ere.*
66 GEMEINHARDT, Peter: Antonius, der erste Mönch. Leben – Lehre – Legende, München 2013, S. 163.

Aus dem Kleiderwettstreit der Spätantike ist neben Paulus' Rock ein Element ikonischer Verdichtung wirklich folgenreich hervorgegangen: der Mantel des heiligen Martin, der noch stärker als Felle und Mäntel der Einsiedler das Proprium martinischer Heiligkeit zur Anschauung bringt und diesseits von Bezugs- und Nachfolgelogiken zur bildlichen Stillstellung geeignet ist. Martins Leben wird von Jacobus ganz ausführlich erzählt. Vor dem Stadttor von Amiens sitzt auch nach Jacobus der arme Bettler, nackt, und Martin trägt den Soldatenmantel, die *chlamys*, die er mit ihm teilt.[67] Hier wird die Geschichte also noch über die vestimentären Codes organisiert, die schon die spätantiken Zusammenhänge prägten: Nacktheit erscheint als *vestis Christi*, denn der Nackte offenbart sich in dem Traumgesicht als Christus, der dann wiederum mit der halben *chlamys* bekleidet ist. Bei Jacobus jedenfalls wird dann Martin und nicht Antonius zu dem innerweltlich agonalen Heiligen par excellence: *Martinus ıst geſprochen einre der einen ſtrit hat, wenne er alle ʒit hat wider die vntúgende geſtritten* (Elsässische Legenda aurea, Bd. 1, S. 724).

---

67 Vgl. *Legenda aurea*, Bd. 2, S. 2140, Z. 22–S. 2142, Z. 6: *Quodam hiemali tempore per portam Ambianensium transiens pauperem quendam nudum obvium habuit. Qui cum a nullo elemosynam accepisset, Martinus hunc sibi servatum intelligens arrepto ense chlamydem, quae sibi tantum supererat, dividit et pauperi partem tribuens reliqua rursus induitur. Sequenti igitur nocte Christum chlamydis suae, qua pauperem texerat, parte vestitum vidit ipsumque ad circumstantes angelos sic loquentem audivit: ‚Martinus adhuc catechumenus hac veste me contexit.'*

Neil Cartlidge
Nationale Identitäten und internationale Spannungen in mittelalterlichen Streitgedichten

In den verschiedenen Volkssprachen des Mittelalters und auch im Mittellateinischen findet man eine erhebliche Zahl von literarischen Texten, die sich als Auseinandersetzungen zwischen figurativen Gegnern darstellen – das heißt: Texte, in denen die Beziehungen zwischen bestimmten Begriffen, Kategorien oder Entitäten als Begegnungen zwischen gepaarten, aber verfeindeten Kontrahenten dramatisiert werden. In solchen Texten fungieren vorgestellte Dichotomien nicht nur als bestimmende Motive oder Themen, sondern vielmehr auch als die grundlegende Struktur dieser Texte und als Anlass für Streitgespräche, die auf fiktionaler Ebene verwirklicht werden. Bei einem Teil dieser Texte mangelt es noch an ausreichenden Editionen und es gibt sehr viele Aspekte ihrer Geschichte, die unklar bleiben. Aber trotzdem haben sie eine prominente Stellung im Gedächtnis vieler Mediävisten eingenommen. Schon im Jahre 1888 bemerkte Gaston PARIS, dass „die Phantasie des Mittelalters einen Geschmack für bestimmte Rahmen und Formeln zeigt, und zwar für die Diskussion von Thesen in Form einer Debatte".[1] Ähnliche Beobachtungen sind oft wiederholt worden. So behauptete zum Beispiel Eleanor Prescott HAMMOND:

> Ein Aspekt der Geisteshaltung des Mittelalters liegt darin, dass man sich typischerweise durch Auflistungen und Klassifizierungen ausdrückte; ein anderer und noch weiter verbreiteter Aspekt ist die Vorliebe für Gegensätze und Argumentation, wie zum Beispiel in Debatten zwischen Seele und Körper, Wein und Wasser, Eule und Nachtigall, Efeu und Stechpalme usw.[2]

---

[1] „Dès lors que prouvent ces fictions, sinon le goût qu'avait l'imagination du moyen âge pour certains cadres et certaines formules, notamment pour la discussion d'une thèse en forme de débat, ce qui amenait tout naturellement à la forme d'une contestation judiciaire, avec plaidoyers, juges et arrêts?" PARIS, Gaston: Les Cours d'amours du moyen âge. In: Journal des Savants (1888), S. 664–675 u. 727–736, hier S. 730. Alle Übersetzungen stammen, sofern nicht anders angegeben, vom Verfasser.

[2] „One mental habit of the Middle Ages expressed itself in lists and classifications; another and more widespread, the fondness for contrast and for argument, expressed itself in debates – of Body and Soul, of Wine and Water, of the Owl and the Nightingale, of the Ivy and the Holly, etc." HAMMOND, Eleanor Prescott: Latin Texts of the Dance of Death, in: Modern Philology 8 (1911), S. 399–410, hier S. 409.

Sogar in jüngerer Zeit hat Catherine BROWN solche Streittexte als ein ästhetisches Merkmal interpretiert:

> Im Mittelalter konnte man die Regale seiner Bibliothek mit Büchern ausfüllen, deren Lehre selbstbewusst gedoppelt und gespalten war. [...] Daneben standen Bündel von Gedichten über Debatten zwischen Seele und Körper, Wein und Wasser, Ritter und Kleriker, Eule und Nachtigall.³

Manchmal bilden solche Vorstellungen den Auftakt zu übergreifenden Theorien der mittelalterlichen Geisteshaltung. Für Constance Brittain BOUCHARD zum Beispiel ist es charakteristisch für das Mittelalter, dass man „Philosophie, Literatur, religiöse Bekehrungen, Rechtsstreite und Geschlechterrollen durch die Entdeckung und auch sogar die Bewahrung von gegensätzlichen Kategorien" betrachtete: „Die mittelalterliche Verwendung von Gegensätzen als Mittel, um die Wirklichkeit wahrzunehmen, zu erklären und zu konstruieren, war ein konstitutives Element der Geisteshaltung dieser Epoche [...]."⁴ Mir scheinen solche Formeln ziemlich naiv und auch altmodisch, da sie implizit davon ausgehen, dass literarische Formen eine unmittelbare Widerspiegelung des historischen Geists bieten müssen.⁵ Die zugrunde liegende Annahme entstammt der Hermeneutik des

---

3 „[A medieval reader] could have filled his library shelves with [...] books whose teaching is [...] self-consciously doubled and divided [...] Next to these, sheaves of poems [presented] debates between body and soul, wine and water, knight and clerk, owl and nightingale", BROWN, Catherine: Contrary Things. Exegesis, Dialectic, and the Poetics of Didacticism, Stanford 1998 (Figurae. Reading medieval culture), S. 2.
4 „The men and women of high medieval France saw the world around them as the product of tensions between opposites [...] they approached their philosophy, their literature, religious conversion, legal disputes, and their gender roles all through the medium of exploring and indeed maintaining opposing categories. The medieval use of opposites as a way of seeing, explaining and constructing reality during the twelfth century [...] was a constitutive element of the thought of that period, not the product of imprecision but a particular and deliberate form of organizing experience", BOUCHARD, Constance Brittain: „Every Valley Shall be Exalted". The Discourse of Opposites in Twelfth-Century Thought, Ithaca 2003, S. ix.
5 Vgl. zum 12. Jh. als „une époque où la débat littéraire était à la mode" auch BOUTÉMY, André: Pulicis et musce iurgia. Une œuvre retrouvée de Guillaume de Blois. In: Latomus 6 (1947), S. 133–146, hier S. 138; „The struggle [between vices and virtues] is closely bound up with that general sense of opposition and contrast which, in the Middle Ages, often found expression in debates and comparisons", BLOOMFIELD, Morton Wilfred: The Seven Deadly Sins. An Introduction to the History of a Religious Concept, with Special Reference to Medieval English Literature, East Lansing 1952, S. 65; „die Neigung des Mittelalters [...] Gedanken in der Form von Disputationen aneinanderzureihen und die Argumente in Dialogform darzulegen." JACKSON, William T.H: Der Streit zwischen Miles und Clericus. In: ZfdA 85 (1954–55), S. 293–303, hier S. 300; „A preoccupation with the interaction of opposites is perhaps nowhere more evident than during the Middle Ages, when

19. Jahrhunderts, dass „die dichterische Form durch die Koordination von Lebenstatsachen bedingt [ist], welche den Charakter eines Zeitalters ausmachen."⁶ Solche Ansätze sind prekär in dem Sinne, dass sie die Wiederholung von gegensätzlichen Strukturen in der mittelalterlichen Literatur nur durch eine Essentialisierung erklären können: Anders gesagt kommen Konfrontationen so häufig vor, weil sie die Zerrissenheit des Mittelalters, sogar die gespaltene Persönlichkeit, direkt reflektieren sollen. In der Praxis sollte man von solchen Texten keine Inbegriffe oder Zusammenfassungen der ästhetischen und geistigen Werte des Mittelalters erwarten – ganz im Gegenteil vielleicht. Für Literatur- und Kulturhistoriker bieten sie vielmehr eine ernsthafte Herausforderung, da sie komplexe und oft absichtlich desorientierende literarische Erfahrungen aus genau denjenigen Unterscheidungen entwickeln, die oft für uns als wichtige und manchmal sogar unentbehrliche analytische Instrumente gelten sollen. Das heißt: Die Kulturschaffenden des Mittelalters benutzten figurative Konfrontationen in vielen Fällen, gerade um bestimmte Übereinstimmungen in Frage zu stellen, und auch dazu, um Vereinfachungen und fixierte Annahmen zu verhindern. Solche Motive erfüllten die Zwecke von mittelalterlichen Schriftstellern

---

it became a fundamental habit of mind", CONLEE, John W.: Introduction. In: Middle English Debate Poetry. A Critical Anthology. Hrsg. von DEMS., East Lansing 1991, S. xi-xlii, hier S. xi; „The revival of education in the eleventh and twelfth centuries in the monasteries and increasingly in cathedral schools and beyond was accompanied by a renewed interest in literary dialogues. Poetic dialogues on stereotyped themes proliferated: Spring vs. Winter, Water vs. Wine, Wine vs. Beer, and many more", BINKLEY, Peter: Dialogues and Debates. In: Medieval Latin: An Introduction and Bibliographical Guide. Hrsg. von F.A.C. MANTELLO u. A.G. RIGG, Washington, D.C. 1996, S. 677–681, hier S. 678; „The juxtaposition of opposites in medieval works produces [an] aesthetic of balancing, if I may so term it, which is so difficult for us moderns to accept and analyze", BURKE, James F.: Desire against the Law. The Juxtaposition of Contraries in Early Medieval Spanish Literature, Stanford 1998 (Figurae. Reading medieval culture), S. 5; „Contradiction is central to the make up of courtly literature, to the intellectual environment which gave rise to it, and to its critical reception today [...] Critics cannot fail to respond to this overwhelming fascination with the contradictory. And yet there is surprisingly little discussion of why one view of contradiction is espoused over another, or why contradiction is so central to the composition and reception of these courtly texts", KAY, Sarah: Courtly Contradictions. The Emergence of the Literary Object in the Twelfth Century, Stanford 2001, S. 2–3; „We can argue for [the existence] of a pan-European genre of debate-literature, [...] so long as we pay attention to its particular instances, and to the critical tensions that are generated by moving from the particular to general, and vice versa", FENSTER, Thelma S./LEES, Clare A.: Introduction. In: Gender in Debate from the Early Middle Ages to the Renaissance. Hrsg. von DENS., New York 2002, S. 1–18, hier S. 5.
6 DILTHEY, Wilhelm: Die Einbildungskraft des Dichters. Bausteine für eine Poetik (1887). In: Wilhelm Diltheys gesammelte Schriften, Bd. 6: Die Geistige Welt. Einleitung in die Philosophie des Lebens. Zweite Hälfte. Abhandlungen zur Poetik, Ethik und Pädagogik. Hrsg. von Georg MISCH, Göttingen 1958, S. 103–241, hier S. 233.

nicht, weil sie stereotyp waren, sondern – ganz im Gegenteil –, weil sie offen, flexibel und variierbar waren. Darüber hinaus könnte man sogar argumentieren, dass die kultivierte Skurrilität der Perspektiven, die man durch oppositionelle Motive erzeugen kann, einen beträchtlichen Teil ihrer Anziehungskraft ausmacht. Manchmal schaffen sie Effekte, die frappierend schräg, desorientierend oder geradezu surreal scheinen. Zum Beispiel rufen sie uns oft auf, mit Argumenten umzugehen, die offenkundig gekünstelt oder verfälscht sind, oder auf personifizierte Konzepte zu reagieren, als ob sie echte Persönlichkeiten wären, trotz der Inkongruenzen, die daraus entstehen. Aber sogar inmitten einer Diskussion, die nur absurd aussieht, können figurative Konfrontationen plötzlich eine Frage stellen, die von tiefgreifender politischer, philosophischer oder theologischer Konsequenz ist. Solches Material eignet sich kaum zu einer Analyse, die eng auf Taxonomie angewiesen ist.

In dieser Hinsicht scheint es zumindest etwas ironisch, dass heutige Interpretationen vom mittelalterlichen Oppositionalismus als kulturelles Phänomen überwiegend von sehr fixierten Formverständnissen ausgehen. Insbesondere verlassen sie sich oft auf altgewohnte Annahmen in Bezug auf die Sonderstellung des mittelalterlichen Streitgedichts als literarisches Genre. Immer noch maßgebend in diesem Kontext ist Hans WALTHERs Buch *Das Streitgedicht in der lateinischen Literatur des Mittalters*, das als seine Doktorarbeit 1913 entstand und danach als Buch 1920 erschien.[7] Zu Recht als „bahnbrechende" Studie beschrieben, stellte dieses Buch eine ganze „Materialfülle" vor, die zuvor fast unerforscht war;[8] und sogar bis heute bleibt diese Studie für bestimmte, weniger bekannte Bereiche mittellateinischer Literatur noch unübertroffen. Aber zugleich macht WALTHER keinen Hehl daraus, dass seine Studie größtenteils vorläufig war. Er bot kein letztes Wort zum mittellateinischen Streitgedicht, geschweige denn zu volksprachlichen Streitgedichten oder oppositionellen Figuren in mittelalterlicher Kultur insgesamt. Auch betonte er die Begrenzungen seiner Arbeit, insbesondere die Hindernisse, die dem Suchen, der Identifizierung und der Kontextualisierung von mittellateinischen Texten entgegenstehen, was er insgesamt als Unübersichtlichkeit des Materials beschreibt. Er wusste nur zu gut, dass seine Information in Bezug auf die Ursprünge und die Verbreitung solchen Materials in vielen Hinsichten unvollständig war. Aber trotz des Pionierstatus dieses Buches genießen WALTHERs oft zaghafte Schlüsse über den Umfang und Ausmaß des Streit-

---

7 Vgl. WALTHER, Hans: Das Streitgedicht in der lateinischen Literatur des Mittelalters, München 1920; nachgedruckt mit Vorwort und Notizen von Paul Gerhard SCHMIDT, Hildesheim 1984.
8 Vgl. SCHMIDT, Vorwort. In: WALTHER, Das Streitgedicht (Anm. 7).

gedichts immer noch sehr viel Respekt.⁹ Sogar in der neueren Forschung scheint ein knapper Hinweis auf WALTHERs Buch allein ausreichend, um zu bestätigen, dass das Streitgedicht als separate und umfangreiche Kategorie innerhalb der mittellateinischen Literatur betrachtet werden kann.¹⁰

Unweigerlich problematisch hierbei ist die Zweideutigkeit von Begriffen wie *Gattung* und *Genre*. Auf einer Ebene dienen solche Begriffe als Synonym für *Kategorie* und somit in diesem Kontext als ein Mittel zur Bezeichnung einer Textgruppe, die durch irgendeine Art von gemeinsamen strukturellen Merkmalen gekennzeichnet ist. Auf der anderen Ebene beziehen diese Begriffe etwas ein, was deutlich autonomer und selbsterhaltender ist: nämlich das Verständnis von literarischem Genre als immanenter Form, die von bestimmten Erwartungstraditionen getragen wird – wie zum Beispiel die Ekloge oder der Roman. Meistens scheint WALTHER das Streitgedicht nur im ersten dieser Sinne zu konzipieren: das heißt, als ein Mittel zur Organisation seines Materials, ohne jedoch damit etwas über die Binnenlogik mittelalterlicher Formbegriffe sagen zu wollen. Trotzdem wird WALTHER wiederholt von Literaturhistorikern als Zeuge zum kanonischen Status des Streitgedichts im Mittelalter aufgerufen. Wiederholt wird das Konzept des Streitgedichts als hinreichende Erklärung für die Prominenz der oppositionellen Motive in mittelalterlicher Kultur angeführt. Wenn das Streitgedicht wirklich den Status eines elementaren *Genres* besäße, wäre keine weitere Erklärung für die weite Verbreitung solcher Motive nötig, da diese Motive existiert hätten, um das *Genre* mit angemessenem Stoff zu speisen. Aber was das eigentlich bedeutet, ist ein Zirkelschluss: wenn man nämlich die Standsicherheit des Konzepts übertreibt, ist die Suche nach Beweisen dafür dementsprechend zu weit gefasst.

Eigentlich ist es etwas zweifelhaft, dass das mittellateinische Streitgedicht als unterscheidbare Kategorie im Mittelalter allgemein anerkannt gewesen wäre. Die Schreiber selbst benutzten eine Vielzahl von Bezeichnungen, um die Texte zu

---

9 Thomas REED z. B. konstatiert: „The classic study of the Latin debate tradition is Hans WALTHER's ‚Das Streitgedicht'", DERS.: English Debate-Poetry and the Aesthetics of Irresolution, Columbia 1990, S. 2, Anm. 2. Carmen CARDELLE DE HARTMANN hält fest: „die einzige dialogische Textsorte, die als vollständig erschlossen gelten kann, ist das Streitgedicht, dem Walther 1920 eine Monografie widmete", DIES.: Lateinische Dialoge 1200–1400. Literaturhistorische Studie und Repertorium (Mittellateinische Studien und Texte 37), Leiden 2007, S. 19–20.
10 So z. B beginnt Paul DRÄGER wie folgt seine Diskussion der literarischen Eigenschaften der Auseinandersetzung zwischen dem Schaf und dem Flachs: „Der ‚Conflictus Ovis et Lini' gehört der *Gattung* der Streitgedichte an", Winrich von Trier: Conflictus ovis et lini. Der Streit zwischen Schaf und Lein. Hrsg. von Paul DRÄGER, Trier 2010, S. 235. Dann resümiert er die Argumente von WALTHER über die Wurzeln der Gattung, trotz der Tatsache, dass die meisten der erwähnten Texte später zu verorten sind als der *Conflictus Ovis et Lini*, der wahrscheinlich ins elfte Jahrhundert gehört.

beschreiben, die in der modernen Forschung als Streitgedichte gelten. Wie WALTHER erklärt:

> Was die Bezeichnung dieser Gedichte in den Handschriften anbelangt, so kommen am häufigsten vor: Altercatio, Conflictus, Dialogus, Disputatio, seltener: Certamen, Causa, Colloquium, Comparatio, Conflictatio, Contentio, Contradictio, Judicium, Lis, Pugna, Rixa; jedoch ist an ein bestimmtes Gedicht nicht jedesmal dieselbe Bezeichnung gebunden.[11]

Dieser Reichtum des Vokabulars beweist allerdings kein eindeutiges Phänomen – vielmehr stammen solche Rubriken nur aus dem Basiswortschatz der Sprache: Sie bilden lediglich eine Liste von Wörtern, die normalerweise irgendeinen Konflikt bezeichnen konnten. Ein paar davon klingen etwas gelehrt, aber die meisten sind keineswegs markiert, was in meinen Augen bedeutet, dass in diesem Bezug keine fachspezifische Terminologie existierte. Die Materialien, welche die mittelalterlichen Schreiber in so vielfältiger Weise rubrizierten, werden von WALTHER selbst mit großer Klarheit definiert, aber auch mit verdächtiger Geräumigkeit:

> Ich nenne hier Streitgedichte im eigentlichen Sinne Gedichte, in denen zwei oder seltener mehrere Personen, personifizierte Gegenstände oder Abstraktionen zu irgend einem Zweck Streitreden führen, sei es um den eigenen Vorzug darzutun und die Eigenschaften des Gegners herabzusetzen oder um eine aufgeworfene Frage zu entscheiden.[12]

Trotz ihrer Klarheit wirkt diese Formulierung auch etwas ausweichend („im *eigentlichen* Sinne", „zu *irgend* einem Zweck"). Ein noch größeres Problem ist die schlichte Tatsache, dass viele von den Texten in WALTHERS Buch sogar zu dieser Definition nicht gut passen. Zum Teil folgt dies aus WALTHERS Entscheidung, in einer sehr umfassenden Weise vorzugehen, insbesondere wenn er mit Materialien zu tun hat, die „zur Erklärung und als Parallelerscheinung" dienen könnten. Zur Rechtfertigung, so viele Texte einzubeziehen, die nach seiner eigenen Definition eigentlich keine Streitgedichte sind, argumentiert WALTHER, dass es sonst schwieriger gewesen wäre, „den Ideenkreis und die Entwicklung mancher Streitgedichtstoffe zu beleuchten".[13] Denn obwohl oppositionelle Motive natürlich in Streitgedichten zu finden sind, manifestieren sie sich auch in einer Vielzahl von Texten, die keineswegs zur Kategorie des Streitgedichts gehören können –

---

11 WALTHER, Das Streitgedicht, S. 3 (Anm. 7). Vgl. das Argument von J.W.H. ATKINS, dass „[t]he [poetic] debate had thus an extensive vogue: and it was known under a variety of names – the *conflictus, certamen, contention, disputatio, altercatio, estrif, plet, disputison*", The Owl and the Nightingale. Hrsg. von DEMS., Cambridge 1922, xlvii.
12 WALTHER, Das Streitgedicht, S. 3 (Anm. 7).
13 Ebd., S. 3.

nach jeglicher Definition des Begriffs, einschließlich derjenigen WALTHERs. In der Praxis bedeutet dies, dass er den Umfang des mittellateinischen Streitgedichts aufbauscht. Noch einmal folgt ein Zirkelschluss. Gerade um das Phänomen des Streitgedichts zu erklären, deutet WALTHER auf die weitere Verbreitung von oppositionellen Motiven in mittelalterlicher Kultur. Wiederum sollen solche Motive als Reflexion des generischen Status des Streitgedichts betrachtet werden. Anders gesagt: WALTHERs Modellierung des Streitgedichts ist sehr elastisch – ziemlich eng, wenn er die Deutlichkeit des Konzepts beteuern will, aber ziemlich locker, wenn er die weite Reichweite von mittelalterlichem Oppositionalismus zu betonen sucht.

Zahlreiche Texte werden in WALTHERs Buch diskutiert, mehr als genug (wie man denken könnte), um die allgemeine Gültigkeit des Streitgedichtgenres zu beweisen. Wie gesagt sind jedoch viele davon sogar gemäß WALTHERs Definition keine Streitgedichte. Allerdings bleibt das von WALTHER beschriebene Textkorpus noch ziemlich umfangreich, selbst nach Ausschluss der ernsthaftesten Grenz- oder Problemfälle. Immer noch übrig sind zumindest 80 Texte, die relativ bequem zu seiner Definition des Streitgedichts passen, zusammen mit ungefähr 25 anderen Texten, die er entweder nicht kannte oder zumindest nicht erwähnte. Dem Anschein nach wäre so ein Umfang immer noch groß genug, um die allgemeine Gültigkeit des Streitgedichtgenres zu beweisen. Aber dieses Korpus ist eigentlich sehr divers. In Bezug auf Ton, Zweck, Umfang, Metrik, Kontext und Komplexität unterscheiden sich diese Texte stark voneinander. Ihre Entstehungszeiten erstrecken sich vom achten Jahrhundert bis zum 17., und ihre Wurzeln sind im gesamten Westeuropa zu finden. Angesichts solcher räumlich-zeitlicher Ausdehnung scheinen sogar 100 Gedichte als keine große Ausbeute. Dass man so weit umherstreifen muss, um diese Texte zu sammeln, könnte als Indikator dafür gelesen werden, dass das mittellateinische Streitgedicht schließlich kein sehr umfangreiches oder konsistentes Phänomen war. Hinzu kommt, was besonders bemerkenswert an diesen Texten ist, dass die meisten davon in nur einer sehr geringen Anzahl von Kopien noch erhalten sind. In der Tat ist etwa die Hälfte dieser Gedichte nur in Unikaten gefunden. Vermutlich bedeutet das, dass viele von diesen Texten eine sehr begrenzte Verbreitung hatten – und dementsprechend nur sehr wenig Einfluss außerhalb ihrer ursprünglichen Kontexte. Gerade deshalb war die „bahnbrechende" Studie von WALTHER so nötig: Ein erheblicher Teil seiner Streitgedichte sind eigentlich regelrechte Seltenheiten. Aus einem solchen Kuriositätenkabinett ein normatives Bild eines literarischen Genres zu konstruieren, ist zumindest paradox.

Von dem gesamten Korpus von Texten, die relativ unstrittig als Streitgedichte betrachtet werden können, gibt es tatsächlich nur acht Texte, die in mehr als zehn mittelalterlichen Abschriften noch erhalten sind. Keiner von diesen acht Texten hat die Aufmerksamkeit erhalten, die sie verdienen – was vielleicht eine Folge von WALTHERS Insistieren auf ihrem generischen Charakter, im Gegensatz zu ihrem einzelnen Einfluss, zu betrachten ist. Unter diesen acht Texten befinden sich zwei Gedichte, die außergewöhnlich weit verbreitet sind: nämlich die karolingische Ekloge von Theodulus, die in über 280 handschriftlichen Kopien noch vorhanden ist, und die sogenannte *Visio Philiberti*, in mindestens 188. Die anderen sechs Gedichte sind auch relativ weit verbreitet, da sie in ungefähr zehn bis 30 Kopien noch erhalten sind.

Mittellateinische *Streitgedichte*, die in mehr als 10 Hss. noch erhalten sind:
- *Ecloga Theoduli* ([Biblische] Wahrheit gegen [heidnische] Irrlehre), inc. *Aethiopum terras iam fervida torruit aestas:* mindestens 226 Hss.[14]
- *Visio Philiberti* (Körper gegen Seele), inc. *Noctis sub silentio tempore brumali/ Vir quidam extiterat dudum heremita/ Iuxta corpus spiritus stetit et ploravit/ Est mortis condicio:* mind. 188 Hss.[15]
- Alkuin, *Winter gegen Frühling*, inc. *Conveniunt subito cuncti de montibus altis:* mind. 30 Hss.[16]
- *Wasser gegen Wein*, inc. *Cum/Dum tenerent/tenerunt:* mind. 28 Hss.:[17]
- Philip der Kanzler (?), *Herz gegen Auge*, inc. *Si quis/Quisquis cordis:* mind. 30 Hss.[18]
- *Tod gegen Menschheit*, inc. *Quis es tu:* mind. 21 Hss.[19]

---

14 Hrsg. von Johannes OSTERNACHER. In: Jahresbericht des bischöflichen Privat-Gymnasiums am Kollegium Petrinum in Urfahr 5 (1902), S. 3–59.
15 Vgl. dazu BAKER, David/CARTLIDGE, Neil: Manuscripts of the Medieval Latin Debate Between Body and Soul ('Visio Philiberti'). In: Notes and Queries 61 (2014), S. 196–201. Hrsg. von Thomas WRIGHT. In: The Latin Poems commonly attributed to Walter Mapes, London 1841, nachgedruckt Hildesheim 1968, S. 95–106; auch hrsg. von T.G. von KARAJAN. In: Frühlingsgabe für Freunde älterer Literatur, Wien 1839, S. 85–150, nachgedruckt in: Der Schatzgräber. Beiträge für ältere deutsche Literatur, Leipzig 1842, S. 85–164. Vgl. auch CARTLIDGE, Neil: In the Silence of a Midwinter Night. A Re-evaluation of the Visio Philiberti. In: Medium Ævum 75 (2006), S. 24–45.
16 Hrsg. von Ernst DÜMMLER. In: MGH Poetae 1, Berlin 1881, S. 270–272; auch hrsg. von Peter GODMAN. In: Poetry of the Carolingian Renaissance, London 1985 (Duckworth classical, medieval and Renaissance editions), S. 144–149.
17 In: The Latin Poems. Hrsg. von WRIGHT (Anm. 15), S. 87–92.
18 In: The Latin Poems. Hrsg. von WRIGHT (Anm. 15), S. 93–95.
19 Hrsg. von Guido Maria DREVES/Clemens BLUME. In: Analecta hymnica medii aevi, Leipzig, 1886–1922; nachgedruckt Frankfurt a. M., 1961, Bd. 33, S. 287–288 (Nr. 256); auch hrsg. von Stephan COSACCHI. In: Makabertanz. Der Totentanz in Kunst, Poesie und Brauchtum des Mittelalters, Meisenheim am Glan 1965, S. 264–266.

- Philip der Kanzler (?), der *Scheirer Rhythmus* (*Barmherzigkeit gegen Gerechtigkeit*), inc. *Post peccatum hominis iam facta ruina*: mind. 13 Hss.[20]
- *Phyllis und Flora* (*Ritter gegen Kleriker*), inc. *Anni parte florida, celo puriore*: mind. 11 Hss.[21]

Diese Zahlen zeigen, dass nur diese zwei sehr weit verbreiteten Gedichte (die *Ecloga Theoduli* und die *Visio Philiberti*) als allgegenwärtig in mittelalterlicher Kultur zu betrachten sind. Darüber hinaus finden wir ein halbes Dutzend Texte, die weit genug verbreitet sind, um anzunehmen, dass sie zumindest in Bezug auf bestimmte Kontexte oder auf bestimmte literarische Traditionen einen starken Einfluss ausübten. Folglich zeigt dieses Bild, dass die Geschichte von fingierten oder figurativen Konfrontationen in der mittellateinischen Dichtung in erster Linie nicht als Gattungsgeschichte, sondern als die Geschichte bestimmter besonders einflussreicher Texte gelesen werden sollte. Anders gesagt spielte jeder von den acht oben erwähnten Texten eine relativ unabhängige Rolle in der Entwicklung der oppositionellen Kultur. Deswegen würde ich solche Gedichte nicht hauptsächlich im Rahmen eines literarischen Genres behandeln. Vielmehr denke ich an die einzelnen Verbindungen zwischen Texten – an bestimmte Motivtraditionen oder an bestimmte handschriftliche Kontexte.

Deswegen ist mein Ansatz zu diesen Texten bewusst pragmatisch, aber zugleich interessiere ich mich für diesen Bereich genau deshalb, weil solche literarischen Wettkampfformen oft eine Typologisierungsfunktion wahrnehmen. In diesem Sinne lassen solche Wettkampfformen sich vielleicht als Differenzierungsmechanismen betrachten. Sie geben gegensätzlichen Ideen oder Einstellungen ein literarisches Gewand – eine begreifliche Ausgestaltung – und damit, könnte man sogar sagen, verleihen sie der Differenz selbst etwas wie eine ritualisierende Kraft. Wenn man zulässt, dass zum Beispiel Wasser und Wein oder Habgier und Verschwendungssucht für sich selbst sprechen können und sogar ihre gegenseitigen Identitäten elaborieren, dann erwerben diese Kategorien eine

---

20 Hrsg. aus München, Bayrische Staatsbibliothek, clm. 17404, von August HARTMANN: Scheirer Rhythmus von der Erlösung. In: ZfdA 23, n.R. 11 (1879), S. 173–189; auch hrsg. aus Vorau, Stiftsbibliothek, Hs. 374. In: Analecta hymnica medii aevi, Leipzig, 1886–1922; nachgedruckt Frankfurt a. M., 1961, Bd. 46, S. 377–383 (Nr. 328).
21 Carmina Burana, Nr. 92, hrsg. von Benedikt VOLLMANN. In: Carmina Burana: Texte und Übersetzungen, Frankfurt a. M., 1987 (Bibliothek des Mittelalters 13), S. 316–343; hrsg. auch von WRIGHT. In: The Latin Poems (Anm. 15), S. 258–267 (aus London, British Library, MS Harley 978); auch hrsg. von Barthélemy HAURÉAU. In: Notices et extraits de quelque manuscrits latins de la Bibliothèque Nationale, Paris 1890–93, Bd. 6, S. 278–288 (aus Paris, Bibliothèque nationale de France, nouv. acq. 1544 und Bibliothèque nationale de France, lat. 16208).

fast numinose Dimension, oder aus kulturgeschichtlicher Perspektive eine kraftvolle analytische Autorität. Eng verbunden damit ist das dynamische Spiel zwischen den kreativen und den sozusagen ‚versteinernden' Dimensionen solcher Texte. Einerseits können menschliche Gesellschaften sich nur mit Hilfe bestimmter, manchmal konventioneller Denkweisen verstehen: So etwas ist unentbehrlich. Dementsprechend nutzte das Mittelalter die Idee, dass Gegensatzpaare (wie etwa Seele und Körper, Fasching und Fastenzeit, Ritter und Kleriker bzw. Barmherzigkeit und Gerechtigkeit) grundsätzliche, aber konkurrierende Ansprüche auf das Selbstverständnis der Gesellschaft darstellten. Solche stilisierten Konfrontationen erlaubten, dass die zentralen Anliegen des jeweiligen Zeitalters artikuliert werden konnten. Andererseits drohten solche Konstrukte ständig, sich zu leeren Stereotypien oder begrenzenden Denkformen zu verfestigen. In bestimmten Fällen pochten sie manchmal auf Unterschiede, die wirklich riskant für den sozialen Frieden werden konnten: z. B. wenn sie die Rivalität zwischen unterschiedlichen Orden oder Berufsgruppen verkörperten oder die Feindseligkeit zwischen den Geschlechtern. In solchen Kontexten trug die ritualisierende Kraft dieser Poetik gerade zur Verstärkung von Meinungsverschiedenheiten bei, zumindest potenziell, und sogar zur Essentialisierung von Unterschieden, die vielleicht keine inhärente Gültigkeit besaßen.

Ebenfalls beispielhaft in diesem Kontext sind diejenigen Streitgedichte, die sich wesentlich mit nationalen Identitäten beschäftigen. Hoffentlich versteht es sich von selbst, dass nationale oder ethnische Stereotypien zu pflegen immer potenziell gefährlich ist, sei es nur deshalb, weil sie giftigen politischen Mythen dienen können. Eigentlich sind solche Texte nicht sehr zahlreich und mit Blick auf die Überlieferung besaßen sie wahrscheinlich keinen großen Einfluss im Mittelalter. In solchen Texten aber treten nationale Unterschiede besonders stark formalisiert hervor und beweisen in diesem Sinne vielleicht, dass nationale Identitäten sogar im Mittelalter als grundlegende Kategorien betrachtet wurden.[22] Aber die Fragen liegen nahe: Wie ernst sind solche Texte gemeint? Wie genau beschreiben sie die damals herrschenden Vorurteile? Oder sind sie nur als Witze zu

---

22 Repräsentationen von nationalen bzw. regionalen Differenzen im Mittelalter wurden schon umfangreich analysiert. Siehe z. B.: WALTHER, Hans: Scherz und Ernst in der Völker- und Stämme-Charakteristik mittellateinischer Verse. In: Archiv für Kulturgeschichte 41 (1959), S. 263–301; SCHMUGGE, Ludwig: Über „nationale" Vorurteile im Mittelalter. In: Deutsches Archiv 38 (1982), S. 439–459; MEYVAERT, Paul: „Rainaldus est malus scriptor Francigenus". Voicing National Antipathy in the Middle Ages. In: Speculum 66 (1991), S. 743–763; SHORT, Ian: Tam Angli quam Franci. Self-definition in Anglo-Norman England. In: Anglo-Norman Studies 18 (1995), S. 153–175; BIHRER, Andreas: Satanic Faeces on Norfolk's Soil. Die „Descriptio Norfolciensium" und die Schwankliteratur des späten Mittelalters. In: Mittellateinisches Jahrbuch 52 (2017), S. 44–71.

verstehen? Wie eng verbunden sind sie mit echten internationalen Spannungen bzw. Konflikten? Oder sind sie in erster Linie nur als scherzhafte literarische Provokationen zu verstehen? Zu diesen Fragen kann man nur schwer einfache oder allgemeingültige Antworten anbieten: Sie hängen ganz davon ab, welcher Text genau im Fokus steht. Außerdem bilden diese Texte zusammen keine selbsterhaltende Tradition; vielmehr wirken sie aus literaturgeschichtlicher Sicht ziemlich vereinzelt. In Bezug auf Herkunft, Kontext und Überlieferung sind sie ganz unterschiedlich. Zudem – und vielleicht ist das hier der springende Punkt – verflechten sie sich mit anderen literarischen Traditionen, die eigentlich viel breiter sind, aber vielleicht nicht unbedingt in diesem Kontext zu erwarten.

Zuerst möchte ich einen Text betrachten, der tatsächlich ziemlich prominent in der neuzeitlichen Aufzeichnung des Mittealters steht: nämlich in einem Band der sogenannten „Rolls Series", die sich als Monument der viktorianischen Mediävistik betrachten lässt. Noch präziser steht dieser Text, die *Disputatio inter Anglicum et Francum*, in der Sammlung von „politischen Liedern und Gedichten", die von Thomas WRIGHT 1859 innerhalb dieser Reihe herausgegeben wurde. Deshalb wird diese *Disputatio* oft zitiert, insbesondere als Beispiel für die gegenseitige Feindseligkeit dieser Nationen während des Hundertjährigen Kriegs. Sie ist „hauptsächlich von Interesse", meinte WRIGHT, „da sie die Bitterkeit und Feindseligkeit verdeutlicht, die infolge der anglo-französischen Kriege entstanden."[23] Ähnlich argumentiert Hans WALTHER: „Es zeigt sich hier der Haß, den die langen Kriege zwischen beiden Nationen entflammt haben."[24] Meines Wissens hat niemand diese Einschätzung des Textes bestritten, nicht einmal in letzter Zeit, in der der Hundertjährige Krieg in der anglistischen Philologie immer mehr zur Mode wird.[25] So hat zum Beispiel Joanna BELLIS 2016 geschrieben: „Dieses Gedicht ist ein sprachlicher Schnörkel, der mit Virtuosität und Invektivität erkundet, wie die Sprache in den Konflikt einging."[26]

Eigentlich treten hierbei mehrere Probleme auf. Zuerst müsste ausdrücklich zugegeben werden, dass der von WRIGHT herausgegebene Text außerordentlich

---

23 Political Poems and Songs Relating to English History, Composed during the Period from the Accession of EDW. III to that of RIC. III. Hrsg. von Thomas WRIGHT, Bd. 1, London 1859–61, S. 91: „[It] is chiefly curious as illustrating the irritation and hatred between the two peoples which had arisen out of the French wars."

24 WALTHER, Das Streitgedicht, S. 180 (Anm. 7).

25 Vgl. z. B. BUTTERFIELD, Ardis: The Familiar Enemy. Chaucer, Language, and Nation in the Hundred Years War, Oxford 2009; BELLIS, Joanna: The Hundred Years War in Literature, 1337–1600, Cambridge 2016.

26 Ebd., S. 111: „This poem is a linguistic flourish, exploring virtuosically and abusively the ways in which language was invested in the conflict."

schlecht ist, an vielen Punkten sogar ganz unverständlich – einer der schlechtesten Texte, die ich je im Druck gesehen habe. Aber WRIGHTS Text ist nicht derart schlecht, dass keine Verbesserungsvorschläge in den Sinn kommen. In Anhang 1 präsentiere ich einen verbesserten Text, der freilich auf viele Konjekturen angewiesen ist, aber die meisten davon scheinen mir relativ einfach und unbedenklich. Zum Beispiel bin ich mir ziemlich sicher, dass der Franzose mit „sanften Klängen spricht" (*mitibus sonis:* V. 4): dagegen sagt WRIGHTS *mitibus suis* nicht viel aus. Ebenso scheint es mir wahrscheinlich, dass die hübsche Frisur des Franzosen „die Augen" anzieht: also *oculos*, nicht *reliquos* („Dinge, die übrig sind": V. 10). Und in V. 58 müssen die Franzosen enthaltsam „leben", also *Vivimus:* dagegen ist *Vnius* in diesem Kontext ganz bedeutungslos. Aus der Verwirrung des gedruckten Texts kann man sogar eine Anspielung auf Masturbation identifizieren. Obwohl der Text von WRIGHT sagt, dass die Libido *contraxit* [...] *manus*, soll man wahrscheinlich *contrectat* [...] *manu* lesen. Das heißt, dass dem Engländer zufolge die Franzosen sich nicht für die Praktiken der Göttin Venus interessieren, weil sie eine Vorliebe für Selbstbefriedigung haben. Denn je klarer die Bedeutung dieses Texts hervortritt, desto unappetitlicher erscheint seine Aussage. Allerdings wird am Ende ganz klar, dass dieser Text überhaupt nichts direkt über die Ereignisse bzw. die Gründe des Hundertjährigen Kriegs zu sagen hat. Der Engländer findet den Franzosen einfach weiblich und verweichlicht, unfähig, auf die Herausforderungen zu antworten. Der Franzose lege großen Wert auf seine Erscheinungsform, insbesondere auf seine Frisur und seinen strahlenden Teint. Noch dazu besitze er eine merkwürdige Gangart. Der Name *Gallicus* (also „Franzose") sei besser als *Gallina* (also „Henne") zu verstehen. Der Engländer argumentiert auch, dass der Esstisch des Franzosen elend sein müsse, da er Weintrinker sei. In seiner Replik beantwortet der Franzose diese Vorwürfe Punkt für Punkt. Seine Frisur bezeichne sowohl seine innere Ordentlichkeit (also seine moralische Integrität) als auch seine äußerliche Ordentlichkeit. Sein strahlender Teint komme von Pallas (also von Weisheit) her, nicht von Venus. Seine sanfte Redensart habe einen Linderungseffekt, da sie sogar barsche Wörter mildern könne. Und so weiter... Aber was ganz offensichtlich werden dürfte, ist, dass keiner von diesen Punkten die politischen oder militärischen Realitäten des Spätmittelalters anspricht. Man sucht vergeblich nach einer seriösen Analyse der konkurrierenden Ansprüche von Valois oder Plantagenet oder der rechtlichen Probleme der Thronfolge oder der Durchführung des Krieges. Es ist schwer zu glauben, dass der Krieg direkt durch das Material dieses Gedichts entweder gefördert oder verschärft wurde. Für fast zeitlose Stereotypien wie diese braucht man keinen Kriegshintergrund. Man könnte sogar argumentieren, dass in diesem Fall das implizite Risiko dieser internationalen Konfrontation schließlich mehr scheinbar als wirklich ist: dass es sich in erster Linie als eine Art Vorwand erweist. Es ist nicht so, dass dieser Text Anstößigkeit kultivierte, um internationale Spannungen aufzuheizen, sondern, dass er internationale Spannungen genau deshalb fingiert, um in uralten Beleidigungen zu schwelgen. Mit anderen Worten spielt dieser Text nur mit dem Anschein, dass er irgendein Risiko eingehe und das Material des Gedichts irgendein Pulverfass bildete. In diesem Sinne ist die Andeutung einer bestimmten Gefährlichkeit ein zentraler Aspekt der Aufführung, aber am Ende ist das Risiko mit der Aufführung verbunden, nicht mit der Substanz der Argumente.

Aber es gibt ein bestimmtes Thema in diesem Gedicht, das ich hervorheben möchte. Den Verweis auf die Vorliebe der Franzosen für Wein benutzt der Franzose als eine Gelegenheit, den Engländer als bierseligen Vielfraß zu charakterisieren. Eigentlich ist es sehr bemerkenswert, wie häufig mittelalterliche Texte entscheiden, die Engländer mit Fäkalien zu assoziieren. *Vos faecem bibitis* (V. 67), sagt der Franzose ganz unverschleiert: d. h. „Ihr trinkt, was dreckig ist", oder buchstäblich, „Fäkalien". Noch dazu beginnt der Franzose seine Rede sogar mit dem Vorwurf, dass der Engländer die *faex hominum* (V. 33) sei: also die „Fäkalien" oder der „Abschaum" der Menschheit. Darüber hinaus kann *faex* „Rückstand" bedeuten, wie z. B. die Rückstände des Brauprozesses. Der Meinung des Franzosen nach wird Bier immer aus verschmutztem Material gemacht: also aus *faeces*. In diesem Sinne sind Bier und „Fäkalien" ein und dasselbe (und der Engländer, der gerne Bier trinkt, ist deswegen die genaue Verkörperung dieser *faeces*). Diese Gedankenkette war eigentlich in der mittellateinischen Literatur lange etabliert. Im 13. Jahrhundert z. B. behauptete Heinrich von Avranches: „Diese höllische Monstrosität [d. h. Bier] gehört zu irgendeinem Sumpf [...]. Es gibt nichts, was trüber ist, wenn man es trinkt: nichts was reiner ist, wenn man es auspinkelt. Es folgt daraus, dass Bier den Magen mit irgendeiner Art Kram verstopfen muss."[27] Dahinter steht die Idee, dass, wenn man Bier trinkt, die Rückstände davon zur Ausbildung von Gallensteinen führen. So z. B. erklärte Petrus von Blois im 12. Jahrhundert: „Wenn man aus dem Sumpf des Flusses Lethe trinkt und Materien aus Weizen wiederum hinzufügt [also: wenn man Bier trinkt], wächst dieser Kies dann zu Gallensteinen."[28] Dass der Franzose den Engländer als *faex homi-*

---

[27] *Nescio quid Stygiae monstrum conforme paludi, / Ceruisiam plerique uocant; nil spissius illa, / Dum bibitur; nil clarius est, dum mingitur; unde / Constat quod multas feces in uentre relinquit.* Die Streitgedichte Peters von Blois und Roberts von Beaufeu über den Wert des Weines und Bieres. Hrsg. von E. BRAUNHOLTZ. In: Zeitschrift für romanische Philologie 47 (1927) S. 30–38, hier S. 35; Russell and Hieronimus (vgl. Anh. 3), Nr. 96, eigentlich ein Teil von Nr. 23, das Leben von St. Birinus.
[28] Petrus von Blois, *Felix ille locus...*, V. 13–15: *Dum bibitur Lethea palus, iterumque serena / mingitur, in lapidem renum concrescit arena, / quem nisi cum ferro nec elicit ars Galiena.* Hrsg. von

num kennzeichnet, ist aus literaturgeschichtlicher Sicht also etwas aussagekräftiger, als man vielleicht erwarten würde. Die Rivalitäten zwischen Getränken, insbesondere zwischen Wasser und Wein, aber auch zwischen Wein und Bier, haben eigentlich eine lange Geschichte. Ich würde argumentieren, dass die Thematisierung der Verunreinigung des Biers eigentlich etwas mit der Thematisierung der Vermischung von Wasser und Wein zu tun hat, da diese Vermischung einen wiederkehrenden Streitpunkt in den Wein-und-Wasser-Debatten bildet. Es gibt sogar ein kurzes Gedicht (fast wie ein Epigramm), beginnend *In cratero meo*, das sehr weit verbreitet in mittelalterlichen Handschriften zu finden ist und das sich genau diesem Thema widmet.[29] Noch dazu würde ich argumentieren, dass die mittellateinischen Streitgedichte, die sich mit Konfrontationen zwischen nationalen Identitäten beschäftigen, die Thematik der Trinkgewohnheiten so entschlossen verfolgen, dass sie gleichsam wie ein Anhang zur Wasser-, Wein-und-Bier-Tradition betrachtet werden sollten.

Diesen Punkt unterstützt ein Gedicht, das in einer Miszellaneen-Handschrift aus dem 14. Jahrhundert erhalten ist.[30] Diese Handschrift, die vermutlich aus Lüttich stammt, war lange Zeit im Besitz der Freiherren von Fürstenberg bei Schloss Herdringen (in der Nähe von Dortmund), aber zuletzt in der Universitätsbibliothek von Löwen, wo sie 1940 verbrannt ist. Dieses Gedicht schildert nämlich eine Konfrontation zwischen Bacchus und Bier, aber hier bewegt sich die Thematik in die entgegengesetzte Richtung, d.h. diesmal *von* Trinkgewohnheiten *zu* Nationalitäten, nicht umgekehrt. Zunächst gibt der Dichter zu, dass es Leute gebe, die Bier als „die Tochter des Strohs" bezeichneten (*festuce filiam*, V. 7), aber er führt weiter aus, dass die Länder, in denen überall Bier verehrt werde, zahlreich seien. „Im Reich des Biers liegen Alemannia, Hennegau, Brabant, Flandern, Sachsen (wo Friedrich herrscht), das reiche Land von Böhmen und andere Bereiche noch dazu" (V. 16–20). In diesen Ländern trinke jedermann Bier, sogar „Eremiten und Erzbischöfe, Nonnen, Matronen und Konkubinen" (V. 21–23). Zusammengefasst, *hec placet omnibus* (V. 28): Bier gefällt jedem. Was für diesen Dichter Bier definiert, ist (sozusagen) *Germanitas:* implizit im Gegensatz zu *Romanitas*, die die Länder definiert, in denen Wein allein herrscht. Auf diese

---

C. WOLLIN. In: Petri Blesensis Carmina (Corpus Christianorum Continuatio Mediaeualis 128), Turnhout 1998, S. 274–285.

29 Hugh Primas (?): *In cratere meo...*Hrsg. von Christopher J. McDONOUGH. In: The Oxford Poems of Hugh Primas and the Arundel Lyrics, Toronto 1984, S. 48 (Nr. 14); Carmina Burana, Nr. 194. In: Carmina Burana. Hrsg. von VOLLMANN, S. 620–621 (Anm. 21).

30 Vgl. Anh. 2; und weiter zu diesem Gedicht BUND, Konrad: Studien zu Magister Heinrich von Avranches. II. Gedichte im diplomatischen Umfeld Kaiser Ottos IV. 1212–1215. In: Deutsches Archiv für Erforschung des Mittelalters 56 (2000) S. 525–545, hier S. 531–537.

Weise deutet der Dichter eine der grundlegenden Trennlinien Europas an. Dieser Wettkampf zwischen Wein und Bier verwandelt sich also in eine Art kulturelle Geographie. Zugleich aber wird Bier hierin als ein Kind des Wassers charakterisiert, *de claro neptuni genere* (V. 16; „aus der glänzenden Dynastie des Gottes Neptuns"), was als Zeichen dafür dient, dass die Wein-gegen-Bier-Debatten sich gezielt auf die Wein-gegen-Wasser-Tradition bezogen. In diesem Gedicht werden die Engländer und die Franzosen nicht erwähnt, aber selbstverständlich fallen diese beiden Nationen auf unterschiedliche Seiten dieser kulturellen Grenzlinie. Um also die Differenzen zwischen Engländern und Franzosen zu betonen, die eigentlich im Mittelalter kulturell, sprachlich und dynastisch sehr eng verbunden waren, wenden mittelalterliche Dichter sich dieser Wein-gegen-Bier-Trennlinie zu. In dieser Verbindung steht auch die *Disputatio inter Anglicum et Francum*, wo der Franzose bemerkt, dass *Lacus* (V. 63; also „Wasser") an der Bierbrauerei teilnehme, dass Wasser sich dabei buchstäblich verheirate (*maritat*, V 63). Diese Ausdrucksweise ähnelt sehr derjenigen der Wein-gegen-Bier-Debatten, in denen das Vermischen von Wein und Wasser als unheilvolle Union charakterisiert wurde. Letztendlich wird Wein zum Sieger der Herdringen-Debatte, da der Dichter entscheidet, dass Bierfässer immer ziemlich muffig röchen: *tantum fetent illius dolia* (V. 57). Noch einmal hört man hier die Andeutung, dass Bier hauptsächlich aus schmutzigem Wasser stamme.

Am Ende bleibt dieser Text ein Spiel mit schon etablierten literarischen Motiven, genau wie die Disputation zwischen dem Engländer und dem Franzosen. Ich bezweifle sehr, dass er irgendeinen ernsthaften politischen Zweck im Schilde führt. In diesen zwei Texten also ist das Politische immer dem Kulturellen untergeordnet. Einer Nation anzugehören heißt in erster Linie, eine bestimmte Lebensweise zu führen, nicht notwendig in einer bestimmten internationalen Auseinandersetzung engagiert oder in einem diplomatischen Netzwerk verwickelt zu sein. Mit anderen Worten unterstreicht dieser Text, dass nationale Identitäten immer auf vielen Ebenen operieren, und damit zugleich, dass die Kultur nie außer Acht gelassen werden kann, ebenso wenig wie die Politik oder die Konjunktur. Es gibt aber ein mittellateinisches Streitgedicht (und vielleicht nur eins), in dem der Rahmen einer Konfrontation zwischen zwei nationalen Identitäten benutzt wird, um in eine bestimmte politische Auseinandersetzung einzugreifen. Dieser Text ist die *Causa Regis Francorum contra Regem Anglorum*, die sich um eine bestimmte diplomatische Krise im Jahr 1160 dreht.[31] Nach langfristigen Spannungen hatten diese zwei Könige, nämlich Heinrich II. von England und Ludwig VII. von

---

31 Peter Riga (?): Anglorum. Hrsg. von Barthélemy HAURÉAU. In: Un poème inédit de Pierre Riga. In: Bibliothèque de l'École des chartes 44 (1883), S. 5–11.

Frankreich, einen Friedensvertrag geschlossen. Demzufolge sollten der ältere Sohn des englischen Königs und die Tochter des französischen Königs heiraten. Als Mitgift von ihrem Vater sollte die Prinzessin zwei wichtige Burgen im normannischen Vexin mitbringen, nämlich die Burgen von Gisors und Neaufle, die lange Zeit Zankäpfel gewesen waren. Aber dieses Abkommen hatte die Lage nur verschärft. Der Prinz und die Prinzessin waren beide minderjährig, nicht mehr als fünf Jahre alt, und gemäß dem Vertrag sollten diese Burgen in neutralen Händen bleiben, bis das Brautpaar heiratsfähig wurde. Trotzdem gelang es dem listigen Heinrich, eine spezielle Zustimmung vom Papsttum zu gewinnen, und somit fand die Trauung etwas früher als Ludwig erwartet hatte statt. Daraufhin ergriff Heinrich die zwei Burgen, sehr zum Ärger des französischen Königs. Dies sind die Umstände der *Causa Regis Francorum* – was bedeutet, dass dieser Text buchstäblich eine *causa* (also einen bestimmten Rechtsfall) behandelt.

Manchmal ist das Material dieses Textes sehr umständlich oder nur von lokalem Interesse: zum Beispiel als der Befürworter des englischen Königs anerkennt, dass die Burgen die anziehendsten Elemente der versprochenen Mitgift waren. Allerdings stützen sich die Vertreter der beiden Könige manchmal auf bestimmte stereotype Motive. Zum Beispiel spricht der Franzose die Idee an, dass Engländer (oder *Angli*) als Engel (oder *Angeli*) zu verstehen seien. Ganz im Gegenteil: „Der Engländer ist kein Engel: eigentlich ist er unwürdig, in den Himmel zu kommen. Vielmehr ist er ein Schlupfwinkel der Bosheit [also *angulus sceleris*, buchstäblich der Winkel der Bosheit], tatsächlich der Inbegriff der Bosheit."[32] Auch hier ist die Rede von der Trunksucht und der Völlerei des Engländers. Also sogar in diesem Gedicht, welches sehr direkt mit einer politischen Realität verbunden ist, treten kulturelle Perspektiven hervor: Wie der Engländer sich benimmt, und zwar bei Tisch, ist immerhin ein zentrales Thema, selbst wenn es in diesem Gedicht in erster Linie um den Besitz von zwei bestimmten Burgen in der Normandie geht. Der Text präsentiert sich zudem als eine sehr raffinierte Diskussion, eine rhetorische Aufführung (was vielleicht zur Rolle der königlichen Gesandten gehört, die er schildert). Das bedeutet vor allem, dass sogar die Trunksucht des Engländers in erster Linie als Gelegenheit für ausgefeilte Wortspielerei dient. So zum Beispiel:

> Dem Engländer ziemen Webstühle [*telas*] besser als Waffen [*tela*], der Trinkbecher [*calix*] besser als das Stahlschwert [*chalybs*], Völlerei [*gula*] besser als der Schutzhelm [*galea*],

---

32 *Anglus, non angelus est, neque cœlo/ Dignus, sed sceleris angulus, imo scelus*, ebd., S. 8.

Flüssigkeiten [*latices*] besser als Lanzen [*lancea*], Weinkelche [*vini pocula*] besser als Speerspitzen [*ferri spicula*].³³

Obwohl die *Causa Regis Francorum* nicht ohne ihre spaßigen Momente ist, kann man sehr schwer glauben, dass sie als ernsthafter Versuch gemeint war, die Zustimmung der Bevölkerung zu gewinnen (und sei es nur der lateinsprachigen Bevölkerung). Das abschließende Urteil fällt zugunsten des Franzosen, aber ohne irgendeinen klaren Grund. Die Richter verordnen einfach, dass die Argumente des Engländers „voller Risse" seien (*plenus* [...] *rimis*), und dass der Franzose hingegen „mit tadelloser Wahrhaftigkeit blüht" (*tua vernat in ore fides*).³⁴ Ob der englische König sich 1160 gut benahm oder nicht, dafür bringt dieses Gedicht an sich keine sehr überzeugenden Argumente.

Schließlich könnte man vielleicht argumentieren, dass die *Causa Regis Francorum* unter zwei bestimmten Paradoxien leidet. Die erste ist mit Historisierung verbunden. Natürlich schätzen wir diejenigen literarischen Texte, die fähig sind, genaue Auskunft über Ort und Zeit zu liefern. Aber je mehr literarische Texte sich mit besonderen Fällen und besonderen Umständen beschäftigen, desto mehr wird ihre Relevanz begrenzt. Wir finden Allgemeinheiten über nationale Identitäten fast *per definitionem* stereotyp oder monoton – aber wenn sie in bestimmten geschichtlichen Momenten eine klare Verkörperung finden, scheint die Gültigkeit solcher Texte dennoch nicht sehr weit zu reichen. In dieser Hinsicht ist das Thema von nationalen Identitäten fast unweigerlich unbefriedigend, zumindest als *matière* für literarische Debatten oder Dialoge. Streitgedichte können zwar bestimmten generellen Unterscheidungen eine gestaltende Kraft schenken, aber bei Nationalitätskategorien haben wir es vielleicht mit einem Ausnahmefall zu tun. Ich meine damit, dass die bloße Existenz solcher Kategorien implizit als Beweis für die Vielfalt der Menschen zu verstehen ist, sogar wenn – und vielleicht gerade wenn – wir so tun, als ob solche Kategorien eine inhärente Gültigkeit besäßen. Kurz gesagt, sind nationale Identitäten schwer zu beweisen: je präziser der Versuch, so zu tun, desto willkürlicher fällt er aus. Das zweite Paradoxon funktioniert folgendermaßen. Obwohl es in der *Causa Regis Francorum* explizit um die Könige von England und Frankreich geht, tritt eigentlich hervor, dass die politischen Identitäten dieser Staatsführer selbst nicht unkompliziert sind. 1160 gerieten diese Könige genau wegen derjenigen Ansprüche auf Teile des modernen Frankreichs aneinander, die Heinrich II. von seinem Vater, dem Grafen von Anjou,

---

33 *Ut tractet telas, non tela, manum decet Angli; / Ut sit in ore calix, non sit in ense chalybs. / Plus gula quam galea, latices quam lancea, vini / Pocula quam ferri spicula cuique placent*, ebd., S. 9.
34 *Singula rimamur: tu plenus es, Anglice, rimis; / Integra, Galle, tuo vernat in ore fides*, ebd. S. 8.

geerbt hatte. Dieser Text bezeugt zwar, dass man sogar im zwölften Jahrhundert eine grundlegende Spaltung zwischen „englischen" und „französischen" Staaten erkennen konnte, aber auch, dass die Umrisse der beiden Staaten ganz anders erschienen. Es ist lange her, dass der normannische Vexin als Krisenherd für anglofranzösische Beziehungen galt! Letztendlich würde dieser Text für die meisten heutigen Engländer nur offenbaren, dass Heinrich II. nicht besonders englisch war. Die *Causa Regis Francorum* bestätigt die Deutlichkeit der englischen und französischen Identitäten sogar im zwölften Jahrhundert, aber weist zugleich darauf hin, dass diese Identitäten nicht sehr konform mit dem modernen geographisch-territorialen Nationenkonzept gehen.

Am Ende dieses Textes findet man einen kleinen Witz: *Numquam recta fuit* [...] *causa Anglica, vel potius Anglica cauda* („die englische Sache [*causa*] war nie gerecht [*recta*], oder besser gesagt, der englische Schwanz [*cauda*] war nie gerade [*recta*]").[35] Was hier angespielt wird, ist die seltsame Legende, dass alle Engländer geschwänzt seien, wie Tiere. Diese Idee war sehr weit verbreitet im Mittelalter. Woher sie stammt, weiß niemand wirklich, obwohl man traditionell auf eine Geschichte verweist, wonach einige Engländer den heiligen Augustinus von Canterbury mit Fisch- oder Rochenschwänzen verspotteten, woraufhin diese Engländer nachher die Schwänze wunderbarerweise an sich befestigt fanden. Die Ergebnisse dieser heiligen Rache seien genetisch vererbt worden und deswegen seien alle Engländer geschwänzt.[36] Mir scheint diese Geschichte kaum eine überzeugende Erklärung für diesen weit verbreiteten Mythos zu liefern: Solche Mythen sind oft sehr unlogisch und beweisbare Erklärungen sind nicht immer zu erwarten. Allerdings beruht die Pointe des letzten Textes, den ich hier vorstellen möchte, gänzlich auf dieser seltsamen Legende über *Anglici caudati*. Dieser Text, der *Non valet audire* beginnt, stammt wahrscheinlich aus der Feder des schon erwähnten Heinrich von Avranches.[37] Anscheinend sind die Kontrahenten einerseits ein Deutscher, der *Conradulus* heißt (also: „der kleine Konrad"); andererseits nochmals ein Engländer. Zunächst beklagt der Deutsche, dass „diese Briten" ständig andere Leute verleumdeten: Deshalb möchte er reihum die Briten beschimpfen. Er beginnt:

> Die geschwänzten Engländer sind zum Trinken geboren. Wenn sie besoffen sind, prahlen sie, dass sie von Brutus abstammen [also: von trojanischer Abstammung]. Sie reden über Schlachten und brüsten sich, dass sie ein edler Stamm sind. Sie drohen jedem mit dem Tode,

---

35 *Nunquam recta fuit, nunquam meruit sibi causa / Anglica, vel potius Anglica cauda fidem*, ebd., S. 11.
36 Vgl. Neilson, George: Caudatus Anglicus. A Mediæval Slander, Edinburgh 1896, S. 2–5.
37 Vgl. Anh. 3.

während sie aus überfüllten Bäuchen rülpsen. Aber sie sind keine Krieger, nur Weber und Gerber.[38]

Die Anspielung auf Brutus ist interessant, da sie auf eine Skepsis über die legendäre Geschichte von Gottfried von Monmouth hindeutet, eine Skepsis, die sogar im Mittelalter ziemlich oft wiederkehrt, trotz der enormen Beliebtheit der britischen und arthurianischen Themen.[39] Auch hier wird angedeutet, wie in der *Causa Regis Francorum*, dass sich die Engländer besser auf Webstühle als auf Krieg verstünden. Die Erklärung dafür ist natürlich, dass die englische Wirtschaft stark auf der Tuchherstellung beruhte, was im 14. und 15. Jahrhundert immer weiter zunahm. In einem mittelenglischen Streitgedicht von John Lydgate wurde der Tuchherstellungsindustrie sogar eine Stimme verliehen, nämlich durch die Figur eines Schafs, das mit dem Pferd (als Vertreter des Adels) und der Gans (als Vertreterin des Klerus) debattierte.[40] Im Gegensatz zu diesen Webern und diesen Gerbern seien die Deutschen nicht nur ein königlicher Stamm, sondern auch ein kaiserlicher (V. 11). Sie seien wahre Diener Roms (also des Papsttums) – und besäßen noch dazu schönes, blondes Haar (V. 13). Den Briten aber wird wiederum die Völlerei zum Vorwurf gemacht. Noch einmal hören wir, dass sie den Magen vergöttlichen (*est venter quorum deus*, V. 16), wie in der *Disputatio inter Anglicum et Francum*, wo es ebenfalls heißt: *venter eorum est deus* (V. 59–60). Noch einmal kehren die *faeces* (also die „Fäkalien" oder „Rückstände") zurück: Die Engländer seien „voll mit dem Trub des Biers" (V. 17). Wir finden sogar eine direkte Anspielung auf das Epigramm *In cratere meo*. Indem Heinrich verkündet, dass Venus und Bacchus bei den Engländern nie voneinander getrennt seien (also *hic deus hecque dea non sunt Anglis pharisea*, V. 20), spielt er wahrscheinlich auf V. 3–4 des Epigramms an: *Nil ualet hic uel ea, nisi cum fuerint pharisea / Hec duo: propterea sit deus absque dea* („Keiner von beiden hat Macht, es sei denn sie sind getrennt voneinander: Deswegen soll der Gott ohne die Göttin sein"). Bedeutsam aber ist, dass die Götter im Epigramm Bacchus und Thetis sind, also Wein und Wasser. Hier dagegen sind sie Bacchus und Venus, die Trunksucht und Unzüchtigkeit vertreten. Damit wird erkennbar, wie das poetische Argument, dass Wein mit

---

38 *Angli caudati, qui sunt ad pocula nati, / cum sunt imbuti, tunc sunt de semine Bruti; / prelia tunc tractant, quod sunt gens inclita iactant, / dant omnes leto, ructantes ventre repleto, / cum sint imbelles textores vel paripelles*, ebd., V. 5–9.
39 Vgl. PARTNER, Nancy: Serious Entertainments. The Writing of History in Twelfth-Century England, Chicago 1977, S. 63–65.
40 John Lydgate: The Debate of the Horse, Goose and Sheep. Hrsg. von Henry Noble MACCRACKEN. In: The Minor Poems of John Lydgate. Part II: Secular Poems, London 1934 (Early English Text Society, Original Series 192), S. 539–566.

Wasser nicht gemischt werden solle, neu konfiguriert und zu einem neuen Zweck benutzt wird: als Kritik der unterschiedslosen Sauferei des Engländers. Auch in mittellateinischen Streitgedichten werden nationale Identitäten somit dem Thema von Trinkgewohnheiten untergeordnet. Wo wir vielleicht die Politik erwarten würden, finden wir nur kulturelle Praxis. Allerdings hat Heinrich einiges über die Prävalenz von Klassenkonflikten in England zu sagen (Klerus gegen Adel, die Bevölkerung gegen die Religiösen, V. 22–23) – und über die hohen Steuern, die die Engländer ertrugen (V. 24–25). Aber diese Punkte sind nicht so spezifisch, dass sie mit irgendeinem besonderen historischen Moment identifiziert werden könnten.

In seiner Gegenrede besteht der Engländer darauf, dass seine Landsleute nicht gierig seien, sondern sogar sehr gastfreundlich (V. 30). Der Deutsche dagegen sei wie ein Hund, überall verachtet (V. 31). Auch hat der Engländer gegen die Schwänzelegende eine schlichte Ausrede zu bieten. Er gibt einfach zu, dass England einen Schwanz habe, aber tatsächlich heiße der Schwanz „Schottland". Schottland liege nicht nur an der Grenze von England, Schottland sei sogar der Hintern von England: *huius non lora regni, sed posteriora* (V. 35). Die Ironie davon ist, dass der *Anglicus caudatus* in schottischen Invektiven gegen England sehr häufig erscheint. Wir haben sogar historische Berichte von militärischen Konfrontationen, die mit genau dieser Beleidigung von schottischer Seite eingeleitet wurden.[41] Während der Belagerung der Stadt Dunbar im Jahr 1296 zum Beispiel schrie die schottische Garnison *canes caudati* („geschwänzte Hunde") gegen die englischen Truppen an.[42] Leider kapitulierten sie kurz danach. Dennoch finden wir hier einen Beleg dafür, dass solche Motive ein Leben außerhalb literarischer Texte führten, indem sie sogar zur Aufhetzung oder Aufheizung von militärischen Konfrontationen in der Wirklichkeit beitragen konnten. Das heißt nicht, dass Heinrich von Avranches für die Verschlechterung der angloschottischen Beziehungen am Ende des 13. Jahrhunderts irgendeine Verantwortung zukäme – daran war vielmehr der Opportunismus der englischen Krone schuld.

Ich glaube also nicht, dass literarische Mythen wie etwa der von den *Anglici caudati* wirklich Kriege verursachen können, aber sie sind eine Ressource, die auch in Kriegszeiten genutzt wird. Insoweit sind solche Texte immer etwas riskant. Genau wie Dichter die Möglichkeit solcher Risiken benutzen, um eine bestimmte Spannung zu erzeugen, sogar in Texten, die nicht besonders politisch gezielt sind, werden umgekehrt literarische Motive, sogar absurde Motive benutzt,

---

[41] Wie NEILSON es ausdrückt: „On more than one occasion our forefathers [also: NEILSONS schottische Ahnen] are recorded to have enlivened the preliminary skirmishes before their battles by mirthful allusions to the tails with which they accredited the adversary", Caudatus Anglicus, S. 11 (Anm. 36).
[42] Ebd., S. 12.

um aktuellen Rivalitäten Formen zu geben. Natürlich möchte ich keineswegs als Apologet für die Vorurteile erscheinen, die diese Texte zelebrieren, aber vielleicht sind sie etwas wie ein notwendiges Übel. Solange es nationale Identitäten gibt, werden solche Vorurteile ab und zu hervortreten und in dieser Hinsicht sollten wir vielleicht erleichtert sein, dass die im Mittelalter erkennbaren Traditionen relativ heiter oder skurril aussehen. Peter BINKLEY hat konstatiert, dass Dialoge zwischen Nationen allgemein in der mittellateinischen Literatur zu finden sind, insbesondere zwischen Engländern und Franzosen während des Hundertjährigen Krieges.[43] Allein wenn man von den metrischen Texten spricht, trifft dieses Urteil nicht zu. Es gibt noch dazu nur ein sehr kurzes Gedicht, nur dreizehn Zeilen, das WALTHER als Streitgedicht verzeichnete, aber dieses Gedicht ist weder besonders spezifisch noch besonders interessant.[44] Ansonsten kenne ich keine anderen mittellateinischen Streitgedichte, die sich direkt mit dem Hundertjährigen Krieg beschäftigen oder mit irgendeiner anderen internationalen Konfrontation. Darüber hinaus kenne ich keine anderen mittellateinischen Streitgedichte, die sich wesentlich mit nationalen Identitäten beschäftigen. Allerdings gibt es andere Gattungen, die zur literarischen Darstellung von nationalen Identitäten relevant sind (wie z. B. Invektiven), und ebenso gibt es andere mittelalterliche Sprachen. Aber es ist nicht der Fall, dass das mittellateinische Streitgedicht häufig als Medium für solche Themen benutzt worden wäre. Außerdem ist keiner der Texte, die ich hier diskutiert habe, in mehr als einer einzigen Handschrift erhalten. Die begrenzte Verbreitung solcher Texte zeigt, dass die Thematik von nationalen Differenzen nicht so einfach zur Tradition des Streitgedichts beitrug, wie wir vielleicht erwartet hätten.

Mögliche Erklärungen dafür kann ich nur vorsichtig andeuten. Die meisten mittellateinischen Streitgedichte adressieren Allgemeinheiten, die besonders großen Rückhalt haben, nicht trotz, sondern genau wegen ihrer Allgemeingültigkeit, d.h. wenn sie Kontrahenten aufbieten, die für grundlegende Tendenzen oder Prinzipien sprechen. In solchen Fällen nehmen wir alle als Menschen notwendigerweise teil. Im Rahmen von nationalen Identitäten dagegen sind wir alle *per definitionem* unterschiedlich. Je präziser man dementsprechend versucht, diese Unterscheidungen zu definieren oder zu begründen, desto begrenzter ist ihre Relevanz. Deswegen scheint mir der erfolgreichste Text, den ich hier diskutiert habe, die Herdringer-Debatte zwischen Bier und Wein zu sein, da er uns fast

---

43 Peter BINKLEY, Dialogues and Debates, S. 679 (Anm. 5): „Dialogues between nations are common, especially between Englishmen and Frenchmen during the period of the Hundred Years War."
44 O gens Anglorum, morum flos, gesta tuorum... In: Political Poems and Songs. Bd. 2. Hrsg. von WRIGHT (Anm. 23), S. 127–128; WALTHER, Das Streitgedicht, S. 181 (Anm. 7).

überzeugt, dass Weintrinken versus Biertrinken eine grundlegende europäische Grenzlinie definiert: eine Grenzlinie, die genauso wichtig ist wie die zwischen Alkoholtrinken und Abstinenz. Aber sie überzeugt nur scheinbar. Sogar im Mittelalter korrespondierten Weintrinken bzw. Biertrinken nicht exakt mit germanischen bzw. romanischen Identitäten. Auch dazu könnte man vielleicht argumentieren, dass nationale Identitäten nicht Ausdruck des Wesens sind, sondern das Ergebnis von Taten. Was etwa ‚englisch' zu sein bedeutet oder was ‚deutsch', wird (bedauerlicherweise) in erster Linie durch die Entscheidungen von unseren Staatsführern determiniert – von Königen und Regierungen (wie im Fall der zwei Burgen im normannischen Vexin). Wir tragen zwar körperschaftliche Verantwortung als Nationen, aber nur für das, was wir als Nationen tun, also für das, was in der historischen Realität passiert, nicht für das, was wir uns über nationale Identitäten nur vorstellen oder woran wir willkürlich glauben. Vielleicht aus diesen Gründen fanden mittelalterliche Dichter es ziemlich schwer, ihre nationalen Identitäten im Rahmen des formellen poetischen Streits zu akkommodieren, und dementsprechend wirken die relativ wenigen Streitgedichte dieser Art, die wir haben, besonders willkürlich, seltsam oder skurril.

Anhang 1: *Disputatio inter Francum et Anglicum*
Text: WRIGHT (Anm. 23), Bd. 1, S. 91–93 [**W**], London, British Library, MS Cotton Titus A. 20 [**T**], mit konjekturalen Verbesserungen von N.C. fett gedruckt.

Anglus loquitur.[45]

Scire velim quare me Gallicus urget in arma,		
Cum qua praesumens, Gallice, fronte loqui.		
Quid veniunt a fronte minae! Quo murmure pectus		[W: Quae; T: Quid
Involvis! Quid agunt mitibus ora **sonis**?		[TW: suis
Parce viris! Societ mulierem lis mulieri:	5	
Impar certamen cum muliere mari.		
Quicquid agas gestu, quocunque feraris [...],[46]		[TW: feraris eidem
Semper inest aliquid quod tibi crimen **edat.**		[TW: emat
Si caput **aspicio** compto dum crine superbit,		[TW: aspicias

---

45 Ich habe die Reihenfolge der beiden Reden umgekehrt, den Argumenten von A.G. RIGG, in: A History of Anglo-Latin Literature 1066–1422, Cambridge 1992, S. 381, Anm. 78 folgend: „The Frenchman first defends himself against criticisms of his manners, and then the Englishman attacks for them. Scholars have assumed that something is lacking at the beginning, but it is much simpler to reverse the two speeches: this is a debate in which the Frenchman has the last word (presumably composed by a French author), which has been altered by the English scribe of BL Cotton Titus A.xx to give the appearance of an English win in the contest."
46 Diese Crux kann ich nicht lösen.

Nescio **quos oculos suspiciose** trahit.   10   [**TW:** qua reliquos suspicione
Si capitis **motus** nunc hac, nunc vertitur illac,   [**TW:** motum
   Discurrat tanquam non velit esse tuum.   [**TW:** Discurres
Si faciem Veneris vitio **praedare ruboris**,   [**TW:** praedante ruborem
   Eloquitur vitium pallida forma tuum.
Si **linguae mollis** pulsum, ne forte palatum   15   [**TW:** linguam mollit
   Obstrepat, **en** mulier fatur in ore viri!   [**TW:** et
Si **gressu timidas** suspendis in aere plantas,   [**TW:** gressum tumidas
   Vix pede **degustes** anteriore vias.   [**TW:** degustans
Si partes alias muliebrem cedis in usum,
   Foemineo gestu **dissimulas virilem.**   20   [**TW:** dissimulante virum
Si **qua** foemineos castravit **Gallia** Gallos,   [**TW:** quia... Gallica
   'Gallinae', Galle, nomen et omen habe!
Ne Veneris solus Gallos sibi vendicet usus,
   Contrectat cupide caeca Cupido **manu.**   [**TW:** Contraxit cupide... manu
Eloquar hoc crimen, sed non **aget** ore. Quid ergo   25   [**TW:** eget
   Oras? A mensa paupere disce fidem!   [**TW:** oris
Servili mense Bacchus de faece reservat,
   Et servit pauper paupere mensa cibo.
Gallia de vite paleam metit, Anglia granum:
   Haurimus liquidum, cetera Gallus habet!   30
Cum Gallus talis maculet mentem contagio Galli,
   Gallica praestat enim parcere – parce loqui!   [**TW:** Gallice...

[Der Franzose antwortet:]

Anglia, faex hominum, pudor orbis, et ultima rerum,
   Res rea plus aliis, quid facis **false** reum?   [**TW:** esse
Qua pice verborum premis aere! Quo mihi telo   35
   Insurgis, vel quod fulmen ab ore jacis!
Mentem sermo capit, sordes a pectore **lingua**   [**W:** lingit. **T** ist zweideutig
   Contrahit, et virus mentis ab ore fluit.
Pullulat in ramum vitium radicis, et inde
   Derivat facinus natio tota suum.   40
Omnia perveres **docens,** in crimina flectis: [**T:** pervertes doces; **W:** per-
                                                                    vertis doces
   Signum virtutis in vitiosa trahis.
Objicitur crinis pexus, gena pallida, sermo
   Mollis, et obsequia deliciosa pedum.
Si regit Ordo comas, et eas docet ordine comi,   45
   Ne sinat Hypocrisis passibus ire vagis.
Si pallet facies, a Pallade pallor in ora
   Exit, et a Venere non venit iste color.
Si molles expono sonos, **que aspera primum**   [**TW:** aures primum asper
   Verba reconciliat mollis in **aure** sonus.   50   [**TW:** ore
Si pede subtili passus **produco modestos,**   [**TW:** primum una modestos
   Indicat exterior interiora modus.   [**TW:** Instruit

Singula compta nitent, nitor intimus extima **jungit**, [**TW:** jungunt
   Et color interior exteriora colit.
Sed **qui** se vitio modico discrimine nectit, 55 [**W:** quia; **T** *ist zweideutig*
   In vice virtutis crimina saepe tulit. [**TW:** Pro vitio virtus
Addis avaritiae crimen, quia fine modesto
   Vivimus et **proles** nolumus esse Gulae. [**T:** Vivimus... proli; **W:** Vnius... proli

Quos preter pecudes alit Anglia? Venter eorum
   Est deus, et ventri sacrificare student. 60
Distendit stomachum Gula prodiga, gutture pleno,
   Turget, et est potius belua, quam sit homo.
In **potu** usum segetis Lacus ipse maritat; [**TW:** potus
   Haec duo sunt aliqua, et tamen inde nihil.
Nos alit ipse liquor vitis: faex venditur **Anglo** – 65 [**TW:** Anglis
   Quo cum sit liquida creditur esse liquor! [**W:** Quae; **T:** Quo
Vos faecem bibitis – sed tantum tempore festo,
   Pauco et raro distribuendo **vini.** [**TW:** Paucis... venit
Si tamen hauritis aliquid de more Lyaei,
   Hoc signare decet carmine festa Dei! 70
Salve, festa dies, toto venerabilis aevo
   Qua Deus in venas scandit, et extra tenet!

Anhang 2: *Altercatio vini et cerevisie*

Text: Aloys BÖMER, Eine Vagantenliedersammlung des 14. Jahrhunderts in der Schlossbibliothek zu Herdringen (Kr. Arnsberg), in: ZfdA 49 (1908) S. 161–238, hier S. 199–202, nach Leuven, Universitätsbibliothek, Cod. G. 65 (*olim* Schloss Herdringen, Gräflich Fürstenbergische Bibliothek, Hs. C 51; 1940 verbrannt); nachgedruckt von Jörg O. FICHTE et al., in: Das Streitgedicht im Mittelalter, Stuttgart 2019, S. 22–27.

Ludens ludis miscebo seria,
ne fatiscant mentes per tedia:
nunc de bacho, nunc de cervisia
tractans lites tractabo iurgia.
Assit ergo vestra intentio, 5
non tumultu, sed cum silentio,
explicetur hec disputatio,
ad hoc tendit mea petitio.
Multi quidem laudant cervisiam,
parvipendunt bachi potentiam; 10
laudant, inquam, festuce filiam
et contempnunt deorum gloriam.

Nam quia credunt summum existere
– ne velimus verum deprimere –
aquam, credunt nasci de cerere   15
et de claro neptuni genere.
Eius regnum est alemannia,
hannonia, brabantis, flandria,
frederici regnum, saxonia,
terra Pontis predives, omnia.   20   [**B:** pontus
Inde bibunt reges, pontifices,
heremite, archipontifices,
Continentes, matrones, pelices,
Inde summas fecundat calices.
Placet letis, placet dolentibus,   25
placet parvis, placet maioribus,
placet sanis, placet languentibus.
Quid enarrem? hec placet omnibus.
Vestre quidem patet notitie,
que sit virtus, que laus cervisie;   30
videamus cum mentis acie,
quante bachus sit efficacie.
Bachus multis pollet miraculis:
bachus duplex dat lumen oculis;
bachus reddit iuventam vetulis,   35
bachus nummos refert a loculis.
Bachus mentes a curis liberat,
bachus omne latens considerat;
bachus usus semper desiderat,
bachus nexus doloris lacerat.   40
Bachus est fons totius gaudii,
bachus semper vult tempus otii;
bachus levat pondus supplicii
iuxta versus istos ovidii:
Vina parant animos faciuntque caloribus aptos.   45   [**B:** coloribus
Bachus rhetor, bachus est phisicus,
Est legista, est dyalecticus,
Gramaticans et astronomicus,
Geometer et bonus musicus.
Satis probat hunc et hanc ratio,   50
sed si verifiat discussio,   [**B:** veri fiat
parum valet hec comparatio
de hoc potu cum dei filio.
Ego mallem transire maria,
quam sedere iuxta cellaria,   55
ubi iacet festuce filia:
tantum fetent illius dolia.

Bachus vero vincit flagrantia
thus, aroma, rosam et lilia;
bacho demus laudes cum gloria,   60
decantemus omnes alleluya!

Anhang 3: Heinrich von Avranches (?), *Conradulus gegen einen Engländer*
Text: J.C. Russell u. J.P. Heironimus, The Shorter Latin Poems of Master Henry of Avranches relating to England, Cambridge MA 1935, S. 29 (Nr. 93) [**R**], aus Cambridge, University Library, MS Dd. 11.78 [**C**], mit konjekturalen Verbesserungen von N.C. fett gedruckt.

Non valet audire mala plus Conradulus ire
iurgia cum sannis a servis dicta Britannis,
qui me quando vident nec non mea carmina rident.
Sanna consimili vulgo do iurgia vili: [**C:** in; **R:** ira
„Angli caudati, qui sunt ad pocula nati,
cum sunt imbuti, tunc sunt de semine Bruti;
prelia tunc tractant, quod sunt gens inclita iactant,
dant omnes leto, ructantes ventre repleto,
cum sint imbelles textores vel paripelles.
Credite, trutanni non sunt tales Alemanni:
gens sunt regalis non, sed gen imperialis,
et gens pomposa, gens fortis et impetuosa,
flava pulchra coma, famulans solum tibi, Roma;
omnes proceri, non segnes iura tueri.
Sed vos, O miseri Britones, ad prelia seri,
est venter quorum deus atque vorago ciborum,
vos fece cervisie pleni vacuique sophie
precolitis Bacum suberit cum tempus opacum;
tunc Venus obscena subit apponendo venena;
hic deus hecque dea non sunt Anglis pharisea.
Inter vos aliqui semper vexant ut iniqui;   [**CR:** Vestrum
militie clerus est adversando severus;
plebs habet exosos generaliter religiosos,
federe dissuto plebs conculcata tributo
crebris et bullis privat**que** papa medullis,   [**CR:** privat quam

vel rex: ergo sile, vulgus per secula vile."
Anglus respondet, probra probris reddere spondet:
„Tu nos vinosos reprobas et desidiosos.
Nos sumus ignari dandis escis vel avari;
advena **palpatur**, potans a paupere scitur,   [**CR:** partitur
Theuto cani similis, mundi per climata vilis.
Iurgia que multa sunt non transibis inulta.
Nescius in caudis recolis preconia laudis,
Scocia namque tegit, regio quam nostra subegit,
huius non lora regni, sed posteriora.
Sic cauda tegitur Britonum gens et redimitur,
Anglis **Theutonici** nec non Francis **inimici**."   [**CR:** Theutonice – **R** inimice; **C:** *Buchstaben verloren*

III Dynamiken

Bent Gebert
Einüben und Ausüben
Zur Spielsemantik im *Welschen Gast* Thomasins von Zerklære

I Zwischen Verinnerlichung und Veräußerlichung: Annäherung an das Programm höfischer Habitualisierung

Mit seinem um 1215 verfassten Lehrgedicht *Der Welsche Gast* formuliert Thomasin von Zerklære, Kleriker am Patriarchenhof von Aquileia, das erste umfassende Normenprogramm hochmittelalterlicher Adelskultur in der Volkssprache.[1] Sein didaktischer Systematisierungsversuch wurde als sozialgeschichtliches Zeugnis vormoderner Zivilisierungsgeschichte betrachtet, die körperliche Bedürfnisse distanziere und Gewaltregulierung zu inneren Normen verfestige.[2] Eingehend wurden auch ihre ideen-, begriffs- und wissensgeschichtlichen Grundlagen befragt, die Thomasins Entwurf sowohl mit christlicher Anthropologie wie auch – über diese vermittelt – mit ethischen Konzepten der Antike verbinden.[3] In poe-

---

[1] Alle Belege im Haupttext folgen der Ausgabe Der wälsche Gast des Thomasin von Zirclaria. Zum ersten Male hrsg. mit sprachlichen u. geschichtlichen Anmerkungen von Heinrich RÜCKERT, Quedlinburg 1852, ND Berlin 1965 (Bibliothek der gesammten deutschen National-Literatur von der ältesten bis auf die neuere Zeit. Abt. 1 / 30); Übersetzungen stammen vom Verfasser.
[2] Für ELIAS, Norbert: Über den Prozeß der Zivilisation. Soziogenetische und psychogenetische Untersuchungen, 2 Bde., Frankfurt a. M. 1997 (Suhrkamp Taschenbuch Wissenschaft 158–159) schien die „Richtung" dieser Disziplinierung ausgemacht: Gewaltpotentiale würden durch „Verhöflichung" nicht gelöscht, sondern habituell und psychisch – auch von künstlerischen Medien befördert – „nach innen verlegt" (Bd. 2, S. 341, insges. S. 323–465). Zur Rezeption und Kritik des ELIAS'schen Ansatzes aus mediävistischer Sicht vgl. allgemein HEINZLE, Joachim: Usurpation des Fremden? Die Theorie vom Zivilisationsprozess als literarhistorisches Modell. In: Text und Kultur. Mittelalterliche Literatur 1150–1450. DFG-Symposium 2000. Hrsg. von Ursula PETERS, Stuttgart, Weimar 2001 (Germanistische Symposien. Berichtsbände 23), S. 198–214.
[3] Vgl. BUMKE, Joachim: Höfischer Körper – Höfische Kultur. In: Modernes Mittelalter. Neue Bilder einer populären Epoche. Hrsg. von Joachim HEINZLE, Frankfurt a. M. 1994, S. 67–102; DERS.: Höfische Kultur. Literatur und Gesellschaft im hohen Mittelalter (dtv 30170), 10. Aufl., München 2002, insbes. S. 416–419; den höfischen Tugenddiskurs maßgeblich auf Begriffe der römischen Moralphilosophie zurückzuführen, verdankt sich u. a. der einflussreichen Untersuchung von JAEGER, C. Stephen: The Origins of Courtliness. Civilizing Trends and the Formation of Courtly

tisiertem Gewand betrachtete man den *Welschen Gast* damit gewissermaßen als Theorie höfischer Disziplinierung, als umfassende ‚Verhaltenslehre' für junge Adlige, die um Leitnormen beständiger Selbstkontrolle (*staete, zuht, mâze*) zentriert ist. Weniger, nur partiell erschlossen wurden aus geistes- und ideengeschichtlicher Perspektive hingegen die praktischen Dynamiken, in denen sich diese Beständigkeit positiv erzeugt oder deren Überschreitung Thomasin zur negativen Abgrenzung heranzieht. Dieses Spannungsverhältnis zwischen Interiorisierung und Transgression bildet eine zentrale, aber schwierige Bewegung für das höfische Programm. Denn trotz seiner ausführlichen Darstellung klärt Thomasin nicht immer oder nicht konsistent, ob die Vermittlung von Normen als Verinnerlichungsprozess aufzufassen ist, in dem äußere Exempel und Maßgaben im Zuge regelgeleiteter Wiederholung in psycho-physische Dispositionen hineingenommen werden sollen[4] – oder in welchem Maße solche Habitualisierung auf höfische Körper nicht nur (hin-)einwirkt, sondern umgekehrt durch Veräußerung erfahrbar und wirksam wird – durch Lenkung anderer, durch Reaktion auf äußere Herausforderungen und Bewährung in unvorhergesehenen Situationen.[5] Wenn

---

Ideals, 939–1210, Philadelphia 1985; ihr liegen ältere ideengeschichtliche Postulate zugrunde, die Günter EIFLER dokumentiert hat: Ritterliches Tugendsystem. Hrsg. von Günter EIFLER, Darmstadt 1970 (Wege der Forschung 56). Von großen kulturgeschichtlichen Linien hat sich die jüngere Forschung zum *Welschen Gast* tendenziell ab- und dafür eingehender der Textsystematik zugewendet, vgl. zuletzt mit umfassender Dokumentation zur Forschung SCHANZE, Christoph: Tugendlehre und Wissensvermittlung. Studien zum ‚Welschen Gast' Thomasins von Zerklære, Wiesbaden 2018 (Wissensliteratur im Mittelalter 53); JERJEN, Vera: Struktur und Erfahrung im ‚Welschen Gast' Thomasins von Zerclaere. In: Diagramm und Text. Diagrammatische Strukturen und die Dynamisierung von Wissen und Erfahrung. Überstorfer Colloquium 2012. Hrsg. von Eckart Conrad LUTZ, Wiesbaden 2014, S. 349–372; STARKEY, Kathryn: A courtier's mirror. Cultivating elite identity in Thomasin von Zerclaere's ‚Welscher Gast', Notre Dame 2013; grundlegend zu den Quellen auch HUBER, Christoph: Die Aufnahme und Verarbeitung des Alanus ab Insulis in mittelhochdeutschen Dichtungen. Untersuchungen zu Thomasin von Zerklære, Gottfried von Straßburg, Frauenlob, Heinrich von Neustadt, Heinrich von St. Gallen, Heinrich von Mügeln und Johannes von Tepl, Zürich, München 1988 (Münchener Texte und Untersuchungen zur deutschen Literatur des Mittelalters 89), S. 23–78; systematisch HAFERLAND, Harald: Höfische Interaktion. Interpretationen zur höfischen Epik und Didaktik um 1200, München 1989 (Forschungen zur Geschichte der älteren deutschen Literatur 10).

4 HAFERLAND, Höfische Interaktion, S. 73–80 (Anm. 3) spricht treffend von der „Involution" von Repräsentationsverhältnissen. Ähnlich bezeugen Hofzuchttexte wie der *Welsche Gast* auch für Norbert ELIAS (Anm. 2) die Transformation von Fremd- in Selbstzwänge, mithin Übernahmebewegungen von sozialen Außennormen zu subjektiven Innennormen.

5 Zu dieser Spannung vgl. GEBERT, Bent: Poetik der Tugend. Zur Semantik und Anthropologie des Habitus in höfischer Epik. In: Text und Normativität im deutschen Mittelalter. XX. Anglo-German Colloquium. Hrsg. von Elke BRÜGGEN u. a., Berlin, New York 2012, S. 143–168. Zum Verstetigungsanspruch von Tugendlehren vgl. mit umfangreichen Forschungshinweisen REICH, Björn:

höfische Zivilisierung auf grundlegende Kontrolle von Affekten zielt, bilden Verinnerlichung und Veräußerlichung von normativem Verhalten nicht einfach zwei Seiten derselben Medaille, sondern ein Spannungsverhältnis von Subjekt- und Sozialbezug. Ziel höfischer Erziehung ist, diese Differenz so beharrlich zu bearbeiten und einzuüben, dass sie gleichsam zu verschwinden scheint – und adliges Verhalten als zweite Natur erscheint. Thomasins Diskussion zum höfischen Habitus changiert in genau diesem Doppelsinn zwischen subjektorientierter Vertiefung und sozialer Veräußerlichung in einer lebenslangen, gruppen- und situationsübersteigenden Praxis, oder noch kürzer: zwischen Einübung und Ausübung.[6] Ihr Verhältnis erzeugt eine brisante Dynamik, für die textgebundenen Instruktionen von Thomasins *Welschem Gast* wie für die normative Praxis höfischer Kultur, weil es nicht in einfacher Balance zu integrieren ist (‚einüben' *und* ‚ausüben'), sondern Kontraste und Kampfverhältnisse zwischen Innen- und Außenorientierung, zwischen mentalen Selbstverhältnissen und affektiven Verstrickungen in die Welt verschärft.[7] Anders gesagt: Tugendorientiertes Handeln, Sprechen und Auftreten verwickelt in Kontexte und Bindungen, die innere Kontrollgebote zu zähmen, einzuschränken und zu begrenzen suchen.

Nicht alle Programmbegriffe, die der *Welsche Gast* in den Vordergrund rückt, legen diese Spannung gleichermaßen offen. Dass höfische Vorbildlichkeit jedoch systematisch auf der Spannung beruht, die Bezugsrichtung der Disposition verfestigen und lösen zu können, verdichtet sich nicht zuletzt an einer schillernden Semantik des Spielens. Mhd. *spil*, *spiln* und ihre Ableitungen (*spiler* u. a.) bezeichnen im *Welschen Gast* ein Spektrum von Vorgängen, Akteuren und Bezie-

---

Spiel und Moral. Zur Nutzung von Schach-, Würfel- und Kartenspielen in der moralischen Erziehung im Mittelalter und der Frühen Neuzeit, Habilitationsschrift HU Berlin 2018, hier S. 36 f. im Typoskript.

[6] Vgl. schon BUMKE, Höfischer Körper, S. 68 (Anm. 3): „Einübung von höfischer Haltung und Gesinnung" einerseits ziele in „körperliche[m] Training" und Kampf andererseits auf „Ausdruck adligen Selbstbewußtseins und eines sozialen Überlegenheitsanspruchs [...]". Hierzu auch Eva WILLMS in ihrer Einleitung zur Textausgabe: Thomasin von Zerklære: Der Welsche Gast. Text (Auswahl), Übersetzung, Stellenkommentar. Ausgewählt, eingeleitet, übersetzt und mit Anmerkungen versehen von Eva WILLMS, Berlin, New York 2004 (De Gruyter Texte), S. 6 f.

[7] Wie HUBER, Alanus ab Insulis (Anm. 3) eingehend anhand von Thomasins Rezeption der *Psychomachie* herausgearbeitet hat, schichten sich im *Welschen Gast* die „äußere standesspezifische" und „innere allgemeinethische" Pflichtensphäre (S. 68) im metaphorischen Modell eines doppelten Krieges übereinander, der sowohl äußerlich (*bellum corporale / exterius*) als auch innerlich (*bellum spirituale / interius*) geführt wird (insges. S. 66–74). Wie beides zueinander steht, beantwortet die geistliche Didaxe traditionell konfliktorientiert (ebd. zu Hiob 7 und Eph. 6,12).

hungen, die aus dem Blickwinkel moderner Typologien[8] von agonalem Wettkampf über aleatorische Glückspiele und die Mimikry von Kinderspielen bis zum rauschhaften Exzess von Spielsüchtigen reicht; es reicht vom Lob für regelgeleitete Kompetenz (z. B. im Schachspiel) bis zur moralischen Warnung vor Kontrollverlusten und Eskalation, wie sie Steffen BOGEN in seinem Beitrag ikonologisch analysiert. Obwohl die insgesamt 29 Spiel-Belege sich auf gut zwei Drittel des umfangreichen Textes verteilen, werden jedoch nur wenige Stellen in längeren Diskussionen in den Vordergrund gehoben, während die meisten Hinweise exemplarisch kurz ausfallen, sich beiläufig und peripher um die ostinaten Leitvokabeln legen. Welche Auseinandersetzung führt Thomasin gleichsam unterhalb des Radars religiöser und philosophischer Ethik? Welches Verhältnis – falls sich dies zusammenfassend beurteilen lässt – entwickelt der *Welsche Gast* zu den Chancen und Gefahren des Spielens?

Die folgende semantische Analyse rekonstruiert diese Dynamik unter den Vorzeichen, mit denen Thomasin auf Spiele, Spielen und Spieler zu sprechen kommt: unter den Vorzeichen moralischer Spielkritik, die am ausführlichsten thematisiert wird (Abschn. II), aber auch der Verstetigung (Abschn. III) und wechselnder Orientierungen (Abschn. IV), die nach innen oder außen führen. Meine Stellenlektüren folgen hermeneutischen Zielen, nicht lexikalischer Begriffsklärung. Die Anordnung der Belege, die ich im Folgenden vollständig auswerte, sucht in diesem Sinne die Hypothese zu überprüfen, dass sich die verstreuten Spielbelege als Fragmente einer höfischen Risikosemantik rekonstruieren lassen, die Wert-, Zeit- und Richtungsfragen höfischen Verhaltens in Bewegung bringt (Abschn. V).

II Schlechte und gute Spiele: Wertfragen

Für das regulative Ideal höfischer Selbstkontrolle beschwören Glücksspiele ein grundsätzliches Exzessrisiko, weil sie mit Gewinnhoffnungen affektiv und materiell in den Spielprozess einbinden, im Falle des Verlusts aber zum jähen Selbstverlust führen. Ausführlich warnt Thomasin daher vor den potentiell negativen Folgen (Nr. 1–6):[9]

---

[8] Ich lehne mich hier an CAILLOIS, Roger: Die Spiele und die Menschen. Maske und Rausch. Aus dem Französischen und mit einem Nachwort von Peter GEBLE, Berlin 2017 (Batterien N.F. 27) an, auch wenn die nachfolgende semantische Analyse dieser Klassifikation nicht methodisch verpflichtet ist.

[9] Um Verweise im Rahmen der Analyse zu erleichtern, sind sämtliche Belege von *spil* und zugehörige Formen hervorgehoben und nummeriert.

> Swer fich an rede bewaren wil,
> der fol fich hüeten vor dem *fpil*
> daz uns vil bœfe rede bringet
> und wider fchœne zuht ringet.
> felten *fpilt* dehein man,
> und wirt er verliefent dran,
> ern fpreche des genuoc
> daz ein hüffch man und gevuoc
> möhte vil ungerne fprechen.
> wie mac fich ein man harter fwechen,
> der umbe kleine vluft will
> fich mit rede fchenden vil?
> hiet er verlorn fwaz er hât,
> er möht dannoch gern haben rât
> daz er niht enfeite daz er feit;
> daz machet grôz unftætekeit.
> daz *fpil* gît hazzes, zornes vil;
> girde und erge ift bî dem *fpil*.
> dem muoz vil wê nâch guote fîn
> der daz fîn wâget durch daz mîn.
> rehte wol und eben lît
> daz *fpil* rîchtuom niht engît,
> wan ieglîcher hiet daz *fpil* erkorn;
> die tugende wæren gar verlorn.
> (V. 687–710)

Wer auch immer sich bei seinen Äußerungen in Acht nehmen will, soll sich vor dem Spiel hüten, das uns zu manchen schlechten Worten verführt und vollkommener Selbstbeherrschung zuwiderläuft. Selten spielt jemand, dem im Fall der Niederlage nicht viel entfährt, das einem höfischen, wohlerzogenen Menschen nicht höchst ungern über die Lippen käme. Wie kann man sich peinlicher blamieren, als wenn man sich wegen eines geringfügigen Verlusts mit Gerede entehrt? Selbst wenn er alles verloren hätte, was er besitzt, wäre er gut beraten, nicht zu sagen, was er sagt; dies verursacht erhebliche Unbeständigkeit.[10] Das Spiel schenkt nur Hass und Zorn, Gier und Bosheit sind mit im Spiel. Wer sein Eigen für das Meinige aufs Spiel setzt, muss ziemlich krank nach Besitz sein. Gut und richtig liegt auf der Hand: Das Spiel schenkt keinen Reichtum, sonst würde es jeder erstreben – und die Tugenden wären verloren.

Thomasins Kritik setzt beim Verlustrisiko an: Wer ein ungewisses Spiel um Einsätze verliere, lasse sich oft zu unkontrollierten, schlechten Worten hinreißen, die einen selbst entehren, ganz gleich, wie höfisch und taktvoll (*hüffch* und *gevuoc*)

---

[10] V. 702 lässt sich doppeldeutig lesen: Entweder führt das Spielen zum Bruch von Selbstbeherrschung oder aber mangelnde Beständigkeit lässt das Spiel eskalieren. Zu dieser Übersetzung vgl. auch WILLMS, Der Welsche Gast, S. 37 (Anm. 6).

man sonst sei. Das aleatorische Risiko wird dabei als agonaler Kampf gegen die Tugend metaphorisiert: Das ſpil selbst kämpft (ringet) gegen Selbstkontrolle (zuht). Dass dies kaum bei Worten stehen bleibt, illustrieren Thomasin-Handschriften wie der Heidelberger cpg 389 (um 1256) als Eskalation über dem Trictrac-Brett: Während der Gewinner links vom Spielbrett sich an die Allegorie des reht mit balancierter Waage wendet, verliert sein Gegenspieler nicht nur seinen Rock als Spieleinsatz, sondern auch seine Fassung. Von girde zum Weiterspielen und vom zorn mit blutigem Schwert zum Mord angestachelt, holt der schlechte Verlierer schon zum Wurf gegen den Gewinner aus.[11]

Kompetitives Spielen diskutiert Thomasin also als Zusammenhang von notwendigem Einsatz, möglichem Gewinn und drohendem Verlust, die über Verben wie *geben* und *wâgen* verbunden sind (V. 703, 706). Riskant entgrenzt scheint diese Bindung jedoch erst, wenn man verliert. So auch an anderer Stelle (Nr. 7–8):

> Dem ſpiler wirt nimmer baz,
> ſwenner gwinnet, wizzet daz,
> im enwerde wirſer vil,
> ſwenn er verliuſet ſin ſpil.
> (V. 3949–3952)

> Dem Spieler geht es nie besser, als wenn er gewinnt, müsst ihr wissen. Aber nie geht es ihm schlechter, als wenn er sein Spiel verliert.

Auf den ersten Blick geht es damit um konditionierte Eskalation: Zwar muss jeder investieren, der sich auf Wettkämpfe einlässt, aber gefährlich für die höfische Contenance wird dies erst dann, wenn man unterliegt. Es wäre eine simple Antwort: Wer spielt, droht zu verlieren – und kreativ wäre an diesem Ausbruch allenfalls, herauszulassen, was höfischer Selbstkontrolle nicht über die Lippen kommt.

Genau besehen geht Thomasin jedoch über dieses triviale Verlustrisiko hinaus. Verlieren hängt ihm zufolge nicht vom kontingenten Ausgang des Spiels ab, ob man verliert oder nicht vielleicht doch gewinnt. Sich überhaupt auf diesen Zusammenhang einzulassen, ist unheilvoll: Das Spiel bringt Verlust, nicht Ge-

---

11 Das Motiv ist in zahlreichen illustrierten Handschriften zu finden, deren mediale Ausstattung und Wirkungsstrategien große Aufmerksamkeit in der jüngeren Thomasin-Forschung gefunden haben; zur Übersicht vgl. SCHANZE, Tugendlehre und Wissensvermittlung, S. 30–50 (Anm. 3). Für eine eingehende Analyse speziell zur Spielszene verweise ich auf den Beitrag von Steffen BOGEN. Wenn die Illustration mit dem verwürfelten Rock ein Kernmotiv der Kreuzigung aufruft (das seinerseits die Selbstverlustklage von Ps 22 fortschreibt), verleiht sie den Exzessen schlechter Verlierer geradezu existentielles Gewicht: Wer so aus der Haut fährt, hat auch die Kleider des Heils im Grunde schon verspielt. Für diesen Hinweis danke ich herzlich Gabriela SIGNORI (Konstanz).

winn, statt Reichtum verspricht es nur Hass und Zorn, Gier und Geiz, lautet Thomasins asymmetrische Analyse. Wer nur spielen will, hat schon – wie immer die Würfel fallen mögen – die Selbstbeherrschung (ſtætekeit) verloren. Selbst gewinnen zu wollen, ist dann nur pathologisch (vil wê) zu werten.

Den Kontext des aleatorischen Brettspiels überschattet damit eine radikale Abwertung des Spiels als Selbstgefährdung, mit der Thomasin an moralische Spielkritik anschließt.[12] Sie grundiert auch andere Stellen im Welschen Gast, die weniger ausführlich und weniger apodiktisch urteilen, den Spielbegriff aber als Metapher loser Verhaltensweise aufrufen. Wie unkontrollierte Säufer herumzuschreien, sei das ſpil ungezogener/unerzogener Kinder (Nr. 9):

> Schallen und geuden ſint mir ſwære:
> man ſeit des phlegen tavernære;
> jâ phlegents leider ouch diu kint
> die in guoten hoven ſint.
> ſi ſchallent unde geudent mêre
> dan ſchœniu hovezuht ſi lêre.
> der ungeflahten kinde ſpil
> iſt ſchallen unde geuden vil.
> (V. 297–304)
>
> Herumschreien und Prahlen bekümmern mich. Man sagt, dies sei Sache von Trinkern, aber leider tun dies auch die jungen Leute an angesehenen Höfen. Sie lärmen und prahlen mehr, als vorbildliche höfische Beherrschung empfiehlt. Das ist das Spiel unerzogener Kinder.

Nicht nur Sucht und Rausch gefährden Selbstbegrenzung, die Kindern erst beizubringen ist, sondern jeglicher ungezügelte Affekt verstößt gegen Selbstkontrolle (Nr. 10): Selbst spontan herauszulachen wird als Reaktion dummer Leute schlechthin gegeißelt, *wan lachen iſt der tôren ſpil* (V. 530).

Dem sind jedoch andere Stellen entgegenzuhalten, an denen Thomasin von solcher Negativierung der Spielpraxis abrückt oder sie sogar positiv würdigt. Dies gilt nicht nur für allgemeine Empfehlungen, das Verhalten stets im richtigen Maß zu dosieren (Nr. 11): *ich erloube ouch ſchœniu ſpil: / man ſol ſîn doch niht tuon ze vil* (V. 10419f.). Was auch immer sich hinter dem allgemeinen Lob wohlgeordneter, ,schöner Spiele' verbirgt, scheint dies allenfalls als Konzession gewährt, wenn und solange die Grenzen gewahrt bleiben.

---

12 Vgl. REICH, Spiel und Moral, S. 41f. und S. 45f. (Anm. 5); STRIDDE, Christine: Über Bande. Erzählen vom Spiel(en) in der höfischen Literatur des Mittelalters, Habilitationsschrift Zürich 2019, S. 39–44, weist u. a. auf tugenddidaktische Texte des dreizehnten Jahrhunderts wie den *Jüngling* Konrads von Haslau hin, der aus der Entgleisung des Glücksspiels einen umfassenden Sündenkatalog ableitet.

Darüber hinaus gehen Vergleiche, mit denen Thomasin konkrete Spielkompetenz anerkennt, auch wenn man nie dem Enttäuschungsrisiko entgeht, übertroffen zu werden. Was man nur lernen kann, lernt irgendjemand noch besser (Nr. 12):

> Swer wol fchâchzabel *fpiln* kan,
> der vindet dannoch einen man
> der fîn als vil kan ode mêre:
> ez ift dehein fô kleiniu lêre,
> man möhte fî lernen baz,
> vür wâr fult ir gelouben daz.
> (V. 8883–8888)

> Wer auch immer gut Schach spielen kann, findet trotzdem jemanden, der ebenso viel oder noch mehr davon versteht: Es gibt keine noch so geringe Instruktion, die man nicht noch besser lernen könnte, das sollt ihr mir wahrhaftig glauben.

Wie die didaktische Maxime verdeutlicht, ist dies keineswegs negativ gemeint: Als traditionsreiches Objekt der Herrschaftskunst wird das Schachspiel nicht auf die scharfe Differenz von Macht und Ohnmacht, Sieg und Niederlage bezogen, sondern als Modell von Übung und *lifelong learning* aufgerufen.[13]

Zwischen negativer und positiver Wertung changieren schließlich Kommentare, die Spielen im Rahmen habitueller Gelüste und Begehren ansprechen (Nr. 13):

> ein ieglîchr fînn geluft hât:
> der eine minnet vaft daz *fpil*,
> der ander phleget zezzen vil,
> der dritte phleget ze beizen gerne;
> der vierde lît ze der taverne,
> der vümfte jeit zaller zît,
> der fehft bî wîben fich verlît.
> (V. 3930–3936)

> Jeder hat seine Gelüste: Der eine liebt leidenschaftlich das Spiel, der andere pflegt reichlich zu essen, der dritte geht gerne auf die Falkenjagd, der vierte liegt in der Trinkstube, der fünfte ist ständig auf der Jagd, der sechste liegt permanent bei Frauen.

---

13 Zur Tradition des Schachspiels im Diskurs der Herrschererziehung vgl. STRIDDE, Über Bande, S. 61–94 (Anm. 12), zur Stelle bei Thomasin als „Modell [...] komplexen Wissens" S. 81 im Typoskript, Anm. 314. Sie bildet den Auftakt zu Thomasins *artes*-Lehre, die über Wissensbestände moraldidaktischer Art hinausführt; vgl. zur Stelle SCHANZE, Tugendlehre und Wissensvermittlung, S. 233 (Anm. 3).

Auch dies rahmt Thomasin kritisch: Solchen hartnäckigen Gelüsten nicht dauerhaft folgen zu können, macht unglücklich (V. 3939–3943). Doch scheint mir der springende Punkt zu sein, dass die gemischte Reihe nicht nur klassische Lasterbereiche porträtiert (wie z. B. Völlerei), sondern durchaus von der Realität habitueller Vergnügungen ausgeht: *gelust* wie die Lust am Spiel hat jeder. Zum anderen bewertet sie Thomasin ungleich, je nachdem, wie obsessiv man sie verfolgt (vgl. V. 3937 f.). Wie ‚schöne Spiele' allgemein verlangen auch Neigungen zu dem, was man gewohnheitsmäßig *phleget*, genau austariert zu werden, für sich aber sind Gelüste weder gut noch schlecht, sondern bilden ein Adiaphoron.[14] Deshalb werden Neigungen gedoppelt und gesteigert, die mit normaler Vorliebe unternommen werden (z. B. *gerne* jagen), aber auch exzessiv betrieben werden können (*jederzeit* jagen).

Was bedeutet dies speziell für die Bewertung von Spielen? Keineswegs dominiert ausschließlich moralische Skepsis, wie sie die zusammenhängende und daher oft zitierte Passage des ersten Buches (s. o. Nr. 1–6) ausführt. Bezieht man auch periphere, kürzere Bemerkungen und Vergleiche ein, lässt sich ein wesentlich breiteres Spektrum von Einschätzungen greifen, die Spiele nicht nur kategorisch ablehnen, sondern als prinzipiell modulierbar begreifen oder sogar als positive Beispiele aufgreifen, um den Stellenwert von Beständigkeit, Selbstbeherrschung und Übung zu demonstrieren.

III Sucht und Bruch: Kontinuitätsfragen

Damit berührt die Spielsemantik die Leittugend der *stæte*, die Thomasin in verschiedenen Kontexten illustriert. Meisterschaft in agonalen Spielen bedarf als erlerntes Können beharrlicher Übung (s. o. Nr. 12), wie sich am Spielverhalten von Kindern allgemein ablesen lasse, dass diese ‚reif' zu anspruchsvollerer Erziehung seien. Nicht für alle Adligen liege das offen auf der Hand (Nr. 14):

> Nu waz würre den vrumen herren
> daz ſi ir kint hiezen lêren?
> ſwenn ſis dâ lâzent *ſpilen* gên,
> ſô ſolt mans lêren ze verſtên
> waz übel ſtüende ode wol
> und wes man gerne phlegen ſol
> und waz ſi zuht, êre unde guot
> und wâ vor man ſol ſin behuot
> [...] (V. 9239–9246)

---

14 Vgl. zur gesamten Stelle SCHANZE, Tugendlehre und Wissensvermittlung, S. 161 f. (Anm. 3).

> Was hinderte die vornehmen Herren daran, ihre Kinder unterrichten zu lassen? Wenn sie ihr Kind spielen gehen lassen, sollte man es zu begreifen lehren, was schlecht oder gut anstünde, welcher Sache man sich bereitwillig widmen solle, was Beherrschung, Ehre und Güte seien und wovor man sich hüten solle [...].

Zielt solche Kritik darauf, dass Erziehung besser als Kinderspiele sei? In jedem Fall betrachtet Thomasin Spielfähigkeit als Disposition, die sich (ebenso) zur moralischen Unterweisung hinführen lasse. Spielen bezeichnet somit die pädagogische Eintrittsschwelle zu jenem Normenkatalog subjektiver (*zuht*), sozialer (*êre*) und moralischer Werte (*guot*), die auf Dauer ausgerichtet sind (*wes man gerne phlegen ſol*).

Derartige Dauer wird hingegen zum Problem, wenn sie fortwährend aufs Spielen gerichtet bleibt. So spricht Thomasin über Spielsucht als verfestigtes Laster (Nr. 15–16):

> Man læt vil felten di untugent,
> was man dran ſtaete in der jugent.
> ſwenne des obezes niemêr iſt,
> ſô vert daz kint zuo der vriſt
> in dem boumgarten hin und her;
> ſin geluſt wirt michels mêr.
> dem ſpiler tuot daz ſpiln baz,
> ſwenner nien hât, wizzet daz.
> (V. 165–172)

> Man gibt nie ein Laster auf, das man in seiner Jugend beständig verfolgt hat. Wenn es kein Obst mehr gibt, läuft das Kind sofort kreuz und quer im Garten herum; sein Begehren steigert sich nur umso mehr. Dem Spieler tut das Spielen dann besonders gut, wenn er darauf verzichten muss, das sollt ihr wissen.

Thomasin schildert Spielen nicht nur als mentales Dauerbedürfnis, sondern umrahmt es mit Beispielen körperlicher Sucht (Essen und Trinken) und unerreichbarer Linderung. Eindringlich malt er an anderer Stelle die Suchtfolgen aus, die selbst am Wiedereinstieg hindern können (Nr. 17–20):

> ſwenn der ſpiler niht enhât
> daz er *verſpile*, hey wie er gât
> hin und her von ſpil ze ſpil!
> er gewinnt gedanke vil.
> (V. 4113–4115)

> Wenn der Spieler nichts mehr hat, das er verspielen könnte, ach, wie wandert er von Spiel zu Spiel! Sein Gewinn sind so viele Gedanken.

Paradoxer Gewinn solchen Mangels ist lediglich, umso intensiver zu imaginieren, was man nicht erreichen kann.[15] Doch ein dauerhaftes *gelufte*, dessen Ziel man *niht verenden mac*, schaffe *kumber[]* und *arbeit*, ja beides zugleich: *leit bî liebe* (V. 4106–4108), wie Thomasin mit Programmvokabeln der mittelhochdeutschen Liebeslyrik akzentuiert. Argumentativ reagiert der *Welsche Gast* darauf nicht mit einfacher Abgrenzung oder Ablehnung, sondern kehrt das Problem dialektisch um: Zur *untugent* wird dauerhafte Bindung ans Spielen, wenn ihr habitueller Hang trotz temporärer Abkehr fortwirkt. In gewisser Weise gilt damit auch für Thomasin: Einmal Spieler, immer Spieler – zumindest, wenn man sich früh und mit *stæte* einübt (s. o. Nr. 15–16).

Zahlreiche Stellen problematisieren dagegen Spiele als Quelle von Unbeständigkeit – sei es aufgrund ihres ungewissen Ausgangs (s. o. Nr. 1–6 u. 7–8), sei es mit Blick auf Ressourcen und Einsätze (s. o. Nr. 17–20 u. a. m.) oder sei es, weil sie nicht für jeden sozialen Rang und jedes Alter angemessen gelten (s. o. Nr. 14 u. im Folgenden). Thomasin treibt das Argument noch tiefer, denn für den *fpiler* lägen Gewinn und Verlust, Genuss und Leid stets hauchdünn beieinander (Nr. 21):

> die würfel die er in der hant
> hât befcheident im zehant
> daz einhalbe lieb ift,
> anderhalbe leit zer vrift.
> ir fult wizzen daz ob dem *fpil*
> ift zwifchen lieb und leit niht vil:
> zwifchen in ift niwan ein bein
> und daz felbe ift ouch klein.
> (V. 3953–3960)

> Die Würfel, die er in der Hand hält, zeigen ihm sofort, dass eine Seite das Angenehme ist, die andere am Ende Leid bedeutet. Ihr müsst wissen, dass im Spiel nicht viel zwischen Angenehmem und Leidvollem liegt: Zwischen beiden liegt nicht mehr als ein Knöchelchen, das noch dazu klein ist.

Thomasins intrikate Formulierung verbindet die Metapher von Würfelseiten (*einhalbe, anderhalbe*) mit zeitlicher Sukzession (*zer vrift* winkt Unglück). Ob *lieb* oder *leit* winkt, lässt sich somit sowohl als kontingentes, aber diskretes Ergebnis erwarten (je nachdem, auf welche Seite der beinerne Würfel fällt), als auch befürchten: Was einmal positiv ausgeht, führt am Ende ins Unglück. Während Thomasin an anderen Stellen mit eindeutiger Kritik nicht spart (s. o. bes. Nr. 1–6),

---

15 Vgl. zu dieser negativen Vorstellung SCHANZE, Tugendlehre und Wissensvermittlung, S. 161 (Anm. 3): Der Spieler „hat also viel nachzudenken (vermutlich will Thomasin damit zum Ausdruck bringen, dass er sich seine Gewinne zusammenphantasiert) [...]".

kann man die komplizierte Illustration spielerischer *untugent* hier als planvolle Irritation lesen: Ob ihr Risiko in der Disjunktion liegt, *entweder* gewinnen *oder* verlieren zu müssen (weshalb nur von Zweiseitigkeit die Rede wäre), oder aber in der Konjunktion, zu verlieren, *indem und nachdem* man gewinnt, lässt sich nicht sicher entscheiden.

Spielen illustriert daher an vielen Stellen ein Kipphargument. Es charakterisiert die Instabilität (*wandelung*) der *unstæte* schlechthin, die Thomasin ironischerweise als festes Profil schildert (Nr. 22): *daz ift immer ir bezzer fpil / daz fi muotet des fi niht enwil* (V. 1859 f. – „Es ist stets ihr Spiel um Verbesserung, nach etwas zu verlangen, was sie nicht möchte.") Selbst in ganz anderen Zusammenhängen verwendet Thomasin dies als Kurzformel für Umschlagsphänomene jeglicher Art (Nr. 23): *fpil* macht den Klugen zum Dummen, den Kaiser zum Knecht und den Heiligen zum Dieb (V. 10626–10630). Vor ihnen warnt Thomasin, selbst wenn man vorsätzliche Abwechslung und Ablenkung sucht (Nr. 24): Wer einen guten Freund verloren habe, solle sich nicht ins *fpil* stürzen (V. 5594–5597).

Festzuhalten ist damit: Unabhängig von ihrer Wertung irritieren Spiele nachhaltig Thomasins Programm der *stæte*, insofern sie einerseits dauerhafte Bindung und Wiederholung befördern (ob nun als Auftakt zu Lernen und Einübung, ob als Sucht und Verlangen), andererseits aber jegliche Kontinuität brechen und verwirren. Für diese Verwirrung findet Thomasin keine andere Einordnung als den Diskurs um Laster und Sünde.

IV Wohin führen Spiele? Richtungsfragen

Drittens oszillieren Spiele für Thomasin zwischen verschiedenen Richtungen, in die sie Spieler und Geschehen führen. Zum einen in Selbstverhältnisse: Habituelle Spieler beschäftigten sich fortwährend in Gedanken mit dem Spielen (s. o. Nr. 17–20), Spielsüchtige mit ihren Hoffnungen (Nr. 15–16, 22); während Gewinnen mit sozialen Tugenden verbindet, verstrickt Verlieren vor allem in emotionale Intensität (Nr. 1–6).

Zum anderen akzentuiert die Spielsemantik wachsende Abstände von Selbstbezug und Außenorientierung. Spiele lenken Spieler gezielt ab und treiben fort vom inneren Schmerz (s. o. Nr. 24) oder brechen – in umgekehrter Richtung – von außen wie ein Unglück herein, wodurch man das Liebgewonnene verliert (Nr. 25):

> Leit im von liebe gefchehen mac
> ouch ê im kome des tôdes tac:
> vîent, viur, *fpil*, tôt und diebe,

die kunnen machen leit von liebe.
(V. 2831–2834)

Leid kann jemandem aus Liebe zustoßen, noch bevor ihn sein Todestag ereilt: Feinde, Feuer, Spiel, Tod und Diebe können Leid aus Liebe bewirken.

Kopflos zu spielen führt dazu, regelrecht fortgerissen zu werden, wie Thomasin mit Blick auf die affektive Gewalt der Liebe illustriert, die alle Bewegungen und Dispositionen verstärke (den Klugen klüger, den Unbedachten dümmer mache, V. 1179–1182). Wer mit ihr ungezügelt spiele, den trage sie über alle Wipfel davon (Nr. 26):

> die ſporn vüerent durch die boume
> daz ros daz dâ vert âne zoume:
> alſam vert der der âne ſinne
> wænt *ſpiln* mit der vrouwen minne.
> ſi vüert in hin über die boume,
> riht ers niht mit des ſinnes zoume.
> (V. 1183–1188)

Die Sporen treiben das Pferd, das kein Zaumzeug trägt, durch den Wald davon: So ergeht es demjenigen, der ohne Bedacht mit der Liebe der Damen spielen zu können glaubt. Sie führt ihn über die Baumwipfel davon, wenn er nicht mit dem Zaumzeug des Verstandes gegensteuert.

Natürlich illustriert dies den Bedarf zur Selbstbeherrschung, um nicht zügellos davongerissen zu werden. Bezogen auf die Spielsemantik führt das Bild über das Selbst hinaus: Zu spielen verschärft im Kontext der Liebe das Risiko, förmlich außer sich zu geraten,[16] wenn nicht intellektuelle Innenkräfte (*ſinne*) die Bewegung bremsen.

Äußere Bewegungen scheinen ebenso riskant, wenn sie nicht aus Intimität, sondern sozialem Aufruhr erwachsen. Eine lange Mahnung – aus Sicht des intendierten Adelspublikums des *Welschen Gastes* vielmehr eine pauschale Schmährede – richtet Thomasin an das *[t]œrsche[] volc*, das die natürliche Ständeordnung überschreiten und *ûz ſînr natûre* selbst *herre wesen* wolle (V. 3097–3110). Stattdessen solle der *gebûre* bedenken, wieviel Ärger Herren zu regeln hätten, während er sich unschuldigem Scherz und Vergnügen hingebe (Nr. 27):

---

16 Das ‚Liebesspiel' metaphorisiert Thomasin also gerade nicht als Verstrickung, die „tief ins Gestrüpp" führt – so WILLMS, Der Welsche Gast, S. 47 (Anm. 6) zur Stelle. Die Parallelformulierung *durch die boume* (V. 1183) lenkt die Bewegung *hin über die boume* (V. 1187) vielmehr nach oben fort.

> ſwenn der gebûr mit ſîme geſinde
> *ſpilt* und lachet mit ſîm kinde,
> ſô wirt gemüet harte ſêre
> mit manger ſlahte klage der herre,
> und mit gedrange und mit rât.
> die kumber die er danne hât,
> die kan ich dir niht zelen wol.
> (V. 3111–3117)
>
> Wann immer der Bauer mit seinen Knechten spielt und mit seinem Kind lacht, wird der Herr von allerhand Klagen geplagt, mit Bedrängnis und Regelungsbedarf. Die Sorgen, die dann auf ihm lasten, kann ich dir gar nicht alle aufzählen.

Kleine Bewegungen von Scherz und Spiel kontrastierten so mit großem Streit, der die gesamte soziale Hierarchie fordert. Aber auch in kleinem Maßstab, auch in unmittelbarer Nähe schaffen Spielhaltungen Abstand (Nr. 28): Strategisches Lügen gaukele illusionäre Abweichungen vor wie das Puppenspiel (*tocken ſpil*, V. 3606). Eine täuschende Spiegelung, für die Thomasin wenig übrighat, weil ihr allenfalls unverständige Kinder natürlicherweise erliegen (Nr. 29):

> Nu merket daz ſwenn diu kint
> in einen ſpiegel ſehende ſint,
> daz kumt niht von grôzem ſinne
> daz ſi wænent daz dar inne
> ein kint ſî daz mit in *ſpil*.
> (V. 3627–3631)
>
> Nun passt auf: Wenn Kinder in einen Spiegel blicken, rührt es nicht eben von großem Verstand, dass sie glauben, darin sei ein Kind, das mit ihnen spiele.

Dass spielerische Interaktion die narzisstische Konfiguration einer Spiegelszene rasch zusammenfallen lassen könnte, gehört offenbar nicht zur Stoßrichtung von Thomasins Schelte, die eher auf undurchschaute Vortäuschung eines Abstandes zwischen Selbst und Gegenüber zielt. Über ein vermeintliches Kindheitsstadium hinaus adressiert der Spielbegriff damit Repräsentationsverhältnisse zwischen Selbst und Anderem, deren Differenz nicht leicht zu durchschauen, keineswegs aber aufzuheben ist.[17]

---

[17] Für HAFERLAND, Höfische Interaktion, S. 99 (Anm. 3) steht hinter Thomasins scheinbar falsch angesetztem Vergleich ein „Zirkel der Täuschung", der das fiktive „Spiegel-Selbst" in uneinholbare Reflexionsdistanz zu sich bringt, dazu auch S. 274; diese Beziehung liegt auch den Identitäts- und Aufrichtigkeitsproblemen zugrunde, die Thomasin an anderen Stellen mit Blick auf höfischen Ausdruck diskutiert; vgl. dazu ebd. S. 157 und 207–215.

Wenn damit in epistemologischer Wendung wiederum Probleme der Selbst- und Fremdbeherrschung virulent werden, wirken Spiele in unterschiedlicher Richtung. Je nach Kontext, ob im Liebesaffekt, bei Herrschaftsaufgaben oder in (unschuldigen oder bösartigen) Alltagsillusionen, führen Spiele entweder stärker in das Selbst hinein oder aus ihm hinaus.

V Resümee: *spil* in prekärer Balance

Was lässt sich daraus hinsichtlich der Risikowahrnehmung von Spielen ableiten? Nicht zu übergehen ist, dass Thomasin sowohl verallgemeinernd oder vage vom Spielen schlechthin spricht als auch konkrete Brett- und Würfelspiele in den Blick nimmt. Quer zu den Belegen, die ich kursorisch zu sichten versuchte, zeichnen sich drei Beobachtungen ab, die abschließend gebündelt seien:

1.) In den ausführlichsten Passagen untersteht die *Axiologie* von Thomasins Spielsemantik einem moralischen Diskurs, der die Gefahren von Kontrollverlusten nicht nur auf die Unbestimmtheit von Spielausgängen bezieht, sondern das Exzessrisiko tief im Spielen selbst aufspürt: Wer überhaupt spielen will, hat schon verloren. Doch nicht alle Kommentare und Vergleiche teilen dieses radikale Negativurteil, wie indifferente oder gar anerkennende Einschätzungen zu erkennen geben. Spielen markiert umgekehrt ein hohes Maß von Lern- und Bindungsfähigkeit und kann daher auch maßvoll gepflegt werden. Diese Bewertungen scheinen nicht einfach widersprüchlich oder inkommensurabel nebeneinander, sondern lagern das Risikopotential *vor* das Spiel, *in* das Spielgeschehen oder zu seinen *Folgen*. Dreht sich Thomasins ethische Diskussion vor allem um Fragen der *mâze*,[18] so wandern damit die Ansatzpunkte, an denen sich Spiele negativer oder positiver bemessen lassen.

2.) Schwer einzuschätzen werden sie auch hinsichtlich ihres *Kontinuitätspotentials*. Einerseits fördern Spiele Beständigkeit – lustvoll, gewohnheitsmäßig oder süchtig. Andererseits konfrontieren aleatorische, aber auch agonale Spiele mit der Erfahrung überraschender Brüche und unvorhergesehener Veränderung schlechthin. Damit verwickelt sich die Spielsemantik in Paradoxien ‚beständiger Unbeständigkeit', die permanente Umschlags- und Verlustrisiken birgt.

3.) Quer zu wechselnden Bewertungen und ihrer dauerhaften Instabilität wechseln auch die *direktionalen Orientierungen* von Spielen. Thomasin diskutiert sie auf der einen Seite als Innenverhältnisse, spricht über verfestigtes Begehren und Spielsucht, aber ebenso über Spielerfahrungen von Selbstkontrolle und er-

---

18 Vgl. REICH, Spiel und Moral, S. 35 f. (Anm. 5).

lerntem Können. Auf der anderen Seite verschärfen Spiele vielfältige Außenbeziehungen – von den Risiken unkontrollierter Rede über ablenkende Vergnügung bis zur affektiven Ekstase, die den Spieler außer sich bringt.

Insgesamt lässt sich Spielen im *Welschen Gast* somit als Balancepraxis begreifen, die sich dynamisch ändert und immer neue Justierungen erfordert: zwischen Gut und Schlecht, Zuviel und Zuwenig, Innen und Außen. Wie einfach ein solches Fazit auch klingen mag, verweist es doch auf keine einfach bestimmbare Position – geschweige denn auf ideale „Harmonie" zwischen Innen und Außen, wie sie die ältere Kulturgeschichte postulierte.[19] Dass höfische Disziplinierung zugleich innere Dispositionen ein- und körperliches Verhalten auspräge, ließ in ideengeschichtlichen Argumentationen zumeist offen, wie ihre Differenz überhaupt erzeugt, vermittelt und überschritten wird. Der *Welsche Gast* zeigt exemplarisch: Spielen könnte hierzu ein wichtiges Bindeglied – oder praxeologisch genauer: eine fundamentale Wechseldynamik darstellen, die Einübung und Ausübung aufeinander bezieht. Sie erweist sich allerdings weniger maßvoll und selbstmächtig, als es das Konzept der Tugend empfiehlt, weshalb Thomasin sich nicht zu der Empfehlung hinreißen lässt, mit wechselnden Herausforderungen zu ‚spielen'. Dies zeigte die Analyse in der Zusammenschau: Der einzige Beleg (Nr. 11), der maßvolles Spielen respektiert, steht im *Welschen Gast* einer Vielzahl von skeptischen Einschätzungen gegenüber. Dennoch liegt im Spiel eine Unruhe, an der sich der höfische Habitus misst, die höfische Kultur antreibt und in ihrem Dominanzanspruch fortgesetzt bedarf, ohne sie positiv auszuzeichnen.[20] Meine Überlegungen gingen von der Hypothese aus, dass Spiele im *Welschen Gast* als Machtspiele zu beleuchten sind, die zwischen Interiorisierung und Transgression vermitteln. Spiele reizen zu solcher Vermittlung, doch führen sie Thomasin zufolge weniger zu „geordneter Bewegung [...] in jeder Lage und bei jeder Handlung",[21] sondern fordern, sich auf ein gemischtes Ordnungsmaß von Regulierung

---

[19] BUMKE, Höfischer Körper, S. 81.
[20] Vgl. hierzu in den Gattungskontexten von höfischem Roman und Heldenepik grundlegend QUAST, Bruno: Das Höfische und das Wilde. Zur Repräsentation kultureller Differenz in Hartmanns ‚Iwein'. In: Literarische Kommunikation und soziale Interaktion. Studien zur Institutionalität mittelalterlicher Literatur. Hrsg. von Beate KELLNER u. a., Frankfurt a. M. 2001 (Mikrokosmos 64), S. 111–128; FRIEDRICH, Udo: Die Zähmung des Heros. Der Diskurs der Gewalt und Gewaltregulierung im 12. Jahrhundert. In: Mittelalter. Neue Wege durch einen alten Kontinent. Hrsg. von Jan-Dirk MÜLLER/Horst WENZEL, Stuttgart 1999, S. 149–179. Eine Lektüre zum *Iwein* als Roman radikaler Instabilität hat kürzlich Caroline STRUWE-ROHR vorgelegt: Âventiure und Kontingenz. Erzählen als Wagnis im ‚Iwein' Hartmanns von Aue. In: ZfdA 148 (2019), S. 9–27.
[21] So Hugo von St. Victor: ‚De institutione novitiorum'. In: Patrologiae cursus completus. Series latina. Hrsg. von Jacques Paul MIGNE, Bd. 176, Paris 1879, Sp. 928–952, hier Sp. 935: *disciplina est [...] motus ordinatus, et dispositio decens in omni habitu et actione*; BUMKE, Höfischer Körper,

und Unbestimmtheit einzulassen. An ihnen wird ethische Haltung nicht nur als kontrollierte Selbstmächtigkeit erfahrbar, sondern ebenso als Impulse zur Grenzüberschreitung.

Die expliziten Belege der Spielsemantik bilden nur einen ersten, leicht zu greifenden Ansatzpunkt, von dem aus grundsätzlich nach Überschreitungsdynamiken höfischer Kultur zu fragen wäre. Im *Welschen Gast* wäre der Fokus methodisch von isolierten Stellen auszuweiten auf die größeren Diskussionsfelder, in und an deren Rand das Spielen auftaucht. Dies könnte über die fest umgrenzten Topoi der ‚Sachkultur' hinausführen, die in höfischen Erziehungslehren so stereotyp traktiert werden – die Kontrolle des Redeverhaltens, Kleidung, Körperübungen, Verhalten bei Tisch usw. Spielreflexionen begleiten auch im *Welschen Gast* fast alle dieser Standardfälle, bleiben jedoch nicht auf diese beschränkt. Thomasin selbst betrachtet ihre Eingrenzung skeptisch und generalisiert stattdessen:

> Habt ir mich vernomen reht,
> ſô iſt ez verſtên ſleht
> daz der iſt hüffch zaller vrift,
> ſwer in der werlde edel iſt:
> wan als ich hân ouch ê geſeit,
> reht tuon daz iſt hüffcheit.
> (V. 3915–3920)
>
> Wenn ihr mich richtig verstanden habt, dann ist es geradewegs so zu verstehen, dass derjenige jederzeit höfisch ist, der sich in der Welt vorbildlich verhält. Denn wie ich schon zuvor sagte: Richtiges Handeln, das ist höfisches Wesen.

Höfisch ist, sich immer richtig zu verhalten – immer *reht tuon* ist höfisch. Im Kontext höfischer Kultur hat es ein solcher Chiasmus durchaus in sich, denn er impliziert mehr als nur einen ‚tugendadligen' Verallgemeinerungsanspruch.[22] Er zielt darauf, die traditionellen Felder höfischer Disziplinierung und den konkreten Handlungsraum Hof auf Verhalten *in der werlde* hin zu überschreiten.[23] Will man dies nicht bloß als hypertrophe Machtphantasie der Adelsethik verstehen oder umgekehrt als religiöse Wendung zu permanenter Vigilanz, so kann daran

---

S. 71 f. (Anm. 3) zitiert diesen Disziplinierungsgedanken als grundlegend für das Verständnis höfischer Kultur.
22 So SCHANZE, Tugendlehre und Wissensvermittlung, S. 161 (Anm. 3).
23 Wie Christoph HUBER, Alanus ab Insulis (Anm. 3) nachgezeichnet hat, mündet dieses „ethisch[e] Postulat an alle Menschen von lebenslanger Gültigkeit" (S. 67) umgekehrt nicht in religiöse Skepsis gegenüber Immanenz, sondern ist explizit auf die „Lebenswelt der Laien" (S. 73) zugeschnitten.

ein fortgesetzter Transgressionsanspruch ersichtlich werden, der keiner dispositionellen Begrenzung folgt. Höfische Kultur, so impliziert Thomasin, muss aus eingespielten Kontexten immer wieder herausgelangen und ihr Stabilitätsideal aufs Spiel setzen,[24] um Vorbildlichkeit *zaller vriſt* auszuspielen.

---

[24] Vgl. STRUWE-ROHR, Âventiure und Kontingenz (Anm. 20). Vielfach bringt der Artusroman dafür konkrete Spielmetaphern des Verlierens in Anschlag, um das ersehnte Risiko der Aventiure zu beschreiben: vgl. z. B. Heinrich von dem Türlin: Diu Crône. Kritische mittelhochdeutsche Leseausgabe mit Erläuterungen. Hrsg. von Gudrun FELDER, Berlin, New York 2012, V. 2273–2274. Emphatisch umreißt HASTY, Will: The Medieval Risk-reward Society. Courts, Adventure, and Love in the European Middle Ages, Columbus 2016 diese Reorientierung: „In the medieval world, no longer viewed primarily as a ‚vale of tears' (Ps 83:7), but rather as a field of play, one increasingly recognizes that it is better to try to improve one's chances with an interested, strategic approach to the mutability of things" (S. 11). Auch wenn man nicht so weit gehen muss, der „medieval world" schlechthin eine positive Haltung zu offenem Zufall zu unterstellen, so zeichnet sich an Thomasins Hinweisen zu Spielen zumindest die verstärkte Zuwendung zur „mutability of things" ab. Ihre negative Herausforderung zu suchen und einzubinden, kennzeichne den grundsätzlichen Spielcharakter des höfischen Romans, lautete die These Walter HAUGS: Kindheit und Spiel im Mittelalter. Vom Artusroman zum ‚Erdbeerlied' des Wilden Alexander. In: DERS.: Positivierung von Negativität. Letzte kleine Schriften. Hrsg. von Ulrich BARTON, Tübingen 2008, S. 465–478, hier bes. S. 468 f.

Vanina Kopp
Dabeisein ist alles?
Soziale Dynamiken und kulturelle Organisationen von Literaturspielen zwischen Stadt und Hof im vormodernen Frankreich

I Einleitung

Am Valentinstag im Jahr 1400 verkündete der sogenannte „Liebesprinz" (vgl. Abbildung 1) unter der Ägide des Herzogs von Burgund und der Schirmherrschaft König Karls VI. die *Cour amoureuse*. Dieser „Hof der Liebe" sollte der höfischen Gesellschaft in Paris mit „elegantem Zeitvertreib" neue „Lebensfreude" einflößen, die unter der Pestepidemie gelitten hatte.[1] Wie aus der Gründungsurkunde weiter hervorging, sei das übergeordnete Ziel, nachahmenswertes, bescheidenes und ehrenhaftes Verhalten insbesondere im Dienst und Lob den Damen des Hofes gegenüber beispielhaft vorzuleben. Der angesprochene elegante Zeitvertreib bestehe in poetischen Wettkämpfen, die über das aktuelle Treffen hinaus die *Cour amoureuse* strukturieren sollten: Als erste detailliert beschriebene Aufgabe des neuen Ordens solle das Abhalten von *puy*[2] genannten Versammlungen durch die in Rhetorik geschulten und anerkannten „Liebesminister" eingeführt werden. In diesen literarischen Wettkämpfen, in denen die Ordensmitglieder nach einem rotierenden Verfahren am ersten Sonntag jeden Monats zur zweiten Stunde des

---

1 Die deutschen Zitate im Haupttext sind von der Autorin übersetzt. In den Fußnoten wird das Original zitiert: *Le prince de la baillie d'amours, a tous nobles et autres bien renomméz, presens et a venir, qui ces amoureuses lettres verront ou orront, salut [...] en ceste desplaisant et contraire pestilence de epidimie presentement courant en ce tres crestien royaume, que pour passer partie du tempz plus gracieusement et affin de trouver esveil de nouvelle joye [...] icelle Court d'amours demorer estable en gouvernement et fondee principanment soubz la conduitte, force et sëurté d'icelles deux tres loees vertus, c'est assavoir humilité et leauté, a l'honneur, loenge, recommandacion et service de toutes dames et damoiselles, laquelle fondacion, florissant en exemples des bonnes meurs*; alle folgenden Zitate stammen aus der Edition *La cour amoureuse dite de Charles VI.* Hrsg. von Carla BOZZOLO/Hélène LOYAU, 3 Bde., Paris 1982, hier Bd. 1, S. 35f., Z. 1–34. Nach Umrechung des Pariser Osterstils handelt es sich um das Jahr 1401.
2 Zur Polysemie des Wortes siehe unten S. 214. Ich verwende *puy*, wenn ich den generellen Typus literarischer Wettkämpfe meine, *Puy* mit Kapitale, wenn es um eine bestimmte Institution geht, wie beispielsweise der *Puy Notre Dame*.

Nachmittags an einem festgeschriebenen Ort gegeneinander antreten sollten, um zu von den Ministern als *refrain* vorgegebenen Mottothemen Gedichte zu verfassen, konnten die besten zwei Teilnehmer goldene Kleinodien erhalten, die mit dem Motto verziert waren.[3] Zusätzlich solle am Valentinstag jeden Jahres eine Art Hauptversammlung des Ordens mit all seinen Mitgliedern und quer durch alle Ränge stattfinden, Messe und Bankett inklusive, während deren das Vortragen von thematisch freien Balladen im Vordergrund stand und deren zwei beste, vom Liebesprinzen gesiegelt, von ausgewählten Damen mit bewährter Urteilskraft, die eine Jury bilden, ausgezeichnet werden sollten.[4] An Feiertagen zu Ehren Mariens waren andere Dicht- und Wettkampfformate vorgesehen, beispielsweise thematisch festgelegte, aber formal allgemein bekannte *serventois*[5] oder *chants royaux*[6]. Die Preiskategorien, die Notwendigkeit einer gemeinsam besuchten Messe in der Kirche Sainte-Katherine-du-Val-des-Ecoliers, die abgehaltenen Bankette, ja gar Turnieroptionen[7] unter Teilnahme des Liebesministers und zu weiterem Zeitvertreib und Ehren der Damen variierten je nach Termin und Sponsor der Veran-

---

3 *Et premièrement, seront esleus vingt et quatre chevaliers escuiers et autres, ayans experte congnoissance en la science de rethorique, approuvéz factistes par apparence et renommee, lesquelz aront nom de Ministre de la Court d'amours et principale auctorité [...]. Et feront solennel serement comme Nous de tenir joieuse feste de puy d'amours, l'un après l'autre consequanment, a deux heures aprés midy, au lieu a ce ordonné, le premier dimenche de chascun moys. Et de baillier, chascun a son puy, refrain a sa plaisance, lequel refrain icellui ministre fera escripre de lettres et esmaillier sur deux vergettes d'or qui seront donnees aux mieux faisans [...], le jour de sondit puy*, Bozzolo/Loyau, Cour amoureuse, S. 36, Z. 44–53 (Anm. 1).
4 *[...] auquel jour de monseigneur saint Valentin seront tenus tous princes, prelaz, barons, chevalierz, escuiers et tous autres subgés qu'il appartenra de y estre et qui seront de la retenue de nostre amoureuse Court, se requis et sommez alorz en sont de par Nous, pour venir diner en joieuse recreacion et amoureuse conversacion [...] Item, seront tenus tous noz amoureux subgés de retenue, factistes et rethoriciens, de faire une balade amoureuse sur tel reffrain comme a chascun plaira a icellui jour, et icelle apporter pour lire ou faire lire devant Nous et les assistens, lesquelles balades, aprés ce que leues seront, on sellera du contreseel de nostre amoureuse Court. Et seront portees devers les dames telles que on avizera pour les jugier a leur noble avis et bonne discrecion; lesquelles dames, de leur grace et hautesse, donront deux vergettes d'or, pour couronne et chapel, aux mieux faisans de ce jour, et puis les Nous renvoieront,* ebd., S. 39 f., Z. 179–193.
5 *[...] serventois de cinq coupples a la loenge et selon la feste d'icelle tres glorieuse Vierge, selon le contenu de nostre amoureux mandement [...]*, ebd., S. 40, Z. 209–211.
6 *[...] amoureuses chançons de cinq coupples dont la forme et taille est assez notoire [...]*, ebd., S. 40, Z. 201 f.
7 *Item, s'il avenoit que le roy nostre souverain seigneur ou autres princes et conservateurs de nostre amoureuse Court ne ayent, en tempz a venir, leur voulenté et plaisance a faire feste de joustes [...] durant le courz du tres gracieux moys de may, [...] Item, se aucuns de noz amoureux subgés, chevalierz et escuiers, pour esveil de gracieuseté et pour l'onneur des dames [...] Nous serons tenus de le faire et y jouster en personne*, ebd., S. 41, Z. 232–244.

staltung.⁸ Ausdrücklich räumt der Text auch die Chance zur Abhaltung eines „Liebesprozesses" ein, bei dem zwei Parteien zu einer festgelegten Fragestellung divergierende Argumente schriftlich und besiegelt festhalten sollten und dessen Urteil der Liebesprinz am folgenden Valentinstag verkünden würde.⁹ Gewinnern der *puys* war der sofortige Wiedergewinn verwehrt¹⁰ und als Sieger ihrer Kategorie sollten meist zwei Streiter gleichzeitig ausgerufen werden.¹¹ Neben dieser detaillierten Gründungsurkunde sind ebenfalls heraldische Kompendien erhalten, die die Namen und Wappen von bis zu 952 männlichen Mitgliedern der *Cour amoureuse* in einer Zeitspanne von 1400 bis 1440 auflisten, die aus der königlichen Familie und dem weiteren Adel stammten. Der Orden rekrutierte auch Mitglieder der königlichen und fürstlichen Kanzleien, Kleriker, Prälaten, Universitätsmitglieder wie auch Pariser Bürger, ausländische Händler und regionale Würdenträger, die alle offensichtlich gleichgestellte Mitglieder des Ordens und somit Teilnehmer der literarischen Wettkämpfe sein konnten.¹² Die Statuten erwähnen weder monetäre Zulassungsbeschränkungen noch ständische Bedingungen außer der Verbundenheit mit den Werten der höfischen Liebe und dem Minnedienst für die Damen¹³ sowie für die höheren, organisatorischen Posten der „Liebesminister" als „Rhetoriker und Dichter"¹⁴ eine Expertise in rhetorischer und dichte-

---

8 Vgl. ebd., vor allem S. 40–44.
9 [...] *pour plaisant passetempz, sourdoient entre noz subgés en fourme d'amoureux procés pour differentes oppinions soustenir, tant que les parties fussent appointiees en fais contraires et a baillier par escript [...] et après seront baillés, toutes seelees, es mains de noz amoureux Presidens ou de l'un d'eulx, pour en determiner et decider la sentence amoureuse ainsy que le caz requerra a jour de saint Valentin et non a autre jour*, ebd., S. 41, Z. 250–263.
10 *Item, ne pourront avoir ce couronne et chapelé* [die Preise] *rien au premier puy après en suivant*, ebd., S. 37, Z. 69.
11 Siehe Anm. 3 und 4 in den Zitaten zu den Gewinnern *aux mieux faisans* und den immer *deux vergettes*.
12 Sechs Handschriften sind mit Statuten und heraldischem Kompendium mehr oder weniger fragmentarisch erhalten, Wien, HStA, TO ms. 51 scheint die vollständigste zu sein und dient als Vorlage für die hier verwendete Edition von Bozzolo/Loyau, Cour amoureuse (Anm. 1), für die Überlieferung- und Handschriftendiskussion siehe ebd., S. 7–23. Das in Abbildung 1 gezeigte Wappen stammt aus der Abschrift Paris, BnF ms. fr. 5233.
13 Die einzigen Kriterien scheinen *ces deux tant nobles et esleues vertus, humilité et leuaté, qui sont principanement fondacion et entretenement de nostre ditte amoureuse Court* zu sein, Bozzolo/Loyau, Cour amoureuse, S. 38, Z. 131–133 (Anm. 1); hingegen ist der Strafenkatalog für jene Mitglieder, die dagegen verstoßen, länger, beispielsweise bei unehrenhaftem Verhalten den Damen gegenüber in Text und Verhalten; den Missetätern drohte der Verstoß und die Ausradierung des Wappens im heraldischen Kompendium, ebd., S. 42, Z. 270–285.
14 Siehe Anm. 3.

rischer Kunst, da sie die monatlichen *puys*-Wettkämpfe mit ihren eingegebenen Mottothemen beleben sollten.

Abb. 1: Name, Wappen und Funktion von *Pierre de Hauteville* [...] *prince d'amour de ceste feste*; Zeremonienmeister und Juror der Veranstaltung abgebildet im heraldischen Kompendium der *Cour amoureuse*. Paris, BnF ms. fr. 5233, fol. 53ʳ (Detail). Copyright: Paris, Bibliothèque nationale de France.

Auf den ersten Blick zeichnet das Kompendium ein Bild der *Cour amoureuse* als kulturellem und sozialem *melting pot* der Hofgesellschaft um 1400, in dem alle Elemente des Hofes über Standes- und Zugehörigkeitsgrenzen hinweg dank ihrer literarischen und dichterischen Kompetenzen miteinander in Kontakt und Wettstreit treten konnten. Offenbar wollte man damit eine möglichst schwache Wettkampfintensität erreichen, in der nicht das kompetitive Element im Vordergrund stand, sondern deren sozial-integrative Dynamik für eine möglichst inklusive Gemeinschaft. Dieser Gleichheitsansatz, basierend auf geteilten höfischen Werten, schien offen zu sein, um den (männlichen) Mitgliedern gleichberechtigten Zugang zum höfischen Zeitvertreib zu ermöglichen. Sie bildeten scheinbar ein integratives Element in einer paradoxerweise ursprünglich exklusiven Organisationsform, dem ritterlichen Orden mit all seinen Hierarchien, die auch hier bewahrt werden sollten.[15] Auf den zweiten Blick stellt sich jedoch die Frage aus

---

15 Der Orden nimmt neben dem Liebesrat der *grans Conservateurs* als Initiatoren, den Liebes-

historischer Perspektive, inwiefern Institutionen wie solch ein Literaturorden soziale oder politische Grenzen nicht eher stärker zu konturieren vermochte oder gar Sprengkraft in dieser politisch höchst unsicheren, von Fraktionen und Bürgerkrieg geprägten Zeit um 1400 besaßen.[16] Denn wenn die hier vorgestellte *Cour amoureuse* unter der inoffiziellen Leitung des Herzogs Philipp von Burgund poetische Wettkämpfe als eleganten Zeitvertreib protegierte und zur Integration der Hofgemeinschaft nutzte, so blieb das agonale Element nicht nur auf den ludischen Inhalt beschränkt: Ein Jahr später, ebenfalls zum Valentinstag, gründete sein politischer Widersacher, der Herzog Ludwig von Orléans, seine eigene Institution für den dichterischen Wettstreit. Dieser sogenannte *Ordre de la Rose*, dessen Gründungsmoment Christine de Pizan in einem monumentalen *dit* festhält, sollte alle Elemente des „eleganten Zeitvertreibs" und einer hochrangigen Ansammlung dichterisch versierter Damen und Herren[17] für den Liebesdienst und die Dichtkunst vereinen; ähnlich wie bei der *Cour amoureuse* war auch dieses Ereignis, das im Stadtpalast des Herzogs Ludwig stattfand, eingerahmt durch ein langes Bankett, Gesang und zahlreiche Konversationsspiele.[18] Diese kreativen Neugründungen zeigten schon bald ihre kompetitive Seite und deuteten auf ihre destruktive Kraft voraus: Dass von dieser zweiten Gründung in den Quellen nicht sehr viel mehr bekannt ist als ein Werbegedicht der bekannten Dichterin Christine de Pizan, sagt schon einiges über die Wettbewerbschancen zweier konkurrierender Versammlungen am selben Hof im Hinblick auf die Monopolisierung der

---

prinzen (*prince d'amour*) als Zeremonienleiter, den Ministern (*ministres de la Court*) als *puy*-Organisatoren alle anderen sozialen Ränge, egal ob Adeliger oder nicht, ob Kleriker oder nicht, als *conseillerz* auf, vgl. ebd., S. 38, Z. 111–127.

16 Zur Situation in Frankreich und in Paris vgl. SCHNERB, Bertrand: Armagnacs et Bourguignons. La maudite guerre 1407–1435, Paris 1988; MAIREY, Aude: La guerre de Cent ans, Vincennes 2017; für die sozialen und kulturellen Auswirkungen vgl. KOPP, Vanina: Der König und die Bücher. Sammlung, Nutzung und Funktion der königlichen Louvrebibliothek am spätmittelalterlichen Hof in Frankreich, Ostfildern 2016 (Serie Beihefte der Francia 80), S. 20–27 u. S. 104–136.

17 *Advint en une maison close / Et assemblée de nobles gens,/ Riches d'onnour et beaulx et gens. / Chevaliers y ot de renom / Et escuiers de vaillant nom. / Ne m'estuet ja leurs noms nommer, / Mais chascun les seult bons clamer; / Notables sont et renommés, / Des plus prisiez et mieulx amez: / Du trés noble duc d'Orliens, / Qui Dieu gart de tous maulx liens, / Si sont de son hostel tous ceulx*, Christine de Pizan: Dit de la Rose. Œuvres poétiques de Christine de Pisan. Hrsg. von Maurice ROY im Auftrag von der Société des anciens textes français, 3 Bde., Paris 1886–1896, hier Bd. 1, S. 29–48, V. 32–43.

18 *[...] Pour deviser a leur plaisir. / La fu appresté a loisir / Le soupper; si furent assis / Joyeux et liez et non pensis. / [...] Liez estoient et esbatans, / Gays et envoisiez et chantans / [...] / Et de beaulx livres et de dis, / Et de balades plus de dix, / Qui mieulx mieulx chascun devisoit, / Ou d'amours qui s'en avisoit / Ou de demandes gracieuses. / Viandes plus délicieuses / [...] Ainsi se sirent longuement / En ce gracieux parlement*, ebd., V. 53–82.

höfischen Gesellschaft um den Herzog von Burgund herum aus – sowohl dichterisch als auch politisch.

Genau in diesem Spannungsfeld von integrativem Zeitvertreib, seinem agonalen Charakter und seiner sozialen Bedeutung für Integration, Distinktion und Exklusion setzt dieser Artikel an. Ausgehend von der oben kurz skizzierten *Cour amoureuse* als einem Idealtypus poetischer Wettkampfinstitution soll die historische Praxis der poetischen Wettkämpfe fokussiert und sodann im kulturellen und sozialen Kontext der damaligen Zeit, am Hof wie auch in der Stadt, analysiert werden. Die Gründungscharta und das Mitgliederkompendium der *Cour amoureuse* erlauben einen Blick auf die literarische Beschäftigung und kompetitiven Elemente zu werfen, die sowohl in der höfischen als auch in der urbanen Gesellschaft des späten Mittelalters das kulturelle und vor allem soziale und politische Leben in Paris und Nordfrankreich prägten. Sowohl die *Cour amoureuse* als auch der *Ordre de la Rose* kreierten und adaptierten mit ihrer organisatorischen Form ebenso wie mit ihren poetischen Inhalten sowie dem agonalen Wettkampfcharakter bestehende und etablierte *puy*-Institutionen, die aus korporativen oder anderen assoziativen Vereinigungen im urbanen Bereich entstanden waren und deren Rolle im kulturellen und sozialen Leben bisher nur vereinzelt in den Blick der Forschung geraten ist. Eine Sonderstellung nimmt dabei Paris ein, da die dortigen Literaturorden auch höfische Elemente von Ritterorden integrierten und so Mechanismen der Loyalisierung und des Wertekodex auf einen literarischen Zeitvertreib übertrugen. Letzteren gilt es im Folgenden an der Schnittstelle zwischen Politik-, Sozial- und Kulturgeschichte zu untersuchen, zumal sie illustrieren, wie aus Konkurrenzsituationen Kreation hervorgehen, womit aber auch Destruktion einhergehen konnte.

So sehr die erhaltene Gründungscharta und die Mitgliederliste der *Cour amoureuse* vor allem ein Ordens-Ideal widerspiegeln und die Frage berechtigt ist, inwiefern der nur durch ein Gedicht überlieferte *Ordre de la Rose* fiktiv ist, so offenbart diese elaborierte *invention of traditions* nachdrücklich, dass institutionalisierte Literaturspiele und poetische Wettkämpfe im französischen Mittelalter keine Seltenheit waren, sondern eine verbreitete soziale Praxis, die auch mit politischen Dynamiken einherging. Dieser Beitrag wird in einem ersten Teil die kulturellen Ausdrucksformen von poetischen Wettkämpfen und Literaturspielen im Spätmittelalter und der Frühen Neuzeit nachzeichnen und sodann ihre sozialen Auswirkungen auf die urbanen Zentren und den Hof vom informellen Austausch zu geregelten Institutionen für die agonal geprägten Kommunikationstechniken analysieren. In einem weiteren Schritt stehen jene Elemente im Mittelpunkt, die Rückschlüsse auf die Rolle dieser Institutionen im politischen wie auch sozialen Wettkampf, ihrer Adaptierung und Dynamiken, erlauben. Das kompetitive Element zieht sich filigran durch mehrere Ebenen: auf der Ebene des dichterischen Wettkampfes als historische und kulturelle Praxis im vormodernen Frankreich vom 14. bis ins 18. Jahrhundert, sowie ebenfalls auf der Ebene der Konkurrenz zwischen ludischen Vereinigungen in Städten und an Höfen, ja gar zwischen einzelnen Personen und Parteien, die den dichterischen Wettkampf für die Durchsetzung ihrer sozialen wie politischen Interessen nutzten. Letztendlich war ein *puy* nicht nur eine agonal geprägte Praxis, die eine enorme sozialintegrative Kraft besaß, sondern auch ein Instrument der Exklusion und der Kompetition.

II Konversation, Kommunikation und Kompetition

Epochenübergreifende kulturanthropologische Ansätze zur Spieltheorie von Roberte HAMAYON[19], Johan HUIZINGA[20] oder Roger CAILLOIS[21] erkennen in Spielen vor allem Elemente der Kulturbildung. Während für HUIZINGA jegliche Kultur im Spiel beginnt und HAMAYON vor allem die Verbindung von Spiel und Sakralität stark macht, klassifiziert CAILLOIS spielerische Tätigkeiten in vier grundlegende Kategorien: *agôn* (Wettkampf), *alea* (Zufall), *illinx* (Rausch) und *mimikry* (Maskierung), die ebenfalls miteinander in Mischformen auftreten können und so eine weite Varietät von Spielformen und ihrer Funktionalität erlauben.[22] HUIZINGA unterstrich bereits in seiner grundlegenden Studie die Verbindung von Gesangs- wie auch Dichtwettbewerben mit Rechtsprechung in archaischen Gesellschaften, unter denen die Minnehöfe mit ihrer Aushandlung von Liebe und Ehre eine Sonderform seien.[23]

Vor allem *agôn* und *ludus* als Analysekategorien erhalten in der neueren Forschung zur mittelalterlichen Kulturgeschichte Aufmerksamkeit und bilden ein vitales internationales Forschungsfeld zu ludischen vormodernen[24] Phänomenen

---

19 Vgl. HAMAYON, Roberte: Jouer, étude anthropologique à partir d'exemples sibériens, Paris 2012.
20 Vgl. HUIZINGA, Johan: Homo Ludens. Vom Ursprung der Kultur im Spiel, 13. Aufl., Hamburg 2013.
21 Vgl. CAILLOIS, Roger: Les jeux et les hommes, 2. Aufl., Paris 1967 (Collection idées 125).
22 Ebd., S. 45–91.
23 Vgl. HUIZINGA, Homo ludens, S. 125 (Anm. 20).
24 Zum Früh- und Hochmittelalter siehe ganz aktuell: Agôn, la compétition. V^e–XIIe siècle. Hrsg. von François BOUGARD u. a., Turnhout 2012; Il gioco nella società e nella cultura dell'alto medioevo. Spoleto, 20–26 aprile 2017. Hrsg. von CISAM, Spoleto 2018 (Settimane di studio della Fondazione Centro Italiano di Studi sull'Alto Medioevo 65).

wie der Jagd,[25] Turnieren[26] oder Festen[27] im Spannungsfeld von liturgischen[28] oder städtischen[29] Ereignissen und sozialen Repräsentationsarten.[30] Auch Untersuchungen zu Lernspielen[31] und Jugendsozialisation,[32] einzelnen Spiel-,[33] Kampf-[34]

---

25 Vgl. GIESE, Martina: Kompetitive Aspekte höfischer Jagdaktivitäten im Frühmittelalter. In: Streit am Hof im frühen Mittelalter. Hrsg. von Matthias BECHER/Alheydis PLASSMANN, Bonn 2011, S. 263–284; DIES.: Continental royal seats, royal hunting lodges and deer parks seen in the mirror of medieval written sources. In: Hunting in Northern Europe until 1500. Old traditions and regional developments, continental sources and continental influences. Hrsg. von Oliver GRIMM/ Ulrich SCHMÖLCKE, Neumünster 2013, S. 387–396; GOLDBERG, Eric: Louis the Pious and the Hunt. In: Speculum 88 (2013), S. 613–643; AKASOY, Anna: The Influence of the Arabic Tradition of Falconry and Hunting on Western Europe. In: Islamic Crosspollinations. Interactions in the Medieval Middle East. Hrsg. von Anna AKASOY u. a., Cambridge 2007, S. 46–64.
26 Siehe die Dissertationsschriften von BUYKEN, Constanze: Inszenierung von Geschlechterordnungen im Turnier. Repräsentationen, Ideale und kulturelle Praxis zwischen Genderkonformität und Gendernonkonformität (Heidelberg/EHESS) sowie BUREAUX, Guillaume: Union et désunion de la noblesse en parade. Le rôle des pas d'armes dans l'entretien des rivalités chevaleresques entre cours princières au XVe siècle (Rouen).
27 Vgl. HERM, Matthias: Höfische Feste und Festberichte des 15. Jahrhunderts, unveröffentlichte Dissertation, Universität Freiburg; ROHR, Christian: Festkultur des Mittelalters, Graz 2002 (Lebensbilder des Mittelalters); HEERS, Jacques: Fêtes, jeux et joutes dans les sociétés d'occident à la fin du Moyen Âge, Paris 1971.
28 Vgl. KNÄBLE, Philip: Eine tanzende Kirche. Imitation, Ritual und Liturgie im spätmittelalterlichen Frankreich, Wien 2016; Religiosus Ludens. Das Spiel als kulturelles Phänomen in mittelalterlichen Klöstern und Orden. Hrsg. von Jörg SONNTAG, Berlin 2013; LAVÉANT, Katell: Un théâtre des frontières. La culture dramatique dans les provinces du Nord aux XVe et XVIe siècle, Orléans 2011.
29 Vgl. JASER, Christian: Agonale Ökonomien. Städtische Sportkulturen des 15. Jahrhunderts am Beispiel der Florentiner Palio-Pferderennen. In: Historische Zeitschrift 298 (2014), S. 593–624; VAN DEN NESTE, Evelyne: Tournois, joutes et pas d'armes dans les villes de Flandre à la fin du Moyen Age (1300–1486), Paris 1996; LECUPPRE-DESJARDIN, Elodie: Le duel judiciaire dans les villes des anciens Pays-Bas bourguignons. Privilège urbain ou acte de rébellion? In: Agon und Distinktion. Soziale Räume des Zweikampfs zwischen Mittelalter und Neuzeit. Hrsg. von Uwe ISRAEL/Christian JASER, Bielefeld 2016, S. 181–197.
30 Vgl. Riten, Gesten, Zeremonien. Gesellschaftliche Symbolik in Mittelalter und Früher Neuzeit. Hrsg. von Edgar BIERENDE u. a., Berlin u. a. 2008 (Trends in Medieval Philology 14); Hofkultur in Frankreich und Europa im Spätmittelalter/La culture de cour en France et en Europe à la fin du Moyen Âge. Hrsg. von Christian FREIGANG u. a., Berlin 2005 (Passagen 11).
31 Vgl. CAFLISCH, Sophie: Spielend lernen. Spiele und Spielen in der mittelalterlichen Bildung, Ostfildern 2018; Jeux éducatifs et saviors ludiques dans l'Europe medieval I = Educative Games and Ludic Knowledge in Medieval Europe. Hrsg. von Francesca ACETO/Vanina KOPP, Treviso 2017 (Ludica. Annali di storia e civiltà del gioco 21–22) und Jeux éducatifs et saviors ludiques dans l'Europe medieval II = Educative Games and Ludic Knowledge in Medieval Europe. Hrsg von DENS., Treviso 2017 (Ludica. Annali di storia e civiltà del gioco 23).

und Sportarten[35] sind in den letzten Jahren vermehrt in den Blick der Forschung geraten. Französischsprachige Literaturspiele an der Schnittstelle von Literatur- und Geschichtswissenschaft haben hingegen bisher nur vereinzelte Fallstudien zu einzelnen Werken[36] oder zu bestimmten Textgenres[37] oder Organisationsformen[38] hervorgerufen. Die soziale und politische Bedeutung dieser Literaturspiele und poetischen Wettkämpfe, ihre historische Praxis und kulturellen Zusammenhänge in der Scharnierperiode zwischen Spätmittelalter und Früher Neuzeit zu kontextualisieren und zu historisieren, ist Ziel der folgenden Ausführungen.

Im Mittelpunkt steht die Verbindung von Spielen und Wettbewerb am Beispiel der Verbreitung von dichterischen Wettbewerben und ihrer Institutionalisierung als *puy*, einer Mischung aus Devotion und Soziabilität, Kompetition und Organisation. Literaturspiele waren nicht nur ein eleganter Zeitvertreib einer schön-

---

32 Vgl. TADDEI, Ilaria: Fête, jeunesse et pouvoirs. L'Abbaye des Nobles Enfants de Lausanne, Lausanne 1992; ACETO, Francesca: Jouer en temps de guerre. Le cas du De Viribus Quantitatis du mathématicien Luca Pacioli (1445–1517), unveröffentlichte Dissertation EHESS 2016; REID, Dylan: L'Abbaye des Conards. In: Sixteenth Century Journal 32 (2001), S. 1027–1055.
33 Vgl. MURRAY, James: A History of Chess, Oxford 1913; MEHL, Jean-Michel: Les Jeux au royaume de France, Paris 1990; VALE, Malcolm G.: The Princely Court. Medieval Courts and Culture in North-West Europe 1270–1380, Oxford 2001, S. 170–199.
34 Vgl. Zweikämpfer. Fechtmeister – Kämpen – Samourai. Hrsg. von Uwe ISRAEL u. Christian JASER, Berlin 2014; JAQUET, Daniel: Combattre au Moyen Âge, Paris 2017; BURKHART, Eric: Body Techniques of Combat. The Depiction of a Personal Fighting System in the Fight Books of Hans Talhofer (1443–1467 CE). In: Killing and Being Killed. Hrsg. von Jörg ROGGE, Bielefeld 2017.
35 Sports and Physical Exercise in Early Modern Culture. New Perspectives on the History of Sports and Motion. Hrsg. von Rebekka von MALLINCKRODT/Angela SCHATTNER, London/New York 2016; TURCOT, Laurent: Sports et Loisirs. Une histoire des origines à nos jours, Paris 2016; BEHRINGER, Wolfgang: Kulturgeschichte des Sports. Vom antiken Olympia bis zur Gegenwart, München 2012; MCCLELLAND, John: Body and Mind. Sport in Europe from the Roman Empire to the Renaissance, Reprint edition, London, 2007.
36 Vgl. CAYLEY, Emma: Debate and Dialogue. Alain Charter in his Cultural Context, Oxford 2006; VALENTINI, Andrea: Le Livre des epistres du debat sus le Rommant de la Rose, Paris 2014; HULT, David F.: Debate of the Romance of the Rose, Chicago 2010; ALTMANN, Barbara K.: The Love Debate Poems of Christine de Pizan, Gainesville 1998.
37 Vgl. GALLY, Michèle: Parler d'amour au puy d'Arras. Lyrique en jeu, Orléans 2004 (série Medievalia); SYMES, Carol: A Common Stage. Theatre and Public Life in Medieval Arras, Ithaca 2007; BUTTERFIELD, Ardis: Poetry and Music in Medieval France. From Jean Renart to Guillaume de Machaut, New York 2009; MAZOUER, Charles: Le théâtre français du Moyen Age, Paris 1998.
38 Vgl. LAVÉANT, Théâtre des frontières (Anm. 28); The Reach of the Republic of Letters. Literary and Learned Societies in Late Medieval and Early Modern Europ. Hrsg. von Arjan van DIXHOORN/ Susie SPEAKMAN-SUTCH, 2 Bde., Leiden 2008; BOUHAÏK-GIRONÈS, Marie: Spectacles des mystères chrétiens. Produire, écrire et jouer les Passions et vies de saints (France, XVe–XVIe s.), Habilitationsschrift Paris 2019; RUNNALLS, Graham A.: Medieval Trade Guilds and the *Miracles de nostre dame par personnages*. In: Medium Aevum 39 (1970), S. 257–287.

geistigen Elite, sondern über ihre performative Darstellungsart eine Form, die weite Teile der Bevölkerung ansprechen konnte. Auch ihre Funktionen konnten mannigfaltig sein: integratives Element in einer hierarchischen Gesellschaft, eine Friedensaktivität als soziale Katharsis zur Kanalisierung von Aggressionen oder über den gewaltfreien poetischen Wettbewerb ein Instrument zum Einüben von agonalen Verhältnissen wie auch von sozialen Umgangsformen in einer heterogenen Gemeinschaft und zwischen den Geschlechtern. Literaturspiele gehörten zu den beliebten Beschäftigungen bei geselligen Ereignissen, deren Regeln nicht nur im Adel, sondern auch in der klerikalen wie auch patrizischen *high society* bekannt waren und zum standesübergreifenden Kanon der gebildeten Oberschicht zählten. Sprachwitz, Schlagfertigkeit und ein solides Allgemeinwissen waren die unersetzbaren Qualifikationen, um in Gesellschaft zu glänzen oder gar den Wettbewerb aufnehmen zu können.[39]

Einige der verhandelten Fragen lassen sich bis zu den gesungenen *partimen* und *canso* der provenzalischen Troubadoure zurückverfolgen,[40] die ab Mitte des 12. Jahrhunderts über die politischen und matrimonialen Beziehungen und das Mäzenatentum unter anderem von Marie de Champagne aus dem südfranzösischen Kulturbereich der Provence und der Aquitaine schließlich in Nordfrankreich auf äußerst fruchtbaren Boden fielen und insbesondere bei den artesischen *trouvères* in Form von *jeux-partis* (wörtlich: „geteiltes Spiel/Debatte") und *demandes d'amour* (wörtlich: „Liebesfragen") adaptiert wurden.[41] Zahlreiche lyrische und poetische Produkte in *langue d'oïl* sowie ihre *trouvères* sind bekannt. Darunter befanden sich Adelige wie Thibault de Champagne, der politisch und literarisch turbulente König von Navarra, Mönche wie Gautier de Coicy, der für seine mariendevotionalen Mysterienstücke bekannt ist, oder reiche Bürger wie Jean Bretel oder der Panegyriker und Satirenautor Adam de la Halle, beide aus Arras.[42] Diese *trouvères*-Kultur des 12. und 13. Jahrhunderts mit ihren bereits agonal aufgebauten und auf Austausch und Interaktion abzielenden literarischen

---

39 Zum didaktischen und sozialen Potential dieser Konversationsspiele vgl. KOPP, Vanina: *Jeux et eshatemens aucunement plaisans pour avoir contenance et maniere de parler*. Les recueils de demandes d'amour comme manuels éducatifs. In: ACETO/KOPP, Jeux éducatifs II, S. 143–156 (Anm. 31).
40 Vgl. NEUMEISTER, Sebastian: Das Spiel mit der höfischen Liebe, München 1969, mit einer Liste der altprovenzalischen dilemmatischen Streitgedichte auf S. 195–209; LÅNGFORS, Arthur u. a.: Recueil général des jeux-partis français, Paris 1926; BEC, Pierre: Joute poétique. De la tenson médiévale aux ebats chantés traditionnels, Paris 2000.
41 An dieser Stelle sei stellvertretend ein Überblickswerk genannt: GROS, Gérald/FRAGONARD, Marie-Madeleine: Les formes poétiques du Moyen Âge à la Renaissance, Paris 1995.
42 Zu Arras vgl. Anm. 37; zu Südfrankreich vgl. KENDRICK, Laura: Troubadour Wordplay, Berkeley 1988.

Formen bildeten die sichtbarsten Anzeichen einer eigenständigen kulturellen Literatur- und Organisationsform, auf welche die stark urban geprägte *puy*-Dynamik vom 15. bis 18. Jahrhundert bauen würde.[43] Andere Themen sollten bis in die mittelenglische Dichtung und in die frühneuzeitliche Salonkultur übernommen werden.[44] Doch das Besondere an gebildeten Wortspielen wie den *demandes d'amour* und anderen in weiten Teilen der gebildeten Gesellschaft praktizierten ludischen Interaktionsformen sowohl an den Fürstenhöfen als auch in den wirtschaftlich prosperierenden urbanen Zentren fiel auf einen fruchtbaren Boden für neue Kreation und Adaptierung in sich kompetitiver Organisationsformen wie *puys*, die sich institutionell verfestigten.

III Puys, Prinzen und Preise

Es sind offenbar die urbanen Zentren Nordfrankreichs, die sich für solche Literaturspiele in Vernakularsprache und dichterische Wettkämpfe in eigenen Institutionen oder Ereignissen organisierten.[45] Während *puy* die Wortform ist, die sowohl in ganz Nordfrankreich, England als auch in Paris für literarische Wettkampfformen verwendet wurde, konnte der Begriff mehrere Aspekte gleichzeitig bedeuten: Als Derivat vom lateinischen *podium* verweist es auf die unmittelbare Bedeutung der Bühne oder Estrade, auf der die künstlerischen Darbietungen in Form von Gedichten, Gesängen oder Mysterienspielen stattfanden. Ein *puy* konnte neben dem konkreten Ort ebenfalls ein Ereignis im Rahmen einer ebenso genannten Institution bezeichnen. Die ersten Puys entstanden offenbar in den Regionen Artois und Hainault, in den Städten Arras und Valenciennes ab der Mitte des 13. Jahrhunderts, in London ab 1270, in Douai ab 1330, in Lille in der zweiten

---

43 Siehe die gesammelten Beiträge in DIXHOORN/SPEAKMAN-SUTCH, The Reach of the Republic of Letters (Anm. 38); REID, Dylan: Confraternities and Poetry. The Francophone Puys. In: A Companion to Medieval and Early Modern Confraternities. Hrsg. von Konrad EISENBICHLER, Leiden 2019 (Companions to the Christian Tradition 83), S. 385–405; KOPP, Vanina: Paintings, Poetry, and Prayers. Lay Confraternities and Their Artistic Devotion Between 1400 and 1750 in French Urban Centres, In: Religion and Urbanity Online 2020, n.p., https://www.degruyter.com/database/URBREL/entry/urbrel.15247425/html.
44 SCHLUMBOHM, Christa: Jocus und Amor. Liebesdiskussionen vom mittelalterlichen ‚joc partit' bis zu den preziösen ‚questions d'amour', Hamburg 1974 (Hamburger Romanistische Dissertationen 14).
45 Vgl. Referenzen in Fußnoten 42 und 43.

Hälfte des 14. Jahrhunderts.[46] Am besten erforscht sind die *puys* der Picardie und der Normandie, darunter die vor allem chronologisch späteren und überregional bekannten Wettbewerbe von Rouen und Amiens. So war in Amiens der *Puy Notre Dame* bis ins frühe 18. Jahrhundert die Institution, die an mehreren unterschiedlichen Terminen im Jahr (bevorzugt an der Gottesmutter Maria gewidmeten Festtagen, mit einem dichterisch-kompetitiven Hauptfest am 2. Februar)[47] den Rahmen für Wettkämpfe bot; in Rouen war das Pendant der *Puy de la Confraternité de l'Immaculé Conception*,[48] der als Organisation bis zur Revolution und teilweise darüber hinaus als kompetitives Ereignis existierte. Auch für die Statuten der *Cour amoureuse* wurde jede Form von Zusammenkunft, bei der dichterische Darbietungen im Zentrum standen, *puy* genannt.

Aus den Quellen ist bekannt, dass der *puy* ein Wettbewerb um das beste Gedicht in der festgelegten Form von *serventois*[49] (vor allem im Artois und Hainault, Paris bis 1400) oder *chant royal*[50] (Paris ab 1400, Normandie, Picardie) war. Auch sind in den Statuten der *Cour amoureuse* mehrere poetische Gattungen genannt: *ballades, serventois, chants royaux*, aber auch liebeskasuistische Debatten. Ebenso wie in den urbanen *puys* in Amiens oder Rouen gab es die Devise oder das Motto (in einigen Städten auch *palinod* genannt), das als Refrain im Gedicht wiederverwendet werden musste. Bei der *Cour amoureuse* wurde es monatlich,[51] in den urbanen Wettbewerben von Amiens von den jährlich gewählten sogenannten *maîtres* für alle Stücke vorgegeben, in Rouen hingegen von den Teilnehmenden zur freien Wahl gelassen.[52] Ab den 1450er Jahren wurde,

---

46 Allgemeine Informationen bei GROS, Gérard: Le poète, la vierge et le prince du puy. Étude sur les Puys marials de la France du Nord du XIVe siècle à la Renaissance, Paris 1992 sowie Fußnoten 42 und 43.
47 Vgl. CHRISTIN, Olivier: Stratégies sociales et négociations politiques. Un tableau de dévotion de l'époque d'Henri IV. In: Regards sociologiques 33–34 (2007), S. 115–127.
48 Vgl. REID, Dylan: Patrons of Poetry. Rouen's Confraternity of the Immaculate Conception of Our Lady. In: van DIXHOORN/SPEAKMAN-SUTCH, The Reach of the Republic of Letters, S. 33–78 (Anm. 38); HUË, Denis: La poésie palinodique à Rouen (1486–1550), Paris 2002 (Bibliothèque littéraire de la Renaissance, 44); KOPP, Paintings, Poetry, and Prayers (Anm. 43).
49 Balladenform, die typischerweise als Unterform in Texten moralischen oder religiösen Inhalts diente und sich langsam als eigenständige poetische Form etablierte, in der der religiöse Inhalt mit dem Minnedienst Hand in Hand ging; vgl. GROS, Gérard: Le poème du Puy marial. Étude sur le serventois et le chant royal du XIVe siècle à la Renaissance, Klincksieck 1996, S. 10–33; GROS/FRAGONARD, Formes poétiques (Anm. 41).
50 Freiere Strophenform für Gedichte religiösen Inhalts, die von ihrem royalen panegyrischen Ursprung nur noch den Namen hat und vor allem für Solennität steht, aber sich auch vom religiösen Inhalt lösen kann, vgl. GROS, Le poème du Puy marial, S. 127–257 (Anm. 49).
51 Siehe Zitat in Anm. 3.
52 Sehr genau für die Zeit nach 1431 erforscht bei CHRISTIN, Stratégies sociales (Anm. 47).

gerade in Paris, Amiens, Dieppe und Rouen, die Form der *chants royaux* immer populärer und in zahlreichen Texten überliefert.[53] Neben den meist religiös geprägten Texten zu Ehren Mariens waren zum Wettbewerb aber auch satirische Gedichte (*sottes amoureuses*), improvisierte Rededuelle (*fatras*) religiösen bis absurden Inhalts zugelassen und überliefert – eine Chance auf einen Gewinn hatten die transgressiven und teilweise heutzutage komplett unverständlichen Texte in den *puys* eher weniger (auch wenn sie überliefert sind), wohl aber als eigene Form in für sie reservierten Wettkampfkategorien, beispielsweise in Valenciennes oder Lille durchaus.[54] Doch nicht nur zur Auflockerung neben den ernsten religiösen Inhalten waren sie sicher beim Publikum beliebt. Wahrscheinlich spielten sie häufig auf stadtinterne Aktualitäten und Personen an, was ihre zeitgenössische Popularität erklärt, aber das heutige Verständnis umso mehr erschwert. Ein Dichter wie Jean Froissart erwähnt die von ihm gewonnen Wettbewerbe der *sottes amoureuse* gleichrangig neben den mindestens drei anderen Städten und *puys*, in denen er in unterschiedlichen Kategorien gewonnen habe.[55] Diese Inflation an *puys* und Wettbewerben schien wiederum Anlass zu Ironie geboten zu haben, beispielsweise mokiert der bekannte Pariser Dichter Eustache Deschamps die Mode der *puys* und rief eine urbane Versammlung aus, um satirischen Inhalten zu frönen.[56]

Es blieb jedoch nicht nur bei den wahrscheinlich öffentlichen persönlichen Darbietungen der Gedichte beim *puy*-Wettbewerb und ihrer vermutlich regelmäßigen Kompilation für die Nachwelt. Um zu verdeutlichen, welchen ästhetischen und prestigeträchtigen Stellenwert der dichterische Wettkampf besitzen konnte, wurden auch noch visuelle Elemente hinzugefügt. Neben den Mysterienspielen, die beispielsweise in Paris die Bruderschaft der Goldschmiede in Verbindung mit ihrem *puy* aufführte,[57] der Niederschrift der *puy*-Texte in reich illuminierten

---

53 HÜE, Denis: Anthologie palinodique 1486–1550, Paris, Champion 2002; Ausschnitte in GROS, Le poète, la Vierge et le prince (Anm. 46).
54 Vgl. GROS, Le poète, la vierge et le prince, S. 54 f. (Anm. 46); GROS/FRAGONARD, Formes poétiques, S. 61–63 (Anm. 41).
55 Froissart sei nach Selbstaussage um 1350 mit drei *chants royaux amoureux*, einer *sotte* und zwei *serventois* bei fünf *puys* ausgezeichnet worden, darunter bei jenen in Valenciennes, Lille, Abbeville und Tournai, vgl. GROS, Le poème du Puy marial, S. 84 (Anm. 49).
56 Der *puy* sollte im topisch üblichen Monat Mai in Epernay stattfinden, *D'un beau dit de ceuls qui contreuvent nouvelles bourdes et mensonges*; in seiner Ballade mit dem Refrain *Pour compte de ses bourdes rendre* imaginiert er einen *puy* im Lens, zit. nach CERQUIGLINI-TOULET, Jacqueline: La couleur de la mélancholie. La fréquentation des livres au XIVe siècle 1300–1415, Paris 1993, S. 55 f.
57 Zum Zusammenhang von *puy* und Theater, siehe RUNNALLS, Graham A.: The miracles de Nostre Dame par personnages. In: Philological Quaterly 49 (1970), S. 19–29; zum weiteren Zusammenhang von Theater und Pariser Gilden vgl. RUNNALLS, Medieval Trade Guilds (Anm. 38);

Kompilationen,[58] gingen die *puys* von Amiens, Abbeville und Rouen noch weiter: Aus diesen Städten wurden die Devisen zusätzlich noch in Malereien dargeboten und in Rouen ab 1510 als kleine Plakate zu Werbemitteln versendet,[59] in Amiens[60] ab den 1430er Jahren bis 1666 und in Abbeville als großformatige Malereien, die die jeweilige Jahresdevise darstellten und in der Kapelle oder Kirche der organisierenden Bruderschaft aufgehängt wurden.[61]

Die Polysemie des Wortes war in mittelalterlicher Zeit enorm. Ein verbindendes Element schien jenes Ereignis zu sein, bei dem in kompetitiver Weise poetische Elemente nach einer geregelten Prozedur dargeboten und bewertet wurden, welches von einer Organisation veranstaltet wurde, die sich ganz dem *puy* verschrieb und entsprechend den Namen annahm. Andere *puys*, wie in Caen, sind erst im 15. und 16. Jahrhundert belegt, Rouen und Dieppe schienen gar über mehrere konkurrierende *puys* verfügt zu haben, von denen einige scheinbar im Schatten der anderen standen und die Überlieferung schlechter belegt ist.[62] Ebenfalls ein typisches Imitationsphänomen des 15. Jahrhunderts schien die Verbindung des literarischen Wettkampfes mit bildkünstlerischem Ausdruck zu sein, da aus Amiens und Abbeville aus dem frühen 16. Jahrhundert zum jährlichen *puy*-Motto (genannt *palinod*) zudem jene Gemälde bekannt sind, die sowohl

---

BOUHAÏK-GIRONÈS, Marie Basoche/LALOU, Elisabeth: Les cordonniers metteurs en scène des mystères de saint Crépin et saint Crépinien. In: *Bibliothèque de l'École des chartes* 143 (1985), S. 91–115.

58 Darunter Paris, BnF ms. fr. 1715 für den *Puy Conception Notre Dame* von Rouen von 1533; Paris, BnF ms. fr. 145 für den *Puy des Orfèvres* von Paris bis 1382, Kompilation der Dichtungen der *Confrérie Notre Dame du Puy* von Amiens von 1493 à 1487 in Paris, Arsenal 3164.

59 Vgl. GROS, Le poète, la vierge et le prince, S. 149 (Anm. 46).

60 Vgl. ebd., S. 56. Das älteste erhaltene Gemälde von 1438, mit einer Größe von 1 m x 65 cm und der Devise *Digne vesture au prestre souverain* ist im Louvre ausgestellt; mehr dazu vgl. ZÖHL, Caroline: Miniaturen und Altarretabel zwischen Allegorie und Emblem. Die Chants Royaux du Puy Notre-Dame d'Amiens. In: Quand la peinture était dans les livres: Mélanges en l'honneur de François Avril à l'occasion de la remise du titre de Docteur Honoris Causa de la Freie Universität Berlin. Hrsg. von Mara HOFFMANN/Caroline ZÖHL/Eberhard KÖNIG, Turnhout 2007, S. 405–423.

61 Einen Eindruck dieser Gemälde vermittelt die Seite https://www.amis-musee-abbeville.fr/2016/10/03/%C5%93uvre-du-mois-septembre-2016-1-puys-d-amiens/ [letzter Zugriff am 28.03.2018]; über die visuelle und materielle Zurschaustellung der Konfrerien vgl. KOPP, Paintings, Poetry, and Prayers (Anm. 43).

62 Rouen: Puy de la Passion, Puy des Pauvres, Puy Conception Notre Dame; Dieppe: Puy de la nativité und Puy de l'Assomption, vgl. GROS, Le poète, la vierge et le prince, S. 137–148 (Anm. 46).

die Devise des Jahres bildlich als auch das Erlebnis als Memorialfunktion darstellten sollten.[63]

Organisatoren dieser Wettbewerbe waren meist religiöse Bruderschaften, die dem *puy* als Institution seinen Namen gaben. Diese Bruderschaften waren religiöse Laien-Vereinigungen, die sich als freiwilliger Zusammenschluss Gleichgesinnter meist einem oder einer Heiligen verschrieben hatten, und deren Funktionen neben der Devotion auch Solidarität und Soziabilität waren.[64] Sie versammelten einen Querschnitt der sozialen, religiösen und wirtschaftlichen Eliten der Städte – sowohl Kleriker, Adelige als auch Patrizier hatten Zugang. Und selbst wenn die Namen und Themen religiös geprägt waren und sich aus der Liturgie und Hagiographie die meisten Themen speisten, so schien dies kein Hinderungsgrund gewesen zu sein, theologische Themen, säkulare Musik, populäre Dichtung und visuelle Elemente zu verbinden. Die Popularität der *puys* innerhalb der Bruderschaften variierte während der Zeit: Vor allem der prestigeträchtige *puy* des wirtschaftlichen Zentrums Arras schien im 13. Jahrhundert weit über die regionalen Grenzen hinweg Wettstreiter angezogen zu haben. Unter den Zuschauern befand sich im Jahr 1282 offensichtlich auch der englische Kronprinz, womit die englische Königsfamilie als Mäzenin für Künstler aus Arras in Erscheinung trat.[65] Dieses *puy*-Modell fand eine direkte Nachahmung in der Londoner Gilde der Textilhändler von 1270 bis 1310, das teilweise deckungsgleich mit der Bruderschaft des *puy* von London war, und die Statuten, *prince du puy*, Bankette, liturgische Prozession, *chants royaux* sowie die Abhaltung von *puy*-Wettkämpfen übernahmen.[66] Dieses Beispiel illustriert, wie eng nicht nur der

---

[63] Eine Handschrift mit diesen Mottobildern und möglicherweise in den puys ausgezeichneten chants royaux ab 1500 befinden sich in der Handschrift Paris, BnF ms. fr. 145, vgl. KOPP, Paintings, Poetry, and Prayers (Anm. 43).

[64] Für den französischen Kontext siehe VINCENT, Catherine: Les confréries médiévales dans le royaume de France XIIIe–XVe siècle, Paris 1994; Confréries et dévotions dans la catholicité moderne. mi-XVe – début XIXe siècle. Hrsg. von Bernard DOMPNIER/Paola VISMARA, Rome 2008 (Collection de l'École Française de Rome); Mittelalterliche Bruderschaften in europäischen Städten. Funktionen, Formen, Akteure = Medieval confraternities in European towns. Functions, forms, protagonists. Hrsg. von Monika ESCHER-APSNER, Frankfurt am Main 2009 (Inklusion/Exklusion. Studien zu Fremdheit und Armut von der Antike bis zur Gegenwart 12); PARAVICINI BAGLIANI, Agostino: Le mouvement confraternel au Moyen Âge. France, Italie, Suisse; actes de la table ronde organisée par l'Univ. de Lausanne, Paris 1987 (Collection de l'École Française de Rome).

[65] Vgl. SUTTON, Anne: The Mercery of London. Trade, Goods and People. 1130–1578, Aldershot 2005, S. 70; GALLY, Parler d'amour, S. 37 (Anm. 37).

[66] Vgl. SUTTON, Anne: Merchants, Music and Social Harmony. The London Puy and its French Context, ca. 1300. In: London Journal 17 (1992) S. 1–17; SUTTON, The Mercery of London, S. 69 f. (Anm. 65).

wirtschaftliche, sondern auch der kulturelle Austausch innerhalb einer Stadt und darüber hinaus gehen konnte, bis über den Kanal hinweg zwischen der damals bedeutenden Stadt Arras und dem englischen Markt, und dass solche Bruderschaften und dichterische Ereignisse aufs Engste mit der politischen, wirtschaftlichen und sozialen Elite der Städte verknüpft waren. Handelsbeziehungen schienen auch der Grund für Ähnlichkeiten in der Form und in den Inhalten zwischen Valenciennes und dem Pariser *Puy des Orfèvres* gewesen zu sein,[67] ebenso wie im 16. Jahrhundert zwischen Rouen und dem nahegelegenen Dieppe reger persönlicher und poetischer Austausch bestand.[68]

Einige Organisationen erfüllten über die poetischen Wettbewerbe einen funktionalen Zweck: Zumindest im *Consistori del Gay Saber* von Toulouse mit ihrem jährlichen Wettbewerb jeweils Anfang des Monats Mai standen die *leys d'amour* im kompetitiven Mittelpunkt und wurden genau sprachlich, theologisch wie auch juristisch bewertet,[69] ebenso wie für die Mitglieder der im Justizdienst stehenden *basoche* am *parlement* von Paris, in dem fiktive Gerichtsprozesse und häufig satirische Theaterstücke der didaktischen Einübung und Erhaltung von Berufsqualifikationen dienten,[70] neben einem zusätzlichen sozialen und geselligen Rahmen, in dem die Mitglieder ihren *esprit de corps* pflegten. Nicht immer sind diese sozialen Zusammenschlüsse trennscharf nach Bruderschaften oder Zünften zu unterscheiden.

Auffällig ist, dass dichterische Wettbewerbe und *puys* in Verbindung mit den unterschiedlichsten Aktivitäten auftauchen konnten, ja solche Beschäftigungen Hand in Hand gingen und nicht unbedingt unseren modernen Trennungen von Mysterien/Theater und dichterischem Wettstreit folgen. Zwei Beispiele kommen aus Paris: Bei der bereits angesprochenen *basoche* ist es heutzutage nicht klar erkennbar, ob die Vereinigung eine Gilde oder eine Bruderschaft war, und ob die, teilweise satirisch-subversiv anmutende, Theateraktivität im Mittelpunkt stand oder, wahrscheinlicher, einen eher kompetitiven, funktionalen Charakter innehatte.[71] Die reiche Gilde der Goldschmiede gliederte ihre sozialen Beschäftigungen in separate, aber offensichtlich rein gildeninterne Bruderschaften aus: Von der Bruderschaft Saint Eloy sind Mysterienspiele und dichterische Wettkämpfe bis

---

67 Vgl. GROS/FRAGONARD, Formes poétiques, S. 83 (Anm. 41); RUNNALLS, Medieval Trade Guilds (Anm. 38).
68 Vgl. GROS, Le poète, la vierge et le prince, S. 149 (Anm. 46).
69 Vgl. KENDRICK, Laura: The Consistori del Gay Saber of Toulouse (1323–c.1484). In: van DIXHOORN/SPEAKMAN-SUTCH, The Reach of the Republic of Letters, Bd. 1, S. 17–32 (Anm. 38).
70 Vgl. BOUHAÏK-GIRONÈS, Marie: Les clercs de la Basoche et le théâtre comique (Paris, 1420–1550), Paris 2007 (Bibliothèque du XVe siècle 72).
71 BOUHAÏK-GIRONÉS, Les clercs de la Basoche, S. 24–31 u. S. 36–59 (Anm. 70).

1392 bekannt; von der parallelen (oder konkurrierenden?) Bruderschaft Sainte-Anne-et-Saint-Marcel sind *chants royaux* aus dem 15. Jahrhundert überliefert und ab 1451 mit Lücken bis 1570 jährlich gewählte *prince de may* nachgewiesen,[72] die wohl für die Organisation des Soziallebens der Bruderschaft bei Prozessionen, Messen oder Ähnlichem zuständig waren.[73] Fraglich ist, ob sie, ähnlich einem *prince d'amour*, dichterische Wettbewerbe im Festmonat Mai ausrichteten. Denn nachweisbar sind in der Bruderschaft verfasste *chants royaux*, die noch erhalten sind und offensichtlich zum Himmelfahrtsfest dargeboten wurden, ebenso wie Verweise auf *escritaux* für entweder Gemälde oder eher die Präsentation des Jahresmottos oder -gedichts.[74] Dies würde in Anlehnung an die urbanen *puys* von anderen Städten ein kompetitives Ereignis sehr wahrscheinlich machen. Vermutlich waren die Grenzen fließend, da beide Bruderschaften sich aus der Gilde der Goldschmiede rekrutierten – wieder eine Sonderform zur eigentlich freien Wahlmöglichkeit der Konfrerien. Am Jahresfest der Bruderschaft von Saint Eloy sind von 1339 bis 1382 (mit Ausnahmen in den Jahren 1354 sowie 1358 bis 1360 wohl aufgrund von politischen Unruhen) die jährlich aufgeführten Mysterienspiele bekannt,[75] zu denen ebenfalls ein *puy*-Wettkampf abgehalten wurde.[76] Beide Elemente schienen aufs Engste miteinander verbunden gewesen zu sein,[77] und neben Prozessionen, Banketten und gemeinsamen Messen einen fundamentalen Pfeiler der internen Soziabilität mit einer starken integrativen Binnenwirkung gebildet zu haben. Ein immer wiederkehrendes Element ist der jährlich rotierende Vorsitz durch einen temporären *Prinzen* in den Liebeshöfen oder einen *maître* (so genannt in Amiens; oder auch *bâtonnier* in anderen nordfranzösischen Städten) in den Vereinigungen der nordfranzösischen Städte, der sicherlich die intellektuelle Devisenfindung, finanzielle Last, aber auch die ehrenvolle Stellung regelmäßig und kollegial auf alle Mitglieder der Bruderschaft verteilte.

Die Beteiligung von Frauen ist bei *puy*-Veranstaltungen in Ausnahmen belegt. Während sie in der Troubadourdichtung Südfrankreichs noch selbstverständlich an den Wettstreiten in Erscheinung traten und ihnen in den Konversationsspielen

---

72 Vgl. Paris, AN 1014 B.
73 Vgl. Paris, AN 1348.
74 Vgl. Paris, AN 1014 C und AN KK 1348, fast alle ausschließlich zu Ehren der Jungfrau Marias.
75 Zur Theateraktivität der Bruderschaft von St. Eloy (und anderer Bruderschaften ohne *puys*) vgl. RUNNALLS, Medieval Trade Guilds (Anm. 38).
76 Erhalten in nur einer Handschrift, Paris, BnF ms. fr. 819–820.
77 Ironischerweise scheint unsere heutige Trennung von Textgenres der Rekonstruktion der mittelalterlichen Wirklichkeit im Wege zu stehen. So werden, unter dem Label der mittelalterlichen Theaterwissenschaft, die Mysterien neu ediert, die 25 *serventois* der *puys* jedoch, die in derselben Handschrift erhalten sind, kommentarlos ausgelassen, vgl. BEZANÇON, Gérald/ KUNSTMANN, Pierre: Miracles de Notre-Dame par personnages, Bd. 1, Paris 2017.

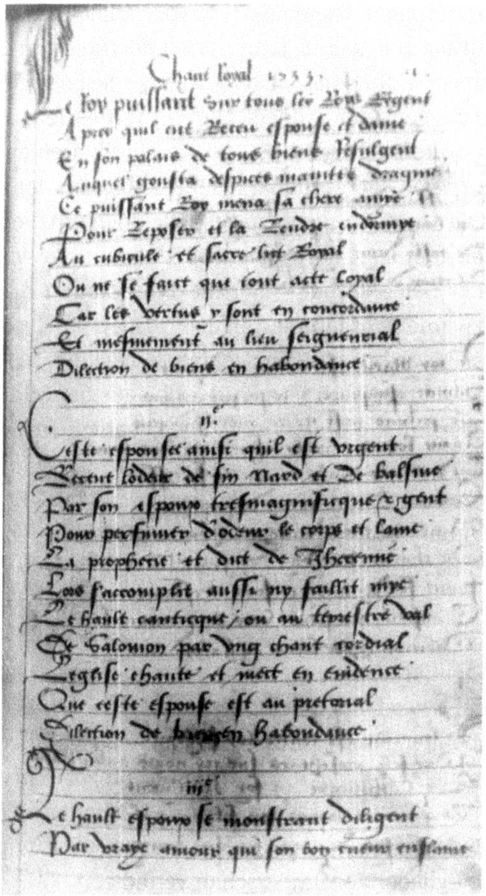

Abb. 2: Sogenannter *Chant royal* von 1533 aus der Pariser Confrérie Sainte Anne et Saint Marcel. Paris, AN KK 1348, fol. 56ʳ. Copyright: Paris, Archives Nationales.

der gesellschaftlichen Ereignisse die Hälfte der Redezeit und Spielbeteiligung zukam, so ist in den Statuten der *Cour amoureuse* ihre Teilnahme auf die Juryfunktion beschränkt, selbst wenn sie sicherlich als Anwesende zuhörten. In Amiens übernahm eine Frau laut Statuten ab 1431 während der Messe in der Kathedrale vor der Wahl des neuen *maître* die Rolle der Maria, während kleine Kinder Engel spielten[78] und so die *puy*-Gemälde performativ vorwegnahmen. Für Arras scheint ebenfalls weibliche Mitwirkung unter dem Preisrichterkommittee

---

78 Vgl. CHRISTIN, Stratégies sociales, S. 116 (Anm. 47).

belegt zu sein; zumindest eine Dame Oede und möglicherweise die Herzogin Maria von Brabant tauchen in Quellenbelegen auf.[79] In derselben Stadt führte die Bruderschaft der *Jongleurs des ardents* regelmäßig Mysterienspiele auf und zwei Frauen, wahrscheinlich Beginen, sind in den Statuten vorgesehen und nehmen somit in einer nicht genauer bekannten Form zumindest an der Organisation teil.[80] Auch in anderen *puys* veranstaltenden Bruderschaften ist davon auszugehen, dass Frauen oder Witwen von Mitgliedern einen gleichberechtigten Platz im sozialen Leben der Bruderschaft einnahmen und so an der Organisation und auch Aufführung von *puys* oder von dramatischen Inszenierungen beteiligt sein konnten.[81] Dennoch: In den erhaltenen Namenslisten der *puy*-Sieger aus dem späten Mittelalter taucht keine Frau auf – ein Indiz dafür, dass, je geregelter und institutionalisierter der Wettkampf wurde, desto mehr Frauen ausgeschlossen wurden. Sie waren am Ende in den *puys*, die sich der Verehrung der idealsten aller Frauen, der Jungfrau Maria, verschrieben hatten, nur noch als Zuschauerinnen oder anonymisierten Jurorinnen bei öffentlichen Veranstaltungen geduldet.

Auch wenn die Organisation der *puys* offensichtlich von den Bruderschaften aufrechterhalten wurde, schienen ab dem 15. Jahrhundert einige für externe Kandidaten offen gewesen zu sein. Der bereits zitierte Froissart rühmte sich der Teilnahme (und Auszeichnung) vor 1400 in Abbeville, Tournai, Valenciennes und Lille. Es ist davon auszugehen, dass er nicht in allen Städten Mitglied der jeweiligen Bruderschaft war; möglicherweise waren familiäre Beziehungen, Kooptierung oder das Renommee des externen Kandidaten ein Kriterium für dessen Zulassung. In Amiens und Rouen ist die Liste der jährlich gewählten *maître/princes*

---

79 GALLY, Parler d'amour, S. 43–44 (Anm. 37); möglicherweise die Ehefrau des immens reichen Bankiers Audefroy Louchard. Zu weiblichen *trouvères* in Arras vgl. DOLCE, Brianna: „Soit hom u feme". New Evidence for Women Musicians and the Search for the Women Trouvères. In: Revue de Musicologie 106/2, S. 301–328.
80 Vgl. SYMES, Common stage, S. 118 (Anm. 37).
81 Ein generelles Theaterverbot wie typischerweise aus dem elizabethanischen England zu Shakespeares Zeit gab es in Frankreich zu keiner Zeit, auch wenn die Forschung traditionell, in Verbindung mit einem Verweis auf die Frauenfeindlichkeit der Kirche, darauf verweist. Die neueste Forschung hat dagegen unterstrichen, dass ab dem 14. Jahrhundert Frauen als Schauspielerinnen, assoziierte Mitglieder in Truppen oder Autorinnen zwar selten überliefert, aber mit einer Normalität in den Quellen auftauchen, die von einer nicht ungewöhnlichen Teilnahme an öffentlichen Darbietungen zeugt, vgl. PARUSSA, Gabrielle: Le théâtre des femmes au Moyen Âge: écriture, performance et mécénat. In: Théâtre et révélation. Donner à voir et á entendre au Moyen Âge. Hrsg. von Catherine CROIZY-NAQUET/Stéphanie LE BRIZ-ORGEUR/Jean-René VALETTE, Paris 2018, S. 303–321; BOUHAÏK-GIRONÈS, Marie: Acteurs de ville, farceurs de cour? Le théâtre à Paris aux XVe et XVIe siècles. In: Paris, Ville de cour (XIIIe–XVIIIe siècle). Hrsg. von Boris BOVE/Murielle GAUDE-FERRAGU/Cédric MICHON, Rennes 2018, S. 235–250, hier S. 249. Ich bedanke mich bei beiden Autorinnen, die mir die frisch veröffentlichten Texte haben zukommen lassen.

zwar sehr heterogen, deutet aber auf einen städtischen oder regionalen Einzugsbereich hin. Diese Listen geben einen aufschlussreichen Blick auf die soziale Herkunft der Bruderschaftsmitglieder, die jährlich rotierend den Vorsitz für den *puy* übernahmen. In Amiens *Confrérie Notre Dame du Puy* trifft man als *maître du puy* von 1390 bis 1541 auf Bürger, Händler, Handwerker wie Bäcker, Schuhmacher oder Tavernenbetreiber, Geldwechsler und Färber, aber auch städtische wie auch königliche Notare, studierte Schulmeister, sowie Knappen und Ritter, Diakone ebenso wie Priester, Prioren aus der Umgebung, aber auch Kanoniker und Kantoren der Kathedrale von Amiens, ja gar den Nominalbischof von Hebron, Suffragan des Bischofs von Amiens.[82] Aus Rouen ergibt die Liste der *princes du puy* des *Puy de la Conception* von 1486 bis 1533 ein Panorama, in dem sowohl Patrizier, Händler, zahlreiche Ritter und Kleriker der umliegenden Institutionen, wie der Abt von Saint-Wandrille oder Sainte-Catherine-du-Mont, ja auch ein Suffraganbischof des Erzbischofs von Rouen auftauchen.[83] Die beiden Listen geben von der Bruderschaft ein sehr diverses und ständisch wenig homogenes Bild ab, indem Kleriker, Adelige und der Dritte Stand sich auf dem Fuße der Gleichheit begegneten und auch in der Hierarchie aufstiegen; doch es fällt auf, dass insgesamt das Bild von Amiens etwas heterogener ist, vielleicht damit auch stärker den wirtschaftlichen Schwerpunkt der Stadt abbildet, wohingegen die *princes du puy* aus Rouen sich weniger aus der bürgerlichen, aber mehr aus der adeligen Schicht rekrutierten. In beiden Fällen übernahmen auf lange Sicht graduell immer weniger Bürger und Händler, aber dafür immer mehr Kleriker und Adelige die Position des Zeremonienmeisters. Wahrscheinlich war die finanzielle Last, die die Charge als *prince/maître du puy* mit sich brachte, auch ein Kriterium für diese Verschiebungen. In Amiens beispielsweise gingen die Ausfertigung des Gemäldes und die Ausrichtung der Bankette finanziell zulasten des gewählten *maîtres*; in Rouen möglicherweise die *affiches* sowie die überregionale Werbung und in Paris die Organisation der Veranstaltung.[84]

Denn als letztes Element für die stark integrative Wirkung der *puy* sollte ihr öffentlicher Charakter hervorgehoben werden. Der Wettkampf lebte sicher nicht

---

[82] Vgl. GROS, Le poète, la vierge et le prince, S. 79–97 (Anm. 46); siehe auch die sozialhistorischen Interpretationen ausgehend von den *puy*-Bildern sowie die Liste der *maîtres* und ihrer sozialen Stellung bei PARESYS, Isabelle: Le noir est mis. Les puys d'Amiens, ou le paraître vestimentaire des élites urbaines à la Renaissance. In: Revue de l'histoire moderne et contemporaine 56 (2009), S. 66–91, insb. 72

[83] Vgl. GROS, Le poète, la vierge et le prince, S. 128–131 (Anm. 46).

[84] Vgl. PARESYS, Le noir (Anm. 82), S. 90; CHRISTIN, Olivier: Le May des orfèvres. Contributions à l'histoire de la genèse du sentiment esthétique. In: Actes de la recherches en sciences sociales 105 (1994), 75–90, insb. S. 86 f.

nur von der dargebotenen dichterischen Qualität, sondern auch von der Art, wie die Dichtenden es schafften, ihr Publikum trotz der stark geregelten Form und Inhalte anzusprechen und elegant zu unterhalten. Anspielungen auf Personen, Verweise auf Ereignisse, Rückgriffe auf die Vergangenheit und die Gegenwart der Gemeinschaft belebten sicher erst die Darbietungen und erreichten somit eine hohe Identifikation der *puys* mit der Gemeinschaft, sei sie höfisch oder urban. Das Publikum war neben den Wettstreitenden und dem Dargebotenen das dritte wichtige Element, das ‚dabei' sein und interagieren musste, damit der Wettbewerb auch sein Prestige erlangen konnte. Erst in diesem Zusammenspiel ergab sich eine performative Wirkung, die vielleicht erklärt, warum *puys* sich so lange als Organisationsform hielten, ja gar gebraucht wurden, da sie als integratives Gemeinschaftselement agonale und kompetitive Elemente mit Instrumenten der Schaffung eines städtischen Gemeinschaftsgefühls verbanden, in der idealerweise nicht der hierarchisch Stärkste, sondern der verbal Gewandteste gewann. Ähnlich verhielt es sich auch mit der *Cour amoureuse*. Sie verband organisatorische hierarchische Modelle ritterlicher militärischer Orden mit Techniken der höfischen Soziabilität und den Inhalten und Organisationsformen urbaner poetischer Wettkämpfe: Die Gründungsurkunde informiert genau über die Regeln und Abläufe, zu denen Gedichte über Liebe geschrieben und vorgetragen wurden. Auch war das die Vorträge begleitende Rahmenprogramm, wie Messe, Siegerehrung, Bankett und eventuell ein Turnier, öffentlich.[85] Eine weitere Parallele zum urbanen Vorbild war die Wahl der Wettbewerbstage nach dem Festkalender Mariens (neben dem namensgebenden Valentinstag als Jahresfest).[86] Auch die Urkunde selber gibt Aufschluss: So verdichten sich bei der Textanalyse semantische Hinweise auf eine starke Ähnlichkeit des Urkundenjargons und bürgerlicher Semantiken von Gilden und Bruderschaften.[87] Die enge Verbindung zwischen dem höfischen Zentrum Paris und der reichen, urbanen *puy*-Kultur wird auch an anderer Stelle deutlich: So ist der burgundnahe *prince d'amour* Pierre de Hauteville aus der Pariser *Cour amoureuse* nicht nur in Paris aktiv; seine Präsenz und seine Tätigkeit als *prince d'amour* ist ebenfalls in Flandern nachgewiesen.[88] An-

---

85 Vgl. AN KK 1014 B, S. 37.
86 Vgl. ebd., S. 40.
87 Vgl. ebd., S. 2f.
88 Siehe die prosopographischen Untersuchungen, die für die *Cour amoureuse* angefertigt wurden, bei VANWIJNSBERGHE, Dominique: La Cour Amoureuse de Charles VI à Tournai et son Prince d'Amour Pierre de Hauteville: commanditaires de livres enluminés? In: Hainaut et Tournaisis, regards sur dix siècles d'histoire. Hrsg. von Claire BILLEN/Jean-Marie DUVOSQUEL/André VANRIE, Brüssel 2010 (Archives et bibliothèques de Belgique, Numéro spécial 58; Publications extraordinaires de la Société Royale d'Histoire et d'Archéologie de Tournai 8), S. 135–177.

dere prosopographische Untersuchungen legen ebenfalls personelle und geographische Verzahnungen zwischen Paris und dieser burgundisch geprägten hochurbanisierten Region nahe,[89] wie auch andere Mitglieder der *Cour amoureuse* in andere dichterische und liebeskasuistische Debatten der damaligen Zeit eingebunden sind, beispielsweise die Kleriker Gontier und Pierre Col, Jean de Montreuil oder Eustache Deschamps. All diese Indizien sprechen für die Beliebtheit und die Diversität von sozialen Ereignissen, ihrem organisatorischen Rahmen, den kulturellen und politischen Verschränkungen, die für eine höchst kreative und adaptive Form der poetischen Kompetition über Stadt-, Standes- und Geschlechtergrenzen hinaus für ihre hohe integrative Kraft spricht.

Aus einigen städtischen *puys* sind die jährlichen Motto-Themen erhalten, wie auch einige wenige Wettkampftexte wie die ab 1450 populären *chants royaux* zu Ehren Mariens im *Puy Notre Dame* von Amiens[90] oder die des *Puy de May* der Pariser Bruderschaft Sainte-Anne-et-Saint-Marcel[91] zu Ehren mehrerer Heiliger. Möglicherweise wurden diese Spiele und Wettbewerbe nicht immer schriftlich festgehalten,[92] wohl aber manchmal in *best of*-Kompendien zusammengefasst. Für die *Cour amoureuse* sind keine Texte erhalten, auch wenn die Gründungscharta der *Cour amoureuse* dies ausdrücklich verlangt. Bei den Pariser Goldschmieden sind sowohl die Mysterien als auch die *puys* erhalten. In Amiens und Rouen[93] sind die Namenslisten mit den *puy*-Siegern über einen erheblichen Zeitraum erhalten, und für Amiens ebenfalls ab 1500,[94] bei der Pariser Bruderschaft Sainte-Anne-et-Saint Marcel[95] fragmentarisch für das 16. Jahrhundert die jährlichen *chants royaux*. Interessanterweise stellt man fest, dass in Paris[96] und

---

89 Vgl. BOZZOLO, Carla: Une tranche de la société tournaisienne à la Cour amoureuse dite de Charles VI. In: Campin in Context. Peinture et société dans la vallée de l'Escaut à l'époque de Robert Campin 1375–1445. Hrsg. von Ludovic NYS/Dominique VANWIJNSBERGHE, Valenciennes 2007, S. 63–71; BOZZOLO, Carla/LOYAU, Hélène: Armorial des Tournaisiens et Hennuyers, membres de la Cour amoureuse de Charles VI. In: ebd., S. 313–340.
90 Vgl. Paris, BnF ms. fr. 145.
91 Vgl. Paris, AN KK 1348, fol. 50 ff.
92 Zur methodischen Herangehensweise von mündlicher Dichtung und schriftlichem Niederschlag im Rahmen mittelalterlicher Lektüre vgl. BOUCHET, Florence: Le discours sur la lecture en France aux XIVe et XVe siècles. Pratiques, poétique, imaginaire, Paris 2008 (Bibliothèque du XVe siècle 74), S. 23–95; COLEMAN, Joyce: Public Reading and the Reading Public in Late Medieval England and France, 2. Aufl., Cambridge 2005 (Cambridge Studies in Medieval Literature 26), insbes. S. 76–147.
93 Liste des Princes, 1486–1533; Liste des lauréats, 1486–1533.
94 BnF ms fr. 145, siehe auch zum Entstehungskontext CHRISTIN, Stratégies sociales (Anm. 47).
95 Von 1522 bis 1570, AN KK 1348, Paris AN KK 1410 C.
96 Rekonstruktion der Ausradierungen in der Handschrift der *serventois couronnées* und des zweiten Siegers mit dem sogenannten *serventois estrivé*, vgl. zur Diskussion RUNNALLS, The Mi-

Rouen⁹⁷ teilweise zwei Sieger pro *puy* festgehalten wurden – ein Indiz für einen schwachen Wettkampf und die Bedeutung, Wettkämpfe integrativ und ehrenvoll zu gestalten. Ein letztes Beispiel aus den *puy*-Statuten von Valenciennes aus dem Jahr 1429 deutet nicht nur in Richtung dieser weit verbreiteten kompetitiven Praxis, sondern geht noch ein Stück weiter: Hier werden nicht nur die ersten beiden Sieger mit Krone und Hutnadel prämiert, sondern alle weiteren Teilnehmenden erhalten als Trostpreis eine bestimmte Menge Wein, ein nicht nur symbolischer, sondern auch festdynamisch sinnvoller Einfall!⁹⁸ Diese Befunde decken sich auch mit den Hinweisen aus der Gründungscharta der *Cour amoureuse*, in der für die unterschiedlichen Wettkampftypen „die zwei [B]esten"⁹⁹ als Sieger hervorgingen, beziehungsweise bei liebeskasuistischen Fällen die Urteilsverkündung solange vertagt wurde, als polemische Einladung zur Fortsetzung,¹⁰⁰ aber auch damit unmittelbar kein Gesichtsverlust für die unterlegen Partei einherging. All dies deutet auf die Vormacht der integrativen Binnenwirkung dieser sozialen Ereignisse über das kompetitive Element des Wettkampfes.

IV Spiele, Soziabilität und Schlachten

War also dabei sein alles? So sehr die integrative Binnenwirkung der *puys* für urbane Vereinigungen offenbar war, scheinen auch ihre Exklusionsmechanismen augenscheinlich: Auch wenn ein Großteil der *puy*-Veranstaltungen öffentlich war oder zumindest eine Jury als Urteilende beinhaltete, war die Teilnahme reduziert auf Männer, welche ehrenvoll genug waren, in Bruderschaften aufgenommen werden zu können. Möglicherweise konnten solche Situationen zu Konkurrenzen und Kreationen neuer *puys* führen, sei es aus berufsgruppenzugehöriger Notwendigkeit, Imitations- oder Konkurrenzgedanken. Im Pariser Kontext ist die Kreation und Destruktion von unterschiedlichen *puys* innerhalb eines engen chronologischen Rahmens in der Konkurrenz der *Cour amoureuse* und des *Ordre*

---

racles de Nostre Dame (Anm. 57); zur Diskussion des Begriffs *estrivé* vgl. GROS, Le poème du Puy marial, S. 54–60 (Anm. 49).

97 Aus Rouen existiert eine chronologische Liste der ausgezeichneten Gewinnenden und ihrem *palinod* de Puys de la Conception von 1486–1524, 1533 (mit Unterbrechungen); von 1493–1524 werden zwei Gewinner aufgeführt, vgl. GROS, Le poète, la vierge et le prince, S. 182–196 (Anm. 46).
98 *Au mieux faisant, une couronne de fin argent, pesant une once et demie, et au second un cappiel, aussi d'argent, pensant quinze esterlins, et à tous les autres ayant faict pareil acte de rhétorique, deux lots de vin pour eulx récréer*, zitiert aus GROS, Le poème du Puy marial, S. 60 (Anm. 49).
99 Siehe Zitat in Anm. 3.
100 Vgl. ARMSTRONG, Adrian: The Deferred Verdict. A Topos in Late Medieval Poetic Debates? In: French Studies Bulletin 64 (1997), S. 12–14.

de la Rose um 1400 sichtbar. Inwiefern diese Literaturorden bereits Vorläufer besaßen, kann nicht geklärt werden, sicher kann man jedoch davon ausgehen, dass die Elemente von kompetitiven poetischen Ereignissen durchaus eine bekannte und eingeübte Praxis waren, wie die Ausführungen zur *puy*-Tätigkeit in den Städten andeuten. Darauf aufbauend ist es wenig verwunderlich, dass eines Tages die Inhalts- und Organisationsform der *puy*-Praktiken einen Widerhall am Pariser Hof fanden, wenn auch verspätet und stark höfisch überformt im Vergleich zu ihren urbanen Modellen. Die Gründungsurkunde der *Cour amoureuse* gibt mehrere Rätsel auf und bietet gleichzeitig Interpretationsmöglichkeiten an. In der Tat ist über die Entstehung und die genauen Initiatoren diskutiert worden, auch die angegebenen Daten und Kontexte lassen keine eindeutigen Rückschlüsse zu, da offensichtlich nie ein Liebesrat zu den angegeben Daten mit den angegeben Personen tagte.[101] Um die *invention of traditions* aufzudecken, müssen die imaginierten narrativen Stränge, die ein Markenzeichen solcher semi-fiktionaler und idealtypisch überformter Ordensstrukturen sind, mit den bekannten Fakten komplementiert werden, um den Kontext der Gründung und die Initiatoren zu identifizieren.[102] Während der Wortlaut der Gründungsurkunde sehr wahrscheinlich ins Reich der fiktionalen Narrative höfischer Ursprungsmythen zu zählen ist, so sind die Ereignisse keineswegs nur imaginiert oder idealisiert, sondern tief in den sozialen Praktiken und mentalhistorischen Realitäten verankert.

Im Jahr 1392 identifizierte Eustache Deschamps die *puys* noch als urbane Bewegung.[103] Welchen Einfluss also hatte die höfische Adaptierung ab 1400, in der ebenfalls zahlreiche Bürger von Paris Mitglied waren? Einige Querverweise erlauben es, auf die Themen und die Abhaltung des königlichen *puys* zu schließen, wie eine Quittung von 1410 an einen Herold der Stadt Amiens, der Briefe eines Pariser *prince d'amours* vorbeibrachte;[104] ein Gedicht des Dichters Amé Malingre ebenfalls um 1410, der den *prince d'amour* Pierre de Hauteville anruft

---

101 Vgl. Bozzolo/Loyau, Cour amoureuse, Intro (Anm. 1); Straub, Theodor: Die Gründung des Pariser Minnehofes von 1400. In: Zeitschrift für romanische Philologie 77 (1961), S. 1–14.
102 Vgl. Straub, Die Gründung des Pariser Minnehofes, insbes. S. 3–8 (Anm. 101).
103 [...] *au puy d'amours anciennement et encores est acoustumez en pluseurs villes et citez des pais et royaumes du monde*, siehe auch deren Dichtformen, die *Serventois*, die er 1392 noch von adeligen poetischen Formen unterscheidet: *pour ce que c'est ouvrage qui se porte au puy d'amours, et que nobles hommes n'ont pas acoustumé de ce faire*, Eustache Deschamps, zit. nach Knox, Philip: Circularity and Linearity. The Idea of the Lyric and the Idea of the Book in the Cent Ballades of Jean le Senechal. In: New Medieval Literatures. Hrsg. von Wendy Scase/David Lawton, Cambridge 2006, S. 213–249, hier S. 230f.
104 Vgl. Piaget, Arthur: Un manuscrit de la cour amoureuse de Charles VI. In: Romania 31 (1902), S. 597–603, hier S. 603.

und ihn sowie die gesamte Versammlung von adeligen „Richtern",[105] die man alle als Mitglieder der *Cour amoureuse* identifizieren kann, zur Lösung eines liebeskasuistischen Dilemmas ersucht, oder in der Stadtbeschreibung von Guillebert de Metz, der in seiner Beschreibung der Stadt Paris von 1407 namentlich Christine de Pizan und den Liebesprinzen sowie einen Liebeshof und den galanten Zeitvertreib von Gesang, Musik und Dichtkunst explizit erwähnt.[106] Diese Indizien sprechen dafür, dass die in der Gründungscharta in ihrer idealen Form beschriebene *Cour amoureuse* in der Dekade nach ihrer Gründung noch in irgendeiner Form existierte, darunter dichterischer Wettstreit zu liebeskasuistischen Fragen stattfand und sich darüber einen Namen in der Gesellschaft von Paris und darüber hinaus gemacht hatte. Auch hier scheint eher das gesellige und kulturelle Element der *Cour amoureuse* vor allem Aufmerksamkeit gefunden zu haben. Die Verweise deuten darauf hin, dass weniger das kompetitive Element der dichterischen Wettbewerbe hängengeblieben war, sondern eher die *Cour amoureuse* als ein Fixpunkt der gebildeten Diskussion der Pariser Hofgesellschaft identifiziert wurde, zu dem auch eine Christine de Pizan gehörte, die qua Geschlecht von den Literaturorden ausgeschlossen war, aber schon zu Lebzeiten einen großen Ruhm genoss und die höfischen Moden begleitete und literarisch verarbeitete.

Doch blieb die *Cour amoureuse* der Ort, zu dem man hinging, um zu sehen, dichten, und gesehen wie gehört zu werden? Betrachtete man die Diversität der im heraldischen Kompendium versammelten Namen und ständischen Herkunft, so scheint die integrative Wirkung tatsächlich beachtlich zu sein: Die Gründungsurkunde erwähnt als einzigen Ausschlussgrund den unehrenvollen Umgang mit „Damen und Jungfrauen". Dass es öffentlich ein Jahr später zu einer weiteren Gründung, dem *Ordre de la Rose* kam, lag also nicht an den sozialen oder kulturellen Selektionsmechanismen der *Cour amoureuse*, sondern an den politischen Begebenheiten, die man eigentlich mit der Kreation der *Cour amoureuse* hatte beseitigen wollen: der politischen Konkurrenz und dem unerbittlichen Wettkampf zwischen den Herzögen Philipp von Burgund, seines Zeichens Onkel des größ-

---

105 *A Paris, au prince d'amours / ou je pense trouver secours; / et luy manday tout le procés [...] Au prince noble, tres puissant, / Pierre d'Auteville, vailliant/ qui tenés come souverain / la Court d'amours en vostre main / [...] par devant tous vos avocas, / et comander a messegniours / qui font dis et servent amours, / soient prince, duc ou baron, / chivallier, ouz bon compaignion* [...], es folgt eine Liste mit Namen, die identifiziert werden können, zit. nach PIAGET, Arthur: La cour amoureuse dite de Charles VI. In: Romania 20 (1891), S. 452–454.
106 *Item, damoiselle Christine de Pizan, qui dictoit toutes manieres de doctrines et divers traitiés en latin et en françois. Item, le Prince d'amours, qui tenaoit avec lui musicien et galans que toutes manieres de chançons, balades, rondeaux, virelais et autres dictiés amoureux savoient faire et chanter, jouer en instrumens melodieusement*, zit. nach ebd., S. 448 f.

tenteils wegen einer Krankheit „abwesenden" Königs Karl VI., und Ludwig von Orléans, seines Zeichens Bruder ebendiesen Königs. Folgt man Christine de Pizans Gründungsnarration, die mindestens genauso fiktiv und allegorisch aufgeladen ist wie jene Urkunde der *Cour amoureuse*, so hatte Ludwig ein Jahr später am Valentinstag eine Schar glänzender Höflinge eingeladen, die mit Gesang, Balladen, *dits* und Liebesfragen sich zum „angenehmen Zeitvertreib" zusammengefunden hatten.[107] Während dieser *parlement* genannte Liebeshof tagte, erschien die Göttin der Liebe und überreichte den Anwesenden neben dem Hauptpreis, einer Rose, ebenfalls die verfasste Gründungsurkunde des Ordens.[108] Es ist anzunehmen, dass sich hinter dieser literarischen Kreation aus der Feder der wahrscheinlich bekanntesten Autorin ihrer Zeit nicht nur reines Wunschdenken verbarg, sondern der Wille des ehrgeizigen Herzogs Ludwig von Orléans, eine Gegeninstitution zur *Cour amoureuse* zu gründen. Warum die Trennung der Parteigänger in zwei unterschiedliche Lager?

Offensichtlich nutzten die konkurrierenden Herzöge die Literaturorden nicht nur, um dem Kulturstandort Paris einen Gefallen zu tun, sondern als politische Fraktionsführer nutzten sie ihn offensichtlich auch als Instrument für politische Zwecke: Über die symbolische Zugehörigkeit zu einem Orden über Standesgrenzen hinweg generierten sie so eine Nähe zum jeweiligen Fürsten in Person und Treue. Dass ein gesellschaftliches Ereignis mit literarischen Dichtungen gewählt wurde, um politische Effekte zu erzielen, zeigt, welcher Stellenwert diesen Spielen in der Vorstellungswelt der Zeitgenossen zugemessen wurde. Die Literaturspiele waren ein Instrument, die politischen Auseinandersetzungen zu kanalisieren. Ihre Organisationsform von Wettkämpfen in Gilden oder Orden war quer durch alle Stände und geographische Zentren ein verbindendes Element, das hier in Paris aufgegriffen wurde. Doch das Ziel war auch politisch und sozial motiviert: Mehr als die durchaus real stattfindenden poetischen Wettbewerbe ermöglichten die Orden ihren Mitgliedern einerseits einen sonst schwieriger zu erhaltenden privilegierten Zugang zum Fürsten und boten diesem andererseits die Gelegenheit, Treue und Dienste mit Prestige und persönlicher Auszeichnung zu honorieren. Der vorgelebte Gleichheitsgrundsatz des Zugangs, die Soziabilitätselemente wie Bankette oder gemeinsame Messen und die Auszeichnung ‚dazuzugehören', der ludische Wettbewerb über Gedichte und Sprachwitz, kurzum, die integrative Binnenwirkung solcher ludischen Ereignisse überwog die kompetitiven Elemente. Die Konkurrenz lag aber nicht so sehr in den Dichtungen der anderen Mitglieder des jeweiligen Ordens, sondern vielmehr in der Exklusi-

---

107 Siehe das vollständige Zitat weiter oben.
108 Vgl. Christine de Pizan, Dit de la Rose (Anm. 17).

vität des einen im Vergleich zum anderen: Die Grenzen der jeweiligen Orden waren auch die Grenzen der Loyalität und der politischen Zugehörigkeit.

Dass es bei beiden Orden nicht allzu lange nur bei spielerischer Konkurrenz und dichterischem Stellvertreterkrieg zueinander blieb, deutete sich an. Wie schnell und dramatisch aus dem innerfamiliären politischen Zwist bitterer Ernst werden konnte, zeigt die politische Realität:[109] Nach Jahren des Machkampfs und der Einflussnahme auf Königin und *dauphin* wird Ludwig von Orléans 1407 von Parteigängern des Herzogs von Burgund im nächtlichen Paris ermordet; seine der Zauberei angeklagte Ehefrau muss Paris verlassen. Auch im folgenden Prozess in Anwesenheit des Königs nimmt der Herzog von Burgund die Verantwortung des Mordes auf sich. Jahre später wird dessen Sohn aus Rache von Parteigängern der Armagnac genannten Fraktion auf einer Brücke in Montereau unweit von Paris ermordet. Es folgt ein blutiger Bürgerkrieg mit offenem Visier, bei dem die Eroberung von Paris, Massaker der Zivilbevölkerung und auch burgundisch-englische Vereinbarungen zum Verlauf gehören. In einer der letzten großen Schlachten zwischen einem englischen und französischen Heer im wieder aufflammenden Hundertjährigen Krieg, der Schlacht von Azincourt vom 25. Oktober 1415, wird die königlich französische Armee, die hauptsächlich aus Parteigängern der zu der Zeit in Paris vorherrschenden Armagnac bestand, von den überlegenen englischen Bogenschützen dezimiert: Unzählige Ritter sterben, viele Adelige gelangen in englische Gefangenschaft, aus der nur horrend teure Lösegeldzahlungen ein Ausweg sind.[110] Selbst der Sohn von Herzog Ludwig, Gründer des Rosenordens, Karl von Orléans, der später selbst „Dichterfürst" genannt wurde, verbrachte ganze 25 Jahre im goldenen Käfig englischer Geiselhaft, in der er seine Lage, seinen Kummer und vielleicht seinen Trost standesgemäß in der Dichtung englischer und französischer Poesie artikulierte.[111] Vielleicht blieb auch die *Cour amoureuse* in dieser Zeit ein dichterischer Ruhepol für die burgundische Partei: Immerhin wurde über 50 Jahre hinweg die Mitgliederliste des Ordens gepflegt und

---

109 Vgl. die in Anm. 16 angeführte Literatur für Referenzen zur Politikgeschichte.
110 Vgl. TOUREILLE, Valérie: Le Drame d'Azincourt. histoire d'une etrange defaite, Paris 2015; Autour d'Azincourt. Une société face à la guerre (1370–1420). Hrsg. von Bertrand SCHNERB/Alain MARCHANDISSE, Villeneuve-d'Ascq 2017.
111 Seine Texte sind noch nicht alle ediert, vgl. *Poetry of Charles d'Orléans and his Circle. A Critical Edition of BnF MS. fr. 25458, Charles d'Orléans's Personal Manuscript.* Hrsg. von John Fox/Mary-Jo ARN, übersetzt von Barton PALMER, Tempe 2010 (Medieval and Renaissance 383/Arizona studies in the Middle Ages and the Renaissance 34); Charles D'ORLÉANS: *Le livre d'amis. Poésies à la cour de Blois (1440–1465). Édition bilingue.* Publication, traduction Virginie MINET-MAHY/Jean-Claude MÜHLETHALER, Paris 2010 (Champion classiques. Moyen Âg 28).

aktualisiert. Die prosopographische Untersuchung der Liste[112] deckt sich mit dem historischen Kontext: Die armagnakischen Parteigänger verschwinden, entweder aus politischen Gründen oder physischen, da viele von ihnen im Bürgerkrieg oder auf dem Schlachtfeld starben. Die neuen Mitglieder kamen alle aus dem Dunstkreis des Herzogs von Burgund. Dieser schien den Orden vielleicht gerade aus dem Grund eines privilegierten, standesübergreifenden und vor allem integrierenden Charakters weiterhin beibehalten zu haben. Selbst wenn nicht geklärt werden kann, inwiefern der dichterische und kompetitive Aspekt des Ordens weiterhin im Mittelpunkt stand, so war doch die symbolische Kraft des *puy* für den Herzog von unschätzbarem Wert, um außerhalb der politischen und kriegerischen Auseinandersetzungen über ein Instrument der Distinktion über Standesgrenzen hinaus zu verfügen, das noch dazu eine Art kultureller Normalität und höfischer Umgangsform bei den notwendigen geselligen Ereignissen beibehielt, wie es auch der Dichterfürst in Blois vorzuleben versuchte. Die Form von exklusiven Ritterorden blühte um diese Zeit ebenfalls wieder auf. Der prestigeträchtigste war mit Sicherheit der *Orden des goldenen Vlieses* des burgundischen Hofes – auch hier überlappen sich politische, kulturelle und dichterische Einflüsse, Instrumente und Institutionsformen, um konkurrierende Elemente zu kanalisieren.

In Christine de Pizans Gedicht zur fiktiven Gründung des Rosenordens obliegt es der Liebesgöttin, die Statuten des Ordens zu verkünden. Zu den Aufnahmebedingungen zählt sie Männer, egal ob jung oder alt, die bereit seien, ihren Liebesdienst ernsthaft zu verrichten.[113] Wie schon in den Statuten der *Cour amoureuse* werden die integrativen und gemeinsamen Werte der Gemeinschaft beschworen und, wenn auch in Christine de Pizans Beschreibung Formen der Dichtkunst erwähnt werden, scheinen diese gemeinschaftsstiftenden Elemente über dem kompetitiven Aspekt der Zusammenkünfte zu stehen. Beide Literaturorden teilten integrative Methoden der Kanalisierung externer Aggressionen: Teilhabe und Teilnahme an poetischem Wettstreit griffen auf wohlbekannte Kulturtechniken mit hohem Sozialprestige zurück. Dass Institutionen für ihre gemeinschaftsstiftende Wirkung solche künstlerischen Ausdrucksformen verwendeten, war im Kontext der reichen *puy*-Kultur der vor allem nordfranzösischen urbanen und höfischen Bereiche keine Seltenheit. Spiele, und insbesondere Literaturspiele, verbanden sowohl individuelle, religiöse, legale, ästhetische Phä-

---

112 Vgl. die Edition des heraldischen Kompendiums von BOZZOLO/LOYAU, Cour amoureuse, Bd. 1, S. 4 (Anm. 1); Edition ab Bd. 1, S. 48 bis Ende Bd. 3.
113 *Si soient tous jeunes et vieux / Desireux d'estre retenus / En l'Ordre, maiz n'y entre nulz / S'il n'en veult bien son devoir faire, / Car il se pourroit trop meffaire.* Christine de Pizan, Dit de la Rose, V. 608–611 (Anm. 17).

nomene sowie Werte wie Ehre, Religion und auch Gemeinschaftswohl miteinander.

Dieses Ineinandergreifen ist bei der Bewegung der unterschiedlichen *puy*-Vereinigungen deutlich sichtbar: Ein vordergründig kompetitiver Gedichtwettstreit verband nicht nur die üblichen gemeinschaftsstiftenden Formen der mittelalterlichen Soziabilität wie Bankette oder Versammlungen, sondern auch andere ästhetische Expressionen wie Mysterienspiele oder Gemälde, die die jährlichen Devisen und Wettkampfherausforderungen darstellten. Will man die historische Bedeutung der Literaturspiele analysieren, so kommt es nicht nur auf den künstlerischen Wert der dargebotenen Gedichte an, sondern es ist wichtig, diese anderen Elemente mit zu kontextualisieren, um dem sozialen und kulturellen Phänomen gerecht zu werden. Ebenso wichtig ist es festzuhalten, dass sich hinter dem Begriff *puy* nicht nur der kompetitive Gedichtwettstreit verbergen konnte, sondern eben diese ganze Bandbreite an kulturellen Praktiken und sozialen Elementen, die je nach Kontext, Stadt, Hof, Gilde, Bruderschaft, Orden unterschiedliche Ausprägungen annehmen konnten. In der Tat scheint es so, als ob die dichterische Konkurrenz und der Wettkampf um die Preise für Gedichte unter gemeinschaftsstärkenden Aspekten in den Hintergrund rückten: Die Tatsache, dass mehrere Preise vergeben wurden, dass teilweise Gewinner nicht mehr antreten konnten, die Temporalität und Rotation von Ämtern und Mottothemen deuten an, dass hier Konkurrenz, Prestige und Distinktion nicht nur auf der Ebene der Dichtkunst ausgetragen wurden, sondern innerhalb der Gemeinschaften integrativ wirkten. Gleichzeitig grenzten sie sich nach außen hin aber umso deutlicher ab, gerade wenn sie in Konkurrenz zu ähnlichen Vereinigungen standen. Dass die beiden Bruderschaften der Goldschmiede sich auf jeweils unterschiedliche Wettkampfformen spezialisierten, mag da kein Zufall sein: Aus der Bruderschaft Sainte-Anne-et-Saint-Marcel sind Prozessionenregister und *chants royaux*, die klassischen Formen urbaner Vortragsform, aus der Bruderschaft Saint-Eloy hingegen jährliche Mysterienspiele zu Themen der Hagiographie, aber auch aus den Epen und Romanen. Zusätzlich sind bei 14 Mysterienspielen auch die sie begleitenden *puys* erhalten – übrigens jeweils immer zwei Gedichte pro Jahr, offensichtlich die beiden Gewinner.[114] Und obwohl auch der Pariser Adel Theateraufführungen in den Palästen beiwohnte,[115] sind für die Literaturorden, wenn man den Statutennachweisen Glauben schenken kann, vor allem die Gedicht-

---

114 *serventois couronnés* or *serventois estrivés*, vgl. RUNNALLS, The Miracles de Nostre Dame (Anm. 57).
115 Vgl. BOUHAÏK-GIRONÈS, Acteurs de ville, farceurs de cour (Anm. 81).

formen der *virelais*, *balades* und *chants royaux* wie auch liebeskasuistische Debatten bekannt.

Dabei sein war wichtig, ebenso wie die öffentliche *performance* und Darstellung von Gemeinschaft und Wettkampf: Die ab 1451 eingeführten *puy*-Gemälde der Amineser *Confrérie Notre Dame du Puy*, die stets Maria im Zentrum hielten, die in Anlehnung an die jährliche Devise entworfen und für die Dauer des Wettkampfjahres in der Kathedrale von Amiens aufgehängt wurden, versinnbildlichen mehr denn je, wie soziale und religiöse Gemeinschaft, kulturelle und soziale (Selbst-)Repräsentation, aber auch dichterischer und politischer Wettstreit zusammenfielen: So versteht es sich von selbst, dass die Stadt Amiens (und nicht nur die Mitglieder der Bruderschaft) nach der königlichen *entrée* Franz I. mit der Gabe einer Anthologie der jährlichen Gedichte des *Puy Notre Dame* an die Königinmutter Louise von Savoyen[116] die Gelegenheit ergriff, sich in dem Geschenk als Einheit mit zu repräsentieren,[117] ebenso wie es schon vorher die Bruderschaft der Goldschmiede von Paris, die über Jahrzehnte ihren *puy* abgehalten hatte, versuchte, ihre Tätigkeiten als kulturell und keineswegs politisch darzustellen. Im Zuge von blutigen politischen Aufständen gegen die königliche Steuerpolitik, angeführt von Étienne Marcel, an denen die wohlhabenden Goldschmiede beteiligt waren, brach offensichtlich 1382 der *Puy Saint Eloy* zusammen. Vielleicht im Zuge des königlichen Verbots der Versammlungsfreiheit für Gilden kompilierte die Gemeinschaft ihre *serventois* und Theaterstücke in einer reich illuminierten Handschrift, möglicherweise um die ‚unpolitische' und partizipative Seite der Gilde herauszustellen.[118]

V Fazit

Die Konversations- und Literaturspiele standen immer im Spannungsfeld von ineinandergreifenden Organisationsformen, einstudierten und bewährten The-

---

116 BnF, ms. fr. 145.
117 Vgl. CHRISTIN, Stratégies sociales (Anm. 47).
118 Es handelt sich um Paris, BnF ms. fr. 819–820, zur Edition vgl. Anm. 77. Die Ansicht, die Handschrift sei Elisabeth von Bayern überreicht worden (vgl. RUNNALLS, The Miracles de Nostre Dame, S. 26 [Anm. 57]) wird heute nicht mehr geteilt; es handelt sich vermutlich um eine reine Memorialfunktion und die Handschrift schien im privaten Gebrauch verblieben zu sein, vgl. MADDOX, Donald/STURM-MADDOX, Sara: Introduction. French Drama of the Fourteenth Century: The Miracles de Nostre Dame par personnages. In: Parisian confraternity drama of the fourteenth century. The Miracles de Nostre Dame par personnages. Hrsg. von DENS., Turnhout 2008 (Medieval texts and cultures of Northern Europe), S. 1–28, hier S. 24 f.

men, ihrer Adaption, Neukreation und auch Verdrängung. Indem der Pariser Hof um 1400 die bereits in der höheren Gesellschaft wohlbekannten Themen und Interaktionen von poetischen Wettkämpfen sowie die Organisationsform von urbanen *puys* übernahm, imitierten die Initiatoren wohlbekannte Muster und akzeptierte Formen des kulturellen Austauschs, passten aber die sozialen Formen an die strenge Hierarchie des Hofs mit unterschiedlichen Rängen und spezifischen Spielregeln an. Die Konkurrenz lag hier weniger auf den sehr egalitär gestalteten dichterischen Wettbewerben, sondern eher auf dem unerbittlichen Wettstreit zwischen den zwei großen politischen Parteien, die sich um die jeweiligen Förderer der beiden Orden scharten: den Rosenorden als Kreation des Herzogs von Orléans als Reaktion auf den Liebeshof der ursprünglich alleinigen und schließlich exklusiv den Herzog von Burgund unterstützenden Organisation. Auch die künstlerischen Ausdrucksformen des Pariser Hofes trugen die Spuren der politischen und gewalttätigen Auseinandersetzungen davon – letztendlich würden sie beide dadurch untergehen: Der Rosenorden spätestens mit der Ermordung Louis' von Orléans und der sich verstärkenden politischen Vorherrschaft der Herzöge von Burgund in Paris; die *Cour amoureuse* nach fünfzig Jahren möglicherweise an der Inertie und Sinnentleertheit ihrer organisatorischen Formen und einem Mangel an neuen dichterischen Ideen, kulturellen Inhalten und politischem Sinn.

Schein und Sein, Vorstellung und Zurschaustellung von Gemeinschaft und Gruppenzugehörigkeiten waren Elemente, die für die spätmittelalterliche und frühneuzeitliche Dynamik von Literaturspielen unabdingbar waren. Dass sowohl religiöse, urbane als auch höfische Mitglieder der Gesellschaft ein Interesse an ‚elegantem Zeitvertreib' zeigten, deutet an, dass diese gesellschaftlichen Ereignisse der *puys*, religiös inspiriert und politisch interpretiert, mit kultureller Produktion und sozialer Repräsentation verbunden, vor allem ein paar Grundkonstanten übersetzten: Kompetitive Neigungen und gruppendynamische Formen mit dem Ziel einer integrativen und angenehmen Soziabilität scheint eine für die Vormoderne prägende Erfahrung und Ordnungsstruktur zu sein, die im Höfischen aufrecht erhalten wurde.[119] Wenn auf den ersten Blick die *puys* recht homogen wirken, so erkennt man auf den zweiten Blick eine hohe Diversität an organisatorischen, poetischen, sozialen und ästhetischen Formen. Auch die höfischen Formen orientierten sich an den urbanen Formen, übernahmen Semantiken,

---

[119] Zur Persistenz adelig-höfischer Vorstellung im 15. Jahrhundert vgl. insb. TAYLOR, Craig: Virtuous Knight. Defending marshal Boucicaut Jean II le Meingre, 1366–1421, York 2019; ELIAS, Norbert/ANHEIM, Étienne: Moyen Âge et procès de civilisation, traduit par Anne-Marie PAILHÈS, Paris 2021.

Themen und Wettbewerbsform, die kreativ weitergedeutet und praktiziert wurden.

Die kulturelle und soziale Form hatte noch lange nicht zur Integration und Kompetition der Wertgemeinschaft ausgedient: Die bestehenden urbanen *puys* Nordfrankreichs überstanden die politischen Wirren kulturell unbeschadet. Ihre feste Institutionalisierung strahlte weiter aus und erfreute sich einer Vitalität bis ins 17. Jahrhundert, um mit Beginn des 18. zu deklinieren. Ihre Mischung aus religiöser und kultureller Soziabilität bestand weiterhin parallel zu sich herausbildenden wechselnden Moden in literarischen Ausdrucksformen, der Diversifikation von verhandelten Themen, literarischen und institutionalisierten Formen und wechselnden Bildungsidealen wie dem Aufkommen humanistischer Bildungseliten,[120] aber auch urbaner gelehrter Gesellschaften und Akademien,[121] welche die Distinktion von Wissen für sich beanspruchten, den Wettbewerb um Wissen und Prestige in diese neuen Institutionen verlagerten oder in den privaten Bereich[122] zurück zogen. Auch die wachsende Popularität von Mysterien- und Passionsspielen, die für ihr Repertoire sowohl im biblischen und religiösen Fundus im weitesten Sinne, aber auch epische, komische und historischen Themen schöpften,[123] bestanden als ein Theatertyp auch neben der Emergenz des

---

[120] Vgl. MÜLLER, Harald: Habit und Habitus. Mönche und Humanisten im Dialog, Tübingen 2006; STUDT, Birgit: Umstrittene Freiräume. Bäder und andere Orte der Urbanität in Spätmittelalter und früher Neuzeit. In: Die Renaissance der Heilquellen in Italien und Europa von 1200 bis 1600. Hrsg. von Didier BOISSEUIL, Frankurt am Main 2012, S. 75–98; DERS.: „Exeat aula qui vult esse pius". Der geplagte Alltag des Hofliteraten. In: Alltag bei Hofe. Hrsg. von Werner PARAVICINI, Sigmaringen 1995, S. 113–136; HELMRATH, Johannes: Wege des Humanismus. Studien zu Praxis und Diffusion der Antikeleidenschaft im 15. Jahrhundert. Ausgewählte Aufsätze, Tübingen 2013.
[121] Vgl. VAN DIXHOORN/SPEAKMAN-SUTCH, The Reach of the Republic of Letters (Anm. 38); Europäische Sozietätsbewegung und demokratische Tradition. Die europäischen Akademien der Frühen Neuzeit zwischen Frührenaissance und Spätaufklärung. Hrsg. von Klaus GARBER/Heinz WISMANN, 2. Aufl., Tübingen 1996. Der einzige Artikel, der das Mittelalter thematisiert, streift die Bruderschaften nur kurz im Kontext der *devotio moderna*, vgl. BOEHM, Laetitia: Organisationsformen der Gelehrsamkeit im Mittelalter. In: ebd., S. 65–111; zu Redekammern vgl. BRUAENE, Anne-Laure van: Om beters wille. Rederijkerskamers en de stedelijke cultuur in de Zuidelijke Nederlanden 1400–1650, Amsterdam 2008; DEHNERT, Uta: Freiheit, Ordnung und Gemeinwohl. Reformatorische Einflüsse im Meisterlied von Hans Sachs, Tübingen 2017 (Spätmittelalter, Humanismus, Reformation. Studies in the Late Middle Ages, Humanism and the Reformation 102).
[122] Vgl. LILTI, Antoine: The World of the Salons, Sociability and Worldliness in Eighteenth-Century Paris, Oxford 2015; GOODMAN, Dena: The Republic of Letters. A Cultural History of the French Enlightenment, Ithaca 1994; BUNG, Stephanie: Spiele und Ziele. Französische Salonkulturen des 17. Jahrhunderts zwischen Elitendistinktion und belles lettres, Tübingen 2013.
[123] Siehe die Übersicht über die gespielten Stücke in Nordfrankreich und Flandern bei LAVÉANT, Théâtre des frontières, S. 518–521 (Anm. 28).

thematisch und formal verschiedenen Renaissance-Theaters weiter.[124] Die *puy s* gingen offensichtlich weniger an der politischen oder kulturellen Konkurrenz unter als wahrscheinlich vielmehr an internen Ermüdungserscheinungen der Gilden und Bruderschaften ab dem späten 17. Jahrhundert generell und spezieller an den notwendigen Kosten für die *puy*-Organisation.[125] Das Auslaufen bestimmter Moden an religiösen Themen, literarischen Formen und organisatorischen Elementen konnte auch dazu führen, sodass sie graduell verschwanden oder in andere Soziabilitätsformen überführt wurden. Somit folgen auch dichterische und ästhetische Formen und Organisationen sozialen wie politischen Dynamiken und konkurrierenden Entwicklungen und können nicht losgelöst von ihnen analysiert werden.

---

124 Siehe unter anderem Le Théâtre français du Moyen Âge et de la Renaissance – histoire, textes choisis, mise en scène. Hrsg. Darwin SMITH/Gabriella PARUSSA/Olivier HALÉVY, Paris 2014; für den bisher im Artikel kaum behandelten Süden, vgl. BONICEL, Matthieu: Arts et gens du spectacle à Avignon. À la fin du Moyen Âge (1450–1550), Dissertation Paris 2014; CHOCHEYRAS, Jacques: Le théâtre religieux en Savoie au XVIe siècle, Genf 1971; DIES.: Le théâtre religieux en Dauphiné au Moyen Âge au XVIIIe s., Genf 1975. Fallstudien vor allem zu religösen Stücken finden sich in Mainte belle œuvre faicte. Études sur le théâtre médiéval offertes à Graham A. Runnalls. Hrsg. Denis HÜE/Mario LONGTIN/Lynette MUIR, Orléans 2005 (coll. Medievalia); Drama, Performance and Spectacle in the Medieval City Mélanges offerts à Allan Hindley. Hrsg. von Catherine EMERSON/Mario LONGTIN/Adrian TUDOR, Leuven 2010 (Synthema 6).
125 Siehe Beispiele aus Amiens und Paris bei CHRISTIN, Stratégies sociales (Anm. 47); KOPP, Paintings, Poetry, and Prayers (Anm. 43).

Martin Baisch
müede
Gabentheoretische Überlegungen zum Zweikampf im höfischen Roman

I

> Wenn aber die *Körper* in solchem Aufeinanderprallen / Ineinanderfallen ihren sozialen Wert erfahren, dann ist jede Berührung mit einem anderen hochrangigen Körper (das gilt zumal für die adligen Köper des Mittelalters) *Ehre*, der *Kampf* in solchen Gesellschaften kein *Scheitern* von *Gesellschaftlichkeit*, sondern gerade ihr *Inbegriff*.[1]

Mit nicht zu leugnender, romantisierender Emphase charakterisiert in diesem Zitat Peter CZERWINSKI den ritterlichen Zweikampf, wie er vornehmlich literarisch in der Kultur des Mittelalters überliefert ist, als eine ‚totale soziale Tatsache', mithin also eine gesellschaftliche Institution, über die adlige männliche Mitglieder der mittelalterlichen Gemeinschaften zuallererst zu sich selbst kommen, über die das Verstehen dieser Kultur in besonderer Weise ermöglicht erscheint.[2] Denn der ritterliche Zweikampf ist mit seinen Denkformen und Verhaltensweisen ein wesentlicher Teil höfischer Kultur und dient der und diskutiert die Entfaltung von Macht und Gewalt.

Der ritterliche Zweikampf im höfischen Roman kennt als Risikohandlung (regelhaft) kein Remis: Dem Sieger erwächst durch seine offenbarte Tapferkeit Ruhm und Anerkennung, der Unterlegene erfährt – so die unausgesprochenen Regeln des Kampfes eingehalten werden – die Gnade des Gegners und gegebenenfalls den Spott einer das Geschehen beobachtenden höfischen Öffentlichkeit. Und selbst wenn diese nicht zugegen ist, erfährt der Hof von stattfindenden Kampferfolgen: „Tue Gutes und lass davon reden!" Nach dieser Maxime verfährt der junge Parzival in Wolframs von Eschenbach Artus-Gral-Roman, indem er seine besiegten Gegner König Clâmidê und dessen Seneschall Kingrun an den Artushof schickt und diese vor dem König und der Königin Bericht erstatten lässt.[3]

---

1 CZERWINSKI, Peter: Kampf als ‚materiale Kommunikation'. Zur Logik edler Körper im Mittelalter (Das Fließen von Kräften und Dingen II), in: Mediaevistik 9 (1996), S. 39–76, hier S. 54.
2 MAUSS, Marcel: Die Gabe. Die Form und Funktion des Austauschs in archaischen Gesellschaften, Frankfurt a. M. 1990 (suhrkamp taschenbuch wissenschaft 743).
3 Vgl. Wolfram von Eschenbach: Parzival. Studienausgabe. Mittelhochdeutscher Text nach der sechsten Ausgabe von Karl LACHMANN. Übersetzung von Peter KNECHT. Mit Einführungen zum

Für Harald HAFERLAND, der sich in seiner wegweisenden Dissertation mit den adligen Interaktionsmodi, dem adligen Interaktionsstil in der Epik wie der Didaktik um 1200 auseinandersetzt, steht der Wettbewerb um Ehre, der Kampf und das Aushandeln von Rang im Mittelpunkt der höfischen Kultur.[4] Gemäß der Logik von Geburts- und Tugendadel ließen diese Texte eine symbolisch-repräsentative Ordnung entstehen, in welcher der adlige Ritter seinen Status nicht einfach genießen könne, sondern immer auch präsentieren und aktualisieren müsse.[5] Damit ist auch der Hinweis gegeben, dass die Notwendigkeit, Ritterschaft auf Dauer performativ in der Öffentlichkeit auszustellen, den Modus der Verausgabung aller Ressourcen beinhalten kann, ja beinhalten muss. Eine Kampfbeschreibung aus dem *Erec* von Hartmann vermag dies zu illustrieren:

> er gap slac umbe slac
> daz slac neben slage lac.
> sus berte er daz îsengewant
> unz im daz swert vor der hant
> von den slegen erglüete
> und daz im sîn güet
> umbe die ecke vaste entweich.
> sîn brûniu varwe die wart bleich
> und muoste bresten sam jenes ê.
> (V. 9254–9262)

> Er [Erec] schlug Schlag auf Schlag, dass Schlag neben Schlag saß. So schlug er auf die Rüstung, bis ihm das Schwert in der Hand durch die Schläge glühend wurde und die Qualität

---

Text der Lachmannschen Ausgabe und in Probleme der ‚Parzival'-Interpretation von Bernd SCHIROK, 2. Aufl., Berlin, New York 2003, V. 179,13–200,9; V. 203,12–215,24. Vgl. HABLE, Nina: Die Choreographie von Sieg und Niederlage. Über die Tjost im *Parzival*. In: Imaginative Theatralität. Szenische Verfahren und kulturelle Potenziale in mittelalterlicher Dichtung, Kunst und Historiographie. Hrsg. von Manfred KERN u. a., Heidelberg 2013 (Interdisziplinäre Beiträge zu Mittelalter und Früher Neuzeit 1), S. 143–160.

4 „Kultur bezieht sich gleichermaßen auf das Gesamt von Lebensweisen, Formen des Verhaltens und des Handelns von Menschen, auf ihre soziale und kulturelle Praxis und deren Objektivationen, nämlich literarische und künstlerische Werke, Symbole, Rituale und Institutionen. Objektivationen, Praxis und Wahrnehmungen werden dabei in ihrer wechselseitigen Verschränkung gesehen." OEXLE, Otto Gerhard: Wie entstanden Werte in der Gesellschaft des Mittelalters? In: Die Wirklichkeit und das Wissen, Mittelalterforschung – Historische Kulturwissenschaft – Geschichte und Theorie der historischen Erkenntnis. Hrsg. von Andrea VON HÜLSEN-ESCH u. a., Göttingen 2011, S. 441–469, hier S. 444.

5 Vgl. HAFERLAND, Harald: Höfische Interaktion. Interpretationen zur höfischen Epik und Didaktik um 1200, München 1989 (Forschungen zur Geschichte der älteren deutschen Literatur 10), S. 73–120, insbes. S. 88–100.

der Klinge dahin war. Die Brünierung entfärbte sich und es zerbrach wie zuvor das des anderen.[6]

„Die soziale Logik des Adels" – so CZERWINSKI –

ist *Verschwendung:* Im Kampf stieben die kostbaren Steine von Schild, Panzer, Gewand, danach geht es an das *Verschwenden* der edlen Körper. Jeder Anflug einer Logik von Sparsamkeit und Rationalität, jede Ökonomie mit physischen Ressourcen, der eigenen Natur wie der ‚äußeren', wäre hier unadelig, schandbar.[7]

Thomasin von Zerklære, der höfische Theoretiker der ‚reinen' Gabe, würde hier einerseits zustimmen, andererseits widersprechen: In seinen Überlegungen zur höfischen Gabe, wie er sie in seinem didaktischen Werk *Der Welsche Gast* entwickelt, finden sich – bei aller nachdrücklichen Forderung nach einem nicht berechnenden, spontanen und freien Geben – durchaus Hinweise auf eine Kunst des Handelns mit den eigenen Ressourcen.[8]

Udo FRIEDRICH, die sozialhistorischen und sozialwissenschaftlichen Impulse von CZERWINSKI und HAFERLAND aufgreifend, weist dem Zweikampf in der Literatur des Mittelalters ebenso eine Schlüsselfunktion zu und definiert diesen als Versuchsanordnung, in der verschiedenste kulturelle Muster verhandelt und reflektiert werden.[9] Mit dem einzelnen Ritter verbunden ist also eine bestimmte, höfisch-adlig orientierte Wertvorstellung, die dieser im Modus des Zweikampfes in seiner Person verkörpert und zur Opposition stellt, welche sich paradoxerweise durch die Auseinandersetzung selbst auflöst: „Alle Asymmetrien des Körpers und der Ethik treten letztendlich hinter diesem gemeinsamen Kodex des ritterlichen Gewaltethos zurück."[10]

Die in diesen ritterlichen Zweikämpfen aufscheinende Interaktion lässt sich damit zwanglos gabentheoretisch reformulieren: Die ‚Gabe des Kampfes' ordnet

---

6 Hartmann von Aue: Erec. Hrsg. von Manfred Günther SCHOLZ. Übers. v. Susanne HELD, Frankfurt a. M. 2004 (Bibliothek des Mittelalters 5).
7 CZERWINSKI, Kampf, S. 55 (Anm. 1).
8 Vgl. HAFERLAND, Höfische Interaktion (Anm. 5) und HAFERLAND, Harald: Gabentausch, Grußwechsel und die Genese von Verpflichtung. Zur Zirkulation von Anerkennung in der höfischen Literatur. In: Anerkennung und die Möglichkeiten der Gabe. Literaturwissenschaftliche Beiträge. Hrsg. von Martin BAISCH unter Mitarbeit von Malena RATZKE und Britta WITTCHOW, Frankfurt a. M. u. a. 2017 (Hamburger Beiträge zur Germanistik 58), S. 67–120.
9 Vgl. FRIEDRICH, Udo: Die ‚symbolische Ordnung' des Zweikampfs im Mittelalter. In: Gewalt im Mittelalter. Realitäten – Imaginationen. Hrsg. von Manuel BRAUN/Cornelia HERBERICHS, München 2005, S. 123–158, hier S. 147.
10 FRIEDRICH, Die ‚symbolische Ordnung', S. 147 (Anm. 9).

und hierarchisiert das gesellschaftliche Feld der adligen Akteure im Medium der Anerkennung und erzeugt derart – so die *opinio communis* der Forschung – stabilere soziale Bindungen und Strukturen. Auf paradoxe Weise werden destruktive Impulse (beklagenswerte und schmachvolle Niederlagen) und kreativ-kooperative Effekte (die Stiftung von Gemeinschaft über soziale Inklusion beziehungsweise Exklusion) hervorgebracht. Derartige Kämpfe – auf Reziprozität ausgelegt und ausgehend von der umfassenden Symmetrie der Gegner – werden in der höfischen Epik überdies als Ausdruck von *höfischheit* inszeniert, wie etwa das häufig anzutreffende Motiv der karitativ-freundschaftlichen Versorgung der Wunden des Kontrahenten zeigt: *sît aber strît von iu geschach / ir erkennt ein ander deste baz.*[11] Die Form sozialer Integration des siegreichen Ritters, wie hier im *Parzival*, der im Kampf mit einem gleichrangigen Gegner immer auch mit sich und gegen sich selbst kämpft, ist ebenso unschwer anerkennungstheoretisch reformulierbar. In ihrer dem Werk Chrétiens gewidmeten Habilitationsschrift hat die Romanistin Xuan JING die identitätsstiftenden Zweikämpfe des Artusritters Erec als „Kämpfe um Anerkennung" im Hegelschen Sinne beschrieben und diskutiert:

> Erecs homo-mimetischer Kampf scheint nun insofern mit dem Hegelschen Kampf um Anerkennung vergleichbar, als dieser wie jener in einer *narzisstischen Konfrontation* besteht, die jedoch statt der Selbstzerstörung – wie sie im Narziss-Mythos vorliegt – in einer *Unterwerfung des spiegelbildlichen Anderen* endet. Ähnlich wie der Entwicklungsprozess des Selbstbewusstseins bei Hegel zielt auch Erecs *Kampf um Anerkennung* auf die *Etablierung einer Herrschaftsstruktur:* Führt man die von Erec besiegten Doppelgängerfiguren – Yder, den Schönen Grafen und Mabonagrin – vor Augen, so werden diese allesamt durch ihre Niederlage dazu gebracht, sich in die höfische Ordnung einzugliedern oder – im Fall des Schönen Grafen – die (Ehe-)*Ordnung* als *bindend* anzuerkennen. Kommt diesen Figuren die Rolle des Hegelschen Knechtes zu, so vermag Erec bei jedem Sieg nicht nur seine *Herrschaftsposition* in der *patriarchalen* Ordnung zu befestigen. Er erweist sich damit zugleich als ein Herr im Hegelschen Sinne, der sich über die Unterwerfung des imaginären Anderen als *Herrschersubjekt* in der symbolischen Ordnung konstituiert.[12]

---

[11] „Nachdem ihr einen Kampf miteinander vollzogen habt, wisst ihr umso genauer, wer ihr seid." Wolfram, Parzival, V. 760,4 f. (Anm. 3). Zu nennen wäre hier auch das Freundschaftspaar Erec/Guivreiz, dessen Ökonomie Burkhard HASEBRINK eindringlich analysiert hat. Vgl. HASENBRINK, Burkhart: Erecs Wunde. Zur Performativität der Freundschaft im höfischen Roman. In: Oxford German Studies 38 (2009), S. 1–11.

[12] JING, Xuan: Subjekt der Herrschaft und christliche Zeit. Die Ritterromane Chrétiens de Troyes, München 2012, S. 103. Vgl. ebd.: „Daß Erec sich gerade über eine solchermaßen narzisstische Selbstüberwindung als *Herrschaftssubjekt* konstituiert, zeigt sich, wenn man den *Kampf* der *Doppelgänger* in Bezug auf die Hegelsche Dialektik von Herr und Knecht beleuchtet. Wie man weiß, geht diese berühmte Denkfigur auf Hegels Phänomenologie des Geistes zurück und steht im Zusammenhang mit der dialektischen Entwicklung des Selbstbewusstseins. Diese läuft Hegel zufolge folgendermaßen ab: Das Selbstbewusstsein objektiviert sich – nach dem dialektischen

Als Funktion des Kampfes bestimmt JING also zunächst die Wiederherstellung von Elementen der sozialen Ordnung beziehungsweise die Etablierung des eigenen Subjektstatus als Herrscher. Hierzu wird das früh in der Epik ausformulierte Grundmuster des höfischen ritterlichen Kampfes, das gewissermaßen einer Logik der Repräsentation zu gehorchen scheint, facettenreich weiterentwickelt und für unterschiedliche Sinnangebote instrumentalisiert. Variiert wird dabei das Muster des Einzelkampfes, das die Form des Reihenkampfes ausbilden kann.[13] Dadurch entsteht auch die Möglichkeit, erzählerische Vielfalt zu erzeugen. Auffällig und kennzeichnend sind – vor allem der späte Artusroman liefert hier drastische Zeugnisse – Eskalationsbewegungen, wenn sich die Dauer oder die Zahl der Kämpfe erhöht, wenn sich die Ritter bis zur totalen Verausgabung wechselseitig zu überbieten versuchen, sei es im Kampf wie in der Gewährung von Hilfe und Unterstützung. Der vorliegende Aufsatz thematisiert vor allem die zuletzt genannten Erscheinungsformen des Kampfes, wenn die Ritter im Zeichen der *müede* unter Aufbietung aller körperlichen Ressourcen wiederholte Ohnmachten erleiden, bis sie ihre Kraftlosigkeit vollends überwältigt. Grundlegend ist dabei ins *Bild* gesetzt, worauf Judith KLINGER in ihrem Aufsatz „Ohn-Mächtiges Begehren. Zur emotionalen Dimension exzessiver *manheit*" ritterliche Identität aus gendertheoretischer Perspektive festlegt:

> Die *Selbstverausgabung* des *adligen Herrn* kennt prinzipiell *keine Grenzen* und kommt daher in genau jener *agonalen Konfrontation* zu sich selbst, die ihre Realisierung auf die Probe stellt und gefährdet.[14]

KLINGER diskutiert den intrikaten „Komplex von *manheit*, Macht und Ohnmacht"[15], in dem *manheit* „als dynamisches Prinzip", weniger als „normatives Ideal"[16] gilt, wie es auch schon der Romanist Simon GAUNT in seinem in der Germanistik zu wenig beachteten Entwurf über *Gender and Genre in Medieval*

Prinzip von These und Antithese – in einem anderen Selbst. Gleichsam zur Synthese kommt es dann, wenn sich Selbstbewusstsein und anderes Selbst in einem *Kampf um Anerkennung* gegenübertreten, in dessen Folge sich ein selbständiges und ein unselbständiges Selbstbewusstsein in *komplementärer* Hierarchie von Herr und Knecht herausbilden."
13 HABLE, Nina: Reihenkämpfe in der mhd. Artusliteratur. Einer für alle, alle gegen einen? In: Zeitgemäße Verknüpfungen. Hrsg. von Peter CLAR u. a., Wien 2013, S. 369–388.
14 KLINGER, Judith: Ohn-Mächtiges Begehren. Zur emotionalen Dimension exzessiver *manheit*. In: Machtvolle Gefühle. Hrsg. von Ingrid KASTEN, Berlin, New York 2010 (TMP 24), S. 189–217.
15 Ebd., S. 190.
16 Ebd., S. 191.

French Literature[17] von 1995 als Ideal monologischer beziehungsweise dialogischer Männlichkeit beschreibt. Charakteristisch für diese Form adliger Männlichkeitskonstitution sind ihre Leiborientiertheit wie ihre Prozessualität:

> Das Prinzip der leibgestützten Macht [...] verlangt nach immer neuer Durchsetzung und Bewährung anstelle einer Berufung auf institutionell abgesicherte Herrschaftsrechte. Damit gerät der Mächtige allerdings an die Grenze zur Ohnmacht, muss sich der Möglichkeit von Verlust und Versagen ernsthaft – nämlich auf Leben und Tod – aussetzen. Diesen Schatten der Ohnmacht markiert die Todesfurcht: *angest*, *vorht* und *sorge* treten als zwangsläufige Begleiter des Ernstkampfs auf und konturieren die Verwundbarkeit des (Über)Mächtigen.[18]

Adlige Zweikämpfe belegen damit nach KLINGER „eine Bereitschaft zur Selbstverausgabung, die die Möglichkeit der Ohnmacht stets mit einschließt."[19] Erzeugt wird damit eine spannungsreiche, ja eine paradoxe Struktur, wenn im Streben nach Macht die Verfügbarkeit über die eigenen Ressourcen und Möglichkeiten verloren gehen kann.

> Vielmehr erfüllt sich exzessive *manheit* in der *Selbstverschwendung* bis zum Verlust der Handlungsfähigkeit und Eigen-Mächtigkeit. Macht und Ohnmacht, Souveränität und Verwundbarkeit bedingen einander in einer paradoxen Denkfigur, wenn sich *manheit* mit allen Konsequenzen aufs Spiel setzen muss, um sich zu erweisen.[20]

Die hier behauptete Logik der Repräsentation von Herrschaft und Adel im ritterlichen Kampf wird in der *Crône* Heinrichs von dem Türlîn in wirkungsästhetischer Perspektive ergänzt durch eine Logik der Intensität.[21] Im Folgenden ist es genau dieser Aspekt, der das *close reading* der langen Textepisode legitimiert. Die Di-

---

17 GAUNT, Simon: Gender and Genre in Medieval French Literature, Cambridge 1995 (Cambridge Studies in French 53).
18 KLINGER, Ohn-Mächtiges Begehren, S. 194 (Anm. 14).
19 Ebd., S. 194.
20 Ebd., S. 195. Betrachtet man die Heldentrauer und ihre Expression als legitimen Teil des ritterlichen Kampfes, so stößt man hier auf Verfahren der Verausgabung: „Wenn Achill angesichts des toten Freundes begehrt, sich selbst zu Tode weinen zu können (Tr 38816 f.) und wiederholt in Ohnmacht fällt (Tr 38772, 38911), so überschreitet dies nicht nur die (hyperbolische) Heldentrauer sondern auch standardisierte Gendercodierungen, die exzessive *Verausgabung* und *Ohnmachten* in der Regel der weiblichen Trauer vorbehalten." GEBERT, Bent: Mythos als Wissensform. Poetik und Epistemik des Trojanerkriegs Konrads von Würzburg, Berlin, Boston 2013 (Spectrum Literaturwissenschaft 35), S. 391.
21 Vgl. hierzu den Überblick bei SCHWINDT, Jürgen Paul: *Querelles*. Zu einer Literaturgeschichte der Intensität. In: Literaturgeschichte. Theorien – Modelle – Praktiken, Berlin 2014 (Studien und Texte zur Sozialgeschichte der Literatur 138), S. 143–161. Vgl. auch KLEINSCHMIDT, Erich: Die Entdeckung der Intensität. Geschichte einer Denkfigur im 18. Jahrhundert, Göttingen 2004.

mension des ‚Sichtbaren' und damit die der Intensität gewinnt in der Darstellung bei Heinrich – wie mir scheint – die Oberhand über die Dimension des ‚Sagbaren'. Michael WALTENBERGER hat in Anschluss an Überlegungen von DELEUZE die These aufgestellt, dass man „für vormoderne Kulturen generell mit einer Konvergenz von phänomenaler Intensitätssteigerung und diskursiver Geltungssteigerung rechnen könnte."[22] Wenn diese Annahme stimmt, ist der Fall der poetischen Inszenierung des ritterlichen Kampfes in der *Crône* von besonderer Relevanz. Hier nämlich scheint das Sichtbare, die so exzessiv erzählten Kämpfe, dem Sagbaren, das durch solches Erzählen erzeugte Sinnangebot, überlegen; zumindest ist es nicht einfach, das Sagbare, das die Kämpfe der *Crône* erzählen, zu explizieren.[23] In Bezug auf den Artusroman *Daniel vom blühenden Tal* des Strickers und seine literarische Strategie spricht Hans Jürgen SCHEUER von einem „paradoxe(n) Ineinander von leerer Signifikanz und symbolischer Bedeutungsfülle", um dann den Begriff der Intensität anzuführen.[24]

> Eine solche *Präsenz* lässt sich deswegen in einem terminologisch genauen Sinne als *intensiv* bezeichnen, weil sie zugleich weniger und mehr ist als bloßes Anwesendsein: Wie ein Phänomen der Repräsentation beruht sie auf der Absenz der zu vergegenwärtigenden Sache, anders als im Falle der Repräsentation beanspruchen die *maere* aber eine Evidenz und Verbindlichkeit, die über die Beliebigkeit des Zeichens weit hinausgehen.[25]

Das Erzählen von ritterlichen Zweikämpfen in der *Crône* erhält seine Evidenz – dies wird im Folgenden zu zeigen sein – über das Sichtbare, zu der (auch) die Logik der narrativen Form zu zählen ist. Der derart auf Dauer gestellte Kampf, der mittels Steigerung und Überbietung zu Erschöpfung und Verausgabung führt, wird zum schillernden Sinnbild absoluten höfischen Handelns.

---

22 WALTENBERGER, Michael: Pikarische Intensitäten. Ein Lektüreversuch zu alteritären Aspekten der Erzählstruktur im ersten Kapitel des Lazarillo de Tormes. In: Alterität als Leitkonzept für historisches Interpretieren. Hrsg. von Anja BECKER/Jan MOHR, Berlin 2012 (Deutsche Literatur. Studien und Quellen 8), S. 121–140.
23 Vgl. ebd., „‚Sichtbares' und ‚Sagbares' aber verbindet sich zu Macht und zu Wissen in historisch spezifischen Dispositiven, und diese historische Spezifität bestimmt sich nicht zuletzt dadurch, wie eng und auf welche Weise jeweils die Gradationen phänomenaler Eindrücklichkeit mit der Verbindlichkeit diskursiver Geltung korrelieren."
24 SCHEUER, Hans Jürgen: Bildintensität. Eine imaginationstheoretische Lektüre des Strickerschen Artus-Romans ‚Daniel von dem Blühenden Tal', in: ZfdPh 124 (2005), S. 23–46, hier S. 25.
25 Ebd.

II Überbietung, Verausgabung und Erschöpfung

Gasozeins Kampf gegen Gawein in der *Crône* Heinrichs von dem Türlîn

In Hartmanns *Iwein* erklärt der Artusritter Kalogrenant einem ahnungslosen Waldmenschen, was *aventiure* bedeute und was einen Artusritter auszeichne: seine unbedingte und ständige Suche nach *aventiure*. Ein Ritter sei rastlos und tatenhungrig. Er wolle *rîten*, *strîten* und bestenfalls *gesigen*, wodurch er seine ritterliche Pflicht erfülle und seine persönliche *êre* vermehre. Deutlich weniger energisch erscheinen die Ritter in Heinrichs von dem Türlîn nachklassischem Artusroman *Diu Crône*. Mag man vor allem in der ersten Hälfte des Romans Ritter wahrnehmen, die sich voller Elan in ihre *âventiuren* stürzen, so muss man doch anerkennen, dass diese Bemühungen diese in die Erfahrung der Ermüdung führen, sie sogar in für sie ungünstigen Momenten einschlafen. In Heinrichs spätem Artusroman stellt die *müede* insbesondere für den Helden Gawein immer wieder ein Problem dar. Sie begleitet ihn durch den gesamten Roman und stört, verzögert oder verunmöglicht sein Tun, etwa wenn er beim Blumenpflücken dreißigmal vor Müdigkeit fällt. Mehrmals sieht Gawein *aventiuren* wie Traum- oder Halbschlafbilder an sich vorbeiziehen und unterlässt jegliche andere Handlung. Nur mit Hilfe mehrerer Zaubergegenstände überwindet er die *müede* schließlich. Noch dazu wird der Held gewarnt, er dürfe bei der Gralsaventiure auf keinen Fall einschlafen, was ihm auch gelingt. Am Ende bleibt einzig Gawein wach und erlöst die Gralsgesellschaft, während seine Begleiter Kalocrenant, Lanzelet und Keie das Wunder verschlafen.

Der Kampf zwischen Gawein und Gasozein in der *Crône* bildet wohl einen der längsten Zweikämpfe der höfischen Literatur. Gawein kehrt nach seinem unfreiwillig langen Aufenthalt bei Amurfina zum Artushof zurück. Auf dem Weg dorthin begegnet er Gasozein, der soeben Ginover vor der sicheren Ermordung durch ihren Bruder Gotegrin gerettet hat. Über 500 Verse exerzieren die beiden Kämpfer nach allen Regeln der Kunst einen mehrphasigen Kampf, der immer wieder durch die Ohnmachtsanfälle der Kontrahenten unterbrochen wird und sich schließlich trotz seiner Exorbitanz in die Reihe unbeendeter Zweikämpfe einfügt. Was nicht sein darf, vollzieht sich: ein Remis.

Zuvor aber sei auf das bereits angesprochene Aufeinandertreffen von Gasozein und Gotegrin verwiesen, welches diesem Handlungsabschnitt ebenfalls angehört. Seine Schilderung bildet mit lediglich acht Versen das genaue Gegenteil zur Zweikampfepisode zwischen Gasozein und Gawein. Der Kampf zwischen Gasozein und Gotegrin ist schnell und ohne Worte entschieden:

> ûf Gotegrîn er rante
> mit grôzer ungebære
> und warf in ze were
> von dem ors ûf einen ast
> mit dem sper, daz im abe brast
> der arm und daz halsbein.
> dâ wart ander rede dehein
> zwischen im und Gasozein
> (V. 11277–11284)[26]
>
>> Er stürmte auf Gotegrîn zu mit großem Ungestüm und warf ihn in der Tat mit der Lanze vom Pferd auf einen Ast, so dass er sich den Arm und das Genick brach.

Ohne jede Vorwarnung tjostiert Gasozein seinen Gegner einfach nieder, der erhebliche und genau geschilderte Wunden davonträgt. Die offenkundige Verletzung der Regeln des höfischen Zweikampfs wird begründet durch die Notsituation der Königin: Ginover wurde von ihrem eigenen Bruder Gotegrîn entführt und ist mit dem Tod durch seine Hand bedroht. Der Erzähler markiert an dieser Stelle Gasozeins brutales Eingreifen als göttlichen Willen: *Got het ir gesendet trôst. / sust wart Ginovêr erlôst* (V. 11285 f.; „Gott hatte ihr Trost gesendet, so war Ginover erlöst"). Der Erlöser entpuppt sich aber ebenfalls rasch als Entführer: Gasozein bemächtigt sich der besinnungslosen Ginover und tritt mit ihr den Weg in seine Heimat an.[27] So setzt sich Ginovers Leidensweg fort:[28] Denn Gasozein nutzt nun die Not der Befreiten aus und fordert Lohn für seine Tat:

> wolt ir mir niht lônen baz,
> daz ich iuch von dem tôde nert,
> sô wær vil übel an gewert
> min vil starkiu arebeit,
> die ich umb iuwer minne leit.
> (V. 11399–11403)
>
>> Wollt ihr [Ginover] es mir [Gasozein] nicht besser belohnen, dass ich euch vor dem Tod gerettet habe? So wäre meine sehr starke Not, die ich aus Liebe zu euch leide, sehr schlecht vergolten.

---

26 Hier und im Folgenden zitiert nach: Heinrich von dem Türlin: Diu Crône. Kritische mittelhochdeutsche Leseausgabe mit Erläuterungen. Hrsg. von Gudrun FELDER, Berlin, Boston 2012. Übers. M.B.
27 Vgl. dazu auch SCHU, Cornelia: Intertextualität und Bedeutung. Zur Frage der Kohärenz der Gasozein-Handlung in der ‚Crône'. In: ZfdPh 118 (1999), S. 349.
28 Vgl. auch BLEUMER, Hartmut: Die ‚Crône' Heinrichs von dem Türlin. Form-Erfahrung und Konzeption eines späten Artusromans, München 1997 (MTU 112), S. 38.

Gasozein instrumentalisiert auf diese Weise das Regelwerk des höfischen Frauendienstes, um Ginover zu erpressen. Er hat ihr Dienst geleistet, also muss er nach seiner Auslegung auch einen Lohn erhalten:

> Der von Gasozein vertretene programmatische, bedingungslose Dienstgedanke wird unverändert bis zum Ende aufrechterhalten. Er scheitert an der Ausschließlichkeit von Ginovers Beziehung zu Artus und kann darum nur noch in das Gegenbild eines Realisierungsversuches münden.[29]

Dass er dabei nach sexueller Gegenleistung verlangt, entfernt Gasozein weit von dem Idealbild der höfischen Minne. Das System erscheint pervertiert. Auf der anderen Seite reagiert Ginover nicht souverän, indem sie Gasozein weder Lohn noch Ehre für seine ritterliche Tat in Aussicht stellt. Ein Versprechen, das König Artus sicherlich eingelöst hätte. Stattdessen ist die Königin wie gelähmt und unfähig, sich durch höfisches Verhandlungsgeschick der Entführung zu erwehren:

> si kund ouch dehein sin
> ûf dirre red erdenken,
> dâmit sie im gewenken
> dehein wîse möhte,
> daz ez nâch êren töhte.
> (V. 11418–11422)
>
> Es fiel ihr [Ginover] dazu auch keine kluge List ein, mit der sie ihn [Gasozein] irgendwie hätte umstimmen können, damit noch alles ehrenvoll ausging.

Ginovers Handlungsunfähigkeit trotz wiedererlangten Bewusstseins spiegelt die Passivität König Artus', der seit der Entführung seiner Frau ebenfalls wie gelähmt in seinem Kummer verharrt.[30] Gegen die *geistige* Ohnmacht des zu herrschen gewöhnten Königspaars kontrastiert der Text an späterer Stelle die *körperliche* Ohnmacht der zu kämpfen gewöhnten Ritter.

Zunächst aber bricht Gasozein auf dem Ritt in sein Land mit allen Regeln der Ritterlichkeit, indem er den Versuch unternimmt, Ginover zu vergewaltigen. Ähnlich wie Artus von seiner eigenen Trauer wird Gasozein von seinem eigenen männlichen Begehren übermannt: „Die Demontage Gasozeins baut sich also über eine verweigerte Tjost zu einer einseitigen unritterlichen Tjost bis zur Vergewal-

---

29 BLEUMER, Form-Erfahrung, S. 48 (Anm. 28).
30 Vgl. Heinrich von dem Türlin, Crône, V. 11506–11607.

tigung Ginovers auf."[31] Erneut kommt Ginover – diesmal in der Person Gaweins – ein Ritter zu Hilfe: Gawein reitet auf seinem Heimweg zum Artushof an Ginover und Gasozein vorbei und greift – zunächst ohne die Ehefrau seines Oheims zu erkennen – in die Situation ein. Dabei wird seine Tugendhaftigkeit betont: *sîn tugent er ir bescheint* (V. 11757; „Er [Gawein] zeigte ihr [Ginover] seine Tugend"). So fordert er Gasozein nicht einfach zum Kampf heraus, sondern lässt sich – anders als Gasozein bei seiner Konfrontation mit Gotegrin – zunächst durch Ginover in die Situation einweihen: *wil sie denne, sô rite ich.* (V. 11791; „Wenn sie [Ginover] denn will, so reite ich [Gawein] [weiter]"). Nachdem diese ihm das Geschehene berichtet hat, bittet er sie, an den Artushof zurückzukehren. Darauf reagiert Gasozein mit einer verbalen Kampfansage:

> riter, wær ich blôz,
> sô möht wol diu rede sîn
> daz ir von mir diu vrouwen mîn
> vüert hin ungevohten [...]
> daz ir sie sült vüren hin,
> da ich ze antwurt bin,
> daz müest mich wol beswæren,
> ob iuwer vier wæren.
> riter, alsô ist den mæren.
> (V. 11839–11854)
>
> Ritter, wäre ich [Gasozein] nackt/unbewaffnet, könnte wohl die Rede davon sein, dass ihr [Gawein] mir meine Frau ohne um sie zu kämpfen davonführt. [...] Dass ihr sie entführen wollt, obwohl ich zugegen bin, würde mir vielleicht Sorgen machen, wenn ihr zu viert wärt. Ritter, so ist es bekannt!

Hier wird auf den Kampf gegen Artus zu Romanbeginn zurückverwiesen, von dem der Rezipient bereits weiß, dass Gasozein auch *blôz* kein einfacher Gegner ist: „Die Situation des Gawein-Kampfes wird als Umkehrung dazu aufgebaut. [Beide Ritter] sind nun [...] gleich gut gerüstet [...]."[32] Sein Hinweis, dass er es bewaffnet auch mit vier Männern aufnehmen könne, „bezieht sich auf die vier Gegner der Furtkämpfe, denen Gasozein sogar *blôz* (V. 11839) überlegen (gegen Keie, Au-

---

31 HABLE, Nina: Die Tjost. Zeichen der Gewalt – die Macht der Zeichen. In: Aktuelle Tendenzen der Artusforschung. Hrsg. von Brigitte BURRICHTER u. a., Berlin, Boston 2013, S. 147–160, hier S. 82. Dabei sei jedoch auf obige Stelle verwiesen, die Gasozein als Erlöser etabliert, sowie die abschließende Rehabilitierung und Aufnahme an den Artushof. Vgl. Heinrich von dem Türlin, Crône, V. 12584–12590. Gasozein bleibt bis zuletzt eine ambivalente Figur.
32 BLEUMER, Form-Erfahrung, S. 33 (Anm. 28).

magwin und Gales) bzw. zumindest gewachsen war (gegen Artus)."[33] Zudem lässt diese Aussage Rückschlüsse darauf zu, dass Artus eine Niederlage im gerichtlichen Zweikampf nicht erspart geblieben wäre. Nun trifft Gasozein jedoch endlich auf seinen Endgegner, auf den Artus auch schon beim Gerichtskampf spekuliert hatte: Gawein.

Mit der bereits zitierten Kampfansage Gasozeins beginnt ein langes, schweres Gefecht, in dem die Entführungsepisode Ginovers ihren finalen Höhepunkt erreicht: „Jetzt geht es direkt um Ginover, d. h. der Kampf zwischen Gawein und Gasozein will einlösen, was im Artus-Gasozein-Kampf vereinbart worden war."[34] Erneut steht das Schicksal der Königin auf dem Spiel, diesmal liegt es in Gaweins Händen: *wol ûf, iu sî widerseit!* (V. 11858; „Wohl auf, euch [Gasozein] ist der Kampf angesagt!"). Nach dem verbalen Schlagabtausch beginnt der Kampf mit einer einleitenden Tjost. Seine Darstellung ist mit 20 Versen relativ rasch beendet. Die beiden Kontrahenten treten in der üblichen Spiegelbildlichkeit gegeneinander an. Nicht nur in ihren physischen Vorbereitungen auf den Kampf, auch emotional – beide sind von Kampfeszorn erfüllt – stehen sie einander in nichts nach: *nu sind sie komen ûf den sant / beide mit glîchem zorn* (V. 11871 f.; „Nun sind sie beide [Gasozein und Gawein] mit gleichem Zorn auf den Sand [Kampfplatz] gekommen"). Sehr schnell sind die Lanzen gebrochen und die Auseinandersetzung geht in einen erbitterten Schwertkampf über:

> ûf der tjost sie sich stâchen
> durch die schilde mit den spern,
> daz sie vil gar ûf den kern
> zebrasten und zesprungen.
> diu swert wurden erswungen
> zehant von den scheiden.
> (V. 11879–11884)

> Sie [Gasozein und Gawein] stachen sich bei der Tjost mit den Lanzen durch die Schilde, dass sie bis auf den Kern völlig zerbrachen. Sogleich wurden die Schwerter aus den Scheiden geschwungen.

Abgesehen vom Glück entscheiden nun die arg traktierten Rüstungen und Schilde der gleichstarken Kontrahenten über Leben und Tod:

> heten sie beid niht übertragen
> die schilt und die sarwât

---

[33] FELDER, Gudrun: Kommentar zur ‚Crône' Heinrichs von dem Türlin, Berlin, New York 2006, S. 311.
[34] BLEUMER, Form-Erfahrung, S. 33 (Anm. 28).

> und dar zuo vrou Sælden rât,
> sie heten unlanc gewert.
> (V. 11887–11890)
>
> Hätten sie beide [Gasozein und Gawein] nicht Schild und Rüstung getragen und dazu Frau Saeldens Rat/Hilfe/Schutz, sie hätten nicht lange standgehalten.

An dieser Stelle hebt der Erzähler überraschend das moralische Defizit Gasozeins gegenüber Gawein auf: Er stellt beiden Kontrahenten die *Sælde* als Schutzpatronin zur Seite, die damit auch als regulierende Instanz im ritterlichen Kampf etabliert erscheint.

Damit wird Gasozein seinem Widersacher also in jeder Hinsicht ebenbürtig und ein Remis als Ausgang der Auseinandersetzung überhaupt plausibel.[35] So ist es nicht verwunderlich, dass auch der Griff zu den Schwertern in der nächsten Phase des Kampfes keine Entscheidung herbeiführt. Die Schilde bersten, der Kampf wird mit beidhändig geführten Schwertern fortgeführt, wobei die Symmetrie und Synchronie der Kämpfer beibehalten wird:

> ietweder dâ besunder
> drî wît tief wunden
> daz daz bluot in starken unden
> dar ûz grimmeclîchen brach
> und began rinnen als ein bach:
> dâ von war ir kraft swach.
> (V. 11920–11925)
>
> Beide [Gasozein und Gawein] empfingen jeweils drei breite, tiefe Wunden, sodass das Blut in kräftigen Wellen wütend/zornig daraus hervorbrach und wie ein Bach zu strömen begann: davon wurden ihre Kräfte schwach.

Beide Kämpfer erhalten klaffende Wunden, aus denen das Blut in großen Mengen herausschießt und die Körper schwächt. Infolgedessen müssen beide exzessiv kämpfenden Ritter gleichzeitig pausieren, um ihre Wunden zu versorgen. Trotz eines Schlichtungsversuchs von Ginover setzen Gawein und Gasozein ihren Kampf fort, bis ihre beiden Pferde – ebenfalls gleichzeitig – vor Müdigkeit zu Boden sinken.[36] Notgedrungen wird der Schwertkampf zu Fuß fortgesetzt. Damit haben die beiden Kontrahenten den üblichen Ablauf eines ritterlichen Zweikampfs absolviert, nach dem die meisten erzählten Kämpfe ein Ende finden. Und

---

35 Vgl. FRIEDRICH, Die ‚symbolische Ordnung', S. 143 (Anm. 9).
36 Oder aber „*si* ist Akk. Pl.: die beiden Kämpfer sind so geschwächt, daß die Pferde sie nicht mehr zu tragen vermögen, das heißt, sie können sich nicht mehr auf den Pferden halten." FELDER, Kommentar, S. 311 (Anm. 33).

tatsächlich kommt es zu einer Entscheidung, weil Gawein seinem Gegner das Schwert aus der Hand schlägt:

> vil manic wît wunden
> ein ander sie sluogen.
> vil lützel sie vertruogen
> in selben und entliben.
> sô lange sie daz triben,
> daz Gâwein dem wîgant
> sîn swert sluoc ûz der hant,
> daz ez hin ûf die heide vlouc
> uns sich sam ein sichel bouc:
> dô wart im vil leide.
> (V. 11954–11961)

> Viele breiten Wunden schlugen sie [Gasozein und Gawein] einander. Sie gönnten einander nichts und schonten sich wenig. So lange trieben sie das, bis Gawein dem Kämpfer sein Schwert aus der Hand schlug, sodass es auf die Heide hinschoss und sich wie eine Sichel bog. Das tat ihm [Gasozein] sehr leid.

In dieser eigentlich entschiedenen Situation,[37] in welcher der Kampf sein Ende finden könnte, besinnt sich der Artusritter Gawein auf seinen ritterlichen Ehrenkodex:

> nu enwolt es niht geruochen
> Gâwein, daz er in slüege
> sît er niht wer trüege
> daz het er sanft getân.
> (V. 11966–11969)

> Nun verlangte es Gawein nicht danach, ihn [Gasozein] zu erschlagen, seitdem er keine Waffe mehr trug, hätte er es leicht tun können.

Erneut tritt hier die penible Bedachtheit auf ausgeglichene Verhältnisse während des Kampfes in Erscheinung, auf die im Übrigen auch schon beim Kampf zwischen Artus und Gasozein so viel Wert gelegt wurde. Es ist die Reflexion auf das Prinzip der Gleichheit der Kämpfenden, das an diesem Wendepunkt des Geschehens zur Fortführung des Kampfes führt und eine Handlungserweiterung bewirkt. Es wird gewartet, bis der Gegner sein Schwert wiedergefunden hat und die *mortlîchiu slaht* (V. 11973) – so ernst ist die Diktion – weitergehen kann. Charakteristisch für den Beginn des Kampfes ist das Ausstellen der Gleichwertigkeit der Gegner ebenso wie das paradoxe Zusammenfallen von Empathie und

---

37 Vgl. hier die Parallelstelle im ‚Parzival': Wolfram, Parzival, V. 688, 21–28.

Aggression, das nicht auflösbar erscheint und dadurch den Modus der Wiederholung generiert. Schließlich sind die Gabe und die Verausgabung der männlichen Körper und ritterlichen Ausstattung kennzeichnend für den Zweikampf. Dieser Mechanismus besitzt systematisches Gewicht, denn so mündet der Kampf nicht in Stillstand und Aporie, sondern in Ermüdung.[38]

Die nächste Kampfphase dauert jedoch nicht lange, sondern wird sogleich durch eine zweite Zwangspause unterbrochen, da die Kontrahenten erneut ihre Kräfte verlassen. Diesmal wird der Zustand der Ritter als todesähnlich beschrieben (vgl. V. 11974–11977). Doch als die beiden nach langer Zeit wieder zur Besinnung kommen, sind Kampfkraft und Wille neu entfacht: *Von der erde sie sich swungen, / ze den swerten sie sprungen* (V. 11983 f.; „Sie [Gasozein und Gawein] schwangen sich von der Erde auf, zu den Schwertern sprangen sie"). Interessanterweise will Gasozein nun wieder auf sein Pferd steigen, also den Schwertkampf zu Pferde weiterführen und in der üblichen Choreographie einen Schritt zurücktreten, den Heinrich von dem Türlîn mit Sicherheit bewusst eingeplant hat. Der Versuch aber scheitert: Gasozein erleidet einen weiteren Schwächeanfall und stürzt bei dem Versuch aufzusatteln zu Boden. Erneut gleicht Gawein seinen situativen Vorteil aus Mitgefühl gegenüber dem tapferen Gegner aus:

> Gasozein er wider ûf huop,
> wan in daz sêr bewac,
> dô er sô kraftlos lac
> und im doch niht wolt jehen.
> (V. 12003–12006)

Gawein wartet scheinbar darauf, dass sich sein Gegner von selbst ergibt, anstatt ihn aufgrund ungleicher Voraussetzungen zu überwinden, aber Gasozein ist unwillig, „das sich abzeichnende Resultat des Handelns überhaupt zur Kenntnis zu nehmen."[39] Damit verhindert er ein Ergebnis des Kampfes, indem er sich einer Niederlage verweigert. Auch hier korrespondiert das Verhalten der Kämpfer: Beide sorgen auf je ihre Weise für eine Verlängerung des Kampfes.

Der Erzähler hingegen lenkt den Blick auf Gaweins Verhalten: *Gâwein im selbe die gruobe gruop* (V. 12002; „Gawein schaufelte sich sein eigenes Grab/sich selbst die Grube"). Seiner Auffassung nach schadet er sich mit seinem Verhalten selbst. Mitleid oder Empathie mit dem Gegner zu zeigen, ist *nach* dessen Niederlage erwünscht und auch sein Leben zu verschonen üblich, während des Kampfes ist

---

[38] Darauf weist mich Bent GEBERT hin, dem ich für diese wichtige Präzisierung meiner These danke.
[39] BLEUMER, Form-Erfahrung, S. 70 (Anm. 28).

solchen Emotionen jedoch kein Raum zu geben.[40] Im Kontext von Zweikämpfen plädiert der Erzähler für eine zeitlich begrenzte, dennoch allemal unhöfische Aufhebung des Empathie-Prinzips.

Gasozein wiederum lässt die Wut über seinen Misserfolg in auffälliger Weise an seinem Pferd aus: Er weist dem Tier die Schuld für sein eigenes Versagen zu und schlägt ihm aus Rache den Kopf ab:[41] *daz ich ie wart alsô laz / daz hâstu wol vergolten* (V. 12019 f.). Verschiebung und Verausgabung sind die Mechanismen, die eine Trennung des Pferdemannes – also der Einheit von Mensch und Tier – aufheben, die auch eine Verlängerung des Kampfes ermöglichen. Allerdings: Diese Brutalität ist nur möglich, da es sich hier – wie sich später herausstellen wird[42] – nicht um das hermelinweiße Pferd handelt, das für die Figur des Ritters im Hemd unabdingbar ist.[43] Es handelt sich vielmehr um das Tier Gotegrins, das sein Bezwinger Gasozein nach dem Kampf an sich genommen hatte.[44] Hier wird nun das Pferd desjenigen geköpft, der wenige Verse zuvor noch seine eigene Schwester enthaupten wollte. Die Brutalität gegenüber Gotegrin wird auf sein Pferd übertragen: Es vermochte die Schuld seines Herrn nicht durch seine Unterstützung ruhmreicher Taten auszugleichen, was zu seinem Tod führt. So erscheint das Schlachten des Tieres ohne den Kontext sinnlos,[45] findet im komplexen Erzählschema der *Crône* jedoch seinen Platz durch die der Szene inhärenten Motivdoppelung: „Das Geschehen ist nur schwach handlungslogisch verknüpft, dafür werden die Szenen als Parallelfälle einander gegenüber gestellt."[46]

Durch den Verlust des Pferdes entsteht zum dritten Mal ein Ungleichgewicht der Kräfte zugunsten Gaweins, welches er wie zuvor ausgleicht:

> reht geselleschaft leist im dâ
> Gâwein. dô der daz ersach,
> daz er sich an dem ors rach,
> sîn swert er mit nîde nam
> und tet er ûf solchem ruom,

---

[40] So wurde auch dieser Kampf mit der dafür üblichen emotionalen Ausstattung der Gegner eingeleitet: *wan dâ wont haz unde nît / under in mit michel kraft.* (V. 11896 f.; „Denn da wohnte Hass und Neid mit großer Kraft unter ihnen").
[41] Vgl. V. 12009–12017.
[42] Vgl. V. 12458–12459.
[43] Vgl. V. 3409 u. V. 10563.
[44] Vgl. V. 11310–11312.
[45] Vgl. FELDER, Kommentar, S. 312 (Anm. 33).
[46] BLEUMER, Form-Erfahrung, S. 40 (Anm. 28). Zudem wird die Symbolik des weißen Pferdes so nicht beschmutzt: Der unehrenhafte Gasozein tritt gegen Gawein nicht auf dem weißen, reinen Minnepferd an. Dieses ist nun in den Besitz Ginovers übergegangen und betont damit erneut ihre Unschuld.

daz er beidiu schaden unde vrum
mit im gelîch trüge.
anders wær ez ungevüege,
swer sîn ors alsô slüege.
(V. 12019–12032)

Gawein leistete ihm [Gasozein] da gute Gesellschaft. Als er sah, wie Gasozein sich an seinem Pferd rächte, nahm er hasserfüllt sein Schwert [und tat dem seinen das gleiche]. Das tat er für solchen Ruhm, wenn er dieselben Vor- und Nachteile wie sein Gegenüber haben würde. In jeder anderen Situation wäre es ungehörig gewesen, ein Pferd auf solche Weise zu erschlagen.

Es ist paradox: Erneut wird das Verhalten Gaweins mit der Aussicht auf Ruhm begründet, welche sich nur dann realisiert, wenn er seinem Gegner ein vollkommenes Spiegelbild ist. Dafür wird Gawein zugestanden, ein Unrecht an seinem Pferd zu begehen.[47] So „wird das Bemühen Gaweins um ein ausgewogenes Kräfteverhältnis im Kampf gegen Gasozein vom Erzähler besonders hervorgehoben."[48] Der Kampf muss folglich ohne das Mittel der Pferde weitergehen. Als auffällig und ungewöhnlich wird in der Darstellung dieser Kampfphase das Zurückweichen der Kontrahenten voreinander beschrieben:

nu begunde sie vâren
einander mit stichen,
da sie ûf einander wichen
(V. 12052–12054)

Sie [Gawein und Gasozein] stellten einander mit Stichen nach, während sie voreinander zurückwichen.

So ist jeder Phase des Zweikampfs, welche die beiden Kontrahenten durchlaufen, also eine spezielle Kampftechnik zugeordnet. Mit der Zerstörung der Schilde werden die Schwerter zunächst beidhändig geführt und mit dem Tod der Pferde werden sie schließlich als Stichwaffen eingesetzt. Diese Phase ist jedoch nur von kurzer Dauer, zumal beide Gegner so erschöpft sind, dass ein heroischer Kampf nicht mehr zustande kommt:

sie wârn beide sô ersigen
der kraft und des bluotes
wan. sô vil sô des muotes
noch was an in beiden,
sô wârn si gescheiden

---

[47] Der Kommentar bedeutet also im Umkehrschluss, dass Gasozein unrecht handelt.
[48] FELDER, Kommentar, S. 312 (Anm. 33).

von disen zwein alsô gar.
(V. 12044–12049)

Sie [Gawein und Gasozein] hatten beide so viel Kraft und Blut verloren, dass sie, wiewohl sie noch voller Mut waren, von diesen beiden gänzlich geschieden waren.

Schließlich stützen sich die Kämpfer müde und erschöpft auf ihren Schwertern ab, die damit endgültig ihre Funktion verlieren und unter der Last ihrer Träger zerbrechen. Es folgt die dritte synonyme Ohnmacht der beiden. Nun leistet Ginover Hilfe, indem sie Wasser holt und damit – ganz im Sinne einer fairen Auseinandersetzung – sowohl ihrem Befreier als auch ihrem Entführer das Gesicht besprenkelt. Als die Männer wieder zu sich kommen, versucht Ginover, sie erneut von der Beendigung des Kampfes zu überzeugen:

> Gînovêr sie begunde,
> sô sie allerbeste kunde,
> beidiu vlêhen unde biten,
> daz sie beid mit guoten siten,
> durch sie den kampf liezen,
> sie möhts wol verdriezen,
> wan ez wær ân êre;
> und jach, daz es nimer mêre
> an lobes gewerp gülte,
> nuor daz man sie schülte,
> swâ ez vernomen würde.
> (V. 12080–12094)

Ginover begann, sie beide [Gawein und Gasozein] anzuflehen und zu bitten, so gut sie es verstand, dass sie beide um ihretwillen in guter Sitte vom Streit abließen. Es sollte die beiden doch eigentlich verdrießen, denn hier war kein Ansehen zu gewinnen! Auch behauptete sie, dass dieser Kampf niemals Ruhm eintragen könnte. Man würde sie höchstens dafür schelten, wo immer man davon hörte.

Ginover spricht aus, was durch die bisherige Kampfhandlung bereits abzusehen ist: Der Zweikampf hat einen Punkt erreicht, an dem er jegliche Funktionalität eingebüßt zu haben scheint. Nach Auffassung von Ginover ist auf diese Art kein Ansehen, keine *êre* mehr zu gewinnen.[49] Durch die sinnlose Weiterführung wird der Kampf stattdessen zum Makel: *ez möht bringen sölhen schaden, / dens niht möhten abgebaden* (V. 12098f.; „Sie [Gawein und Gasozein] liefen Gefahr, sich einen Schaden einzuhandeln, der sich nicht einfach wieder abwaschen ließ"). Durch die Fortführung des Kampfes käme es zu einem Verlust des Ansehens. Der

---

[49] Auch Erec und seinem Gegner wurde im Sperberkampf vorgeworfen, dass ihre Schwertschläge kraftlos, wie jene von Mädchen seien und ihnen daher keine Ehre einbringen könnten.

als ideal ausgestellte Kampf zwischen zwei ebenbürtigen Gegnern scheitert an sich selbst und schlägt in sein Gegenteil um. Die beiden Kontrahenten denken jedoch in keiner Weise an den Abbruch des Kampfes und ignorieren die Mahnung Ginovers. Da ihnen nun keinerlei Waffen mehr geblieben sind, gehen sie zu einem Ringkampf über, welcher – angesichts der kaum überwundenen dritten Ohnmacht – von einer erstaunlichen Dynamik geprägt ist:

> nu oben, nu under,
> nu miteinander, nu besunder,
> nu hie, nu dâ
> (V. 12115–12117)
>
> nun unten, nun oben, nun gemeinsam, nun einzeln, nun hier, nun da.

In diesem letzten Aufgebot seiner Kräfte wird Gasozein endgültig von der *Vrouwe Sælde* – die zu Beginn des Kampfes noch beiden Gegnern in gleicher Weise zugetan war – verlassen:

> ze lest iedoch gunde
> vrouwe Sæld an disem ringen,
> daz Gâwein muost gelingen,
> und Gasozein ze der erde brâht.
> dô sie het an in gedâht,
> dô muost ez alsô ergân.
> (V. 12132–12137)
>
> Zuletzt jedoch gönnte Frau Saelde dem Gawein, bei diesem Ringen Erfolg zu haben. Er rang Gasozein zu Boden. Anders konnte es nicht sein, wo sie einmal an ihn gedacht hatte.

Allerdings ist auch dieser Erfolg Gaweins nur von kurzer Dauer: Im Augenblick seines Sieges fallen beide Kämpfer zum *vierten Mal* in Ohnmacht. Während Ginover zu Gott betet, da sie glaubt, die Ritter hätten nun den Tod gefunden, *träumt* Gawein, dass er im Wald auf einen wilden Eber trifft, der ihn angreift und verletzt. Schließlich kann er ihn mit Mühe und Not erstechen. Diese Tatsache stimmt ihn bei seinem Erwachen fröhlich: *als schier er erwachet / von dem troum, er lachet* (V. 12172f.; „Sobald er [Gawein] vom Traum erwachte, lachte er"). Gasozein dagegen ist weiterhin ohnmächtig und Gaweins Erbarmen völlig ausgeliefert. Alle *guoten siten* (V. 12083) missachtend, drängt Ginover ihren Retter dazu, Gasozein seinem Schicksal zu überlassen: *daz möht er [Gawein] vil wol getuon: / waz bedörft er bezzer suon?* (V. 12179f.; „Das könnte er [Gawein] ruhig tun. Wozu bräuchte er noch mehr / bessere Sühne?"). Für ihre Einmischung und den unehrenhaften Vorschlag erhält sie eine Rüge und ein Redeverbot von Gawein:

> daz sie liez die ræte
> und ir nimmer gewüege:
> sie wæren ungevüege,
> und wær ein michel schande,
> solt er dâ an dem sande
> den riter slâfen lâzen,
> sô solt in wol verwâzen
> al diu werlt und vervluochen.
> (V. 12184–12191)
>
> Dass sie die Ratschläge lassen solle und ihr diese nicht anstanden, denn sie wären Unfug und eine große Schande, falls er nämlich den Ritter dort im Sand schlafen lassen würde, so sollte ihn die ganze Welt zu Recht verdammen und verfluchen.

Nach dieser erneuten Berufung auf den ritterlichen Ehrenkodex zieht Gawein los, um Waffen zu suchen, mit denen der Kampf erneut fortgesetzt werden kann. Er findet allerdings nichts anderes als zwei Lanzenreste, die groß genug sind, um damit aufeinander einzuschlagen. Er kehrt zu Gasozein zurück und übergibt diesem – in einem Akt der *milte*, der höfischen Gabe – das bessere Lanzenstück:

> den begann er suoz wecken
> und gap dem selben recken
> daz bezzer drum in die hant
> (V. 12214–12216)

Im Erwachen schildert Gasozein ebenfalls einen Traum: Er habe mit Ginover einen Fluss befahren, als ein Unwetter ihr Schiff kentern ließ. Während sich die Königin an Land retten konnte, sei er selbst ertrunken. Damit scheint für Gawein, der – wie auch der Rezipient der Erzählung – beide Träume kennt, die Zukunft besiegelt: *ich hœr bî iuwerm troum wol, / daz ich iu angesigen sol* (V. 12240 f.; „Ich [Gawein] höre aus eurem Traum deutlich heraus, dass ich euch [Gasozein] besiegen werde"). Prophetische Qualität haben diese Träume, auch wenn die Figuren diese so verstehen wollen, aber nicht:

> Der Kampf endet *unentschieden*, zum einen, weil Gawein peinlich genau auf faire Kampfbedingungen achtet und seinem Gegner beständig neue Kampfmittel zur Verfügung stellt, zum anderen, weil dieser Gegner sich von der immer wieder angedeuteten Überlegenheit Gaweins völlig unbeeindruckt zeigt, so als ob die konkreten Ergebnisse des Handelns für ihn keine Rolle spielen würden. Weil darum in der Handlung nichts mehr geht, wird die Entscheidung des Kampfes geträumt.[50]

---

50 BLEUMER, Form-Erfahrung, S. 48 f. (Anm. 28).

Die beiden gehen nun mit den Lanzenresten aufeinander los. Hier erreicht der Kampf gewissermaßen seinen Tief- wie Höhepunkt: Unritterlicher, als sich gegenseitig mit Stöcken zu prügeln, kann man kaum handeln. Höfischer kann man andererseits kooperativ-faires Zweikämpfen nicht ausstellen. Nach und nach entledigen sich die beiden ihrer Ausrüstung, erst Lanzen, dann Schilde, Schwerter und zuletzt nimmt Ginover ihnen auch die Helme ab (V. 12064): „Durch das stückweise Demontieren aller ritterlichen Requisiten bewirken sie eine regelrechte Denaturierung des heldenhaften Prinzips."[51] Allerdings geht dies nicht soweit, dass die beiden auch ihre Rüstung ablegen[52] und damit nicht mehr als Ritter erkennbar wären. Die *Lanzensplitter* schaffen – metonymisch – zudem eine Bindung zum Anfang des Kampfes. Der Zweikampf hat alle Phasen durchlaufen und ist wieder an seinem Ausgangspunkt – allerdings unter anderen Vorzeichen, nämlich jenen der Verausgabung – angelangt. Hier endet tatsächlich auch das Kampfgeschehen, allerdings nicht aufgrund des Willens, sondern der völligen Erschöpfung der Kämpfer.

Gasozein erringt zunächst einen Vorteil, da Gawein sein Lanzenstück zerbricht, während er damit auf Gasozeins bloßes Haupt einschlägt. Es folgt die *fünfte* synonyme Ohnmacht:

> dô twanc sie aber der müed last
> daz sie beide muosten sitzen,
> wan sie begunden switzen
> und kômen von den witzen.
> (V. 12253–12256)

> Da bezwang sie [Gasozein und Gawein] abermals die Müdigkeit, dass sie sich beide setzen mussten. Der Schweiß brach aus ihnen hervor und sie verloren das Bewusstsein.

Die ausgestellte Brutalität hat an dieser Stelle ein für den höfischen Roman ungewöhnliches Niveau erreicht:[53]

---

51 ZEPPEZAUER-WACHAUER, Katharina: Theater der Grausamkeiten. Szenen und Inszenierungen von Gewalt in der höfischen Epik. In: Imaginative Theatralität. Szenische Verfahren und kulturelle Potentiale in mittelalterlicher Dichtung, Kunst und Historiographie. Hrsg. von Manfred KERN, Heidelberg 2013, S. 210.
52 Vgl. ebd.
53 Vgl. SCHNYDER, Mireille: Erzählte Gewalt und die Gewalt des Erzählens. Gewalt im deutschen höfischen Roman. In: Gewalt im Mittelalter. Realitäten – Imaginationen. Hrsg. von Cornelia HERBERICHS/Manuel BRAUN, München 2005, S. 365–379, hier S. 367. Im Hinblick auf die Wunderketten der *Crône* erscheint die blutige Schilderung von Grausamkeiten allerdings als Vorliebe Heinrichs von dem Türlîn.

> wan ûz ir wunden vlôz daz bluot
> mit sölher unmâze,
> daz der anger und diu strâze
> allez was mit al beströuwet.
> (V. 12262–12265)
>
> Denn das Blut strömte so heftig aus ihren [Gasozeins und Gaweins] Wunden, dass Anger und Weg damit besprengt waren.

Die beiden Kontrahenten liegen blutüberströmt am Boden, während Ginover versucht, sie davon zu reinigen. Als sie wiedererwachen und tatsächlich erneut mit dem Kampf beginnen wollen, gelingt es der Dame, endlich ihr höfisches Verhandlungsgeschick auszuspielen:

> dô began sie weinende biten
> diu künigîn mit listen,
> daz sie den kampf vristen
> unz sie würden gesunt.
> (V. 12272–12275)
>
> Da bat die weinende Königin die beiden [Gasozein und Gawein] auf schlaue Weise/geistesgegenwärtig, dass sie den Kampf aufschieben sollten, bis sie wieder gesund wären.

Zum ersten Mal im Verlauf des gesamten Kampfablaufs werden Ginovers Worte in direkter Rede übermittelt, was auf narrativer Ebene die Überwindung ihrer Verzagtheit unterstreicht. So schimpft Ginover nun über das ehrlose Verhalten der beiden Ritter:

> sie sprach: ‚alsô tuont zwên hofwart,
> die sich bîzent umb ein bein!
> waz touc under iu zwein
> ein sô verzagter strît,
> dâ mit ir bevangen sît,
> wan er iuch swachez lop gît'?
> (V. 12284–12289)
>
> Sie [Ginover] sprach: Genauso verhalten sich zwei Hofhunde, die sich um einen Knochen beißen! Was nützt ein so aussichtsloser Kampf, in dem ihr gefangen seid, zwischen euch Zweien, wenn er euch nur schwaches Lob einträgt?

Erneut konstatiert Ginover, dass die bekannte Funktionalität des ritterlichen Kampfes nicht mehr gegeben ist. Allerdings lässt sich am Text nicht genau festmachen, was den Kampf zwischen Gasozein und Gawein so unehrenhaft macht. Im Grunde durchlaufen die beiden mehrere Kampfzyklen, die sich inhaltlich kaum von anderen Kampfbeschreibungen unterscheiden. Ein Unterschied wäre, dass eine Entscheidung des Kampfes ausbleibt: Es gibt keinen Sieger, dem die Ehre gebührt. Als ‚Kritik' an dem Geschehen lässt sich mit Udo FRIEDRICH darauf hinweisen, dass

> die ästhetische Schauseite des Kampfes die Einhaltung von Regeln (fordert), wenn Kämpfe in dem Augenblick unterbrochen werden, in dem die Kämpfer ermüdet sind und der ritterlichen Form nicht mehr genügen.[54]

Diese Regel wird in der *Crône* – mit insgesamt vier Kampfpausen – solange durchdekliniert, bis von den Rittern blutverschmierte müde Männer bleiben, die Ginover mit Hunden gleichsetzt. Der Kampf mit Lanzenstücken verlässt die Ebene der höfisch-kulturellen Kampfkunst und wird entsprechend durch die Königin unterbunden. Hier kann keine Ehre gewonnen werden, da der Kampf nicht mehr unter das Wertesystem fällt, in dem er seinen Ausgangspunkt genommen hat. So lenkt endlich auch Gasozein ein: *wir möhten des werden ein, / daz ich volge dem râte* (V. 12291 f.; „Wir [Gasozein und Gawein] könnten uns darüber einigen, dass ich diesem Rat folge"). Sogleich fallen beide Männer erneut in Ohnmacht. Gasozein zuerst, Gawein folgt ihm *durch recht gesellschaft* (V. 12297; „aufrichtiger Gefährte/aufgrund guter Gesellschaft"). Der Kampf hat zuletzt – wider alle Erwartung – ein soziales Band gestiftet.

Hier erhält die Erzählung offenbar wieder einen ironischen Unterton. Nach dem Erwachen beginnt eine erneute Verhandlung um Ginover. Gawein versucht den Kontrahenten mit seinem miserablen Gesundheitszustand zu erpressen, er sei bereit, ihn zur Behandlung seiner Wunden nach Karidol zu bringen, wenn er sich selbst der Lüge bezichtige und Ginover von seinen Ansprüchen freigebe. Das wirkt angesichts seines eigenen desolaten Zustands anmaßend, allerdings ist Gasozein nicht darum verlegen, seinerseits absurde Forderungen zu stellen:

> er sprach: ‚der rede wære ze vil.
> ich sage iu, was ich tuon will:
> ich will, daz ir hie bestât
> und mir vil ledichîchen lât
> daz rôs und die vrouwe mîn.
> ob daz alsô müge gesîn,
> und sî iu die rede vergeben,
> und daz ich iuch lâze leben,
> dez mögent ir gnâde sagen,
> wan ich iuch doch erslagen.'
> (V. 12315–12329)

---

54 FRIEDRICH, Die ‚symbolische Ordnung', S. 132 (Anm. 9).

> Er [Gasozein] sprach: Das wäre zu viel verlangt. Ich sage euch, was ich tun werde: Ich will, dass ihr hierbleibt und mir ungehindert das Pferd und Madame überlasst. Wenn das geschehen kann, dann mögen euch eure Worte verziehen sein, und ihr solltet mir dafür danken, dass ich euch leben lasse, denn ich hätte euch doch erschlagen.

Damit kürt er sich nicht nur selbst zum Sieger, sondern bietet Gawein – großzügiger Weise – dessen sicheren Tod im Wald an. Entsprechend ironisch ist Gaweins Antwort zu verstehen: *ich will iu des gerne sagen danc, / swaz ir mir tuont ze guot* (V. 12328 f.; „Ich [Gawein] will euch gerne für das, was ihr mir Gutes tut, danken"). Allerdings holt der Ritter das Gespräch nach dem ausgearteten Kampfgeschehen nun wieder in die Sphäre des Höfischen zurück: *Gâwein vil hövelîchen sprach* (V. 12325; „Gawein sprach sehr anständig/höfisch/mit feinem Anstand"). Es folgt nun also ein Gegenvorschlag Gaweins, welcher der höfisch-adligen Kultur gerecht wird. Der Kampf wird zum zweiten und letzten Mal vertagt:

> wan ir werdent gesunt
> und mir tuont den tac kunt,
> ich gewin iu ros und sarwât
> und bringe herwider an die stat
> mîn vrouwe, die küniginne,
> und gevelt sie iu ze gewinne,
> ir niezent ouch ir minne.
> (V. 12349–12355)

> Sobald ihr gesund werdet und mir den Tag nennt, verschaffe ich euch ein Pferd und eine Rüstung und bringe auch Madame, die Königin, wieder zu dieser Stelle, und wenn ihr sie gewinnt, werdet ihr auch ihre Liebe genießen.

Mit der Einwilligung Gasozeins kehrt die Szene – explizit und räumlich – wieder an ihren Ausgangspunkt zurück. Der abgebrochene Zweikampf hat damit keinerlei Einfluss auf den weiteren Handlungsverlauf: Selbst Gasozeins späteres Schuldeingeständnis lässt sich nicht darauf zurückführen. Heinrich von dem Türlîn richtet also den gesamten Erzählverlauf der Episode auf diesen Zweikampf zwischen Gawein und Gasozein aus, nur um ihn dann ins Leere laufen zu lassen. Es stellt sich die Frage nach den Gründen. Im Prinzip ist die Situation durch ihre eigenen Regeln in einer Endlosschleife gefangen – oder weniger wertend: zur Sichtbarkeit gebracht. Erringt einer den Vorteil, gebietet seine Ritterlichkeit ihm diesen auszugleichen, der Kampf kann aber nur durch einen eindeutigen Sieg beendet werden. Passivität dagegen birgt im Konfliktfall auch keine Lösung: Mithilfe von Ginovers Pferd gelangt das unfreiwillige Trio schließlich zurück nach Karidol, wo Artus schicksalsergeben in Trauer verharrt: *dâ si den künic Artûs / vant sitzen unde klagen.* (V. 12440–12443; „Da fand sie den König Artus sitzend und klagend vor").

Hier wird noch einmal die passive Haltung des Königs erwähnt, die schon bei der Nachricht von Ginovers Entführung aufgefallen ist. Während die Hofgesellschaft um die Königin klagt, ist es offensichtlich lediglich eine Magd, die auszieht, um nach ihr zu suchen (12435).[55]

Ebenso wie der Kampf zwischen Artus und Gasozein findet die Fortsetzung des Kampfs zwischen Gawein und Gasozein nicht statt. Der Genesungsprozess der beiden Ritter dauert, bis Artus überraschenderweise am Pfingstfest die Oberhand zurückgewinnt: Gasozein zieht seine Forderungen zurück und bezichtigt sich selbst der Lüge: „Die Lösung des Konfliktes wird letztendlich nicht durch die Kampfkraft Gaweins, sondern durch das Einlenken Gasozeins herbeigeführt."[56] Einen (weiteren) Sieger in diesem Kampf gibt es aber doch, wie Nicola KAMINSKI feststellt:

> Als wahre Siegerin geht aus der vollständigen Entmachtung beider Kontrahenten ‚diu müede' (12384; 12399) hervor, die auf dem seltsamen Heimritt zum Artushof zu dritt auf Ginovers Pferd vollends ihre Subjektposition konsolidiert.[57]

III

Inszenierungen von höfischen Zweikämpfen ermöglichen im Roman des hohen und späten Mittelalters eine Diskussion der sozialen Rangverhältnisse der Beteiligten. Der ritterliche Zweikampf, wie er hier durchgespielt worden ist, entwirft ein Modell von gesellschaftlicher Anerkennung, das auf Reziprozität beruht und Regeln der Kooperation aushandelt und festlegt. Das Einhalten von Regeln, und die Forderung danach, die Einübung einer kooperativen Praxis sind nicht ohne Risiko für die kämpfenden Ritter und deren Körper. Beobachtbar an den Kämpfen ist die Gleichzeitigkeit von Prinzipien des Ausgleichs bzw. der Ebenbürtigkeit und der Prinzipien der sozialen Differenzierung bzw. Distinktion. Aggressiver Kampf und kooperative Praxis bilden keine Gegensätze, sie bilden vielmehr eine Einheit und scheinen funktional gleichwertig. Das excessive Erzählen von Kämpfen, ihr detailreiches und eskalierendes Auserzählen führt zweifellos zur Erzeugung von Intensität und (ästhetischer) Aufmerksamkeit. Die so auffällig gewordene Form bedeutet allerdings keine Negation der Funktionalität des Kampfes, sie verweist vielmehr auf ein Risiko seiner Gestalt. Die vorliegenden Überlegungen konsta-

---

55 FELDER, Kommentar, S. 319 (Anm. 33).
56 VOLLMANN, Justin: Das Ideal des irrenden Lesers. Ein Wegweiser durch die ‚Krone' Heinrichs von dem Türlin, Tübingen, Basel 2008, S. 37.
57 KAMINSKI, Nicola: ‚Wâ ez sich êrste ane vienc, daz ist ein teil unkunt'. Abgründiges Erzählen in der ‚Krone' Heinrichs von dem Türlin, Heidelberg 2005, S. 71.

tieren nämlich nicht einfach nur das Verausgabungsrisiko des ritterlich-höfischen Zweikampfes, sondern sie verdeutlichen die strukturellen Probleme, die darin für die messende Kapitalisierung von *êre* liegen. Obwohl Ohnmachten und Müdigkeit, wie deutlich geworden sein sollte, die Rundenstruktur des Zweikampfs überdeutlich markieren, vermeiden Gawein und Gasozein es, jegliche Zwischenstände, ihre jeweiligen Kräfte und Verhältnisse zu messen. Der Zweikampf dieser beiden Ritter schafft es dadurch nie, seine Werte und Wertigkeiten festzuhalten. Daher läuft er – trotz formal korrekter Choreographie – derart leer und bleibt ergebnislos. Das Risiko der Erschöpfung liegt also darin, nach der Steigerung in den Verlust von Intensität überzugehen, die ja ein zutiefst messendes Evidenzverfahren darstellt.

Autorenverzeichnis

Martin Baisch, Prof. Dr., Universität Hamburg, Institut für Germanistik / Professur für Ältere Deutsche Sprache und Literatur

Maximilian Benz, Prof. Dr., Universität Bielefeld, Fakultät für Linguistik und Literaturwissenschaft / Professur für Deutsche Literatur des Mittelalters und der Frühen Neuzeit

Steffen Bogen, Prof. Dr., Universität Konstanz, Fachbereich Literatur-, Kunst- und Medienwissenschaften / Professor mit Schwerpunkt Lehre Kunstwissenschaft/Kunstgeschichte

Neil Cartlidge, Prof. Dr., Durham University (UK), Department of English Studies / Professor of Medieval Studies

Bent Gebert, Prof. Dr., Universität Konstanz, Fachbereich Literatur-, Kunst- und Medienwissenschaften / Professur für Deutsche Literatur mit Schwerpunkt Mittelalter und Allgemeine Literaturwissenschaft

Vanina Kopp, Prof. Dr., Universität Passau, Philosophische Fakultät / Professur für Geschichte des europäischen Mittelalters und seiner Kulturen

Norbert Kössinger, Prof. Dr., Otto-von-Guericke-Universität Magdeburg, Fakultät für Humanwissenschaften / Professor für Ältere deutsche Literatur und Kultur

Claudia Lauer, Prof. Dr., Johannes Gutenberg-Universität Mainz, Deutsches Institut / Professur für Deutsche Literatur älterer Epochen

Christopher Liebtag Miller, Prof. Dr., University of Notre Dame (USA), Medieval Institute / Assistant Teaching Professor

Martin Schneider, Dr., Universität Konstanz, Fachbereich Literatur-, Kunst- und Medienwissenschaften / Wiss. Mitarbeiter im Forschungsprojekt „Wettkampfkulturen. Erzählformen der Pluralisierung in der deutschen Literatur des Mittelalters" (2014–2017)

Register der behandelten Autoren und Werke

Adam de la Halle 212
Altercatio vini et cerevisie 178
Alkuin 162
Apophthegmata Patrum 153
Athanasius von Alexandrien, *Vita Antonii* 137–145, 148, 151, 153

Bartholomäus von Trient, *Epilogus in gesta sanctorum* 152
Béroul 60
Boccaccio, Giovanni, *Decamerone* 5
Boppe 81

Causa Regis Francorum contra Regem Anglorum 169–173
Chrétien de Troyes, *Erec et Enide* 99, 101, 112–114, 121–122, 126, 133, 240
Christine de Pizan 207, 227–230
Conflictus Ovis et Lini 159
Conradulus gegen einen Engländer 180
Crône s. Heinrich von dem Türlin

Daniel von dem blühenden Tal s. Stricker
Deschamps, Eustache 215, 224, 226
Disputatio inter Anglicum et Francum 15, 165–169, 173, 176

Ecloga Theoduli 162–163
Eilhart von Oberge, *Tristrant* 7, 13, 57–75, 100
Elsässische *Legenda aurea* 153–154
Eneasroman s. Heinrich von Veldeke
Epheserbrief 149
Erec s. Hartmann von Aue
Erec et Enide s. Chrétien de Troyes

Fressant, Hermann, *Hellerwertwitz* 13, 77, 87–91, 95
Froissart, Jean 215

Gautier de Coicy 212
Geoffrey von Monmouth, *Historia Regum Britanniae* 132, 173

Gold und Zers 83, 86–87
Gottfried von Straßburg, *Tristan* 13, 60, 64, 71–72, 74

Hartmann von Aue, *Erec* 7, 14, 59, 99–136, 238–240; *Gregorius* 116; *Iwein* 14, 99–101, 103, 111, 113–114, 125, 129, 133–134, 136, 200, 244; *Klage* 9
Heinrich der Teichner, *Die Rosshaut* 91–94
Heinrich von Avranches 167, 172, 174, 180
Heinrich von dem Türlin, *Diu Crône* 16–17, 242–261
Heinrich von Veldeke, *Eneasroman* 12, 43–56, 59
Herz gegen Auge 162
Hieronymus, *Vita Pauli* 14, 143–144, 146, 150–151
Homer, *Ilias* 43, 52; *Odyssee* 43
Hugo Primas 168

Isidor von Sevilla, *Etymologiae* 9, 125
Iwein s. Hartmann von Aue

Jacobus de Voragine, *Legenda aurea* 152–154
Jean de Mailly, *Abbreviatio in gestis et miraculis sanctorum* 152
Jean de Montreuil 224
Jean le Galois, *La Bourse pleine de Sens* 88
Johannes Beleth, *Summa de ecclesiasticis officis* 153

Kaiserchronik 102–103
Konrad von Heimesfurt, *Urstende* 63

Legenda aurea s. Jacobus de Voragine
Legendae novae 152

Nonnenturnier 83–85

Peter Riga 169
Petrus von Blois 167
Pfennigwertwitz 88

Philipp der Kanzler 162–163
Phyllis und Flora 163
Pierre Col 224
Prudentius, *Psychomachia* 35, 37–39

Roman d'Enéas 44–45, 50
Rosendorn 83–87

Scheirer Rhythmus 163
Schiller, Friedrich, *Die Räuber, Kabale und Liebe* 42
Der Stricker, *Daniel von dem blühenden Tal* 243
Sulpicius Severus, *Vita Martini* 14, 146–150

Thibault de Champagne 212
Thidrekssaga 79
Thomasin von Zerklære, *Der Welsche Gast* 7, 11–12, 16, 27, 31, 39–40, 185–202, 239

Tristan s. Gottfried von Straßburg
Tristan als Mönch 72
Tristrant s. Eilhart von Oberge
Tod gegen Menschheit 162

Väterbuch 151
Vergil, *Aeneis* 12, 43–50, 54–55
Visio Philiberti 15, 162–163
Vita Antonii s. Athanasius von Alexandrien
Vita Hilarionis 146
Vita Pauli s. Hieronymus
Vitaspatrum 150–151

Wasser gegen Wein 162
Winter gegen Frühling 162
Wolfram von Eschenbach, *Parzival* 8, 237–238, 240, 250; *Willehalm* 124
Weinschwelg 13, 77–79, 81–83, 87, 95
Winrich von Trier 159